Baedeker

Allianz ⑪ Reiseführer

Loire

www.baedeker.com

Verlag Karl Baedeker

TOP-REISEZIELE ★ ★

Prächtige Schlösser, in denen Geschichte geschrieben wurde, idyllische Schlossgärten, malerische Altstädte mit verträumten Winkeln, imposante Sakralbauten aus dem Mittelalter – das Loire-Tal der Schlösser hat seinen Besuchern viel zu bieten!

1 ★ ★ Angers
Die Hauptstadt des Anjou hat eine hübsche Altstadt und ein Schloss mit einem weltberühmten Teppichzyklus.
▶ **Seite 134**

3 ★ ★ Chinon
Ein kleines Städtchen mit imposanter Burgruine und einem ausgesprochen pittoresken Altstadtkern
▶ **Seite 195**

2 ★ ★ Fontevraud-l'Abbaye
Die berühmte Abtei ist eine der malerischsten Klosteranlagen Frankreichs.
▶ **Seite 200**

4 ★ ★ Azay-le-Rideau
Das von einem reichen Privatmann erbaute Schloss zählt zu den prächtigsten Bauten an der Loire. ▶ **Seite 145**

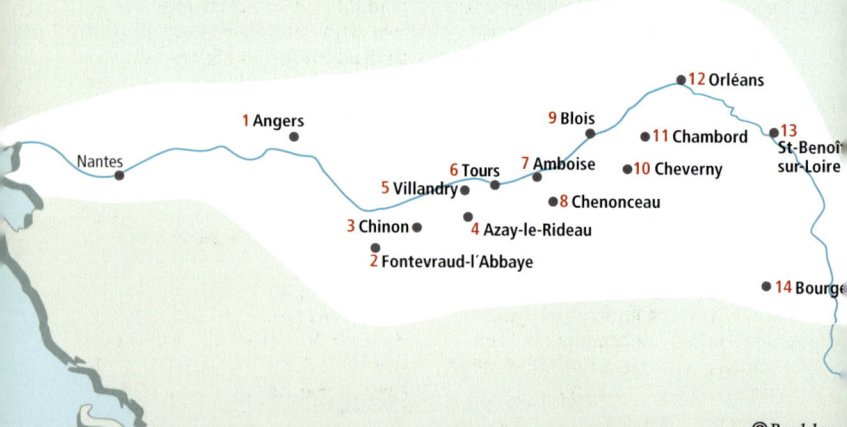

PARIS

12 Orléans

1 Angers
9 Blois
13 St-Benoît-sur-Loire
11 Chambord

Nantes
6 Tours   7 Amboise
10 Cheverny
5 Villandry
8 Chenonceau

3 Chinon   4 Azay-le-Rideau

2 Fontevraud-l'Abbaye

14 Bourges

La Rochelle

© Baedeker

DIE BESTEN BAEDEKER-TIPPS

Von allen Baedeker-Tipps in diesem Buch haben wir hier die interessantesten für Sie zusammengestellt. Erleben und genießen Sie das Loire-Tal der Schlösser von seiner schönsten Seite!

❗ Unbedingt vorher lesen!

Der Buch-Tipp zur Einstimmung auf die Reise: ein Einblick in das Wirken von einflussreichen Frauen wie Diana von Poitiers oder Katharina von Medici in den Schlössern der Loire. ▸ **Seite 78**

❗ Preiswert übernachten

An der Loire kann man die vornehmsten Übernachtungsmöglichkeiten finden. Aber auch mit knapper Kasse ist eine Loire-Reise möglich. Ein Tipp für preiswertes Übernachten – nicht sonderlich stilvoll, aber günstig und gut! ▸ **Seite 95**

❗ Im 7. Schlösserhimmel schweben

Langsam und gemächlich die wichtigsten Loire-Schlösser unter sich vorbeiziehen lassen ... ▸ **Seite 100**

❗ Château de Pintray

In einem hübschen kleinen Weinschlösschen inmitten von Weinfeldern in der Nähe von Amboise werden ein paar Zimmer vermietet. ▸ **Seite 125**

❗ Alle Loire-Schlösser an einem Ort

Im Parc des Mini-Châteaux sind alle Schlösser auf einmal zu besichtigen. Ein Vergnügen für kleine und große Loire-Urlauber. ▸ **Seite 133**

❗ Rue St-Laud

Shoppen und Kaffeetrinken in der beliebtesten Straße in Angers ▸ **Seite 134**

Château de Pintray
Hübsches Weinschlösschen: Übernachten in altmodisch eingerichteten Zimmern

Weinproben
In riesigen unterirdischen Gewölben werden die guten Loire-Weine gelagert.

Jazz am Abend
In einem alten Kloster in Blois: Nachmittags Salon de Thé, abends Jazz-Lounge mit gutem Programm ▶ Seite 159

Mit dem Schiff auf dem Cher
Mit Ausflugsbooten kann man Schloss Chenonceau von allen Seiten – inkl. der Unterseite – begutachten. ▶ Seite 179

Nächtliche Spaziergänge
Ein besonderes Erlebnis: In der Dunkelheit durch die illuminierten Gärten von Chenonceau wandeln und dazu Barockmusik hören ▶ Seite 187

15 km lange Kellerstollen
In Montrichard kann man die unterirdischen Gefilde einer Sektkellerei besichtigen. ▶ Seite 188

Ratespiel für Kinder
7- bis 14-Jährige machen Schloss Cheverny unsicher! ▶ Seite 193

Auf dem Wasserweg über die Loire
Im Boot auf einer Kanalbrücke über den Fluss – die Technik aus dem Büro Gustave Eiffel macht's möglich. ▶ Seite 209

Grand Prix de France
Die Stars der Formel 1 jedes Jahr südlich von Nevers ▶ Seite 241

Idyllisches Bad
Ausflugsziel bei Orléans: Der Etang de la Vallée lädt zum Baden ein. ▶ Seite 250

Nostalgisch
Mit dem Dampfzug von Chinon nach Richelieu ▶ Seite 252

Weinproben
Die besten Adressen, Wein aus Saumur zu verkosten. Auch der gute Schaumwein kann probiert werden. ▶ Seite 268

Zimmer mit großen Namen
Im Schloss Bourdaisière kann man übernachten. Die Zimmer sind nach männlichen und weiblichen Größen der französischen Geschichte benannt. ▶ Seite 283

Zimmer mit großen Namen
Gepflegtes Ambiente in Schloss Bourdaisière – die Zimmernamen und der Wandschmuck sind berühmten Personen gewidmet.

Amboise, sehenswertes Städtchen am Ufer der Loire
▶ **Seite 124**

HINTERGRUND

PREISKATEGORIEN
Hotels
Luxus: ab 100 Euro
Komfortabel: 60 – 100 Euro
Günstig: bis 60 Euro
für eine Übernachtung im Doppelzimmer

Restaurants
Fein & teuer: ab 40 Euro
Erschwinglich: 20 – 40 Euro
Preiswert: bis 20 Euro
für ein dreigängiges Menü

PRAKTISCHE INFORMATIONEN

Gehören zu den beliebtesten
Zielen in der Loire-Region:
die Schlossgärten von Villandry
► **Seite 293**

TOUREN

REISEZIELE
VON A bis Z

nachdenken · klimabewusst reisen
atmosfair

Hintergrund

IM 15. UND 16. JAHR-
HUNDERT WAR DAS
LOIRE-TAL DIE LAND-
SCHAFT DER KÖNIGE – HIER ERRICHTETEN SIE IHRE
PRACHTRESIDENZEN. ENTSPRECHEND ERLEBTE IN
DIESER ZEIT AUCH DIE KUNST AN FRANKREICHS
LÄNGSTEM STROM IHRE HÖCHSTE BLÜTE.

GARTEN FRANKREICHS

Die Loire, genauer gesagt ihr mittlerer Abschnitt, ist nach Paris das meistbesuchte Kultur-Reiseziel in Frankreich. Unzählige Schlösser bezeugen, dass das Tal der Loire lange Zeit das politische Zentrum Frankreichs war. Doch hat die Region ihren Besuchern weitaus mehr zu bieten als prunkvolle Residenzen.

»Ich bin im Garten Frankreichs geboren und erzogen worden«, rühmt sich die Figur des Panurge in Rabelais' »Gargantua und Pantagruel«. Der Roman wurde im 16. Jh. geschrieben, doch noch immer kann die Region an der mittleren Loire mit ihrer sanften, anmutigen Landschaft, in der üppige Felder, blühende Gärten, ausgedehnte Wälder und Weinberge mit unzähligen Rebsorten seit alters her für ein reiches Auskommen sorgen, als »Garten Frankreichs« besungen werden. Außer der reizvollen Landschaft waren es sicher das milde Klima, die einstige Bedeutung des Stromes als Verkehrsweg und die Nähe zu Paris, die Könige und Adelsgeschlechter veranlassten, sich im schönsten Abschnitt des Loire-Tals standesgemäß niederzulassen.

UNESCO-Welterbe

In diesem Bereich der Loire, der fast zwei Jahrhunderte lang Zentrum königlicher Macht und Prachtentfaltung war, zählt man über 300 großartige Burgen und Schlösser – seit dem Jahr 2000

Dorfidyllen
Altmodische französische Dörfer gibt es überall an der Loire.

gehört das Loire-Tal zwischen Sully-sur-Loire und Chalonnes-sur-Loire zum UNESCO-Weltkulturerbe. Auf die wehrhaften mittelalterlichen Burgen des 11.–14. Jh.s, wie in Langeais, Loches, Chinon und Angers, folgten prunkvolle Renaissance-Schlösser. Am eindrucksvollsten sind das elegant über den Cher gespannte Chenonceau, einstiger Wohnsitz der königlichen Mätresse Diana von Poitiers, das Château von Chambord, dessen kalte Pracht die Prestigesucht seines Bauherrn Franz I. erahnen lässt, und das Schloss von Blois, von dessen Aussichtsterrasse man einen grandiosen Blick über Stadt und Fluss genießt. Auch Barock und Klassizismus haben ihre Spuren hinterlassen. So lässt sich an der Loire die Entwicklung der Burg- und Schlossbaukunst in sieben Jahrhunderten studieren. Dazu kommen über zwanzig Klöster und Hunderte wunderschöner Kirchen sowie

← *Schloss Chambord*

Schlossgärten
*Die schönsten Parkanlagen bekommt man zu Gesicht:
Vom Ziergarten über den Landschaftspark bis hin
zur Schlossparkwiese ist alles dabei.*

Vorzüglich speisen
*Natürlich wie Gott in Frankreich.
Für ein gutes Menü braucht man Zeit,
und ganz zum Schluss gibt es
fast immer einen leckeren Käse.*

Schlösser besichtigen
*Ist selbstredend das Hauptprogramm an der Loire!
Chambord ist ein Muss, Chenonceau ebenfalls,
und Amboise, Blois, Chaumont, Cheverny
dürfen auch nicht fehlen ...*

Loire-Städtchen
In traumhaft schöner Lage am Flussufer.
Viele – wie Amboise – werden von
einem alten Schloss überragt.

Schaumwein
Nicht nur für ihre Weine ist die Loire bekannt, einige
Städte der Region produzieren auch hervorragenden
Schaumwein. Saumur zum Beispiel.

Himmlisch nächtigen
Ist an der Loire möglich. In vielen
kleinen Privatpalästen werden Gästezimmer
vermietet, in denen man in schönstem
Ambiente übernachten kann.

Gärten und Parks, die manchmal, wie in Villandry, den Hauptreiz der Schlossanlage bilden. Westlich von Orléans, wo die Loire breit und gemächlich zwischen hell schimmernden Sandbänken entlangfließt, stößt man auf romantische Städtchen und Winzerdörfer sowie die sehenswerten Städte Blois, Tours, Angers und Nantes, die für ihre hohe Lebensqualität im ganzen Land berühmt sind. Abstecher in die idyllischen Täler der Nebenflüsse sind unvermeidlich, möchte man die bedeutendsten Bauwerke besuchen, denn nur die wenigsten Schlösser und Burgen liegen direkt an der Loire.

Viel zu erleben

Doch hat die Loire, Frankreichs längster Fluss, in ihrem unteren Abschnitt zwischen Nevers im Südosten und Saint-Nazaire am Atlantik, also der Region, die dieser Reiseführer beschreibt, mehr zu bieten als historische Stätten, mittelalterliche Burgen, gotische Kathedralen, prunkvolle Renaissanceschlösser, prächtige Parkanlagen und schöne Städte. In zahlreichen Winzerdörfern mit oft riesigen Kellern kann man die köstlichen Weiß-, Rosé- und Rotweine probieren, für die die Trauben auf den umliegenden Weinbergen wachsen. Auch der Gourmet kommt auf seine Kosten. Ob Wild aus den Wäldern der Sologne oder Fisch aus den zahlreichen Teichen und Bächen, Ziegenkäse oder deftige Würste – im »Garten Frankreichs« wird man mit einer Vielzahl hausgemachter Delikatessen bewirtet. Ein weit verzweigtes Netz von Flüssen und Kanälen lädt zu Fahrten mit dem

Chenonceau
Das »Château des Dames« ist für viele das schönste unter den Loire-Schlössern.

Boot und zu Kajak- oder Kanu-Touren ein; die reizvolle Landschaft mit ihren berühmten Schlössern lässt sich auch vom Heißluftballon aus bewundern; zwischen einigen Orten verkehren historische Dampfeisenbahnen. Die sanfthügelige Loire-Region mit ihren geringen Steigungen ist zudem ein Paradies für Radler – bis 2009 soll der 800 km lange Loire-Radwanderweg – von Nevers bis zum Atlantik – fertiggestellt sein. Angeln, Golf, Reiten und Wandern sind weitere Möglichkeiten, sich sportlich zu betätigen. Und wer zum Abschluss seines Urlaubs noch einen Abstecher ans Meer machen möchte, braucht nur der Loire bis zum Atlantik zu folgen. Nördlich und südlich der Mündung liegen viele Seebäder mit wunderschönen Stränden, die zahllose Wassersportmöglichkeiten bieten. Kurzum: Die Region an Frankreichs schönstem Fluss bietet mehr als nur Kultur.

Fakten

Warum gilt die Loire als unberechenbar? Wo ist Frankreichs längster Strom schiffbar? Was gedeiht hervorragend in den unterirdischen Stollen am Loire-Ufer und welche berühmten Transportriesen werden und wurden an der Mündung der Loire hergestellt?

Landschaften und Natur

Frankreichs längster Fluss

Mit **1020 km** ist die Loire der längste Fluss Frankreichs. Sie entspringt in 1402 m Höhe am Gerbier de Jonc, einer vulkanischen Kuppe, die im Südosten des Zentralmassivs aufragt, etwa 60 km westlich der südfranzösischen Stadt Valence bzw. nur 150 km vom Mittelmeer entfernt. In ihrem Oberlauf zwängt sich die Loire durch enge Täler und stellenweise geradezu wildromantische Schluchten in nordwestlicher bzw. nördlicher Richtung, bis sie sich in das Becken von Le Puy ergießt. Danach gräbt sie sich wieder tief ins Granitgestein ein, um schließlich das Becken von Saint-Étienne und Roanne zu erreichen. Bei Villerest südlich von Roanne wird der Fluss erstmals zu einem **größeren See** aufgestaut. Nördlich von Roanne tritt die Loire in das Nivernais ein. Bei der Stadt Nevers vereinigt sie sich mit dem ebenfalls aus dem Zentralmassiv herbeiströmenden Allier und fließt nun als **breiter Strom** gemächlich weiter; südlich von Gien beginnt sie ihr Flussbett in erheblichem Maße zu verbreitern. Nördlich von Gien setzt die mittlere Loire zu einem großen Bogen ins Pariser Becken an und erreicht in Orléans ihren nördlichsten Punkt. Westlich von Orléans strömt sie durch weite Flussauen mit ockerfarbenen Sandbänken und grünen Inseln, und zwischen Angers und Nantes schließlich in teilweise sehr engen Talabschnitten durch das Armorikanische Massiv zum Atlantik. Bei Saint-Nazaire mündet die Loire in den Atlantischen Ozean; die Mündung, ein ca. 50 km langer Trichter, liegt im Süden der Bretagne.

Als »Loire-Tal« im engeren Sinn wird der Abschnitt zwischen Giens und Angers angesehen. Ein großer Teil der Loire-Schlösser sowie weitere historisch und touristisch interessante Orte liegen allerdings nicht an der Loire selbst, sondern an ihren Nebenflüssen. Die wichtigsten sind **Allier**, **Cher**, **Indre** und **Vienne**, die vom Süden kommen, sowie – von Norden – **Loir**, **Sarthe** und **Mayenne**, die sich kurz vor Angers zur **Maine** vereinen.

Die Loire gilt als unberechenbares Gewässer. Im Sommer trocknet der Fluss fast aus, in anderen Jahreszeiten hingegen kann er binnen kurzer Zeit gewaltig anschwellen.

In ihrem Oberlauf gebärdet sich die Loire als richtiger Gebirgsfluss: Bis in den Raum Gien muss sie auf einer Länge von rund 450 km einen Höhenunterschied von 1200 m überwinden. Ihr Wasserstand hängt hier in erster Linie vom Witterungsgeschehen im Zentralmassiv ab, wo auch viele Nebenflüsse der Loire entspringen. **Hochwasser** kann praktisch zu allen Jahreszeiten auftreten, etwa zur Zeit der

Von der Quelle bis zur Mündung

◄ Nebenflüsse

Unberechenbares Gewässer

← *Die Loire bei Gien. Über weite Strecken ist Frankreichs längster Fluss noch eine echte Naturschönheit.*

Flussauen, Sandbänke und kleine baumbestandene Inseln prägen das Bild der gemächlich dahinziehenden Loire.

Schneeschmelze, im Spätfrühjahr und Sommer nach dem Durchzug starker Gewitterfronten, besonders aber im regenreichen Herbst. Während die Wassermenge nach einer längeren Trockenperiode durchaus auf 18 m³ pro Sekunde absinken kann, ist es ebenso möglich, dass sie innerhalb weniger Stunden auf weit über 8000 m³/sec ansteigt. Berechenbarer ist der Wasserstand im Mittellauf, doch auch hier kam es bereits zu schweren Überschwemmungen. Lediglich im Unterlauf zeigt sich der Fluss mit durchschnittlich 800 m³/sec verhältnismäßig ausgeglichen.

Fluss von ursprünglicher Schönheit

»In ihrem von so vollendeter Zivilisation erfüllten Tal ist die Loire geheimnisvoll zum Urzustand zurückgekehrt«, schreibt der Dichter Jules Romains über Frankreichs längsten Strom. Tatsächlich ist die Loire, obwohl sich durch die stark schwankenden Wasserstände viele Probleme ergeben, bis heute ein vergleichsweise wenig regulierter Strom und über weite Strecken ein Fluss von ursprünglicher Schönheit geblieben. Lediglich an ihrem Oberlauf bei Le Puy und vor allem bei Roanne sind größere **Staustufen** angelegt worden. Bereits im 12. Jh. hat man damit begonnen, in stark hochwassergefährdeten Gebieten Deiche zu bauen. Ende der 1980er-Jahre und Anfang der 1990er-Jahre gab es Pläne, die Loire in ein Korsett mit zahlreichen Staustufen zu zwängen. Dieses Vorhaben scheiterte jedoch am Widerstand der **Umweltschützer**.

Geschichte der Fluss-Schifffahrt

Über Jahrhunderte hinweg diente die Loire als wichtigster Handelsweg zwischen Paris und der Bretagne bzw. der Metropole und Lyon. Für den Gütertransport gab es Flachboote mit geringem Tiefgang, die von Pferden gezogen wurden. Um die Möglichkeiten zur Binnenschifffahrt zu verbessern, legte man zusätzlich **Kanäle** an, so den 56 km langen Canal de Roanne à Digoin und den 196 km langen Canal lateral à la Loire (Loire-Seitenkanal) bis Briare. Diese sind ihrerseits durch Seitenkanäle mit anderen Wasserstraßen verbunden: mit dem 114 km langen Canal du Centre (von Digoin zur Saône), mit dem 174 km langen Canal du Nivernais (von Decize zur Yonne) und mit dem 56 km langen Canal de Briare (von Briare zum Loing), der schon im frühen 17. Jh. gebaut wurde.

Zur Überquerung der Loire wurden Ende des 19. Jh.s bei Digoin und Briare beeindruckende **Kanalbrücken** gebaut. Doch als die modernen Schiffe einen größeren Tiefgang erreichten, verlor die Flussschifffahrt rapide an Bedeutung. Der im 19. Jh. einsetzenden **Konkurrenz der Eisenbahn** war sie schließlich nicht mehr gewachsen. Heute wird nur der unterste Teil der Loire, von Nantes stromabwärts, von der Schifffahrt genutzt. Oberhalb von Angers fahren lediglich **Ausflugsschiffe**, die den Fahrgästen einen Blick auf die traumhafte Landschaft, schöne Städte und berühmte Schlösser ermöglichen.

Die Landschaften des Loire-Tals

Etwa zwischen Gien im Osten und Angers im Westen erstreckt sich der »kulturträchtige« Abschnitt des Flusslaufs. Unterhalb von Gien wird das Loire-Tal breiter, auch das Flussbett erweitert sich, die Hügel werden niedriger. Während das nördliche Ufer über lange Strecken relativ steil ist, geht das südliche, ziemlich flache Ufer ganz allmählich in die bewaldeten Sandflächen der Sologne über. Schon vor langer Zeit wurde der Fluss auf diesem Abschnitt eingedeicht. Um St-Benoît-sur-Loire nordwestlich von Gien säumen Wiesen, Gärtnereien und Rosenfelder die Ufer, an den Hängen liegen Obstgärten und Weinberge.

Berühmtester Flussabschnitt

Noch ausladender wird das Tal hinter Orléans; bis zu 8 km breit ist hier das Val de Loire. Im Norden des Tales dehnt sich die riesige **Beauce** aus, die als Kornkammer Frankreichs gilt und auf deren fruchtbaren Lössböden auch Wein gedeiht. Im Süden erstreckt sich die sandige Ebene der **Sologne**, in den Wäldern und auf dem Heideland der Sologne gingen einst die französischen Könige auf Jagd.

Zwischen Chaumont-sur-Loire und Amboise verläuft die Grenze zur **Touraine**, einer Kreideplatte, in die sich die Loire und ihre Nebenflüsse gegraben haben. Auf den Kreideböden der Hänge zwischen Amboise und Tours wird Wein- und Obstbau kultiviert. Charakteristisch für diese Gegend sind die Höhlenwohnungen, die in das weiche Tuffgestein gebaut wurden. Viele von ihnen werden noch heute als Felswohnungen genutzt – schließlich schützen sie im Sommer vor allzu großer Hitze, im Winter vor Kälte und Wind –, andere dienen als Weinkeller.

Etwa bei Bourgueil beginnt das **Anjou**. Auch hier prägen Weingärten und Felder mit Gemüse- und Obstkulturen das Landschaftsbild. Und auch für diesen Abschnitt der Loire sind Felshöhlen, in denen Wein gelagert wird, charakteristisch.

Die Tierwelt

Die Loire ist Lebensraum verschiedener Tierarten, die anderswo sehr selten geworden sind. An der oberen Loire leben noch **Otter** und **Biber**. Auch gibt es wieder **Lachse** im Fluss, nachdem mehrere Hindernisse beseitigt worden sind, die die Wanderung von Atlantiklachsen zu ihren Laichgründen unterbunden haben. Vor allem der Abriss von zwei Staudämmen – in der Vienne und 1998 im Allier – hat dafür gesorgt, dass die Loire wieder Lebensraum für Lachse ist. Im oberen Bereich des Loire-Nebenflusses Allier befindet sich einer der wenigen noch existierenden Laichplätze des Lachses in Europa.

Mit ihren Sandbänken, Inseln, Sumpfgebieten und Wäldern bietet die mittlere und untere Loire insbesondere für **Vögel** ideale Lebensbedingungen. Über 220 Vogelarten wurden gezählt: u. a. Fischadler, Schlangenadler und Zwergadler im Wald von Orléans sowie Reiher- und Möwenarten, Flussseeschwalben und Zwergseeschwalben.

Verlauf der Loire

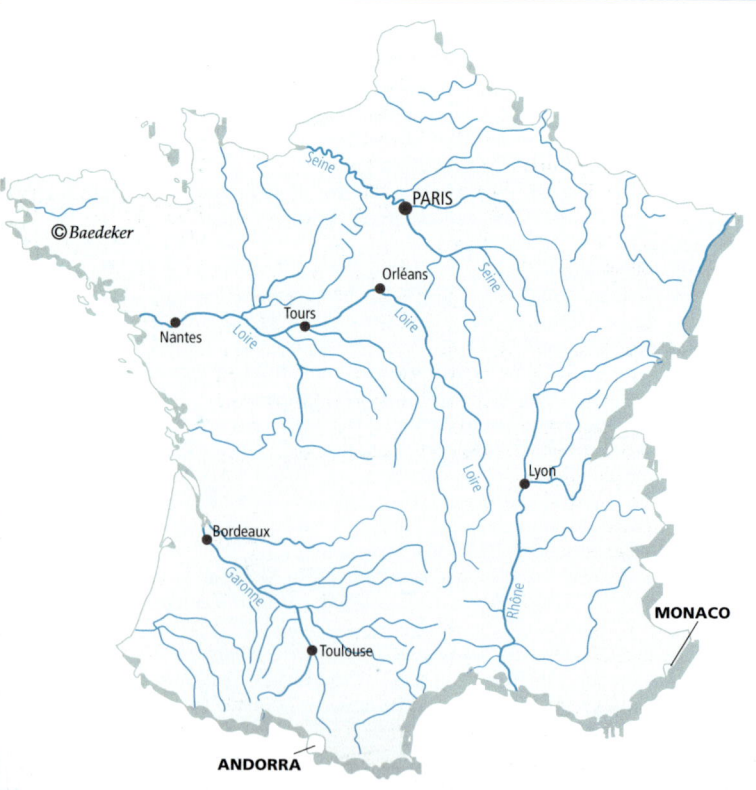

Zahlen und Fakten Loire-Tal der Schlösser

Flusslänge
► 1020 km

Wichtigste Nebenflüsse
► Rechte Nebenflüsse:
Loir, Maine, Mayenne, Sarthe
► Linke Nebenflüsse:
Allier, Cher, Indre, Vienne

Namensherkunft
► Die Loire trägt ihren Namen wahrscheinlich nach einem keltischen Begriff, der »unruhiges Wasser« bedeutet.

Historische Landschaften
► Orléanais, Blésois (um die Stadt Blois), Touraine, Anjou, Pays Nantais

Verwaltungsgliederung
► Frankreich gliedert sich in 22 Régions (vergleichbar den deutschen Bundesländern), die in 96 Départements (vergleichbar den deutschen Regierungsbezirken) aufgeteilt sind.

Régions
► Regionen, die die Loire durchfließt:
Rhône-Alpes (Verwaltungssitz: Lyon), Auvergne (Clermont-Ferrand), Bourgogne (Dijon), Centre (Orléans), Pays de la Loire (Nantes). Die wichtigste Région ist Centre.

Départements
► Genannt sind die Départements, die in diesem Reiseführer angesprochen werden. Sie sind nach Flüssen benannt und in alphabetischer Reihenfolge nummeriert. Diese Nummer bildet die letzten Ziffern des Kfz-Kennzeichens und die beiden ersten Ziffern der Postleitzahl.
► Région Bourgogne:
58 Nièvre (Verwaltungssitz: Nevers; 225 000 Einw.)
► Région Centre:
18 Cher (Bourges; 314 000 Einw.)
28 Eure-et-Loir (Chartres; 407 000 Einw.)
36 Indre (Châteauroux; 230 000 Einw.)
37 Indre-et-Loire (Tours; 570 000 Einw.)
41 Loir-et-Cher (Blois; 315 000 Einw.)

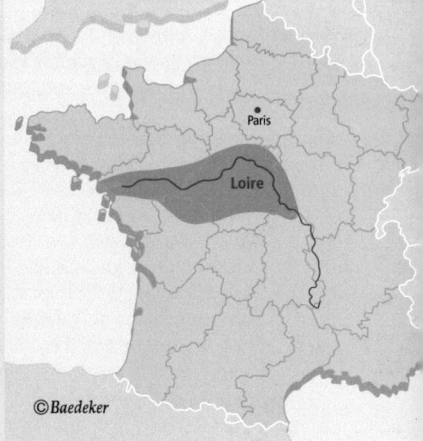

©Baedeker

45 Loiret (Orléans; 618 000 Einw.)
► Région Pays de la Loire:
44 Loire-Atlantique (Nantes; 1 200 000 Einw.)
49 Maine-et-Loire (Angers; 733 000 Einw.)
72 Sarthe (Le Mans; 530 000 Einw.)

Wichtigste Städte
► Angers (170 000 Einw.)
► Blois (53 000 Einw.)
► Nantes (278 000 Einw.)
► Orléans (125 000 Einw.)
► Saumur (33 000 Einw.)
► Tours (142 000 Einw.)

Wirtschaft
► Landwirtschaft (Obst- und Gemüseanbau, Weinanbau, Champignonzucht)
► Industrie (chemische Industrie um Orléans, Elektro- und Computerindustrie um Angers, Werften in Saint-Nazaire)
► Energiegewinnung durch 4 Atomkraftwerke
► Tourismus

Flughäfen
► Tours, Angers, Nantes

Häfen
► Nantes, Saint-Nazaire

Wirtschaft

Landwirtschaft Im Bereich der Loire findet man eine der wichtigsten Landwirtschaftsregionen Frankreichs. Das untere Loire-Tal zwischen Orléans und Angers wird nicht ohne Grund der **»Garten Frankreichs«** genannt – rund 60 % des Bodens dienen als agrarische Nutzfläche. Das verhältnismäßig milde Klima mit atlantischen Einflüssen und die fruchtbaren Lössböden in den Ebenen schaffen ideale Bedingungen für den **Anbau von Obst und Gemüse**, insbesondere Äpfel, Pfirsiche, Birnen, schwarze Johannisbeeren, Kartoffeln und Bohnen, und sogar Zitronen, Melonen und Feigen wachsen hier. Die Böden eignen sich auch hervorragend für die **Blumenzucht** – in der Region werden insbesondere Maiglöckchen gezogen. Auf den sandigen Böden der Sologne gedeihen Spargel und Erdbeeren, große Getreideanbauflächen gibt es um Orléans, in den ehemaligen Kalksteinbrüchen zwischen Saumur und Tours werden **Champignons** gezüchtet (▶Baedeker Special, S. 21). Das Loire-Tal, vor allem das Gebiet um Sancerre, die Touraine und das Anjou, ist aber auch ein namhaftes **Weinanbaugebiet** mit vielen Winzerbetrieben kleiner und mittlerer Größe – Weinberge unter 10 ha sind keine Seltenheit (▶Baedeker Special, S. 64). Beim Vertrieb der edlen Tropfen gehen die Winzer unterschiedliche

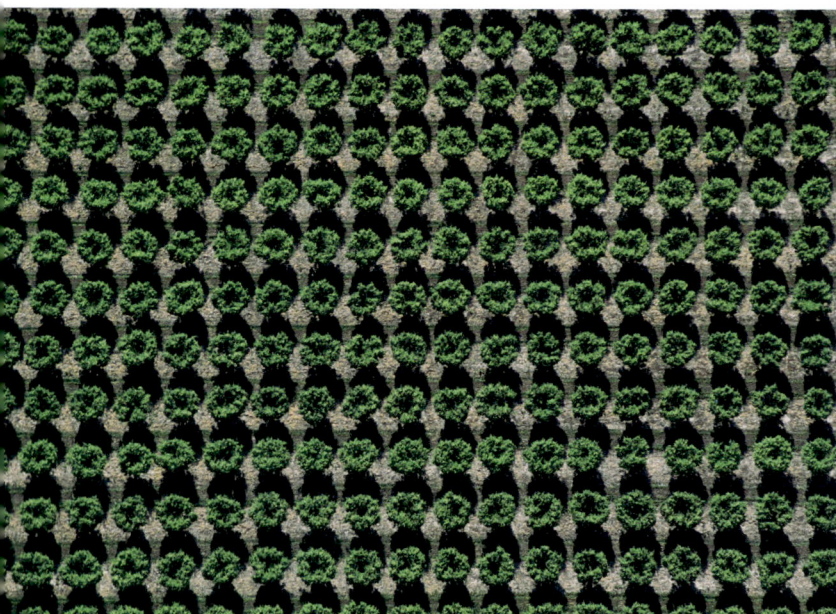

Der kultivierte »Garten Frankreichs«: Obstplantage in der Nähe von Orléans

Kompost, Champignonsporen, Plastiksäcke und eine Höhle — mehr braucht man nicht zur Champignonzucht.

IM DUNKELN HERANGEREIFT

Vor 200 Jahren entdeckte man zufällig, dass in den Steinbrüchen unter Paris Champignons hervorragend gediehen. Heute stammen 75 % der Champignons de Paris aus den unterirdischen Stollen des westlichen Loire-Tals.

Jahrhundertelang wurde an der Loire Tuffstein unterirdisch abgebaut. So entstanden weit verzweigte Steinbrüche, die sich als unsichtbares Höhlennetz durch den Untergrund ziehen. Allein die **Stollengänge** im Gebiet von Saumur haben eine Länge von etwa 800 km; noch einmal so viel sind es im Indre-Tal bei Montrichard.

Ideale Bedingungen

Schon früh entdeckte man, dass die unterirdischen Gänge für diverse Zwecke nutzbar waren, u. a. für die Lagerung von Wein, Lebensmitteln und Geräten. Dass sich die Stollen aber auch hervorragend zum Pilze-züchten eignen, fand man erst unter **Napoleon I.** heraus. Champignons gedeihen nur unter bestimmten Umweltbedingungen optimal: Sie benötigen eine möglichst konstante Temperatur zwischen 12 und 16 °C, 90 % Luftfeuchtigkeit und viel Luftzirkulation. In der freien Natur ist dieser Idealzustand bestenfalls im Herbst gegeben, wohingegen solche Bedingungen in den ehemaligen Steinbrüchen das ganze Jahr über hergestellt werden können.

Nicht nur Champignons

Champignons gehören zu den Pflanzen, die nicht durch Photosynthese entstehen. Sie brauchen also kein Licht, sondern wachsen durch die Aufnahme von organischen Substanzen. Am Beginn der Pilzzucht steht die **Kompostierung**. Der Kompost wird aus Pferdemist und Stroh hergestellt und nach der Gärung pasteurisiert, um Bakterien abzutöten. Anschließend werden dem Kompost im Labor gezüchtete Champignonsporen untergemischt. Dieses Gemisch wird in Holzkisten oder durchlöcherte Plastiksäcke abgefüllt und in die Stollengänge gebracht, wo nach rund 5 Wochen die ersten Pilze heranreifen. Geerntet wird mehrmals im Jahr. Da die Pflücker frühmorgens ernten, kommen die Pilze noch am gleichen Tag in den Handel; der Rest wird in den Fabriken der Umgebung zu Konserven verarbeitet.

Neben den braunen und den wesentlich ertragreicheren weißen Champignons de Paris züchtet man heute an der Loire auch Austernpilze, Seitlinge sowie Shiitake-Pilze, in Ostasien die Nummer eins unter den Pilzen.

Wege, die meisten sind in Genossenschaften, »négociants«, organisiert, viele füllen ihren Wein aber auch selbst ab. In der Sologne und in den waldreichen Gebieten am Oberlauf der Loire ist außerdem die **Forstwirtschaft** ein nicht unbedeutender Wirtschaftszweig.

Auch die **Viehzucht** spielt in der Loire-Region eine wichtige Rolle. Vor allem in der Touraine und im Anjou werden Schweine, Geflügel und Milchkühe gezüchtet. Charolais- und Maine-Anjou-Rinder sind für ihr gutes Fleisch auch über die Landesgrenzen hinaus bekannt. Auf vielen Höfen wird auch Milchwirtschaft und Käseproduktion betrieben; die Ziegenkäseproduktion hat an Bedeutung gewonnen und damit auch die Ziegenhaltung.

Industrie Wichtige Industriezweige sind Maschinen- und Fahrzeugbau, außerdem Kosmetikherstellung, Pharma-, Nahrungsmittel- und Textilindustrie. In Gien spielt die Keramikherstellung traditionell eine Rolle. Chemische Industrie findet man bei Orléans, die Region Angers lebt von der Elektro- und Computerindustrie.

Im Airbus-Werk bei Saint-Nazaire werden Teile für den Riesenvogel A 380 hergestellt.

Wichtige Hafen- und Industriestadt ist Saint-Nazaire an der Mündung der Loire. In den Werften von Saint-Nazaire werden etwa 65 % aller Schiffe in Frankreich gebaut, u. a. auch große Luxusliner wie die **Queen Mary 2**. In Saint-Nazaire gibt es auch ein Airbus-Werk. Hier werden Teile für den Rumpf des **A 380** gebaut und mit Rumpfsegmenten, die in Hamburg produziert und von dort per Schiff angeliefert werden, zusammenmontiert. Von Saint-Nazaire wird der Rumpf zur Endmontage nach Toulouse transportiert. Zwischen Nantes und Saint-Nazaire gibt es zahlreiche Hafenanlagen und Industriegebiete, hier liegt das wichtigste Wirtschaftszentrum von Westfrankreich.

Eine besondere Bedeutung hat die Loire für die französische Energieversorgung. Zwar gibt es aufgrund der geografischen Gegebenheiten nur am äußersten Oberlauf des Stromes nennenswerte Wasserkraftwerke, z. B. am Staudamm von Grangent nördlich von Le Puy, aber das Wasser der Loire dient zur Kühlung der Reaktoren in den vier Kernkraftwerken, die ab den 1960er-Jahren hier gebaut wurden. Großen Widerstand gegen die Atomkraft gab und gibt es in der Bevölkerung nicht. Im Gegenteil: In **Avoine**, wo 1963 Frankreichs erstes kommerzielles Kernkraftwerk ans Netz ging, ist man sogar stolz auf seinen Atommeiler, verhalf dieser doch den Bewohnern des Nachbarortes von Chinon, dem einst ärmsten Dorf zwischen Loire und Vienne, zu Arbeitsplätzen und Wohlstand. Auch die drei anderen Kraftwerke – bei **St-Laurent-des-Eaux** nahe Chambord, **Dampierre-en-Burly** bei Gien und **Belleville** nahe Sancerre – erfreuen sich bei den Franzosen großer Beliebtheit und werden jährlich von vielen tausend Besuchern besichtigt. Allerdings bemüht man sich um Diskretion: Das Kernkraftwerk von St-Laurent-des-Eaux ist so niedrig gebaut, dass man es von Chambord aus nicht sehen kann; in Avoine verzichtete man auf Kühltürme und bläst den Wasserdampf mit Ventilatoren in die Höhe.

Atomkraftwerke

Mit den vielen kulturellen Sehenswürdigkeiten ist die Loire vor allem im Abschnitt zwischen Orléans und Angers ein beliebtes Reisegebiet – sowohl bei den Franzosen selbst als auch bei ausländischen Besuchern. Insofern ist der **Tourismus** ein wichtiger Wirtschaftsfaktor und die Infrastruktur ist entsprechend gut entwickelt. Hotels, Restaurants und Campingplätze sind in ausreichender Zahl vorhanden. Aufgrund der steigenden Nachfrage wächst auch das Angebot an Freizeit- und Sportmöglichkeiten. Auf Wanderer und Radwanderer ist man ebenso eingestellt wie auf Kulturreisende und Weinkenner, die vor Ort probieren und kaufen wollen.

? WUSSTEN SIE SCHON …?

■ Die Deutschen fahren gern an die Loire. Mit 12 % der Übernachtungen sind sie die drittwichtigste ausländische Kundschaft in der Region »Loire-Tal der Schlösser«. Fast 90 % von ihnen geben an, dass sie wegen des Kulturerbes an die Loire reisen. Die meistbesuchten Sehenswürdigkeiten sind die Schlösser von Chambord, Blois, Chenonceau, Villandry und Amboise.

Geschichte

Wie waren die Beziehungen zwischen den Herrschern an der Loire und England im Hochmittelalter? Welche Rolle spielte die Jungfrau von Orléans in der Geschichte Frankreichs? Wann erlebte das Loire-Tal seine kulturelle Glanzzeit? Warum spielte die Loire-Region in den letzten drei Kriegen zwischen Frankreich und Deutschland eine besondere Rolle?

Antike und Frühmittelalter

1. Jh. v. Chr. – 5. Jh. n. Chr.	Gallien ist römisch.
Ende des 4. Jh.s	Das Christentum breitet sich aus.
6. Jh.	Das Tal der Loire wird fränkisch.
732	Karl Martell besiegt die Mauren.

Von 58 bis 51 v. Chr. eroberte **Caesar** das keltische Gallien, und da- **Römer**
mit wurde auch das Land an der Loire für 500 Jahre römisch. In Orléans, Tours und Angers entstanden nach römischem Vorbild Foren,
Theater, Thermen und öffentliche Gebäude. Mit dem **hl. Martin**,
dem Bischof von Tours, breitete sich ab Ende des 4. Jh.s das Christentum im Tal der Loire aus.

Ab dem 5. Jh. überfluteten verschiedene Völker das Land. 451 stan- **Franken**
den die Hunnen unter König Attila vor Orléans, doch gelang es dem
hl. Anianus, dem Bischof der Stadt, die Angreifer abzuwehren. 498
wurde Orléans vom Frankenkönig **Chlodwig** erobert, kurze Zeit später stand das gesamte Loire-Tal unter fränkischer Herrschaft. 732 besiegte **Karl Martell** bei Tours und Poitiers die aus Spanien anrü-cken-
den islamischen Mauren und hinderte sie daran, die Loire zu überqueren. Unter **Alkuin**, einem Gefolgsmann Karls des Großen, stieg
das St-Martin-Kloster in Tours zu Beginn des 9. Jh.s zu einem der
bedeutendsten kulturellen Zentren des Karolingerreiches auf.

Hochmittelalter

987 – 1328	Dynastie der Kapetinger. Mit dem Tod Ludwigs V. stirbt die französische Linie der Karolinger aus. Die Krone über-nimmt Hugo Capet, der Stammvater der Kapetinger.
972 – 1040	Fulco Nerra herrscht über das Anjou.
1154	Heinrich II. wird englischer König.
1214	Philipp II. August vertreibt die Engländer.

Orléans war neben Paris und Chartres eine der Hauptstädte des **Grafschaften von**
westlichen Frankenreichs. Hier hielten sich die Karolingerkönige ger- **Blois und Anjou**
ne auf, und auch unter den nachfolgenden Kapetingern war die Stadt

← *Brachte die entscheidende Wende in Frankreichs Geschichte:*
  Jeanne d'Arc, die Jungfrau von Orléans

der wichtigste Stützpunkt der französischen Könige. Dennoch entstanden angesichts der Schwäche der letzten Karolinger ganz in der Nähe – um Blois, Tours und Angers – unabhängige Kleinstaaten, in denen der König nichts mehr zu bestimmen hatte. Vielmehr waren es die Grafen von Blois und Anjou, die erbitterte Kämpfe um die Vorherrschaft im Tal der Loire führten. Unter den Grafen von Anjou war **Fulco Nerra** (972 – 1040) der bekannteste, ein gefürchteter Lehnsherr, der sein Herrschaftsgebiet um Saumur und die Touraine erweiterte und zahlreiche Burgen, aber auch Klöster errichten ließ.

Plantagenêt In der ersten Hälfte des 12. Jh.s herrschte **Gottfried V.** über das Anjou. Weil er immer einen Ginsterzweig (plante genêt) am Hut trug, wurde er Plantagenêt genannt. Von seinem Vater hatte er das Anjou, das Maine und die Touraine geerbt, und die Heirat mit Mathilde, der Tochter des Königs von England, brachte ihm Anrechte auf die Normandie und England. Die Blütezeit der Dynastie von Anjou kam, als Gottfrieds Sohn im Jahr 1154 als **Heinrich II.** englischer König wurde. Durch die Ehe mit Eleonore von Aquitanien, die Westfrankreich als Mitgift in die Ehe brachte, herrschte Heinrich schließlich über ein Imperium – das angevinische Reich –, das von Schottland bis zu den Pyrenäen reichte und mehr als die Hälfte des französischen Territoriums umfasste. Doch hatte dieses Reich nicht lange Bestand. Zu Beginn des 13. Jh.s gelang es König **Philipp II. August**, den größten Teil des englischen Festlandsbesitzes für die französische Krone zurückzuerobern.

Hundertjähriger Krieg

1328 – 1589	Dynastie Valois. Der letzte Kapetinger-König stirbt 1328 ohne männlichen Nachfolger und Philipp VI. aus dem Haus Valois besteigt den Thron.
1337 – 1453	Hundertjähriger Krieg zwischen Frankreich und England
1429	Jeanne d'Arc befreit Orléans; Königskrönung in Reims.

Frankreich contra England Doch die Engländer kamen wieder. Als 1328 mit dem Tod von Karl IV. die Linie der französischen Könige aus dem Haus Kapetinger ausstarb und mit seinem Vetter Philipp VI. das Haus Valois die Nachfolge antrat, meldete England Ansprüche auf den Thron in Frankreich an. Der englische König **Eduard III.** begründete sie mit seiner Abstammung von Isabella, der mit Edward II. verehelichten Tochter des Kapetingers Philipp IV. Wenige Jahre später brach der Hundertjährige Krieg zwischen Frankreich und England aus, in dessen Verlauf zuerst der Südwesten und später der Norden Frankreichs unter englischen Machteinfluss gerieten. Die Loire blieb französisch; hier konzentrierte sich der Widerstand gegen die Engländer.

Zahlen und Fakten *Frankreichs Könige 987 – 1792*

▶ Hugo Capet	987 – 996	▶ Karl V. (der Weise)	1364 – 1380
▶ Robert II.	996 – 1031	▶ Karl VI.	1380 – 1422
▶ Heinrich I.	1031 – 1060	▶ Karl VII.	1422 – 1461
▶ Philipp I.	1060 – 1108	▶ Ludwig XI.	1461 – 1483
▶ Ludwig VI. (der Dicke)	1108 – 1137	▶ Karl VIII.	1483 – 1498
▶ Ludwig VII.	1137 – 1180	▶ Ludwig XII.	1498 – 1515
▶ Philipp II.	1180 – 1223	▶ Franz I.	1515 – 1547
▶ Ludwig VIII.	1223 – 1226	▶ Heinrich II.	1547 – 1559
▶ Ludwig IX. (der Heilige)	1226 – 1270	▶ Karl IX.	1559 – 1560
▶ Philipp III. (der Kühne)	1270 – 1285	▶ Franz II.	1560 – 1574
▶ Philipp IV. (der Schöne)	1285 – 1314	▶ Heinrich III.	1574 – 1589
▶ Ludwig X.	1314 – 1316	▶ Heinrich IV.	1589 – 1610
▶ Philipp V.	1316 – 1322	▶ Ludwig XIII.	1610 – 1643
▶ Karl IV.	1322 – 1328	▶ Ludwig XIV.	1643 – 1715
▶ Philipp VI.	1328 – 1350	▶ Ludwig XV.	1715 – 1774
▶ Johann der Gute		▶ Ludwig XVI.	1774 – 1792
(Jean le Bon)	1350 – 1364		

Als auch Orléans, die letzte Bastion der französischen Könige, von englischen Truppen belagert wurde, brachte ein Bauernmädchen aus Lothringen die Wende: **Jeanne d'Arc**, die »Jungfrau von Orléans« (Baedeker Special, S. 49). Sie befreite 1429 das belagerte Orléans, woraufhin sich **Karl VII.** in Reims zum König Frankreichs krönen ließ. Dies war der Beginn der englischen Niederlage. Bis 1453 mussten die Engländer alle ihre Territorien in Frankreich außer Calais aufgeben.

Renaissance und Religionskriege

Mitte 15. Jh.s – 1589	Goldenes Zeitalter
1560	Verschwörung von Amboise
1572	Bartholomäusnacht
1589	Heinrich IV. wird König von Frankreich.

Nach dem Hundertjährigen Krieg nutzten die französischen Könige die Gelegenheit, auf dem Trümmerfeld, das die Kriegswirren in Frankreich hinterlassen hatten, eine moderne, starke Monarchie zu errichten. Damit begann das rund 150 Jahre währende Goldene Zeitalter an der Loire, denn der Mittellauf von Frankreichs längstem

Goldenes Zeitalter der Loire

Strom avancierte zur **Lieblingsregion** der Herrscher aus dem **Hause Valois** und die Renaissance konnte an der Loire ihre volle Pracht entfalten. **Ludwig XI.** residierte vor allem in seinem Schloss Plessis-lès-Tours nahe Tours, **Karl VIII.** in Amboise und **Ludwig XII.** in Blois. Karl VIII. und Ludwig XII. hatten auf ihren Italienfeldzügen die Renaissance kennen und lieben gelernt, doch erst unter **Franz I.** (►Berühmte Persönlichkeiten) triumphierte die aus Italien importierte neue Kunstrichtung, trat die Renaissance vom Loire-Tal aus ihren Siegeszug durch ganz Frankreich an. In rascher Folge wurden neue Schlösser im Stil der Zeit errichtet bzw. alte im Renaissancestil umgestaltet; nicht mehr der Verteidigung sollten sie dienen, sondern einzig dem Wohlleben und der Prachtentfaltung, wie in Amboise, Blois und Chambord. Lehnsleute und reiche Finanzleute eiferten den Königen nach und ließen ebenfalls schöne Landsitze erbauen, darunter Azay-le-Rideau und Chenonceau.

Die Rache des Königs an den Verschwörern von Amboise: Franz II. ließ aufständische Protestanten zur Abschreckung an den Balkonen des Schlosses aufhängen.

Franz I. war ein glanzvoller Herrscher, doch bereits in seiner Regie-   **Glaubenskriege**
rungszeit begannen religiöse Unruhen im Land zu wachsen, vor al-
lem, als die Lehre des Schweizers **Jean Calvin** immer mehr und immer entschlossenere Anhänger in Frankreich gewann. Die Lage zwischen Katholiken und Hugenotten, den französischen Protestanten,
spitzte sich derart zu, dass bewaffnete Konflikte nicht mehr ausblie-
ben. Die gegen den katholischen Franz II. gerichtete **Verschwörung
vom Amboise** im Jahr 1560 endete in einem Blutbad (▶ Amboise);
zwei Jahre später erlebte Tours grausame Ausschreitungen gegenüber
Protestanten (▶ Tours); den Höhepunkt bildete die Bartholomäusnacht von 1572, in der ca. 2000 Hugenotten in Paris und über 10 000
in der Provinz ermordet wurden.

In den Jahren der Religionskriege residierten die Könige **Franz II.**,
Karl IX. und **Heinrich III.** (▶ Berühmte Persönlichkeiten) mal an der
Loire, mal im Louvre von Paris. In ihren Schlössern im Loire-Tal

*Die Ermordung Heinrichs III. Am 1. August 1589 wurde der König von dem
Dominikanermönch Jacques Clement niedergestreckt.*

fühlten sich die drei Monarchen aus dem Haus Valois, deren Regierungsgeschäfte größtenteils ihre Mutter **Katharina von Medici** (►Berühmte Persönlichkeiten) übernahm, sicherer als in der Hauptstadt Paris. So auch 1588. Nach der Bartholomäusnacht war die reformierte Kirche in Frankreich zwar stark geschwächt, doch nun sah sich die Krone mit einer anderen Macht konfrontiert: mit der katholischen Liga unter dem **Herzog von Guise**, und so floh Heinrich III. 1588 vor dem in Paris allmächtig gewordenen Guise nach Blois.

Heinrich III. war der letzte König, der sein Land von der Loire aus regierte. Mit seiner Ermordung durch einen fanatischen Dominikanermönch 1589 starb das Haus Valois aus, und **Heinrich IV.** aus dem Haus Bourbon, das die königliche Lilie im Wappen führte, bestieg den Thron. Unter diesem Herrscher wurde die Residenz endgültig nach Paris verlegt, womit das Loire-Tal seine Bedeutung als eigentliche Königslandschaft für immer verlor.

18. und 19. Jahrhundert

1793	Aufstand in der Vendée
1843	Eisenbahnlinie zwischen Paris und Orléans
1870/1871	Gefechte bei Orléans und in Châteaudun

Aufstand in der Vendée

Im März 1793, vier Jahre nach Beginn der Französischen Revolution, brach in der Vendée unter der Landbevölkerung ein Aufstand aus. Auslöser für diese Erhebung im Gebiet südlich der Loire zwischen Angers und Nantes waren neben Steuerdruck und Teuerungen die vom revolutionären Konvent in Paris beschlossene Verschärfung der antiklerikalen Gesetzgebung – die Vendée und der benachbarte Teil des Anjou zählten zu den Regionen Frankreichs, die im katholischen Glaube besonders tief verwurzelt waren. Dazu kamen die Hinrichtung des Königs im Januar 1793 und das Aushebungsgesetz vom 22. Februar 1793, das eine Zwangsmobilisierung von 300 000 Rekruten vorsah. In den ersten Monaten errang die royalistisch-katholisch gesinnte Armee der Vendée einen Sieg nach dem anderen gegen die republikanischen Revolutionstruppen. Am 10. Juni eroberten die Aufständischen **Saumur**, auch **Angers** fiel in ihre Hände. Nach diesen Erfolgen der königstreuen Truppen ordnete der Nationalkonvent im Herbst 1793 an, die Vendée zu zerstören.

Den grausamen Vernichtungskrieg der von Paris entsandten »Kolonnen der Hölle« bekam im Gebiet der Loire vor allem **Nantes** zu spüren. Da nach Meinung des berüchtigten Konvents-Kommissars Jean-Baptiste Carrier die Guillotine viel zu langsam arbeitete, luden seine Truppen über 10 000 Verdächtige der Stadt auf Kähne und versenkten sie allesamt in der Loire; wer überlebte, wurde mit Rudern und Säbeln erschlagen.

Mit der Gefangennahme und Erschießung der Insurgentenführer Charette und Stofflet im Jahr 1796 kehrte zwar ein gewisser Friede in der Region ein, doch erst Anfang 1800 wurde die Vendée vollständig unterworfen.

Schifffahrt und Eisenbahn

Ab 1829 fuhren die ersten Dampfschiffe auf der Loire. Im Jahr 1843 wurde die Eisenbahnlinie zwischen Paris und Orléans eröffnet; ab 1846 verkehrten Züge zwischen Orléans und Tours, von 1849 an zwischen Tours und Angers. Der Konkurrenz dieses neuen Verkehrsmittels war die Loire-Schifffahrt auf Dauer nicht gewachsen; um 1900 wurde sie daher eingestellt.

Deutsch-Französischer Krieg

In keinem der drei großen **Kriege**, die **Frankreich und Deutschland** im 19. und 20. Jh. führten, blieb das Loire-Tal verschont. Im Deutsch-Französischen Krieg (1870/1871) kam es zu Gefechten bei Orléans und in Châteaudun. Deutsche Truppen hielten Orléans für kurze Zeit besetzt; im Schloss von Azay-le-Rideau schlugen 1871 preußische Kampfeinheiten ihr Hauptquartier auf.

20. Jahrhundert und Gegenwart

1917	Amerikaner in Tours
1940	Bombardierung vieler Städte im Loire-Tal
2000	Loire-Tal wird UNESCO-Welterbe.

Weltkriege

Während des **Ersten Weltkrieges** (1914–1918) bezogen die ersten amerikanischen Truppen ihr Quartier im Loire-Tal; ihr Hauptquartier richteten sie in Tours ein (1917).
Im **Zweiten Weltkrieg** (1939–1945) wurden viele Städte an der Loire im Sommer 1940 durch deutsche Bomben, 1943/1944 dann von alliierten Bombenangriffen schwer beschädigt. Im Oktober 1940 traf sich Hitler mit Marschall Pétain, dem Staatschef der Vichy-Regierung, im Bahnhof von Montoire bei Vendôme. Da die Demarkationslinie zwischen der von deutschen Truppen besetzten und der »freien« Zone Frankreichs – dem Vichy-Frankreich – dem Cher-Fluss folgte, diente das Schloss Chenonceau zwischen 1940 und 1942 als Grenzübergang.

UNESCO-Welterbe

Im 19. Jh. und zu Beginn des 20. Jh.s hatten reiche Industrielle – der neue Geldadel – begonnen, sich mit den alten Herrschern zu messen, und errichteten nun ebenfalls prächtige Schlösser und Herrensitze an der Loire. Im Jahr 2000 wurde das Loire-Tal dank der vielen prunkvollen Residenzen früherer Jahrhunderte zum UNESCO-Weltkulturerbe erklärt.

Kunst und Kultur

Wo findet man die bedeutendsten Sakralbauten? An welchem Vorbild orientiert sich die französische Renaissance? Wann war die große Zeit der Loire-Schlösser? Welche Dichterfürsten stammen aus dem Tal der Loire?

Architektur- und Kunstgeschichte

Sakralbauten

Die ersten nennenswerten kunsthistorischen Bauwerke an der Loire sind Sakralbauten. Ein Beispiel für den karolingischen Sakralbau des 8./9. Jh.s ist die Kirche von **Germigny-des-Prés**, einem kleinen Ort bei St-Benoît-sur-Loire; beim Bau des kleinen Gotteshauses, das als eine der ältesten Kirchen Frankreichs gilt, diente die Aachener Pfalzkapelle als Vorbild. **Karolingische Kunst**

Aus romanischer Zeit sind beeindruckende Abteikirchen erhalten. In der Romanik (um 1000 bis zur Mitte des 12. Jh.s) gewann der Typus der Basilika an Bedeutung, der auch später in der Gotik vorherrschend blieb. Charakteristisch für die Basilika ist ein Mittelschiff, das die beiden Seitenschiffe überragt und eigene Fenster besitzt. Später kamen noch das Querhaus und gelegentlich weitere Seitenschiffe hinzu. Die Innenräume sind in ihrer asketischen Kargheit sehr wirkungsvoll; der Bauschmuck konzentriert sich auf die Kapitelle von Pfeilern und Säulen, an denen sich – wie in der Klosterkirche Notre Dame von **Cunault** – eine reiche Ornamentik mit Pflanzen-, Tier- und Menschendarstellungen entfaltet. Wichtige Impulse für die Weiterentwicklung des romanischen Kirchenbaus gingen von der Reform des burgundischen Benediktinerklosters Cluny aus (10./11. Jh.). Das Querhaus wurde nun stärker betont – wodurch sich die Kreuzform des Grundrisses heraushob – und erhielt einen Vierungsturm; auf der Eingangsseite im Westen schloss der Kirchenbau mit einer Vorhalle ab. Nach diesem Muster entstanden die Kirchen von **St-Benoît-sur-Loire** und **La Charité-sur-Loire**. Auch die Kathedrale von **Nevers** und **Fontevraud**, eine der größten Klosteranlagen Frankreichs, gehen auf romanische Ursprünge zurück. In diese Zeit fiel darüber hinaus die erste Hochblüte der **Glasmalerei**; hervorragende Beispiele für diese Kunst findet man vor allem in der Kathedrale von **Angers** und in der Kirche La Trinité in **Vendôme**. Sehenswert sind auch die romanischen Fresken, die in vielen Kirchen die Wände schmücken, wie in **Cunault**, **Lavardin** und **Tavant**. **Romanik**

Zwischen 1150 und 1250, am Übergang von der Romanik zur Gotik, bildete sich in Westfrankreich, vor allem im Anjou und in der Touraine, der Plantagenêt-Stil heraus, benannt nach der Dynastie, die zu dieser Zeit in den besagten Gebieten herrschte. Charakteristisch für diesen Stil ist das sogenannte **Anjou-Gewölbe**: ein überhöhtes, von acht Rundstabrippen unterlegtes Gewölbe auf meist zierlichen Säulen. Schönstes und reifstes Beispiel dieses Stils ist das Gewölbe von Saint-Serge in **Angers**. **Plantagenêt-Stil**

← Schlösser und ihre Kunstschätze – und mittendrin kleine kunstliebende Prinzen und Prinzessinnen

Gotik   Seit der zweiten Hälfte des 12. Jh.s setzte sich die in Nordfrankreich entstandene Gotik auch an der Loire durch. Während bei den Bauwerken aus der Romanik die Dachkonstruktion auf massigen, nur von wenigen Fenstern durchbrochenen Mauern ruht, leitet das gotische **Kreuzrippengewölbe** die Last nach außen ab, die von einem Strebewerk aufgenommen wird. Dadurch wurden die Mauern von ihrer tragenden Funktion entlastet und konnten in große Fensterflächen aufgelöst werden. Die mittelalterliche Steinskulptur erlebte eine Hochblüte. Gegen Ende der Gotik wurde der Maßwerkschmuck an Türen, Fenstern und Wänden immer raffinierter. So entstand schließlich der **»Style flamboyant«** mit seinem flammenähnlich züngelnden Maßwerk. Die Kapelle St-Hubert auf dem Schlossgelände von Amboise und die Basilika in Cléry-Saint-André nahe Orléans gehören in diese Epoche. Ein weiteres berühmtes Beispiel für den »Style flamboyant« ist kein Sakralbau, sondern der Flügel Ludwigs XII. im Schloss von Blois. Die **Glasmalerei** feierte Triumphe, vor allem in den Kathedralen von Angers, Bourges und Tours.

Ein besonderes kulturelles Zeugnis dieser Zeit ist die berühmte **»Tenture de l'Apokalypse«**, der Teppichzyklus der Apokalypse (►Angers), der heute im Schloss von Angers zu sehen ist. Er wurde 1373–1380 nach einem Entwurf von Hennequin von Brügge von dem Pariser Teppichweber Nicolas Bataille gearbeitet und zeigt Szenen aus der Johannes-Apokalypse. Auftraggeber des sehenswerten Teppichzyklus war Herzog Ludwig I. von Anjou.

Burgen und Schlösser

Mittelalter   Im Loire-Tal muss man nach einem »château« nicht lange suchen – über 300 Schlösser und Burgen sind in der Landschaft zu finden. »Château« bedeutet im Französischen ebenso Burg wie Schloss: Im hohen und späten Mittelalter waren die »châteaux« Burgen, reine Befestigungsanlagen, die nicht der Repräsentation, sondern einzig der Verteidigung dienten. Sie waren von mächtigen Mauern mit Türmen umgeben, wie in **Angers**, **Chinon** und **Loches**, sie hatten einen Donjon, einen massiven, viereckigen Turm, wie in **Langeais** und **Beaugency**. Dekor erhielten manche Burgen erst in gotischer Zeit, wie das Schloss von **Saumur**, dessen Dach mit schönen Lukarnen und Schornsteinen geschmückt wurde.

Das Baumaterial für die Schlösser erhielt man teilweise direkt vom Ufer der Loire. Die Hänge bestehen aus Tuffstein, den man abtrug. Auf diese Weise entstanden Höhlen, die wiederum als Lager, Keller, Wohnungen und zur Champignonzucht genutzt wurden.

? WUSSTEN SIE SCHON …?

■ In der Loire-Region gibt es die meisten Höhlen Frankreichs. Würde man alle unterirdischen Lager und Höhlenwohnungen aneinanderreihen, ergäbe sich ein 3000 km langer Tunnel.

1440 geweiht: das gotische Langhaus der Kathedrale von Tours →

Renaissance Ab dem 15. Jh. residierten die französischen Könige im Tal der mittleren Loire, etwa zwischen Orléans und Saumur, bis Heinrich IV. Ende des 16. Jh.s die königliche Residenz wieder nach Paris verlegte. In diesen eineinhalb Jahrhunderten spielte der Gedanke an Verteidigung fast keine Rolle mehr – die Herrschersitze verwandelten sich mehr und mehr von Festungen in Prunk- und Lustschlösser.

Mitverantwortlich dafür war die **italienische Renaissance**. Auf seinen Feldzügen nach Italien Ende des 15. Jh.s hatte König Karl VIII. den neuen Kunststil kennengelernt. Tief beeindruckt vom Luxus des Hoflebens und der Schönheit der Renaissancebauwerke ließ er aus Italien Handwerker und Künstler, Gärtner, Architekten und Gelehrte in seine Heimat bringen und sein Stammschloss im neuen Baustil erweitern.

So wurde **Amboise** zum Ausgangspunkt für den Siegeszug der Renaissance durch ganz Frankreich. Auch Karls Nachfolger Ludwig XII. begeisterte sich für die neue Kunstrichtung, doch ihren Durchbruch erlebte die Renaissancearchitektur an der Loire erst unter Ludwigs Schwiegersohn **Franz I.** In dessen Regierungszeit entstanden Schlösser von wahrhaft königlichem Anspruch, repräsentative Prunkbauten, wie **Chambord**, das größte Schloss an der Loire. Arkadengalerien schmückten nun die Innenhöfe; in den durch Pilaster und Gesimse gegliederten Fassaden öffneten sich große Fenster; Skulpturenschmuck zierte Wände, Kapitelle und Lukarnen; kunstvoll angelegte Gärten luden zum Flanieren ein.

Kamin mit Salamander und Gobelins: das Zimmer von Franz I. in Azay-le-Rideau

Schloss Chenonceau, das »Château des Dames«, in die Wasser des Cher gebaut

Und doch wurden die italienischen Vorbilder nicht bedingungslos kopiert, vielmehr blieb die **französische Tradition** erhalten. Man baute weiterhin wuchtige Ecktürme, Wehrgänge mit Pechnasen und Wassergräben; die Wendeltreppe des Mittelalters geriet dabei ebenso wenig in Vergessenheit wie die steilen Dächer mit ihren skulptierten Schornsteinen, hohen Erkern und unzähligen Türmchen.

Auch bei der **Inneneinrichtung** übernahm man nicht nur neue Gestaltungselemente, sondern orientierte sich darüber hinaus an der heimischen Tradition. Italienisch waren u. a. Medaillons und Pilaster, die die Wände schmückten, gotisch blieben die geschnitzte Balkendecke, der prunkvoll verzierte Kamin und die Möbel.

Doch schuf die französische Renaissance auch eine neue Kunstgattung: den **Gobelin** (Bildteppich). Diese großflächigen Wandbehänge – meist mit Motiven aus dem Leben am Hof oder auf dem Land – hatten eine doppelte Funktion: Sie schmückten nicht nur die Zimmer, sondern dienten auch als Wärmedämmung in den unzureichend beheizten Räumen.

Bauherr der neuen Schlösser war nicht der König allein. Auch finanzkräftige Hofbeamte errichteten sich Residenzen. Allerdings durften sich diese Leute oft nicht allzu lange an ihrem Besitz erfreuen. Denn kaum fertiggestellt, wurden viele Schlösser, wie im Fall von **Chenonceau** und **Azay-le-Rideau**, von der Krone konfisziert.

CHÂTEAU DE CHAMBORD

Der extravagante Renaissance-König Franz I. ließ sich, zwei Tagesreisen von Paris entfernt, eine grandiose »folie« erstellen. Seinen Traum, die Loire umzuleiten, um »zu Fuß« anzukommen, musste er allerdings aufgeben.

🕐 Öffnungszeiten:
Anfang April – Ende September tgl. 9.00 –18.15, Anfang Okt. – Ende März 9.00 –17.15, Juli/August bis 19.30; letzter Einlass 45 Min. vor Schließung.
Veranstaltungen:
Mai – Sept.: tgl. Spectacle d'Art Equestre (Reiterschau in historischen Kostümen)
Juli – Sept.: Konzerte in den Schlossräumen
Mitte Sept. – Mitte Okt.: zur Zeit der Hirschbrunft geführte Beobachtungstouren
April – November: Fahrradverleih im Schlosspark
Viele weitere Angebote je nach Jahreszeit.
Auskunft: Domaine National de Chambord, F-41250 Chambord, Tel. 02 54 50 40 00, Reservierungen Tel. 02 54 50 50 41, Fax 02 54 20 34 69, www.chambord.org

① Donjon
Den Kern der Anlage bildet der Donjon mit seinen vier Rundtürmen an den Ecken. Der Entwurf von Domenico da Cortona, der von 1512 bis 1531 in Blois lebte, verkörpert mit seinem symmetrischen Grundrissraster die modernsten architektonischen Ideen der Zeit. Um die Doppelwendeltreppe gruppieren sich auf jedem Stockwerk vier quadratische Wohneinheiten mit Eckturm.

② Wohnung Franz' I.
Franz I. residierte im Obergeschoss des Nordostturms. Die feine Ausstattung mit Samt und Goldstickerei wurde rekonstruiert. Das tonnengewölbte Kabinett des Königs, das außerhalb des Turms liegt, diente später Katharina Opalinska, der ehemaligen polnischen Königin, als Kapelle.

③ Appartement Ludwigs XIV.
Gemäß den Ideen des Absolutismus rückte Ludwig XIV., der sich zwischen 1660 und 1685 mehrmals in Chambord aufhielt, seine Wohnung in die Mitte der Hauptfassade (wie er es auch in Versailles tat). Der Raum zwischen den Nordtürmen wurde einbezogen, so dass zwei Vorzimmer vor seinem Gemach lagen.

Oben: Der Salamander, das Wappentier Franz' I., ist über 800-mal zu sehen. Unten: Chambord von oben. Deutlich ist zu erkennen, dass das Bauwerk an drei Seiten nicht vollendet wurde.

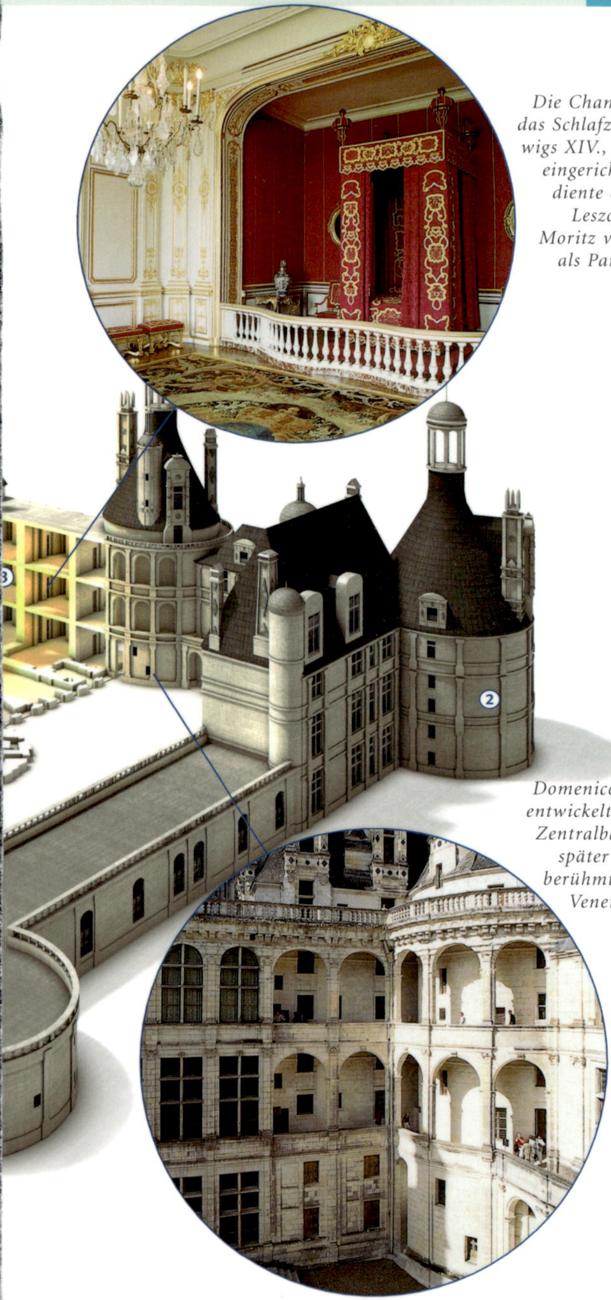

*Die Chambre Royale,
das Schlafzimmer Lud-
wigs XIV., wurde 1681
eingerichtet. Später
diente es Stanisław
Leszczyński und
Moritz von Sachsen
als Paradezimmer.*

*Domenico da Cortona
entwickelte mit seinem
Zentralbau Ideen, die
später Palladio mit
berühmten Villen im
Veneto realisierte.*

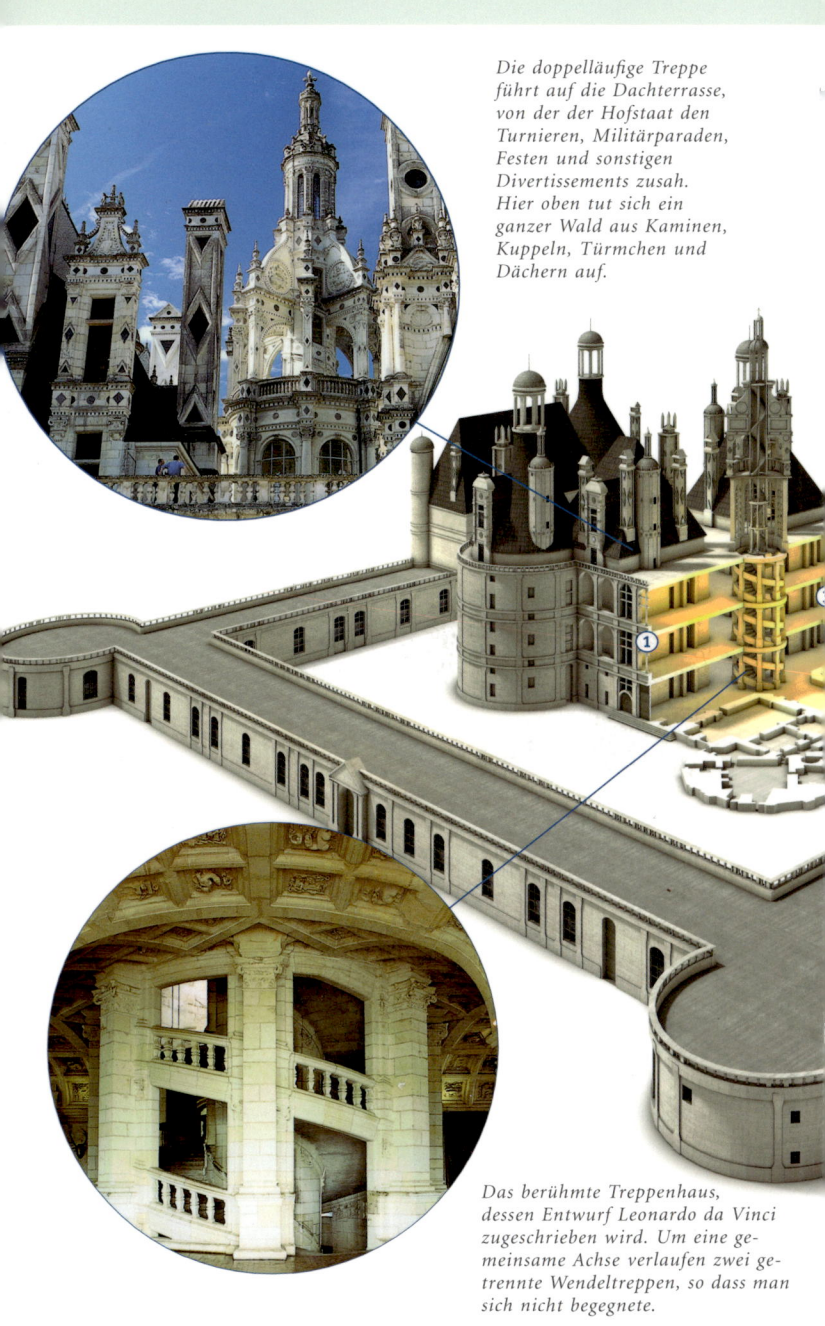

Die doppelläufige Treppe führt auf die Dachterrasse, von der der Hofstaat den Turnieren, Militärparaden, Festen und sonstigen Divertissements zusah. Hier oben tut sich ein ganzer Wald aus Kaminen, Kuppeln, Türmchen und Dächern auf.

Das berühmte Treppenhaus, dessen Entwurf Leonardo da Vinci zugeschrieben wird. Um eine gemeinsame Achse verlaufen zwei getrennte Wendeltreppen, so dass man sich nicht begegnete.

Ménars bei Blois – eines der wenigen Barockschlösser an der Loire

17.–19. Jahrhundert

Mit der Verlagerung der königlichen Residenz nach Paris unter Heinrich IV. Ende des 16. Jh.s endete die große Zeit der Loire-Schlösser, ließ die Bautätigkeit im Loire-Tal erheblich nach. Im 17. und 18. Jh. gab es nur noch wenige architektonische Höhepunkte, darunter den 1635–1638 von François Mansart errichteten **Flügel des Gaston d'Orléans** im Schloss von Blois, das berühmteste Beispiel für den klassischen Barockstil an der Loire, sowie **Cheverny**, **Ménars** und **Montgeoffroy**.

Während der Französischen Revolution wurden fast alle Schlösser enteignet, einige auch abgerissen; etliche verfielen, andere wandelte man in Kasernen um. In der zweiten Hälfte des 19. Jh.s erwachte das Interesse an den mittelalterlichen und frühneuzeitlichen Kunstdenkmälern wieder, und man begann, sie mit großem Engagement zu restaurieren. Wie engagiert man dabei zuweilen vorging, zeigen die königlichen Gemächer im Schloss von **Blois**. Sie sind ein anschauliches Beispiel dafür, wie die Restauratoren des 19. Jh.s ein Baudenkmal nicht nur erforschten und die Bausubstanz sicherten, sondern sich auch zu allerlei Ergänzungen oder sogar Veränderungen anregen ließen.

Literatur

Land der Poesie

Das Tal der Loire ist ein Land der Poesie, zahlreiche Dichterfürsten Frankreichs sind Kinder der Region.

Im 13. Jh. verfassten **Guillaume de Lorris** und **Jean de Meung**, beide aus Orléans, das lebhafte Werk »Roman de la Rose«. Das aus 22 000 Versen bestehende Œuvre, das die Geschichte einer Rose von besonders lieblichem und starkem Duft erzählt, hatte im Mittelalter großen Erfolg und gilt als Ursprung der allegorischen Dichtung, die bis zur Renaissance die beliebteste poetische Form war.

Herzog **Karl von Orléans** (1391 – 1465), ein Neffe von König Karl VI. und Vater des späteren Königs Ludwig XII., begann während seiner 25-jährigen Gefangenschaft in England Balladen und Lieder zu schreiben. An seinem Hof in Blois organisierte er dann Dichterwettbewerbe. Den Wettkampf von 1457 gewann **François Villon**, dessen Balladen Bertolt Brecht für seine »Dreigroschenoper« benutzte.

Bedeutendster Dichter seiner Zeit und die wohl berühmteste Person der Touraine ist der in La Devinière bei Chinon geborene **François Rabelais** (ca. 1490 – 1553). Schon früh verließ er das Loire-Tal, doch machte er seine Heimat zum Schauplatz einer Episode in seinem 5-bändigen Romanzyklus »Gargantua und Pantagruel«, in dem er mit Fabulierlust unverblümt und satirisch gegen das Denken in festgefahrenen Bahnen anschrieb (►Literaturempfehlungen).

Im 16. Jh. sah es eine aus sieben Poeten bestehende Dichterschule – die **Pléiade** – als Aufgabe an, die Dichtung nach antiken und italienischen Vorbildern von Grund auf zu erneuern und die französische Sprache zu einem dem Griechischen und Lateinischen ebenbürtigen Ausdrucksinstrument zu machen. Zu dieser Gruppe gehörte **Joachim du Bellay** aus Angers mit seinem programmatischen Manifest »Défense et Illustration de la Langue Française« (1549); unbestrittener Meister und Wortführer der Pléiade aber war der aus der Nähe von Vendôme stammende **Pierre de Ronsard** (1524 – 1585).

Berühmtester Dichter des Loire-Tals im 19. Jh. ist **Honoré de Balzac** (►Berühmte Persönlichkeiten). Die frühen Romane des in Tours geborenen Schriftstellers, der sich mehrmals in einem Landschloss in Saché bei Azay-le-Rideau aufhielt, spielen in seiner Geburtsstadt und Umgebung, unter anderem »Der Pfarrer von Tours« und »Die Lilie im Tal« (►Literaturempfehlungen). Aus der Sologne stammte **Henri Alain-Fournier**, der in jungen Jahren im Ersten Weltkrieg fiel, aber mit seinem einzigen Roman – »Der große Meaulnes« – ein unsterbliches Werk hinterließ (►Literaturempfehlungen).

François Villon, Sieger beim Wettkampf der Dichter im Schloss von Blois

Berühmte Persönlichkeiten

Welche bedeutende Herrscherin wäre beinahe deutsche Kaiserin geworden? Was trieb einen berühmten Schriftsteller zur unermüdlichen literarischen Produktion an? Welcher Politiker erhielt den Friedensnobelpreis? Welche große Dame des 16. Jh.s entsprach dem Schönheitsideal der Renaissance?

Anna von Bretagne (1477 – 1514)

Zwar gab es einen Vertrag zwischen Frankreich und dem souveränen Herzogtum Bretagne, in dem festgelegt worden war, dass die bretonische Herzogin Anna nur mit Zustimmung des französischen Königs eine Ehe eingehen dürfe, doch hielt sich die Dreizehnjährige nicht an diese Vereinbarung, und so wäre die 1477 in Nantes geborene Herzogin Anna fast deutsche Kaiserin geworden. 1490 ließ sie sich mit dem Habsburger **Erzherzog Maximilian von Österreich**, dem späteren Kaiser des Heiligen Römischen Reiches, verheiraten.

Herzogin der Bretagne

Mit der militärischen Belagerung der Stadt Rennes gelang es dem französischen König **Karl VIII.** allerdings, die widerspenstige Herzogin »umzustimmen«. Nachdem der Papst beider Ehen – Karl VIII. war mit Maximilians Tochter Margarethe verheiratet – annulliert hatte, gaben sich 1491 die kleine, lebhafte und etwas hinkende Anna und Karl (»kurz, hässlich und mit so disproportionierten Gliedmaßen, dass er mehr einem Monster als einem Menschen glich«, wie ihn Zeitgenossen beschrieben) im Schloss **Langeais** das Ja-Wort. Es heißt sogar, die beiden hätten sich ineinander verliebt. Lange dauerte die Liebe jedoch nicht. 1498 rannte Karl im Schloss von **Amboise** mit dem Kopf gegen einen zu niedrigen Türbalken – er war gerade in ein lebhaftes Gespräch mit Anna vertieft. An den Folgen dieses unglücklichen Unfalls starb der König.

Laut Ehevertrag mit Karl VIII. war Anna nun verpflichtet, dessen Nachfolger auf dem französischen Thron zu ehelichen, und so heiratete sie 1499 **Ludwig XII.** (1462 – 1515). Anscheinend bestand auch zwischen Anna und Ludwig eine Zuneigung – anderen Berichten zufolge soll der in Anna verliebte Ludwig allerdings an seiner »störrischen« Ehefrau wenig Freude gehabt haben. Als Anna 1514 starb, erbte die gemeinsame Tochter **Claudia** das bretonische Herzogtum. Ein Jahr später trat diese die Bretagne formal, 1532 dann offiziell, an ihren Gemahl **Franz I.** von Frankreich ab – das unabhängige Herzogtum Bretagne hörte damit auf zu existieren. In ihrem Wappen trugen Anna von Bretagne und ihre Tochter Claudia das Hermelin, das Wappentier der Herzöge der Bretagne.

Honoré de Balzac (1799 – 1850)

Der in **Tours** geborene Honoré de Balzac besuchte das Oratorianerkolleg in **Vendôme**, doch in guter Erinnerung behielt er diese Jahre von 1807 bis 1813 nicht: Mit 20 Jahren beendete er sein Jurastudium, um sich ganz der Schriftstellerei zu widmen. Er war dafür bekannt, dass er bis zu 18 Stunden am Tag an seinen Romanen arbeitete. Als der Erfolg ausblieb, wurde er Drucker und Verleger, machte jedoch Bankrott, der ihm einen enormen Schuldenberg aufbürdete.

Schriftsteller

← *Der Friedensnobelpreisträger Aristide Briand (rechts) 1925 während der Konferenz in Locarno mit Gustav Stresemann und Austen Chamberlain*

Schriftsteller, Verleger und Dandy: Honoré de Balzac

Mit 30 gelang ihm dann doch der literarische Durchbruch, und er wurde binnen kurzer Zeit zum beliebtesten Pariser Modedichter. So fand er auch Zugang in die mondänen Gesellschaftskreise und führte das Leben eines Dandys. Doch wegen seiner Schulden musste er immer wieder vor seinen Pariser Gläubigern fliehen.

Zuflucht fand er stets im Landschloss von **Saché**, wo u. a. sein Roman **»Die Lilie im Tal«** entstand, die Teil seines Romanzyklus **»La Comédie humaine«** (Die menschliche Komödie) ist. Dieses Gesamtwerk, in dem der Dichter die Menschen so schilderte, wie er sie sah, ohne Verklärung, frei von Idealisierung, mit ihren Schwächen und Torheiten, blieb unvollendet. Von den über 100 geplanten Bänden schaffte er rund 90, bevor er im Alter von 51 Jahren starb. Die Notwendigkeit, seine hohen Schulden aus dem Konkurs seines Unternehmens zu begleichen und seinen aufwändigen Lebensstil zu finanzieren, hatte ihn zu unermüdlicher Produktion angetrieben und seine Kräfte vor der Zeit aufgezehrt.

Aristide Briand (1862 – 1932)

Friedensnobelpreisträger

Aristide Briand stammte aus ärmlichen Verhältnissen und wuchs im Hafenviertel von Nantes auf. Nach seinem Jurastudium war er als Anwalt in Saint-Nazaire und Nantes tätig, bevor er 1893 nach Paris übersiedelte. 1902 gelang ihm als Generalsekretär des »Parti Socialiste Français« der Sprung ins Parlament, womit sein Aufstieg in der französischen Politik begann. Bis zu seinem Tod bekleidete er mehrere Ministerposten, fünfmal leitete er als Ministerpräsident die Regierung.

Im Erscheinungsbild von Aristide Briand überwiegt aber seine Beschäftigung mit der Außenpolitik; vereinfacht gesagt gilt er als **Planer Europas**. Nach den schrecklichen Erfahrungen des Ersten Weltkriegs war er ein großer Befürworter des Völkerbundes, und er bemühte sich um ein kollektives europäisches Sicherheitssystem, dem auch der »Erbfeind« Deutschland angehören sollte. Gemeinsam mit dem Außenminister der Weimarer Republik, Gustav Stresemann, erreichte er die Anerkennung Deutschlands als gleichwertigen Partner in den

Locarnoverträgen von 1925. Für diese Bemühungen erhielten die beiden Staatsmänner 1926 den Friedensnobelpreis. Die friedliche Koexistenz der europäischen Länder lag Briand so sehr am Herzen, dass er den Ereignissen in Genf, dem Sitz des Völkerbundes, mehr Aufmerksamkeit widmete als den Entwicklungen in Paris. Dieser Umstand veranlasste einen Zeitgenossen zu der Bemerkung: »Er ist ein großartiger Mann in Genf, nicht aber in Paris.« Aristide Briand starb 1932 in Paris.

Diana von Poitiers (1499 – 1566)

Sie galt als kühl und unnahbar, ihre Gesichtszüge waren herb und der Mund verkniffen. Doch ihr Körper entsprach den damaligen Schönheitsidealen. Dazu gehörten ihre langen Beine, vor allem aber ihr kleiner Kopf, ihre schmalen Hände und ihre zierlichen Brüste. Und Diana schien nicht zu altern. Sie war schon über 60, als Zeitgenossen schrieben, sie sehe aus wie eine Dreißigjährige.

Mätresse Heinrichs II.

Im Alter von 17 Jahren hatte sich der spätere König **Heinrich II.**, Sohn von ▶Franz I., in die 20 Jahre ältere Diana von Poitiers verliebt. Die Liebesaffäre dauerte über 20 Jahre. Als Heinrich 1547 den Thron bestieg, schenkte er seiner Mätresse Schloss Chenonceau. Doch da-

Diana von Poitiers als Jagdgöttin Diana

mit nicht genug! Der schweigsame Melancholiker ließ auch zu, dass seine angebetete Favoritin die politischen Geschäfte führte – und sich dabei selbst bereicherte. Dianas wohl berühmteste Entscheidung war die Einführung der Glockensteuer, d. h. auf jede Kirchenglocke des Reiches wurde eine Steuer erhoben, was den Dichter Rabelais zu dem Ausspruch veranlasste, dem König habe es gefallen, alle Glocken seines Reiches seiner Stute um den Hals zu hängen.

Das Nachsehen hatte natürlich Heinrichs Ehefrau, die als hässlich bekannte ▶**Katharina von Medici**, an der Heinrich kaum Interesse bekundete. Diana jedoch war viel zu klug, um nicht zu erkennen, dass die gedemütigte Florentinerin nur auf ihre Zeit warten würde. So riet sie dem König, das Ehebett etwas öfter aufzusuchen. Mit Erfolg: Nach 11 unfruchtbaren Jahren brachte Katharina zehn Kinder zur Welt, davon drei Söhne, die nacheinander den Thron besteigen sollten. Die Rache der Italienerin blieb dennoch nicht aus. Die Stunde der Vergeltung schlug, als Heinrich II. 1559 bei einem Turnier ums Leben kam – die abgebrochene Lanze seines Gegners war ihm durch das Visier seines Helmes ins Auge gedrungen. Katharina, die neue Regentin, verbot Diana den Zutritt an Heinrichs Sterbelager und zwang anschließend die verhasste Rivalin, das Traumschloss Chenonceau mit der düsteren Burg Chaumont zu vertauschen. Nur kurz hielt es die vom Königshof vertriebene Diana in der Festung über der Loire aus; dann zog sie in ihr Schloss Anet bei Paris, wo sie sieben Jahre später starb.

Franz I. (1494 – 1547)

Eine viel zu lange Nase, schmaler Mund und schmale Augen – und dennoch galt Franz I. als Inbegriff des »schönen Mannes«. Beeindruckend war tatsächlich seine Statur: 2,03 m soll er groß gewesen sein. Auch auf anderen Gebieten machte der König, der einer Seitenlinie des Hauses Valois entstammte und seit 1515 regierte, von sich reden. Er liebte rauschende Feste und die Jagd, unterhielt, obwohl zweimal verheiratet, zahlreiche Liebschaften, und nie blieb er länger als ein paar Tage an einem Ort; wenn er sein Land durchreiste, folgte ihm stets ein Tross von rund 12 000 Menschen – Adlige, Geistliche, Soldaten, Mediziner, Köche, Musiker und allerlei Handwerker.

Doch das soll nicht heißen, dass er seine staatsmännischen Pflichten vernachlässigt hätte. Im Gegenteil. Es gelang ihm, den Königshof zum Mittelpunkt des Staates zu machen und die Herrschaft zu zentralisieren, womit er dem **Absolutismus** in Frankreich den Weg ebnete. Unter ihm wurde der Hof auch zum Zentrum von Eleganz, Kultur und erlesenem Geschmack. Er förderte Kunst und Bildung, er holte die großen Meister der italienischen Renaissance nach Frankreich, Universalgenie **Leonardo da Vinci** (▶Baedeker Special, S. 130),

Erster französischer König der Renaissance

← *Franz I. – König und in seiner Zeit Inbegriff des »schönen Mannes«*

und er sorgte dafür, dass die **Renaissance**, der neue Stil aus Italien, dem Land, das er liebte, in seiner Heimat aufgenommen und dem französischen Geschmack angepasst wurde. Eines der besten Beispiele hierfür ist **Chambord**, das er als Jagdschloss errichten ließ. In Chambord sind überall das »F«, die Verbindung von »Franz« und »Frankreich«, und der unbesiegbare, feuerspeiende Salamander, sein Wappentier, zu sehen.

Seine Außenpolitik jedoch war vom Dauerkonflikt mit den Habsburgern und dem gespannten Verhältnis zu **Karl V.**, dem er bei der Kaiserwahl 1519 unterlag, überschattet. Entzündet hatte sich dieser Konflikt an den italienischen Erbstreitigkeiten. Bei seinem Versuch, Mailand zu erobern und so die Oberhoheit über Norditalien zu gewinnen, geriet Franz in der Schlacht bei Pavia (1525) in kaiserliche Gefangenschaft. Nach dem Abschluss des Friedens von Madrid wurde Franz freigelassen; kurz darauf widerrief er den Vertrag, da er unter Zwang gehandelt habe, was einen erneuten Krieg zur Folge hatte.

Doch trotz seiner schweren Niederlage gegen Karl V. bei Pavia konnte Franz I. immer wieder dem Kaiser gleichwertig entgegentreten. So ließ er 1539 seinen größten Feind durch Frankreich reisen und ihn in **Amboise** und **Chambord** mit allen erdenklichen Ehren empfangen. Aber solche festlichen Veranstaltungen verrauchten bald, und Kaiser und König führten wieder Krieg. In Vorbereitung auf einen erneuten Kampf um Mailand starb Franz I. 1547 – wie immer auf Reisen – in Rambouillet südwestlich von Paris.

Heinrich III. (1551 – 1589)

Letzter Valois-König

Die drei Söhne der ▶ Katharina von Medici trugen nacheinander die französische Krone. Der kränkliche **Franz II.**, verheiratet mit Maria Stuart, der Königin von Schottland, regierte nur ein Jahr (1559/ 1560), bevor er starb. **Karl IX.** regierte von 1560 bis 1574, besaß aber kein wirkliches Talent dafür, und auch er war sehr kränklich. In dem Maße, wie seine Schwindsucht fortschritt, wurde er immer jähzorniger und erlitt Tobsuchtsanfälle. Nach der Bartholomäusnacht im Jahr 1572 verfiel seine Gesundheit rapide.

Thronfolger **Heinrich, Katharinas Lieblingssohn**, konnte den Tod seines Bruders kaum erwarten. Doch zuvor musste er nach Polen aufbrechen, was er nur widerwillig tat, nachdem seine Mutter 1573 seine Wahl zum polnischen König veranlasst hatte. Als Karl IX. im Jahr darauf starb, floh Heinrich III. aus seinem osteuropäischen Königreich, um endlich selbst den französischen Thron zu besteigen.

Zwei Tage nach seiner Krönung heiratete er **Luise von Lothringen**, die nach seinem Tod das Schloss Chenonceau in Trauerfarben ausmalen lassen sollte. Die Ehe zwischen den beiden blieb kinderlos. Heinrich III., der sich vorzugsweise mit seinen Günstlingen, den unpopulären »mignons« (soviel wie »Liebchen«), umgab, hatte zum Leidwesen seiner Mutter Katharina eine Vorliebe für Männer, die er am liebsten geschminkt und in Frauenkleidern sah. Außerdem hatte

DIE EISERNE JUNGFRAU

Frankreich durchlebte das dunkelste Kapitel seiner Geschichte, als England 117 Jahre lang Anspruch auf die französische Krone erhob. Den französischen Thronanwärter Karl konnte nur noch ein Wunder retten. Und das Wunder geschah. Eine junge Frau führte die entscheidende Kriegswende herbei, endete dafür aber auf dem Scheiterhaufen.

Frankreich lag am Boden. Es herrschte der Hundertjährige Krieg (1337 bis 1453). Nach katastrophalen Niederlagen musste Frankreichs König Karl VI. (1380–1422) seine Tochter Katharina mit Heinrich V. von England verheiraten. Damit verbunden war Heinrichs Erbanspruch auf die französische Krone. Als Karl VI. und Heinrich V. 1422 kurz hintereinander starben, rief sich Karls Sohn, der **Dauphin Karl**, zum neuen König von Frankreich aus; aber auch England versuchte, seinen Anspruch auf den französischen Thron durchzusetzen. 1422 besetzten englische Truppen den Norden Frankreichs und nahmen Paris ein. Der Dauphin Karl zog sich daraufhin mit seinem Hofstaat nach Bourges zurück. Damit machte er allerdings den Weg für England frei, denn der französische Thron galt so lange als vakant, wie der Dauphin sich nicht in Reims krönen ließ.

Im Herbst 1428 spitzte sich die Lage zu, als die Engländer, mit denen sich der mächtige Herzog von Burgund, Philipp der Gute, verbündet hatte, den Versuch unternahmen, Orléans als letzte Bastion Frankreichs einzunehmen. Monatelang wurde die Stadt an der Loire, das »Herz Frankreichs«, belagert. In dieser ausweglos erscheinenden Situation betrat ein unbekanntes Mädchen die politische Bühne – die siebzehnjährige Bauerntochter Jeanne d'Arc aus dem lothringischen Domrémy.

Treffen in Chinon

Der strenggläubig erzogenen Jeanne d'Arc eilte der Ruf voraus, Stimmen gehört zu haben, die sie aufforderten, die belagerte Stadt Orléans aus der Umklammerung des englischen Feindes zu befreien und den Dauphin zur Königskrönung nach Reims zu führen. Es gelang ihr, am 1. März 1429 bei Karl, der sich gerade in Chinon aufhielt, eine Audienz zu erhalten und ihn von ihrer Mission zu überzeugen. Der Dauphin, ein Schwächling ohne Rückgrat, der nichts anderes wollte, als endlich zum König von Frankreich gekrönt zu werden, befand sich quasi auf verlorenem Posten. Seine Soldaten

waren ausgehungert und ohne Motivation. So war er denn auf jeden Verbündeten angewiesen, und schnell hatte er den propagandistischen Wert des patriotischen Landmädchens, das sich selbst **Jehanne la Pucelle** (Jungfrau) nannte, erkannt. Dennoch ließ er die junge Frau noch einmal von seinen Gelehrten befragen und von einigen Hofdamen ihre Jungfräulichkeit überprüfen. Dann erhielt die Siebzehnjährige, wie von ihr gewünscht, eine Rüstung, ein Schwert, ein Pferd und ein Banner und durfte an der Spitze eines Krieghaufens nach Orléans ziehen.

Die Befreierin

Jeanne d'Arc war kein strategisches Genie, Zeitzeugen sprechen ihr sogar die simpelste geografische Orientierung ab. Doch sie hatte Charisma. Es gelang ihr, die ausgemergelten Soldaten von ihrer überirdischen Mission zu überzeugen; unter ihrem Regiment legten die Männer sogar die Beichte ab, hörten die Messe und ließen das Fluchen bleiben. Und so konnte sie, selbst immer an vorderster Front kämpfend, ihre Soldaten wieder und wieder in Angriffe schicken und Sieg um Sieg erringen. Am 8. Mai 1429 gaben die Engländer die Belagerung von Orléans auf. Zwei Monate später, am 17. Juli 1429, wurde der Dauphin, wie von Jeanne d'Arc prophezeit, in der Kathedrale von **Reims** zum König gekrönt. Jeanne durfte, mit der Sturmfahne von Orléans in der Faust, während der Feier an seiner Seite stehen. Die Jungfrau genoss höchstes Ansehen im Land, vom Volk wurde sie als Heldin verehrt.

Verraten und verbrannt

Doch wenig später begann das Verhängnis. Nachdem ihr Versuch, Paris zu erobern, gescheitert war, streckte der kriegsmüde Karl VII. seine diplomatischen Fühler in Richtung Burgund aus. Jeanne aber scherte sich nicht um die Friedenspolitik und kämpfte – schließlich waren noch weite Teile des Landes in feindlicher Hand – ohne Rückendeckung des Königs weiter. Am 23. Mai 1430 fiel sie bei Compiègne den Burgundern in die Hände. Verschiedene Seiten, u. a. der Klerus, verlangten ihre Herausgabe; nur König Karl VII., dem die Jungfrau wohl lästig geworden war, rührte keinen Finger für sie. Fluchtversuche Jeannes und Befreiungsversuche treuer Anhänger scheiterten. Nach sechs Monaten verkaufte Burgund seine Gefangene an die englischen Bündnispartner. Diese versuchten alles, um die Legende der »Jungfrau von Orléans« zu zerstören und ließen Jeanne vor ein **kirchliches Tribunal** stellen, das sie beschuldigte, mit Hilfe böser Mächte die Siege über

*Reiterstandbild von Jeanne d'Arc
auf der Place du Martroi in Orléans*

die englischen Truppen errungen zu haben. Denn nur so ließ sich die Rechtmäßigkeit der Königswürde Karls VII. öffentlich anfechten. War der Dauphin mit Unterstützung böser Mächte gekrönt worden, war seine Krönung nichts wert.

Während des dreimonatigen Prozesses verteidigte sich die Jungfrau außerordentlich klug. Die hoch gebildeten Ankläger waren über die große Ausdrucksfähigkeit des einfachen Mädchens, das weder lesen noch schreiben konnte, sehr überrascht. Doch das Urteil stand von vornherein fest. Als man ihr nach der Urteilsverlesung eröffnete, der Scheiterhaufen erwarte sie, wenn sie ihren Irrglauben nicht einräume, schwor Jeanne ihren Überzeugungen plötzlich ab. Daraufhin wurde sie zu lebenslanger Haft verurteilt. Die Engländer tobten – war der Sinn des Prozesses doch gewesen, die Feindin Heinrichs VI. zu beseitigen und den Dauphin als Befürworter einer Ketzerin zu denunzieren und so politisch zu entmachten. Also brauchten sie einen Vorwand für einen neuen Prozess. Schließlich konnten sie der Jungfrau nachweisen, dass sie in ihrer Gefängniszelle Männerkleidung trug, was verboten war. Dabei beriefen sie sich auf das 5. Buch Mose. Jahre später kam der Verdacht auf, Gefängniswärter hätten Jeanne d'Arc dazu gezwungen.

Nachdem sie dann doch ihr Geständnis widerrufen hatte, erwartete sie der Tod. Am 30. Mai 1431 wurde sie, der Ketzerei bezichtigt, in **Rouen** bei lebendigem Leib auf dem Scheiterhaufen verbrannt. Sie litt sehr lange – der Henker bedauerte, dass er auf den hohen Scheiterhaufen nicht habe hinaufklettern können, um ihre Qual abzukürzen. Die Rechnung der Engländer ging jedoch nicht auf. Die Märtyrerin Jeanne trug wesentlich zum erwachenden französischen Nationalgefühl bei. In ihrem Namen kämpften Karls Truppen weiter und vertrieben den englischen Besatzer aus dem Land. 1456 strengte der siegreiche König einen Wiederaufnahmeprozess an, der Jeanne schließlich rehabilitierte. Der Vatikan hielt sich in der Frage um Schuld und Unschuld von Jeanne d'Arc jahrhundertelang zurück. Erst 1909 wurde sie selig und 1920 heilig gesprochen.

Nationalheldin und Heilige

Zur französischen Nationalheldin entwickelte sich Jeanne im 19. Jahrhundert. In Kriegszeiten musste sie als Symbol für Vaterlandsliebe und Nationalstolz herhalten. Im Ersten Weltkrieg war sie Schutzpatronin der französischen Armee, während des Zweiten Weltkrieges erhoffte sich besonders **Charles de Gaulle** von ihr Hilfe für die Befreiung Frankreichs.

er die Angewohnheit, seinen zahlreichen Hunden Namen im Widerspruch zu ihrem Geschlecht zu geben; sein liebster Hund hieß »mignon«, war aber ein Weibchen.

Heinrichs größter politischer Gegner war der **Herzog von Guise**, der Führer der katholischen Liga, der ihm den Thron streitig machte. 1588 floh der König aus Paris, das hinter dem Herzog stand, an die Loire. Im Dezember desselben Jahres zwang Guise den Monarchen, in Blois die Generalstände einzuberufen. Heinrich nutzte die Chance und ließ den in Blois erschienenen Rivalen kaltblütig ermorden. Als es daraufhin in Paris zu Aufständen gegen das Haus Valois kam, rückte Heinrich mit einem Heer an, 1589 wurde er jedoch während der Belagerung selbst von einem fanatischen Dominikanermönch erstochen.

Katharina von Medici (1519 – 1589)

Mächtigste Frau im 16. Jh. In den vier Jahrzehnten nach dem Tod von ▶Franz I. (1547), in denen das Loire-Tal noch die Königslandschaft bildete, übernahmen Frauen die Regierungsgeschäfte. Unter Heinrich II. lenkte die könig-

Alles fest im Griff: Katharina von Medici mit ihrem Ehemann Heinrich II.

liche Mätresse ► **Diana von Poitiers** die Politik. Nach Heinrichs Tod 1559 schlug die große Stunde seiner Ehefrau Katharina von Medici. Für den französischen Adel blieb sie die »Krämerstochter«, doch dabei war die in Florenz geborene Cathérine de Medicis, wie die Franzosen sie nennen, Tochter eines Herzogs und die Nichte von Päpsten. 1533, mit 14 Jahren, wurde sie mit dem französischen Dauphin verheiratet, der als Heinrich II. den Thron bestieg. Sie brachte zehn Kinder zur Welt, darunter drei Söhne, **Franz II.**, **Karl IX.** und ► **Heinrich III.**, die nacheinander die Krone trugen. Nur ihre Tochter Margarete erbte die robuste physische Konstitution ihrer Mutter; die übrigen Kinder waren anfällig für Infektionen und zeigten im erwachsenen Alter gelegentlich Anzeichen geistiger Verwirrtheit.

Die willensstarke und gebildete Katharina übte auf ihre Söhne einen entscheidenden Einfluss aus; als Regentin wie als Königin-Mutter war sie die eigentliche Herrscherin. Sie hatte aber keinen leichten Stand in einem Land, das vom Religionskrieg tief gespalten war. Mehrfach verhandelte sie mit den miteinander verfeindeten Parteien, um das Ausmaß der Bürgerkriege zu begrenzen. Eine Aussöhnung sollte im Jahr 1572 mit der Heirat von Katharinas Tochter Margarete mit dem jungen Hugenottenführer Heinrich von Navarra, dem späteren **Heinrich IV.**, erreicht werden. Doch dabei zettelte Katharina ein Massaker gegen die Hugenotten an, das als **Bartholomäusnacht** traurige Berühmtheit erlangte.

Katharina von Medici überlebte ihre beiden Söhne Franz II. und Karl IX. Nur wenige Monate nach ihrem eigenen Tod in Blois wurde ihr Lieblingssohn Heinrich III. ermordet.

Jules Verne (1828 – 1905)

Der 1828 in Nantes geborene Jules Verne gilt als der erfolgreichste Schriftsteller des 19. Jahrhunderts; mit seinen noch heute in hohen Auflagen erscheinenden, oft auch verfilmten utopischen Abenteuer- und Entdeckerromanen wurde er zum Prototyp des Science-Fiction-Autors. Seine literarische Karriere begann der gelernte Jurist mit heute vergessenen Novellen, Opernlibretti und Dramen. Ab 1863 machte er sich – brennend an den technischen Entwicklungen seiner Zeit interessiert – durch **wissenschaftlich-fantastische Abenteuerromane** einen Namen. Seine Werke sind keine bedeutenden wissenschaftlichen Beiträge, aber in seinen Büchern werden einige technische Entwicklungen des 20. Jh.s vorweggenommen.

Prototyp des Science-Fiction-Autors

Während sich in den frühen Romanen, darunter »Reise zum Mittelpunkt der Erde« und »Von der Erde zum Mond«, sein ungebrochener Glaube an den technischen Fortschritt zeigt, ist in den späteren »außergewöhnlichen Reisen« eine stärkere Hinwendung zu sozialen und politischen Fragen zu erkennen. So warnt er in »20 000 Meilen unter dem Meer« vor dem Missbrauch der Technik zu politischen Zwecken. Weitere bekannte Romane von ihm sind »Reise um die Welt in 80 Tagen« und »Der Kurier des Zaren«.

Praktische Informationen

WELCHE FREIZEITAKTIVITÄTEN
HAT DAS LOIRE-TAL ZU BIETEN?
WO LIEGEN DIE WEINANBAUGEBIETE?
WIE LANG IST DER LOIRE-RADWEG,
UND WO KANN MAN GUT ESSEN,
TRINKEN UND ÜBERNACHTEN?

Anreise · Reiseplanung

Anreise

Mit dem Auto Von Nord- und Mitteldeutschland ist Paris auf dem Weg ins Loire-Tal fast unumgänglich. Aus **Norddeutschland** führt die schnellste Autobahnverbindung über Aachen – Belgien zur A1 (Autoroute du Nord), die Lille mit Paris verbindet, bzw. über Trier – Luxemburg – Thionville zur A4 Metz – Paris. Aus **Süddeutschland** und **Österreich** erreicht man über Straßburg die A4 (Autoroute de l'Est), die über Metz und Reims nach Paris führt. Von Paris aus fährt man dann auf der A10 weiter nach Orléans, Blois und Tours bzw. auf der A10/A11 über Chartres nach Angers und Nantes. Gien und Sancerre erreicht man von Paris aus über die A6/A77. Von Orléans aus kommt man über die A71 nach Bourges.

Wer die Fahrt über Paris vermeiden möchte, hat von Süddeutschland aus zwei Möglichkeiten: Auf der A4 (Metz – Paris) bis zum Autobahndreieck Grand-Loges, von hier aus auf der A26 Richtung Troyes, hinter Troyes auf der A5 Richtung Sens/Paris/Orléans, am Autobahndreieck Gisy-les-Nobles auf der A19 Richtung Montargis/Paris/Orléans, von Courtenay über die N60 nach Orléans – oder von Mulhouse (Elsass) auf der A36 über Besançon nach Beaune und von dort weiter über Nationalstraßen nach Nevers.

Aus der **Schweiz** kommt man von Basel über die A35 zur A36 bei Mulhouse (Weiterfahrt s. oben) oder von La Chaux-de-Fonds bzw. Le Locle über die D461 und E23 zur A36 bei Besançon (Weiterfahrt s. oben). Die Benutzung der französischen Autobahnen ist gebührenpflichtig.

Mit dem Bus Die Eurolines, ein Zusammenschluss von über 30 europäischen Busunternehmen, verbinden durch die DB-Tochterfirma Deutsche Touring auch Deutschland mit Frankreich. Von Deutschland aus werden die 3 Städte Orléans, Tours und Nantes direkt angefahren.

Mit der Bahn Es empfiehlt sich die **Anreise über Paris**, da die Hauptstrecken der französischen Bahngesellschaft SNCF radial von der Hauptstadt ausgehen. TGV-Verbindungen (TGV – Train à Grande Vitesse) bestehen nach Stuttgart, München, Basel und Zürich. Zwischen Frankfurt am Main und Paris verkehrt ein ICE; Köln ist durch den **Thalys** mit der französischen Hauptstadt verbunden. Die Fahrtzeiten von Köln, Frankfurt und Stuttgart nach Paris liegen jeweils unter vier Stunden. Von Paris gibt es Verbindungen über Gien nach Nevers sowie nach Orléans, Tours, Nantes und Saint-Nazaire. Vom Pariser Bahnhof Montparnasse fährt der Hochgeschwindigkeitszug TGV Vendôme (ca. 40 Minuten), Tours (ca. 1 Stunde), Angers und Nantes an. Auch vom Pariser Flughafen Roissy-Charles de Gaulle ist Tours in 1 Stunde zu erreichen.

INFORMATIONEN ANREISE

LINIENBUSVERKEHR

► **Deutsche Touring**
Am Römerhof 17
D-60486 Frankfurt a. M.
Tel. 0 69/7 90 35 01
www.eurolines.de

BAHNAUSKUNFT

► **SNCF**
Service-Center der SNCF in
Deutschland
Bahnhofsvorplatz 1, 50667 Köln
Tel. 01 80 52 18 238
(0,12 € pro Min.)
Fax 02 21/91 39 31 20
E-Mail: verkauf@raileurope.de
www.tgv.com
(deutschsprachige Seite)

www.sncf.de
www.sncf.com
www.thalys.com

► **Deutsche Bahn**
Tel. 11 8 61
Tel. 08 00/1 50 70 90
www.bahn.de

► **Österreichische Bundesbahn**
www.oebb.at

► **Schweizerische Bundesbahnen**
www.sbb.ch

FLUGVERKEHR

► **Air France**
www.airfrance.com

Air France fliegt von Berlin, Bremen, Frankfurt, Düsseldorf, Hamburg, Hannover, Leipzig-Halle, Stuttgart, Nürnberg und München zum Pariser Flughafen Charles de Gaulle (CDG). Auch andere Fluggesellschaften wie Air Berlin, easyJet, Germanwings und Lufthansa fliegen regelmäßig von deutschen Städten nach Paris. Vom Flughafen fährt der Hochgeschwindigkeitszug TGV in 1 Std. 45 Min. nach Tours und in 1 Std. 30 Min. nach Orléans.
Mit dem Flugzeug

Ein- und Ausreisebestimmungen

Zur Einreise nach Frankreich genügt für Bürger der EU ein gültiger Personalausweis, Schweizer Bürger benötigen einen Reisepass. Für Kinder unter 16 Jahren ist ein Kinderausweis oder ein Eintrag im Elternpass erforderlich.
Personalpapiere

Der nationale Führerschein und der Kraftfahrzeugschein sind mitzuführen. Die Mitnahme der grünen Internationalen Versicherungskarte ist ratsam. Kraftfahrzeuge müssen, wenn sie kein EU-Kennzeichen haben, das Nationalitätenkennzeichen tragen.
Fahrzeugpapiere

Wer Haustiere mitnehmen möchte, benötigt für sie den Heimtierpass der EU. Das Tier muss zur Identifizierung eine Tätowierung oder einen Mikrochip tragen. Die letzte Tollwutimpfung muss zwischen 30 Tage und 12 Monate alt sein.
Haustiere

EU-Binnenmarkt Innerhalb der EU, zu der auch Frankreich, Deutschland und Österreich gehören, ist der Warenverkehr für private Zwecke weitgehend zollfrei.

Zur Abgrenzung zwischen privater und gewerblicher Verwendung gelten folgende Richtmengen: 800 Zigaretten, 400 Zigarillos, 200 Zigarren, 1 kg Rauchtabak; 10 l Spirituosen, 20 l Zwischenerzeugnisse, 90 l Wein (davon maximal 60 l Schaumwein) und 110 l Bier.

Bei einer Kontrolle ist glaubhaft zu machen, dass die Waren nur für den privaten Verbrauch bestimmt sind.

Einreise nach Frankreich aus Nicht-EU-Ländern Für Reisende aus Nicht-EU-Ländern (Schweizer Staatsbürger) liegen die Freigrenzen für Personen ab 17 Jahre bei 200 Zigaretten oder 100 Zigarillos oder 50 Zigarren oder 250 g Rauchtabak, bei 2 l Wein und 2 l Schaumwein oder 1 l Spirituosen mit mehr als 22 Vol.-% Alkoholgehalt oder 2 l Spirituosen mit weniger als 22 Vol.-% Alkoholgehalt, 500 g Kaffee oder 200 g Kaffeeauszüge, 100 g Tee oder 40 g Tee-Extrakt, 50 g Parfüm oder 0,25 l Eau de Toilette. Zollfrei sind außerdem Waren bis zu einem Wert von 175 Euro.

Wiedereinreise in die Schweiz Abgabenfrei für Personen ab 17 Jahre sind 200 Zigaretten oder 50 Zigarren oder 250 g Rauchtabak, an alkoholischen Getränken 2 l mit bis zu 15 Vol.-% Alkoholgehalt und 1 l mit mehr als 15. Vol.-% Alkoholgehalt; ferner Geschenke im Wert bis 100 CHF, für Personen unter 17 Jahre bis 50 CHF.

Reiseversicherung

Kranken-versicherung Die Anspruchsbescheinigung E 111 der gesetzlichen Krankenkassen wurde durch die Europäische Krankenversichertenkarte (European Health Insurance Card, EHIC) ersetzt.

Die Krankenversichertenkarte ist nur gültig für die Versorgung bei Notfällen und chronischen Krankheiten. Sie gilt nicht, wenn sich jemand bewusst für eine Behandlung im Ausland anstatt in Deutschland entscheidet. Die EHIC-Karte ist beim Arzt oder im Krankenhaus in Frankreich vorzulegen.

Behandlungs-kosten Die medizinischen Leistungen in Frankreich werden wie bisher nach dem dort gültigen Recht behandelt. In vielen Fällen sind Zuzahlungen zu leisten. Wird die EHIC nicht akzeptiert, muss man die Rechnungen bezahlen und zur Erstattung der Krankenkasse vorlegen. Aus den quittierten Rechnungen müssen die erbrachten Leistungen hervorgehen.

Der Abschluss einer privaten Auslandsreisekrankenversicherung ist weiterhin empfehlenswert, da im Fall der Fälle ein Rücktransport von den gesetzlichen Krankenkassen nicht bezahlt werden darf. Schweizer Staatsbürger müssen ihre Krankheitskosten selbst tragen. Privat Versicherte reichen zur Kostenerstattung die französischen Unterlagen ein.

Auskunft

Fremdenverkehrsämter

Das Französische Fremdenverkehrsamt »Maison de la France« bietet einen vielfältigen Service, in erster Linie mit Informationen und dem Versand von Prospekten aus den Regionen und Départements bezüglich Unterkunft, Verkehrsmittel, Sehenswürdigkeiten, Sportmöglichkeiten u. v. m.

Maison de la France

Reichhaltiges Material bieten auch die Verkehrsämter der Regionen – **Comité Régional de Tourisme (CRT)** – und der Départements – **Comité Départemental de Tourisme (CDT)**. Ihren Prospekten können die Adressen der lokalen Tourismusbüros (Office de Tourisme, OdT) entnommen werden, die in Detailfragen – z. B. Restaurant- und Unterkunftsverzeichnisse, sportliche und andere Aktivitäten, Veranstaltungen, Museen etc. – weiterhelfen. Im Teil »Reiseziele von A bis Z« werden die Adressen des jeweils zuständigen Office de Tourisme genannt.

Bereichsverkehrsämter

 ## INFOADRESSEN

MAISON DE LA FRANCE

▶ **Internet**
www.franceguide.com

▶ **In Deutschland**
Zeppelinallee 37
D-60325 Frankfurt a. M.
Tel: 09 00/1 57 00 25
Fax 09 00/1 59 90 61
(jeweils Mo. – Fr. 9.00 – 17.30 Uhr)
E-Mail: info.de@franceguide.com

▶ **In Österreich**
Lugeck 1 – 2 / Stg. 1 / Top 7
A-1010 Wien
Tel. 09 00/25 00 15
Fax 01/5 03 28 72
E-Mail: info.at@franceguide.com

▶ **In der Schweiz**
Rennweg 42 – Postfach 7226
CH-8023 Zürich
Tel. 09 00/900 699 oder

Tel. 0 44/2 17 46 00
Fax 0 44 / 2 17 46 17
E-Mail: info.ch@franceguide.com

BEREICHSVERKEHRSÄMTER

▶ **CRT Centre – Val de Loire**
37, Avenue de Paris
F-45000 Orléans
Tel. 02 38 79 95 28
Fax 02 38 79 95 10
E-Mail: crtcentre@visaloire.com
www.visaloire.com

▶ **CRT Pays de la Loire**
1, place de la Galarne –
BP 80221
F-44204 Nantes cedex 2
Tel. 02 40 48 24 20
Fax 02 40 89 89 85
E-Mail: infotourisme@
sem-paysdelaloire.fr
www.paysdelaloire.de

▶ **CDT Anjou**
Place Kennedy – BP 32147
F-49021 Angers cedex 02
Tel. 02 41 23 51 51
Fax 02 41 88 36 77
E-Mail: infos@
anjou-tourisme.com
www.anjou-tourisme.com

▶ **CDT Cher**
Maison du Tourisme
5, Rue Séraucourt
F-18000 Bourges
Tel. 02 48 48 00 10
Fax 02 48 48 00 20
www.berrylecher.com

▶ **CDT Loir-et-Cher**
5, Rue de la Voûte du Château –
BP 149
F-41005 Blois cedex
Tel. 02 54 57 00 41
Fax 02 54 57 00 47
E-Mail: infos@cdt41.com
www.tourismeloir-et-cher.com

▶ **CDT Loire Atlantique**
11, Rue du Château de l'Eraudière
– CS 40698
F-44306 Nantes cedex 3
Tel. 02 51 72 95 30
Fax 02 40 20 44 54
E-Mail: info@
loire-atlantique-tourisme.com

▶ **CDT Loiret**
8, Rue d'Escures
F-45000 Orléans
Tel. 02 38 78 04 04
Fax 02 38 77 04 12
www.tourismeloiret.com

▶ **CDT Touraine**
30, Rue de la Préfecture – BP 3217
F-37032 Tours cedex
Tel. 02 47 31 47 48
Fax 02 47 31 42 76
www.tourism-touraine.com

DIPLOMATISCHE UND KONSULARISCHE VERTRETUNGEN IN FRANKREICH

▶ **Deutschland**
Deutsche Botschaft
13 – 15 Avenue F. Roosevelt
F-75008 Paris
Tel. 01 53 83 45 00
www.auswaertiges-amt.de

Honorarkonsulat Nantes
24, Rue du Marché Commun
F-44332 Nantes
Tel. 02 51 89 05 34,
Fax 02 40 52 18 90

▶ **Österreich**
Österreichische Botschaft
6, Rue Fabert
F-75007 Paris
Tel. 01 40 63 30 63,
Fax 01 45 55 63 65
www.aussenministerium.at

▶ **Schweiz**
Schweizer Botschaft
142, Rue de Grenelle
F-75007 Paris
Tel. 01 49 55 67 00
Fax 01 49 55 67 67
www.eda.admin.ch

Konsulat Nantes
81, Rue des Renardières
F-44100 Nantes
Tel. 02 40 95 00 50

INTERNET

▶ **www.franceguide.com**
Site der Maison de la France.
Inhaltsreich; auch auf
Deutsch

▶ **www.tourisme.fr/recherche/ index.htm**
Schneller Zugang zu den städtischen Offices de Tourisme

▶ **www.bienvenue-au-chateau.com**
Unterkünfte in Schlössern

▶ **www.loire-a-velo.fr**
Informationen zu Fahrradurlaub an der Loire

▶ **www.vinsvaldeloire.fr**
Weine der Touraine und Kellereien, die man besichtigen kann

▶ **www.vins-centre-loire.com**
Weine des Centre-Loire-Tals

▶ **www.chateaux-france.com**
Schlösser in Frankreich, teils mit Übernachtungsmöglichkeiten

▶ **www.visaloire.com**
Geschichte, Kultur, Natur; Sehenswürdigkeiten, Unterkünfte, Gastronomie, Sport.

Mit Behinderung unterwegs

Die französischen Tourismusbüros versorgen auch mit Informationen aller Art für Behinderte. Um auf den Parkplätzen für Behinderte parken zu dürfen, muss man seinen (internationalen) Behinderten-Parkausweis mit sich führen. Sehr hilfreich ist die Broschüre »Touristes quand même!« des Comité National Français de Liaison pour la Réadaptation des Handicapés (CNFLRH), die u. a. für Behinderte zugängliche Sehenswürdigkeiten in ca. 90 Städten beschreibt. Über Hotels und Restaurants für Rollstuhlfahrer informiert auch der APF.

 INFORMATIONEN FÜR BEHINDERTE

▶ **CNFLRH**
236 bis, Rue de Tolbiac
F-75013 Paris
Tel. 01 53 80 66 66

▶ **Association des Paralysés de France (APF)**
17, Boulevard Auguste Blanqui
F-75013 Paris
Tel. 01 40 78 69 00; www.apf.asso.fr

▶ **BSK Reiseservice**
Altkrautheimer Straße 20
D-74238 Krautheim
Tel. 0 62 94/42 81–50
www.bsk-ev.de
Der BSK Reiseservice gibt Informationen, organisiert Reisen und bietet umfassende Hilfen an.

▶ **Bundesarbeitsgemeinschaft der Clubs Behinderter und ihrer Freunde**
Eupener Str. 5
D-55131 Mainz
Tel. 0 61 31/22 55 14
www.bagcbf.de

▶ **Mobility International Schweiz**
Froburgstrasse 4
CH-4600 Olten
Tel. 0 62/2 06 88 35
www.mis-ch.ch

▶ **Verband aller Körperbehinderten Österreichs**
Schottenfeldgasse 29
A-1070 Wien
Tel. 01/9 14 55 62

Bootstourismus

Wasserwege Mit einem Hausboot von Ort zu Ort zu schippern, ist eine schöne Möglichkeit, Land und Leute kennenzulernen. Die Loire selbst ist wegen ihrer Untiefen und Sandbänke nur zwischen Angers und Nantes befahrbar; schiffbar sind aber die **Loire-Seitenflüsse** Sarthe, Mayenne und Oudon nördlich von Angers sowie die kanalisierten Abschnitte des Cher und die beiden **Kanäle** im Osten de Loire-Tals – der Canal Lateral à la Loire und der Canal de Briare –, die reguliert und daher einfacher zu befahren sind. Zu den Höhepunkten einer Reise mit dem Hausboot zählen sicherlich die Fahrt auf der Kanalbrücke von Briare hoch über die Loire hinweg und die Passage unter dem Schloss Chenonceau hindurch auf dem Cher.

Wissenswertes Man sollte sich vor Beginn der Reise nach den Schleusenöffnungszeiten erkundigen, da auf manchen Flussabschnitten die Schleusen an Sonn- und Feiertagen geschlossen sein können. Nachtfahrten sind grundsätzlich untersagt. Charterfirmen gibt es an jeder Wasserstraße; gemietet werden können unterschiedliche Bootstypen vom einfachen Kajütenboot bis zu Hauskähnen. Ein Bootsführerschein ist für Boote von normaler Größe nicht erforderlich; die technische Einweisung erfolgt durch den Vermieter. Je nach Typ und Größe des Bootes können zwei bis zwölf Personen darauf Platz finden. Alle Boote haben abgeteilte Kabinen, Küche mit Kühlschrank, Heizung und fließend Wasser sowie oft auch eine Nasszelle. Auch können Fahrräder gemietet werden, die die Beweglichkeit, z. B. für Ausflüge, Besichtigungen und Einkäufe, bedeutend erhöhen. Zahlreiche Unternehmen, auch solche mit Sitz außerhalb Frankreichs, bieten Hausboote und Tourenarrangements an, teils auch den Service, das Auto an den Zielort zu bringen. Informationen erteilen Reisebüros, die französischen Tourismusbüros und die Maison de France (▸Auskunft).

Ein geruhsames Vergnügen: mit dem Hausboot durch die Loire-Region

Elektrizität

In Frankreich ist die Netzspannung 220 Volt. Flachstecker (Euro-stecker) passen in alle französischen Steckdosen, für Schukostecker muss man einen Adapter benutzen (auf Französisch »adaptateur«).

Essen und Trinken

Speisen

Die französische Küche ist weltberühmt, sowohl für ihre Qualität als auch für ihre Vielseitigkeit. Das Essen ist ein wichtiger Bereich des täglichen Lebens und die Pflege der Küche ein unverzichtbarer Bestandteil der Kultur. Man legt großen Wert auf eine **abwechslungsreiche Speisenfolge** und lässt sich für eine »richtige« Mahlzeit ein bis zwei Stunden Zeit. Doch auch Frankreich hat die üblichen neuzeitlichen Essgewohnheiten entwickelt – manche sprechen sogar von einem Verfall der allgemeinen Esskultur –, wovon die große Zahl von Fastfood-Lokalen, Pizzerien etc. und das große Angebot von Fertiggerichten in Supermärkten zeugt.

Französische Esskultur

Das französische Frühstück (petit déjeuner) ist eher als karg zu bezeichnen. Es besteht zumeist aus einer Tasse Kaffee, in der Regel Milchkaffee (café au lait), Tee oder Schokolade, einem croissant (Hörnchen), einem brioche (Hefebrötchen) oder einem Stück baguette mit Butter und Marmelade. Dem Essen mittags und abends wird jedoch große Bedeutung beigemessen; in der Regel isst man zweimal am Tag warm. Zum Mittagessen (déjeuner) zwischen 12.00 und 14.30 Uhr und Abendessen (dîner, souper) zwischen 19.00 und 22.30 Uhr werden **drei bis fünf, sechs Gänge** serviert.

Wie isst man wann?

Ein vollständiges Menü ist etwa so aufgebaut: amuse geule (Appetitanreger), hors d'œuvre (auch entrée, Vorspeise), Zwischengericht, menu principal (Hauptgang), fromage (Käse), dessert (Nachtisch). Als digestif trinkt man Cognac, Armagnac, Calvados oder einen regionalen Obstschnaps. Den Abschluss bildet ein kleiner schwarzer Kaffee (café noir, café exprès). Zum Essen werden Weißbrotscheiben gereicht, die von langen knusprigen Baguettes geschnitten werden. Zu einem mehrgängigen Menü

> ℹ️ **Preiskategorien Restaurants**
>
> ■ Fein & teuer: ab 40 Euro
> ■ Erschwinglich: 20 – 40 Euro
> ■ Preiswert: bis 20 Euro
>   für ein dreigängiges Menü

trinkt man am liebsten Wein, zuweilen mit Wasser verdünnt – Wein wird übrigens fast ausschließlich zum Essen getrunken.

◄ weiter S. 67

Trauben satt: Entlang der Loire gibt es 53 000 ha Weinberge.

HAUPTSCHLAGADER DES WEINBAUS

Die Loire ist die Hauptschlagader des Weinbaus in Europa, denn die 53 000 ha Weinberge an Frankreichs längstem und malerischstem Fluss gehören zu weit über einem Dutzend verschiedener Anbaugebiete. Aufgrund der Vielfalt der Böden, Landschaften und klimatischen Verhältnisse entlang des Stromes findet man hier die unterschiedlichsten Weine.

»Euer Wein ist der beste, den ich je getrunken habe. Wenn ihn alle Menschen im Königreich tränken, gäbe es keine Religionskriege mehr«, schwärmte **Heinrich IV.** (1553–1610), Frankreichs beliebtester König. Er meinte den Rotwein aus Sancerre, der erst Jahrhunderte später, nach der Reblauskrise im 19. Jh., vom Weißwein verdrängt werden sollte.
Der Weinbau an der Loire ist bereits für das 1. Jh. n. Chr. nachweisbar. Doch den wahren Aufschwung erlebten die Weine der Region mit den Augustiner- und Benediktinermönchen, geschickten Winzern des Mittelalters. Der Fluss, an dessen Ufern die Reben gedeihen, trug erheblich zur Verbreitung der Weine bei. Die Loire war einst der sicherste und schnellste Transportweg für die Fässer. Von den Loire-Häfen wie Saint-Thibault zu Füßen von Sancerre, Vouvray oder Tours begann der unaufhaltsame Siegeszug der Loire-Weine mit dem Export nach Flandern und Nordeuropa. Heute gedeihen auf den Tuffstein- sowie Schiefer- und Granitböden an der Loire zahlreiche Lagenweine, darunter sehr viele mit der kontrollierten Herkunftsbezeichnung AOC (Appellation d'origine contrôlée).

Muscadet
Die Landschaft rund um die Stadt Nantes, kurz vor der Mündung der Loire in den Atlantik, ist das Reich des Muscadet, eines frischen und süffigen Weißweins, der aus der Rebsorte Melon gewonnen wird. Sehr gut ist der **Muscadet des Coteaux** aus dem Weinbaugebiet nördlich der Loire, noch besser der **Muscadet de Sèvre-et-Maine** aus der Region südlich des Flusses, vor allem wenn er sechs Monate auf der eigenen Hefe (»sur lie«) gelagert wird. Auch der aus der Rebsorte Folle Blanche erzeugte, sehr säurereiche **Gros Plant du Pays Nantais** schmeckt nach der Lagerung »sur lie« am besten.

Anjou
Die Region Anjou, die auch den Bereich Saumur umfasst, ist bekannt für ihre süffigen, leichten und meist

Aus der Gegend um Saumur kommen hervorragende Schaumweine.

lieblichen Roséweine, etikettiert als **Rosé d'Anjou**. Als **Anjou-Villages** kommen beachtliche Rotweine aus den Rebsorten Cabernet Franc und Cabernet Sauvignon auf den Markt. Zu den besten (und teuersten) Weißweinen Frankreichs zählen die aus dem Chenin Blanc gewonnenen, überwiegend trockenen und langlebigen Weine aus dem winzigen Anbaugebiet von **Savennières**, einem Ort am Nordufer der Loire südwestlich von Angers. Liebliche Weißweine aus dem Chenin Blanc findet man in der Region **Coteaux du Layon**, einem großen Weinbaugebiet im Tal des Layon, eines Nebenflusses der Loire. An besonders steilen, überwiegend nach Süden ausgerichteten Rebhängen des Layon werden sogar edelsüße Ausleseweine hergestellt. Zwei Bereiche – **Bonnezeaux** und **Quarts de Chaume** – besitzen das Privileg, ihren Namen an die Herkunftsbezeichnung Coteaux du Layon anhängen zu dürfen; allerdings müssen ihre Produkte mindestens 13 % Alkohol enthalten. Aus Quarts du Chaume stammen Weine, die zu den größten edelsüßen Gewächsen Frankreichs gehören und dank ihres hohen Säuregehalts sehr langlebig sind. Die honigsüßen Ausleseweine von Bonnezeaux mögen nicht ganz so markant sein, verbessern sich jedoch nach zehn Jahren in der Flasche. Ebenfalls süße Weißweine

gibt es in den **Coteaux de l'Aubance** am gleichnamigen Nebenfluss der Loire. Hauptprodukte des Weingebietes nördlich der Coteaux du Layon sind jedoch trockene Rot- und Weißweine sowie liebliche Roséweine.
Saumur und seine Umgebung sind das Zentrum der Schaumweinindustrie an der Loire. Der sehr feinperlige Schaumwein, produziert aus dem Chenin Blanc mit Zusätzen von Chardonnay, Sauvignon Blanc und einigen roten Sorten, zählt zu den besten französischen Perlweinen außerhalb der Champagne. Auch der einst als »Champagner für Arme« titulierte Schaumwein wird nach dem in der Champagne üblichen Verfahren der Flaschengärung hergestellt, ist jedoch weitaus preiswerter als seine Konkurrenten aus der Gegend um Reims.
Bemerkenswert ist ferner der Saumur-Champigny, der aus Cabernet Franc und Cabernet Sauvignon gekeltert wird und zu den hervorragendsten Loire-Rotweinen gehört. In der Jugend frisch und süffig, kann er nach fünf Jahren Reifezeit erstaunlich feinwürzig und ausgewogen gelingen.

Touraine

In der historischen Landschaft Touraine wird ausgesprochen viel Wein produziert. Ein Großteil davon kommt als Landwein unter der Be-

Picknick an der Loire – ein guter Wein aus der Region darf gern dabei sein.

zeichnung Vin de Pays du Jardin de la France auf den Markt. In der Gegend um **Chinon** südwestlich von Tours wird vor allem Rotwein erzeugt. Der aus Cabernet Franc hergestellte, himbeerfruchtige und tanninreiche rote Chinon erfreute bereits den französischen Dichter Rabelais (1494–1553) und gilt in Frankreich als »Intellektuellenwein«. Einen hervorragenden Rotwein, ebenfalls aus der Cabernet-Franc-Traube, hat auch das Weindorf **Bourgueil** am Nordufer der Loire zu bieten. Nach einer Reifezeit von zehn Jahren entwickelt sich dieser Tropfen zu einem Spitzenprodukt des Loire-Tals. Die Rotweine aus dem nahen Winzerort **Saint-Nicolas-de-Bourgueil** sind leichter und duftiger und sollten relativ früh getrunken werden, da sie sich für eine längere Lagerung nicht eignen. Die besten Weißweine der Touraine sind zweifellos die Gewächse aus **Vouvray** und Montlouis östlich von Tours, wo die Winzer aus dem Chenin Blanc trockene und halbtrockene Tropfen erzeugen. Auch ein feinperliger Schaumwein wird hier erzeugt, der Pétillant oder Mousseux heißt. In **Villandry**, im Mündungsgebiet des Cher in die Loire, im Süden der Touraine, gedeihen frische und fruchtige Weine, u. a. Sauvignon Blanc und Cabernet Sauvignon, die jedoch in Deutschland relativ unbekannt sind. Die besten Weine der **Coteaux du Loir**, 40 km nördlich von Tours, sind die roten aus dem Gamay, aber auch die Weiß- und Roséweine können sich sehen lassen.

Sancerre und Pouilly-Fumé

Der unumstrittene Star in der östlichsten Loire-Weingegend um **Sancerre** am Oberlauf des Stroms ist der aus der Rebsorte Sauvignon Blanc gekelterte weiße Sancerre, der zu den herausragenden französischen Weißweinen zählt. Aus dem Pinot Noir werden hier auch Rot- und Roséweine angebaut, wobei die Rosés meist besser sind. Zehn Kilometer flussaufwärts liegt **Pouilly-sur-Loire**, das mit seinem Pouilly-Fumé ebenfalls ein Spitzenprodukt unter den aus Sauvignon Blanc erzeugten Weinen zu bieten hat. Einen guten Ruf genießt auch der Sauvignon Blanc aus der benachbarten Weinregion **Menetou-Salon** sowie den Minigebieten **Qunicy** und **Reuilly** (westlich von Bourges). Nördlich von Sancerre erstrecken sich die **Coteaux du Giennois**, wo Rotweine aus Pinot Noir und Gamay sowie Weißweine aus Sauvignon-Trauben produziert werden. Weiter flussabwärts, bei **Orléans**, wo die Loire ihren nördlichsten Punkt erreicht, hat der Weinbau nicht den Stellenwert wie in den anderen genannten Weinregionen. Von hier kommen leichte Roséweine und Weiße aus der Traube Chardonnay.

An der Loire und in ihren Seitentälern, der einst königlichen Region, lässt es sich immer noch wie »Gott in Frankreich« schlemmen. Zwar hat die Loire-Gegend im Gegensatz zum Elsass nur sehr wenige regionale Spezialitäten zu bieten, doch kommt der Gourmet hier durchaus auf seine Kosten.

Spezialitäten an der Loire

Eine **leckere Vorspeise** aus der Touraine und dem Anjou sind rillettes, rillauds und rillons. Die Rillettes aus Tours, im eigenen Fett eingemachtes Schweinefleisch, werden mit Toast oder Baguette serviert; die aus Schweinebauchstücken hergestellten Rillauds d'Anjou haben stundenlang in einer mit Kräutern gewürzten Gemüsebrühe gekocht; die rillons sind Grieben aus fettem und magerem Schweinefleisch.

Da die ausgedehnten Waldgebiete an der oberen Loire bereits seit Jahrhunderten als hervorragendes Jagdrevier gelten, kann man hier auch fast überall mit **Wildgerichten** rechnen, z. B. mit Kaninchen (lapereau), Hase (lièvre), Wildschwein (sanglier), Reh (chevreuil) und Hirsch (cerf).

Ähnlich breit gefächert ist das Angebot an **Gemüse** (légumes), das auf Feldern und in Gärten herangezogen wird; besonders köstlich sind der Spargel und die Erdbeeren aus der Sologne.

Die zahlreichen Nebenflüsse der Loire gelten als Anglerparadies, und in vielen Restaurants kommen **Süßwasserfische** wie Hecht, Forelle, Karpfen und Zander auf unterschiedliche Arten auf den Tisch. Eine besondere Spezialität sind die aloses, junge Loire-Fische, die, frittiert, mit Kopf und Schwanz verspeist werden; beliebt ist im Anjou

Typische Vorspeise aus der Touraine: Frisch zubereitete Rillettes werden mit Baguette oder Toast serviert.

anguille, Aalragout in Chinon-Rotweinsoße. Im Mündungsgebiet der Loire beherrschen vor allem Fisch und **Meeresfrüchte** (fruits de mer) die Speisekarte.

Nach der **Käseplatte**, auf der natürlich der Ziegenkäse – Chavignol, Valençay, Selles-sur-Cher, Sainte-Maure und Crémet d'Anjou – nicht fehlen darf, werden in der Regel kleine Obsttörtchen serviert, wie die tarte Tatin, ein karamellisierter, warmer und gestürzter Apfelkuchen, serviert mit einer Vanille-Eiskugel oder Crème fraîche.

Getränke

Wein Zu den Mahlzeiten an der Loire gehört fast selbstverständlich Wein aus der Gegend, die zu den **Spitzenregionen** unter Frankreichs Weingebieten zählt (▶Baedeker Special, S. 64). Durchaus zu empfehlen ist der offene Tischwein (un petit blanc, un petit rouge), von dem man une carafe (etwa 0,5 l) oder un carafon (etwa 0,25 l) bestellt. Bei der Wahl von Flaschenweinen, als ganze (entière bouteille) oder halbe Flaschen (demie bouteille), lässt man sich am besten vom Ober beraten.

Gut und beliebt sind die **Biere** aus dem Elsass (Pêcheur, Kronenbourg, Kanterbräu, Mutzig), aus Lothringen (Champigneulles, Vézélise), aber auch aus der Region Nord Pas-de-Calais, in der zwei Drittel aller Brauereien des Landes ansässig sind. Man unterscheidet zwischen Flaschenbier (anette) und Bier vom Fass (bière pression). Ein kleines Glas vom Fass (0,3 l) wird als demi bezeichnet, eine Halbe (0,5 l) meist als véritable, der Liter als formidable.

Kaffee und Tee Das Essen wird häufig mit einem starken, schwarzen Kaffee abgeschlossen. Wer einen café bestellt, erhält einen kleinen Espresso. Wünscht man einen Milchkaffee, verlangt man café crème, grand crème oder café au lait. Dem Freund von Tee (thé) seien auch die beliebten Kräutertees empfohlen (tisane, infusion).

Mineralwasser Mineralwasser gibt es still (eau minérale, plat) oder mit Kohlensäure (gazeuse); in ganz Frankreich verbreitet sind Perrier, Vichy, Evian, Vittel und Contrexéville.

Essen gehen

Wo gibt es was? An der Loire gibt es Restaurants jeder Art in Hülle und Fülle: Tempel der Haute Cuisine ebenso wie familiäre Lokale mit traditionellen Spezialitäten oder mit Gerichten aus aller Herren Länder. Auch Fastfood-Lokale und Pizzerien findet man wie in ganz Europa zuhauf. Billig isst man in Selbstbedienungsrestaurants. In »richtigen« Restaurants sind kleine Mahlzeiten zu moderatem Preis kaum zu erhalten; dafür geht man in ein Bistro oder eine Brasserie.

Menüs Die meisten Restaurants bieten zwei bis drei Menüs zu festen Preisen an (Vorspeise, Hauptgericht, Dessert; ohne Getränke). Oder man isst

Ein schönes, süßes Dessert: kleine kunstvoll verzierte Obsttörtchen

à la carte, stellt sich also die Speisenfolge selbst zusammen, doch das ist um einiges teurer. In manchen Restaurants kann man auch zwischen einem plat du jour (Tagesgericht ohne Vor-, meist aber mit Nachspeise), der formule (Hauptgericht und wahlweise Vorspeise oder Dessert) oder menu du jour (drei Gänge) wählen, das üppigste und teuerste ist ein menu gastronomique / menu dégustation. Viele edle Restaurants bieten mittags preiswertere Menüs an; wer bei schmalem Geldbeutel einmal »prassen« will, sollte also mittags essen gehen. Meiden sollte man – vor allem in Großstädten – das menu touristique, hier bezahlt man für das Gebotene meist zuviel.

Nach dem Betreten eines Lokals wird man normalerweise an einen Tisch geführt; natürlich kann man auch eigene Wünsche äußern. In kleineren, informellen gastronomischen Einrichtungen sucht man sich selbst einen Platz; unüblich ist es allerdings immer, sich zu anderen Gästen dazuzusetzen. Kellnerin und Kellner werden nicht mit »Garçon!«, sondern mit »Madame!« bzw. »Monsieur!« oder »S'il vous plaît« gerufen. Getrennte Rechnungen sind in Frankreich nicht üblich. Das eigentliche Bedienungsgeld ist in den Preisen inbegriffen (service compris), als Trinkgeld hinterlässt man 5–10 %.

Kleiner Restaurant-Knigge

Die Bar ist eine Mischung aus Café und Kneipe, oft bekommt man hier auch Zigaretten, Briefmarken und Telefonkarten. Das Bistro ist ursprünglich vergleichbar mit einer Bar bzw. einem Café, kann heute

Weitere gastronomische Einrichtungen

aber auch ein echtes Restaurant sein. Die Cafés konzentrieren sich auf Kaffee und andere Getränke, servieren aber auch kleine Imbisse wie belegtes Baguette oder Croque-Monsieur (Toast mit Schinken und Käse). Ein Café nach deutscher oder österreichischer Art heißt in Frankreich Salon de Thé. Die Brasserie, ein Bierlokal, vereinigt Café und Restaurant; es kann schlicht, aber auch edel sein und ist von morgens bis spät abends geöffnet. Die Relais Routiers sind preisgünstige Fernfahrerlokale, die nicht nur von den »Kapitänen der Landstraße« gern aufgesucht werden (▶Übernachten).

Fahrradurlaub

Radler-Paradies Das Loire-Tal zwischen Nevers und Nantes ist für Fahrradtouren bestens geeignet. Besonders reizvoll sind die Uferstraßen. Auch die Sologne, das Indre-Tal und das Tal des Loir eignen sich hervorragend zum Radfahren. Die Rues Nationales (mit »N« gekennzeichnet) sollte man wegen des hohen Verkehrsaufkommens meiden, auf den kleinen Landstraßen fährt es sich hingegen in der Regel gemütlich; die Steigungen halten sich in Grenzen, und die wichtigsten Sehenswürdigkeiten bzw. die schönsten Städtchen liegen nicht allzu weit voneinander entfernt. Die regionalen und örtlichen Tourismusbüros ha-

Die Schlösser per Fahrrad – die Loire-Region ist ein beliebtes Radlerterrain.

INFORMATIONEN FÜR RADFAHRER

► **Fédération Française
de Cyclisme**
5, Rue de Rome
F-93561 Rosny-sous-Bois cedex
Tel. 01 49 35 69 00
Fax 01 48 94 09 97
www.ffc.fr

► **Fédération Française
de Cyclotourisme**
12, Rue Louis Bertrand
F-94207 Ivry-sur-Seine cedex
Tel. 01 56 20 88 88
Fax 01 56 20 88 99
www.ffct.org

► **Allgemeiner Deutscher
Fahrradclub (ADFC)**
Postfach 10 77 47
D-28077 Bremen
Tel. 04 21/34 62 90
www.adfc.de

► **Loire-Radweg**
www.loireradweg.org

► **Rückenwind-Reisen**
Am Patentbusch 14
D-26125 Oldenburg
Tel. 04 41/48 59 70
www.radreisen-online.de

ben kurze und lange Radtouren erarbeitet, die Hotellerie hat sich auf
Radurlauber eingestellt; u. a. bieten zahlreiche Gîtes d'Etape preiswerte Unterkunft (►Übernachten). Praktisch an allen touristisch interessanten Orten und Plätzen kann man Fahrräder mieten.

Eine große Zahl deutscher und französischer Veranstalter bietet alles
vom Tourenvorschlag bis zur All-inclusive-Reise. Informationen geben die Reisebüros und die Maison de la France (►Auskunft). Eine
Reihe von Veranstaltern gibt zusammen mit dem ADFC einen Kata-
log heraus, zu beziehen über Rückenwind-Reisen. Eine ausgezeichnete Quelle für Informationen rund um den Radurlaub in Frankreich
ist die Website des ADFC. Für Hobby-Radsportler sind die Fédération Française de Cyclisme und die Fédération Française de Cyclotourisme zuständig.

Organisierte Radtouren

Etwas umständlich, insgesamt aber problemlos ist die Mitnahme des
Fahrrads im Zug, auch im TGV (►Verkehr). Die SNCF bieten an
größeren Bahnhöfen Fahrräder an, die man mieten und an einem
anderen Bahnhof wieder abgeben kann.

Anreise mit Bahn

Bei der Maison de la France (►Auskunft) ist der Plan »**Le Pays des
Châteaux à Vélo**« erhältlich, auf dem 11 wunderschöne Radstrecken
mit einer Gesamtlänge von 300 km südlich von Blois – zwischen
Chaumont-sur-Loire (im Westen), Cheverny, Chambord und St-
Laurent-des Eaux (im Osten) – aufgezeichnet sind.
Geplant ist, einen **800 km langen Radweg entlang der Loire** von Cuffy
(bei Nevers) bis zur Mündung des Stromes in den Atlantik fertigzu-

Schöne Radwege

stellen, der in den Europa-Radweg der Flüsse von Budapest nach Nantes (2400 km) eingebaut werden soll. Einige Abschnitte des Loire-Radwegs sind bereits ausgeschildert und gesichert: zwischen Couargues (südlich von Sancerre) und Briare, zwischen Orléans und Blois, zwischen Tours und Angers sowie um Nantes herum. Zwei ausgeschilderte Umwege führen zudem zum Schloss Azay-le-Rideau und nach Chinon, beide etwas abseits des Hauptweges gelegen. Um die Touristen noch radfreundlicher zu empfangen, werden immer mehr Bahnhöfe speziell für die Loire-Radweg-Benutzer mit Ausschilderung, Radwegrampen, usw. umgerüstet. Informationen zu Unterkünften und Dienstleistungsangeboten speziell für Radreisende sowie Broschüren zum Herunterladen gibt es im Internet (www.loire-a-velo.fr und www.visaloire.com. Die Broschüre »Accueil Vélo« (»Radfahrer Willkommen«) gruppiert und beschreibt fahrradfreundliche Unterkünfte.

Feiertage, Feste und Events

Son et Lumière Sehr beliebt sind die aufwändig gestalteten **Klang-und-Licht-Schauspiele** (»Spectacles Son et Lumière«), die in der Sommersaison an touristisch besonders attraktiven Plätzen, vor allem in Schlössern, meist ab 20.00 oder 21.00 Uhr veranstaltet werden. Mit grandiosen Beleuchtungseffekten, Musik und teilweise auch mit Schauspielern in historischen Kostümen werden Szenen aus der Ortsgeschichte vorgeführt. Son-et-Lumière-Veranstaltungen gibt es u.a. in Amboise, Azay-le-Rideau, Blois, Bourges, Chambord, Chenonceau, Cheverny, Loches und Valençay.

 ## FESTKALENDER

FEIERTAGE
▶ **Gesetzliche Feiertage**
1. Januar: Neujahr (Jour de l'An)
1. Mai: Tag der Arbeit (Fête du Travail)
8. Mai: Tag des Waffenstillstands 1945 (Armistice 1945)
14. Juli: Nationalfeiertag (Fête Nationale, zum Gedenken an den Sturm auf die Bastille 1789)
15. August: Mariä Himmelfahrt (Assomption)
1. November: Allerheiligen (Toussaint)

11. November: Tag des Waffenstillstands 1918
25. Dezember: 1. Weihnachtsfeiertag (Noël)

▶ **Bewegliche Feiertage**
Ostermontag (Lundi de Pâques)
Christi Himmelfahrt (Ascension)
(Pfingstmontag ist seit 2004 kein Feiertag mehr.)

JANUAR
▶ **Nantes**
»Folles Journées« – Festival klassischer Musik mit namhaften Interpreten

APRIL/MAI

▶ **Bourges**
»Festival du Printemps de Bourges« – Rock- und Popfestival; größtes Ereignis in Bourges (s. Bourges)

▶ **Orléans**
»Les Fêtes de Jeanne d'Arc« – Fest der Jeanne d'Arc zur Erinnerung an die Befreiung der Stadt 1429. Mittelalterliches Fest und historischer Markt, Ton- und Lichtschau an der Kathedrale Ste-Croix, Umzug, Konzerte, Feuerwerk (s. Orléans).

APRIL – SEPTEMBER

▶ **Valençay**
»Une journée avec le Prince de Talleyrand« – Schauspieler inszenieren Szenen aus dem Alltag von Talleyrand in historischen Kostümen (s. Valençay).

MAI – SEPTEMBER

▶ **Chambord**
»Spectacle d'Art Equestre« – Reitvorführungen mit verschiedenen szenischen Bildern: das Schloss, die Renaissance und die Grafen von Chambord. Stars der Veranstaltung sind die Pferde.

JUNI

▶ **Le Lude**
Großes Gartenfest im Schloss (s. Le Lude)

▶ **Orléans**
»Orléans Jazz« – Jazzkonzerte (s. Orléans)

▶ **Sully-sur-Loire**
»Festival International de Musique Classique« – Festival mit klassischer Musik im Schloss (s. Sully-sur-Loire)

Son-et-Lumière-Veranstaltungen oder Farb-Licht-Spektakel, wie hier in Bourges, gibt es im Sommer an vielen Orten in der Loire-Region.

JUNI / JULI

▶ **Grange de Meslay**
»Fêtes musicales de Touraine« – Klassische Konzerte in der mittelalterlichen Scheune Grange de Meslay (s. Tours / Umgebung)

JUNI – OKTOBER

▶ **Chaumont-sur-Loire**
»Festival international des Jardins« – Internationale Gartenausstellung im Schlosspark (s. Chaumont-sur-Loire)

JULI

▶ **Villandry**
»Nuits de Mille Feux« – Anfang Juli erleuchten 2000 Kerzen die Gärten von Villandry (s. Villandry).

▶ **Blois**
Festival »Tous sur le pont« – Musikfestival mit Liedern, Klassik und Jazz, aber auch Straßentheater und Veranstaltungen für Kinder

▶ **Saumur**
»Le Carrousel« – Truppenschau der Kavallerie und Panzereinheit von Saumur sowie der Reiter des Cadre Noir (s. Saumur)

JULI – SEPTEMBER

▶ **Chambord**
»Les Clairs de Lune de Chambord« – Fantasievolle Beleuchtungen mit Tonuntermalung vor dem Schloss bei Einbruch der Nacht. Eintritt frei

AUGUST

▶ **Saumur**
»La Grande Table du Saumur-Champigny« – Rotweinfest mit einem Essen für nicht weniger als 4000 Personen auf den Plätzen und Straßen der Stadt! Außerdem gibt es einen Tanzball im Freien. Anfang August

▶ **Chinon**
»Marché médiéval« – mittelalterlicher Markt (s. Chinon)

▶ **Loches**
»Murmurailles« – Nächtliche Aufführungen. Ein Bummel durch die Zeiten vorbei an den besonders beleuchteten Denkmälern der Stadt

SEPTEMBER

▶ **Angers**
»Festival Les Accroche-Cœur« – Straßenfest Anfang des Monats mit Musikern, Artisten, Tänzern und Jongleuren

OKTOBER

▶ **Romorantin-Lanthenay**
»Journées gastronomiques de la Sologne« – Feinschmeckertage (s. Baedeker Tipp, S. 253)

Geld

Währung In Frankreich ist der Euro offizielles Zahlungsmittel (1 sfr = 0,62 €). **Geldautomaten** sind mit mehrsprachigen Bedienungshinweisen ausgestattet. An ihnen kann man mit der Bankkarte und gängigen Kreditkarten in Verbindung mit der Geheimnummer Bargeld abheben. Banken, Hotels, Restaurants und viele Einzelhandelsgeschäfte akzeptieren die gängigen Kreditkarten, vor allem Visa und Mastercard. Bei Kartenverlust sollte man sofort die Karte sperren lassen.

Die Banken haben Mo. – Fr. oder Di. – Sa. 8.00 / 9.00 – 12.00 / 13.00 und 14.00 – 16.30/17.00 Uhr geöffnet, in Großstädten auch durchgehend. Vor Feiertagen ist in der Regel schon ab 12.00 Uhr geschlossen.

i Sperrnummer

- Unter der einheitlichen Telefonnummer **Tel. 116 116** (aus dem Ausland mit Vorwahl 00 49) können fast alle Bank- und Kreditkarten, Handys und Krankenversicherungskarten gesperrt werden.

Autobahngebühren können mit Bargeld oder den gebräuchlichen Kreditkarten wie Mastercard und Visa bezahlt werden.

Autobahngebühren

Gesundheit

Die Adressen der Ärzte (médecins) und Zahnärzte (dentistes) findet man in den »Pages Jaunes« (Gelbe Seiten) des örtlichen Telefonbuchs. Die Tourismusbüros verfügen oft über Listen von Ärzten mit Fremdsprachenkenntnissen (meist Englisch). Ansonsten helfen Hotelrezeptionen oder auch die Polizei bei der Suche nach einem Arzt. Der Bereitschaftsdienst der Ärzte ist in der Lokalpresse veröffentlicht.

Ärzte

Apotheken (Pharmacie) erkennt man an einem grünen Kreuz. Öffnungszeiten: 9.00 – 12.00, 14.00 – 18.30 Uhr. Welche Apotheke nachts und am Wochenende Bereitschaftsdienst hat, wird an den Türen der Apotheken und in der Lokalpresse angezeigt.

Apotheken

▶ Anreise

Krankenversicherung

▶ dort

Notrufe

Mit Kindern unterwegs

Für die Kleinen bietet das Loire-Tal genügend Unterhaltungsmöglichkeiten. Sie können sich an der frischen Luft sportlich betätigen – Radfahren, Reiten, Kanu- oder Kajakfahren – und die Region von einem historischen Dampfzug, einem Ausflugsschiff oder vom Heißluftballon aus kennenlernen (▶Urlaub aktiv).
Im **»Aventure Parc«** kann man gemeinsam mit den Eltern zwischen Bäumen herumkraxeln (bei Nançay, östlich von Romorantin-Lathenay; www.aventure-parc.fr). Der **»Fantasy Forest«**, ein Freizeitpark

Langeweile kommt nicht auf!

▶ ZOOLOGISCHE GÄRTEN UND AQUARIEN

AQUARIEN

▶ Aliotis – Parc Aquarium de Sologne

3 km östlich von Villeherviers (nördlich von Romorantin-Lanthenay)
In über 115 Aquarien sind Fische aus aller Welt zu bewundern. Täglich geöffnet, im Winter nur nachmittags

▶ Aquarium de Touraine

am Ortsausgang von Lussault-sur-Loire (8 km westlich von Amboise)
Größtes Süßwasseraquarium

Ideal zum Rumstromern: die weiten Wälder an der Loire

Europas mit ca. 10 000 Fischen. Besondere Fische, wie 80 kg schwere chinesische Karpfen, 2 m lange Riesenwelse und die berühmt-berüchtigten Piranhas erwarten die Gäste.
Tgl. geöffnet, im Jan. und Nov. teilweise geschlossen
www.aquariumduvaldeloire.com/index2.htm

ZOOLOGISCHE GÄRTEN

▶ Zooparc de Beauval

4 km südlich von St-Aignan (21 km nordwestlich von Valençay)
Weiße Tiger und weiße Löwen, Tiere aus der afrikanischen Savanne, Schlangen und Krokodile und jede Menge Vögel aus aller Welt. Von März bis Mitte Okt. Dressurvorführungen mit Seelöwen und Raubvögeln. Tgl. geöffnet
www.zoobeauval.com

▶ Zoo de La Flèche

5 km östlich von La Flèche (20 km nordwestlich von Le Lude)
Der Tierpark im Wald beherbergt rund 1200 Tiere: Affen, Elefanten, Hirsche, Polarbären und weiße Wölfe sowie zahlreiche Vogelarten und Reptilien. Zeitweise Dressurvorführungen mit Robben. Tgl. geöffnet; www.zoo-la-fleche.com

▶ Zoo Doué-la-Fontaine

am westlichen Ortsrand von Doué-la-Fontaine (12 km nordwestlich von Montreuil-Bellay)
Zoo in einem ehemaligen Steinbruch mit rund 500 Tieren, u. a. Leoparden, Geiern und seltenen Zwergflusspferden (s. Montreuil-Bellay / Umgebung).
Febr. – Nov. tgl. geöffnet
www.zoodoue.fr

bei Mosnes (zwischen Chaumont-sur-Loire und Amboise), bietet verschiedene Aktivitäten wie Rad- und Mountainbikefahren, Kanu- und Kajakfahren an (www.fantasyforest.fr).

Schöne Ausflugsziele sind die **Pagode von Chanteloup** – hier werden auf einem Zierteich Bootsfahrten angeboten – und der **Parc des Mini-Châteaux** mit seinen Schlössern en miniature (beide ► Amboise / Umgebung) sowie das Zirkusmuseum **»Musée du Cirque et de l'Illusion«** in Dampierre-en-Burly, nordwestlich von Gien. Im Park von **Schloss La Ferté-St-Aubin** (► Orléans / Umgebung) sind eine nachgebaute Bahnstation, eine Lokomotive und Schlafwaggons des Orient-Express zu bewundern und eine Insel für Kinder mit Spielgeräten und Holzhäusern eingerichtet.

Weitere für die Kleinen unterhaltsame Schlösser sind **Langeais**, wo die Hochzeit von Karl VIII. und Anna von Bretagne mit lebensgroßen Wachsfiguren nachgestellt ist, **Ussé** mit seinen Wachsfiguren aus dem Dornröschen-Märchen und **Valençay** mit »Napoleons großem Labyrinth« zum Verstecken spielen.

Das wohl interessanteste Schloss aber ist **Cheverny**. Bei der Besichtigung der Residenz kann der Nachwuchs an einem Ratespiel teilnehmen, der Park wird von Elektroautos und Elektrobooten aus erkundet, man begegnet den Comic-Helden Tim und Struppi, und die rund 100 zur Hetzjagd abgerichteten Hunde können aus nächster (aber sicherer) Nähe betrachtet werden. Apropos Tiere! In der Loire-Region gibt es auch einige Zoos und Aquarien.

Knigge

Man grüßt nicht einfach mit »bonjour«; höflicher ist es, »bonjour, madame« bzw. »bonjour, monsieur« zu sagen. Die **Anrede** sollte man auch nicht vergessen, wenn man jemanden um etwas bittet (»s'il vous plaît, madame/monsieur«) bzw. sich bei jemandem bedankt (»merci, madame/monsieur«). Rempelt man, z. B. im Supermarkt, versehentlich jemanden an oder muss man sich an jemandem vorbei den Weg bahnen, schadet ein nettes »pardon!« keineswegs.

Freundlichkeit ist Trumpf

Im Allgemeinen wird ein Trinkgeld (pourboire) bei denselben Gelegenheiten und in ähnlicher Höhe gegeben wie von zu Hause gewohnt. In den Restaurants und Cafés ist das eigentliche Bedienungsgeld fast immer im Rechnungsbetrag enthalten (service compris). Dennoch gibt man ggf. – zum Dank für gute Bedienung – etwa 5 bis 10 % des Rechnungsbetrags. Wer mit Scheck- oder Kreditkarte zahlt, sollte den entsprechenden Betrag in bar zurücklassen. In Cafés und Bars lässt man einfach das Geld auf dem Tellerchen liegen. Auch Taxifahrer, Fremdenführer, Toilettenfrauen und der Zimmerservice freuen sich über ein Trinkgeld.

Trinkgeld

Rauchverbot Seit 1992 gilt in Frankreich für alle öffentlichen Gebäude (auch Museen, Kinos u. ä.), Verkehrsmittel, Restaurants, Cafés, Hotels und überdachten Plätze ein Rauchverbot. Rauchen ist dort nur noch in ausdrücklich gekennzeichneten Räumen (espace fumeur) gestattet.

Literaturempfehlungen

Geschichte **Heinz Thomas**, Jeanne d'Arc (Fest 2000) – Sehr interessante und lesenswerte Biografie über die Jungfrau von Orléans.

Marguerite Yourcenar, Chenonceaux. Schloß der Frauen (dtv 2003) – Eleganter Essay über die Bewohnerinnen des »Château des Dames«.

Reiseführer **Wilfried Hansmann**, Das Tal der Loire (Dumont Kunstreiseführer 2008) – Reiseführer über die Schlösser, Kirchen und Städte im »Garten Frankreichs« mit Schwerpunkt Architektur

Belletristik **Honoré de Balzac**, Die Lilie im Tal (Insel 1996, nur noch antiquarisch erhältlich) – Roman über den Provinzadel im Indre-Tal. Für Kenner ist in den Beschreibungen Schloss Saché zu erkennen, in das sich Balzac häufig zum Schreiben zurückgezogen hat. Hier entstand auch »Die Lilie im Tal«

! Baedeker TIPP

Unbedingt vorher lesen!

Das Buch »Die Herrinnen der Loire-Schlösser« (Piper 2006) von **Sylvia Jurewitz-Freischmidt** sollte unbedingt vor dem Loire-Besuch gelesen werden. Kompetent und packend schildert die Historikerin die Geschichte der Loire-Region vom Ende des 14. Jh.s bis zum Ende des 16. Jh.s, wobei einflussreiche Frauen wie Jeanne d'Arc, Diana von Poitiers und Katharina von Medici im Mittelpunkt stehen. Nach der Lektüre verspürt man richtig Lust, die Schlösser der Loire kennenzulernen.

Henri Alain-Fournier, Der große Meaulnes (Diogenes 2003, dtv 2001) – Der einzige Roman des im Ersten Weltkrieg gefallenen Alain-Fournier spielt um 1890 in der Sologne. Er beschreibt die Freundschaft zweier Jugendlicher und eine tragische Liebesgeschichte in stimmungsvollen Bildern. Der Leser darf allerdings keine Beschreibung einzelner Orte erwarten.

François Rabelais, Gargantua und Pantagruel (Insel 2003) – Der satirisch-fantastische Roman aus der Renaissance handelt von der Geschichte des Riesen Gargantua und seines Sohnes Pantagruel. In dem 5-bändigen Romanzyklus werden auch Loire-Landschaften beschrieben. Rabelais stammte aus der Nähe von Chinon.

Jean Rouaud, Die Felder der Ehre (Piper 2004) – Familiensaga über drei Generationen mit Porträt der Landschaft und ihrer Bewohner an der Loire-Mündung.

Notrufe

IN FRANKREICH

Polizei, Notarzt und Feuerwehr können von öffentlichen Telefonen aus ohne Münzen oder Télécarte gerufen werden.

► **Polizei**
Police de secours Tel. 17

► **Krankenwagen und Notarzt**
SAMU Tel. 15
(auch in Englisch)

► **Feuerwehr**
Sapeurs pompiers Tel. 18

► **ADAC-Notrufzentrale Lyon**
Tel. 04 72 17 12 22 (0 – 24 Uhr)

► **Pannenhilfe**
AIT Assistance
Tel. 08 00 08 92 22 (0 – 24 Uhr)
Deutschsprachig, zuständig für alle Straßen außer Autobahnen
(►Verkehr).

► **SOS Help**
Tel. 01 47 23 80 80
Englischsprachig

IN DEUTSCHLAND

► **ACE-Notruf**
Tel. 00 49/18 02/34 35 36
(0 – 24 Uhr)
Fahrzeug- und Kranken-rückholdienst

► **ADAC-Notrufzentrale München**
Tel. 00 49/89/76 76 76
Medizinische Beratung, Rückholdienst
Tel. 00 49/89/22 22 22
(0 – 24 Uhr)
Beratung bei Pannen, Unfällen, Verlust von Dokumenten etc.

► **Deutsche Rettungsflugwacht**
Tel. 00 49/7 11/70 10 70

► **DRK-Flugdienst Bonn**
Tel. 00 49/2 28/23 00 23

Post und Telekommunikation

Die Postämter erkennt man am gelben Schild »**La Poste**«. Manchmal weisen noch alte PTT-Schilder den Weg (Postes, Télégraphes, Téléphones). Hier kann man Briefe, Pakete und Telegramme aufgeben, außerdem telefonieren, häufig auch faxen und ins Internet gehen.   **Postämter**

In größeren Städten haben die Postämter Mo. – Fr. durchgehend von 8.30 – 18.00/19.00 Uhr geöffnet (sonst von 9.00 – 12.00 und von 14.00 – 17.00/18.00 Uhr), am Samstag bis 12.00 Uhr.   **Öffnungszeiten**

Briefmarken (timbre) erhält man einzeln oder in Heftchen (carnets) zu zehn Stück in Postämtern, Tabakläden (tabac) und manchen Bars.   **Porto**

▶ VORWAHLEN UND AUSKUNFT

LÄNDERVORWAHLEN

▶ **Nach Frankreich**

00 33
Nach der Ländervorwahl folgt die neunstellige Teilnehmernummer.

▶ **Von Frankreich**

nach Deutschland 00 49

nach Österreich   00 43
in die Schweiz   00 41
Die Null der jeweiligen
Ortsvorwahl entfällt.

TELEFONAUSKUNFT

national 12
international 32 12

Postkarten und Briefe nach Deutschland, Österreich und in die Schweiz müssen mit 0,60 € frankiert werden.

Briefkästen Die Briefkästen in Frankreich sind gelb und haben in der Regel zwei Einwurfschlitze: einen für das Département, in dem man sich befindet, den anderen für den Rest der Welt (Autres destinations).

Telefonzellen In Telefonzellen kann man nur mit Telefonkarten (Télécartes) telefonieren, die man in Postämtern, Büros der France Telecom, Tabakläden und Bahnhöfen erhält (zu 7,50 und 15 €). In Cafés, Bistros und Postämtern kann man noch mit Münzen telefonieren. Fast jede Telefonzelle kann angerufen werden. Vielfach lohnt es sich, die Telefonnummer der Telefonzelle durchzugeben und sich zurückrufen zu lassen (Vorwahl nicht vergessen). Die Telefonnummer der Telefonzelle ist immer in großen Zahlen angegeben und nicht zu übersehen.

Mobiltelefon Das französische Mobiltelefonnetz wird von drei Betreibern versorgt: Bouygues, Orange und SFR. Prepaid-Karten bekommt man in Supermärkten, Tabakläden, FNAC-Filialen und bei der Post.

Internetzugang In vielen Postämtern kann man ins Internet gehen (Cyberposte, Informationen unter www.cyberposte.com).

Preise und Vergünstigungen

Eintrittsgelder Schloss- und Museumsbesuche können erheblich zu Buche schlagen; in großen Schlössern und Museen bezahlt man in der Hauptsaison bis zu 16 Euro. Es gibt Ermäßigungen für Kinder, Studenten und Rentner. In einigen Touristeninformationen erhält man einen Schlösser-Pass, mit dem man mehrere Schlösser ermäßigt besichtigen kann, bzw. Eintrittskarten vorab, die man hier etwas günstiger bekommt als an der Kasse direkt an den Schlössern.

WAS KOSTET WIE VIEL?

Doppelzimmer
ab 40,00 €

Einfache Mahlzeit
ab 5,00 €

Menü
ab 15,00 €

1 l Superbenzin
1,17 – 1,20 €

1 Tasse Café au lait
3,00 – 3,50 €

Limonade
3,00 – 3,50 €

Wer keine Hotelpreise zahlen möchte, kann sich eine private Unterkunft suchen. Die »Chambres d'hôtes« sind einfache Bed-and-Breakfast-Unterkünfte. Nicht gerade für den Familienurlaub geeignet, aber günstig sind auch die »Relais Routiers« oder die »Formule 1«-Hotels (► Übernachten). In den Tourismusinformationen vor Ort erhält man in der Regel recht gute Adressen.

Übernachten

In Cafés ist es am günstigsten, an der Theke etwas zu essen oder zu trinken, wer am Tisch sitzt – drinnen oder draußen – zahlt mehr. Will man richtig speisen, ohne seinen Geldbeutel allzu sehr zu belasten, macht man das am besten mittags. Eine günstige Alternative sind der Supermarkt oder ein traiteur (Feinkostgeschäft mit fertigen Speisen) mit meist sehr gutem Angebot – hier kann man sich zum Beispiel für ein Picknick an einem schönen Plätzchen eindecken.

Tipps für günstiges Essen

Reisezeit

Im Mündungsbereich der Loire herrscht ein gemäßigtes maritimes Klima mit geringen Temperaturunterschieden und Niederschlägen zu allen Jahreszeiten. Weiter landeinwärts wird das Klima kontinentaler, die Niederschläge nehmen ab, die Spanne zwischen wärmsten und kältesten Tagen wird größer.
Frost gibt es kaum einmal, im Sommer können die Temperaturen bis auf etwa 24 °C ansteigen. Für ganz Frankreich gilt, dass die durchschnittliche Jahrestemperatur höher ist als in den mitteleuropäischen Staaten.

Klima

Beste Reisezeiten Das Loire-Tal ist vom Frühjahr bis Herbst ein angenehmes Reisegebiet. Die meisten Veranstaltungen – Theaterfestivals, Konzerte, Märkte und Son-et-Lumière-Veranstaltungen – fallen in die Sommermonate. Da im Juli und August in Frankreich Schulferien sind, muss man in dieser Zeit auch mit einem entsprechend hohen Besucherandrang rechnen. Wer vor allem wegen der Kultur an die Loire reist, für den sind **Frühjahr** und **Herbst** die besten Jahreszeiten. Im Frühjahr bieten die Parks und Schlossgärten ein farbenprächtiges Bild, und im Herbst sorgen die bunt gefärbten Wälder für abwechslungsreiche Landschaftsstimmungen. Ein kleiner Nachteil der Herbstmonate ist der häufige Frühnebel, der sich in den Orten nahe der Loire oft erst gegen Mittag verzieht.

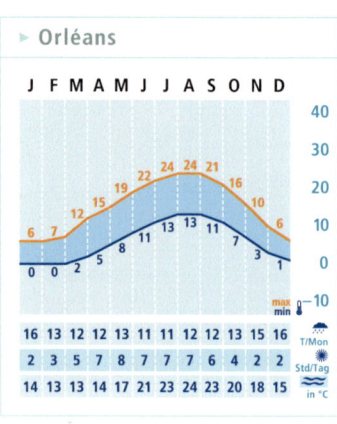

Shopping

Einkaufs-möglichkeiten In jedem Dorf gibt es eine boulangerie (Bäckerei) und eine boucherie (Metzgerei) und in der Regel auch eine épicerie oder alimentation, d. h. einen kleinen Lebensmittelladen oder einen supermarché, einen Supermarkt. Kleine Boutiquen, Souvenirläden und Geschäfte mit regionalen Delikatessen findet man in fast allen Kleinstädten an der Loire.

Außerdem wird nahezu in jeder Stadt ein **Wochenmarkt** abgehalten, wo Obst, Gemüse, Blumen, aber auch Fisch, Käse, Wurst und andere Delikatessen, Kleidung, Küchenutensilien, CDs, Kunstgewerbe, Antiquitäten, Briefmarken und Bücher angeboten werden. Am Rand größerer Orte liegen die **Hypermarchés**, in denen man quasi alles bekommt und oft auch ein gutes Angebot an feineren Lebensmitteln findet. In den Fußgängerzonen der größere Städte gibt es Kaufhäuser und Geschäfte aller Art.

Öffnungszeiten Frankreich hat **kein verbindliches Ladenschlussgesetz**. Deshalb sind die folgenden Angaben nur Anhaltspunkte. Besonders zu beachten: Hauptreisemonate sind Juli und August, in denen – außer in Feriengebieten – viele Geschäfte schließen oder die Öffnungszeiten einschränken. **Einzelhandelsgeschäfte** haben meist von 9.00 oder 10.00 Uhr bis 19.00 oder 20.00 Uhr geöffnet. Lebensmittelläden und

Einkaufen mit ästhetischem Hochgenuss. Die Passage Pomeraye →
in Nantes wurde im 19. Jahrhundert gebaut.

Bäckereien öffnen meist sehr früh, die kleineren schließen meist mittags etwa von 12.30 bis 16.00 Uhr und haben dafür abends länger offen.

Normalerweise ist **Sonntag** Ruhetag; Bäckereien, Metzgereien, Weinhandlungen und Blumengeschäfte sind jedoch bis 12.00 oder 13.00 Uhr geöffnet. Am Sonntag geöffnete Betriebe haben dafür montags, manchmal auch mittwochs, Ruhetag.

Kaufhäuser und viele größere Geschäfte sind werktags von 9.30 bis 18.30 Uhr geöffnet. Die großen **Einkaufszentren** (Centres commerciaux) und Hypermarchés haben Mo. bis Sa. von 9.00 bis 19.00 Uhr, teils auch bis 20.00 oder 21.00 Uhr offen, einige schließen dafür Montag vormittags.

Souvenirs von der Loire

Mitbringsel Nummer eins aus der Loire-Region zwischen Sancerre und Nantes ist **Wein**. Kauft man Wein direkt beim Erzeuger, dann kann man ihn in aller Regel vorher auch kosten. Schilder am Straßenrand machen auf Weinproben (»Dégustation«) aufmerksam. Die Loire-Stadt Saumur ist für ihren hervorragenden **Sekt** berühmt. In den Weinhäusern (maisons de vin), die in vielen Städten an der Loire zu finden sind, erhält man einen Überblick über die Weine der Region.

Zum Verzehr vor Ort, aber auch zum Mitnehmen eignen sich die Feinschmeckerdöschen mit Schmalzfleisch von Schwein, von der Ente oder Gans, die man als **Rillons** und **Rilettes** sowohl in kleinen Delikatessenläden als auch in Supermärkten findet. Als Spezialität gilt auch **Ziegenkäse** (fromage de chèvre) aus der Touraine. Auf den Märkten und an manchen Souvenirständen ist das Angebot an landwirtschaftlichen und handwerklichen Erzeugnissen sehr groß – es reicht von **Imkerhonig** über leckere selbstgemachte Marmeladen, etwa **Quittengelee** aus Orléans, bis zu Schafsfellen und handgesponnener Wolle.

Nicht zu vergessen seien die beiden **Fayencezentren** Gien und Nevers. In den dortigen Fayenceateliers kann man schöne Tafelservice und Einzelstücke kaufen.

Sprache

Wer kein Französisch spricht, sollte auf jeden Fall ein Wörterbuch und einen Sprachführer mitnehmen. Auch wenn an höheren Schulen in Frankreich Deutsch gelehrt wird, kann man sich nur selten auf Deutsch verständlich machen. Öfter als Deutsch wird Englisch gesprochen, aber auch darauf sollte man sich nicht unbedingt verlassen.

? WUSSTEN SIE SCHON …?

■ … dass in der Loire-Gegend das beste Französisch gesprochen wird?

SPRACHFÜHRER FRANZÖSISCH

Das Wichtigste

Ja / Nein	Oui / Non
Vielleicht	Peut-être
Bitte	S'il vous plaît (s. v. p.)
Danke	Merci
Gern geschehen.	De rien.
Entschuldigen Sie!	Excusez-moi!
Wie bitte?	Comment?
Ich verstehe nicht.	Je ne comprends pas.
Ich spreche nur wenig Französisch.	Je parle un tout petit peu français.
Können Sie mir bitte helfen?	Vous pouvez m'aider, s. v. p.?
Sprechen Sie Deutsch / Englisch?	Vous parlez allemand / anglais?
Ich möchte / würde gerne …	J'aimerais …
Das gefällt mir nicht.	Ça ne me plaît pas.
Haben Sie …?	Vous avez …?
Wieviel kostet das?	Ça coûte combien?
Wieviel Uhr ist es?	Quelle heure est-il?

Grüßen

Guten Morgen / Tag!	Bonjour!
Guten Abend!	Bonsoir!

Hallo / Grüß dich!	Salut!
Wie heißen Sie?	Comment vous appelez-vous?
Wie heißt du?	Comment t'appelles-tu?
Wie geht es Ihnen?	Comment allez-vous / vas-tu?
Auf Wiedersehen! / Tschüs!	Au revoir! / Salut!

Unterwegs

links / rechts / geradeaus	à gauche / à droite / tout droit
nah / weit	près / loin
Verzeihung, wo ist …?	Pardon, où se trouve … , s. v. p.?
Wieviele Kilometer sind das?	C'est à combien de kilomètres d'ici?
Was ist der kürzeste Weg nach …?	Quel est le chemin le plus court pour aller à …?

Tanken

Wo ist die nächste Tankstelle?	Où est la station-service la plus proche?
Ich möchte … Liter …	Je voudrais … litres …, s'il vous plaît.
… Super	… du super
… Diesel	… du diesel
… bleifrei / mit … Oktan	… du sans-plomb / … octanes.
Volltanken, bitte	(Faites) Le plein, s. v. p.

Panne

Ich habe eine Panne.	Je suis en panne.
Können Sie mir einen Abschleppwagen schicken?	Est-ce que vous pouvez m'envoyer une dépanneuse?
Gibt es hier in der Nähe eine Werkstatt?	Est-ce qu'il y a un garage près d'ici?
… ist defekt.	… est défectueux.

Unfall

Hilfe!	Au secours!
Achtung! Vorsicht!	Attention!
Rufen Sie bitte schnell …	Appelez vite …
… einen Krankenwagen.	… une ambulance.
… die Polizei.	… la police.

Essen gehen

Wo gibt es hier …	Pourriez vous m'indiquer …

… ein gutes Restaurant?	… un bon restaurant?
… ein nicht zu teures Restaurant?	… un restaurant pas trop cher?
Gibt es hier ein nettes Café (Bistro)?	Y-a-t'il un café (bistrot) sympa?
Reservieren Sie uns bitte für heute Abend einen Tisch für 4 Personen.	Je voudrais réserver une table pour ce soir, pour quatre personnes.
Wo ist bitte die Toilette?	Où sont les toilettes, s. v. p.?
Auf Ihr Wohl!	A votre santé! / A la vôtre!
Die Rechnung bitte.	L'addition, s. v. p.
Hat es geschmeckt?	C'etait bon?
Das Essen war ausgezeichnet.	Le repas était excellent.

Übernachtung

Können Sie mir bitte … empfehlen?	Pourriez-vous m'indiquer …?
… ein gutes Hotel	… un bon hôtel
… eine Pension	… une pension de famille
Haben Sie noch … frei?	Est-ce que vous avez encore …?
… ein Einzelzimmer	… une chambre pour une personne
… ein Doppelzimmer	… une chambre pour deux personnes
… mit Bad	… avec salle de bains
… für eine Nacht / Woche	… pour une nuit / semaine
Was kostet ein Zimmer mit …	Quel est le prix de la chambre …
… Frühstück?	… petit déjeuner compris?
… Halbpension?	… en demi-pension?

Arzt

Können Sie mir einen guten Arzt empfehlen?	Pourriez-vous me recommander un bon médecin, s. v. p.?
Ich habe hier Schmerzen.	J'ai mal ici.
Wo finde ich eine Apotheke?	Où se trouve une pharmacie?

Post

Was kostet …	Quel est le tarif pour affranchir
… ein Brief	… une lettre
… eine Postkarte	… une carte postale
… nach Deutschland?	… pour l'Allemagne?

Zahlen

0	zéro		1	un, une

2	deux	20	vingt
3	trois	21	vingt et un, une
4	quatre	22	vingt-deux
5	cinq	23	vingt-trois
6	six	30	trente
7	sept	40	quarante
8	huit	50	cinquante
9	neuf	60	soixante
10	dix	70	soixante-dix
11	onze	80	quatre-vingts
12	douze	90	quatre-vingt-dix
13	treize	100	cent
14	quatorze	200	deux cents
15	quinze	1000	mille
16	seize	2000	deux mille
17	dix-sept	10 000	dix mille
18	dix-huit	1/2	un demi
19	dix-neuf	1/4	un quart

Petit déjeuner / Frühstück

café noir	schwarzer Kaffee
café au lait	Kaffee mit Milch
décaféiné	koffeinfreier Kaffee
thé au lait / au citron	Tee mit Milch / Zitrone
tisane	Kräutertee
chocolat (chaud)	(heiße) Schokolade
jus de fruit	Fruchtsaft
œuf mollet	weiches Ei
œufs brouillés	Rührei
œufs au plat avec du lard	Spiegeleier mit Speck
pain / petits pains / toasts	Brot / Brötchen / Toast
croissant	Hörnchen
beurre	Butter
fromage	Käse
charcuterie	Wurst und Schinken
jambon	Schinken
miel	Honig
confiture	Marmelade
yaourt	Joghurt

Soupes et hors-d'œuvres / Suppen und Vorspeisen

bisque d'écrevisses	Krebssuppe
bouchées à la reine	Königinpastetchen
bouillabaisse	südfranzösische Fischsuppe

consommé de poulet	Hühnerbrühe
crudités	verschiedene Gemüse, roh oder blanchiert
galette	Crêpe aus Buchweizenmehl
pâté de campagne	Bauernpastete
pâté de foie	Leberpastete
salade lyonnaise	grüner Salat mit gebratenen Speckwürfeln und Croûtons
salade niçoise	grüner Salat mit Tomaten, Ei, Käse, Oliven und Thunfisch
saumon fumé	Räucherlachs
soupe à l'oignon	Zwiebelsuppe
soupe de poisson	Fischsuppe

Viandes / Fleisch

agneau / gigot d'agneau	Lamm / Lammkeule
bifteck	Steak
bœuf	Rindfleisch
cassoulet	Fleisch und weiße Bohnen aus dem Ofen
confit	eingemachtes Fleisch
côte de bœuf	Ochsenkotelett
crépinette	kleine Frikadelle im Netzmantel
filet de bœuf	Rinderfilet
foie gras	Gänse-/Entenstopfleber
foie	Leber
grillades	Grillplatte
mouton	Hammel
porc	Schwein
rognons	Nieren
rôti	Braten
sauté de veau	Kalbsragout
steak tatare	Tatar
tripes	Kutteln
saignant	blutig
à point / medium	medium / halb gar
bien cuit	durchgebraten

Volailles et gibier / Geflügel und Wild

canard à l'orange	Ente mit Orange
cerf	Hirsch
cuissot de chevreuil	Rehkeule
coq au vin	Hahn mit Rotwein
faisan	Fasan

lapin chasseur	Kaninchen nach Jägerart
oie	Gans
poulet rôti	Brathähnchen
sanglier	Wildschwein

Poissons et crustacés / Fisch und Krustentiere

cabillaud	Kabeljau
calmar frit	gebackener Tintenfisch
daurade	Goldbrasse
lotte	Seeteufel
loup de mer	Seewolf
maquereau	Makrele
morue	Stockfisch
omble chevalier	Saibling
perche	Barsch
petite friture	gebackene kleine Fische
rouget	Rotbarbe
sandre	Zander
sole au gratin	überbackene Seezunge
truite meunière	Forelle Müllerin

Was heißt denn bloß »Austern« auf Französisch?

turbot	Steinbutt
coquilles Saint-Jacques	Jakobsmuscheln
crevettes	Garnelen, Shrimps
homard	Hummer
huîtres	Austern
moules	Miesmuscheln
plateau de fruits de mer	Meeresfrüchteteller

Légumes, pâtés, riz / Gemüse, Teigwaren, Reis

artichaut	Artischocke
choucroute	Sauerkraut
épinards	Spinat
fenouil	Fenchel
haricots (verts)	(grüne) Bohnen
nouilles	Nudeln
oignons	Zwiebeln
petits pois	Erbsen
poivrons	Paprikaschoten
pommes dauphine / pommes duchesse	Kartoffelkroketten
pommes de terre	Kartoffeln
pommes de terre nature	Salzkartoffeln
pommes de terre sautées	Bratkartoffeln
riz au curry	Curryreis
tomates	Tomaten

Desserts / Nachspeisen

charlotte	Süßspeise aus Löffelbiskuits, Früchten und Vanillecreme
crème brûlée	Karamellisierter Sahnepudding
gâteau	Kuchen
glace	Speiseeis
pâtisserie maison	Dessert nach Art des Hauses
profiteroles	kleine Windbeutel mit Creme- oder Sahnefüllung
sabayon	Weinschaumcreme
tarte aux pommes	Apfelkuchen
tarte Tatin	gestürzter karamellisierter Apfelkuchen

Fruits / Obst

abricots	Aprikosen
cerises	Kirschen

fraises	Erdbeeren
framboises	Himbeeren
macédoine	Fruchtsalat
pêches	Pfirsiche
poires	Birnen
pommes	Äpfel
prunes	Pflaumen
raisins	Trauben

Liste des consommations / Getränkekarte

eau minérale	Mineralwasser
bière	Bier
bière blonde	helles Bier
bière brune	dunkles Bier
bière pression	Bier vom Fass
bière bouteille	Flaschenbier
bière sans alcool	alkoholfreies Bier
vin	Wein
café arrosé	Kaffee mit Schuss
café exprès	Espresso
thé	Tee
un (verre de vin) rouge	ein Glas Rotwein
un quart de vin blanc	ein Viertel Weißwein
jus de fruit	Fruchtsaft
jus d'orange / jus de pamplemousse	Orangen- / Grapefruitsaft
lait	Milch
limonade	Limonade

Übernachten

Hotels

Ausgewählte Übernachtungsadressen sind in den Reisezielen von A **Kategorien**
bis Z unter den jeweiligen Stichworten zu finden. Die angegebenen
Preise bzw. Preiskategorien beziehen sich auf eine Übernachtung im
Doppelzimmer ohne Frühstück während der Hauptsaison. Innerhalb
der Kategorien und je nach Jahreszeit variieren die Übernachtungspreise erheblich.

← *Immer ein gemachtes Bett. An der Loire gibt es die schönsten Über-*
   nachtungsmöglichkeiten. Manchmal sogar mit Königskonterfei.

Hotels Das jeweilige Comité Régional du Tourisme klassifiziert die französischen Hotels nach Komfort und Service in 5 Kategorien von einem Stern (unterste Kategorie) bis vier Sterne mit dem Zusatz L (Luxushotels). Diese **»Hotels de Tourisme«** sind durch ein sechseckiges blaues Schild mit dem weißen Buchstaben »H« und den Sternen gekennzeichnet.

Die **Zimmerpreise** müssen am Eingang des Hotels und im Zimmer aushängen. In touristisch bedeutenden Orten sind die Preise in der Nebensaison oft bis zu 30 % niedriger als in der Hochsaison. In vielen touristisch bedeutenden Orten wird eine Kurtaxe erhoben.

i **Übernachtungspreise**

- Luxus: ab 100 Euro
- Komfortabel: 60 – 100 Euro
- Günstig: bis 60 Euro
  für eine Übernachtung im Doppelzimmer.

Doppelzimmer bekommt man mit einem **französischen Doppelbett** (grand lit) oder zwei getrennten Betten (deux lits oder lits séparés). Gegen einen Aufpreis kann ein drittes Bett zugestellt werden. Einzelzimmer sind selten; Alleinreisende, die ein Doppelzimmer belegen, müssen oft den vollen Preis zahlen.

In der Hauptreisezeit sollte man Zimmer unbedingt im Voraus reservieren. **Reservierungen** werden per Kreditkarte oder mit einer Vorauszahlung (arrhes) vorgenommen. Auch kann man (meist gegen geringe Gebühr) in fast allen Tourismusbüros eine Unterkunft buchen.

Logis de France In der Fédération Logis de France haben sich kleinere und mittlere Hotels zusammengeschlossen, die als Familienbetriebe geführt werden und sich bemühen, zu mäßigen Preisen **persönliche Atmosphäre**, zeitgemäßen Komfort und gute regionale Küche zu bieten. Sie sind an einem grünen Schild mit gelbem Kamin zu erkennen. Eine Reihe von Häusern ist besonders auf Familien, Wanderer, Radwanderer oder Angler eingestellt; sehr interessant sind die **»Logis de Caractère«** in **historischen Häusern**. Ein aktuelles Verzeichnis erscheint jährlich und ist in den Buchhandlungen sowie bei Logis de France erhältlich.

Relais & Châteaux Die in der Gruppe Relais & Châteaux zusammengeschlossenen Häuser bieten ein besonders **stilvolles Ambiente**, meist verfügen sie auch über ausgezeichnete Restaurants.

Châteaux & Hôtels de France Hotels und Restaurants in über 500 besonderen Häusern verschiedener Kategorien – von schlicht bis exklusiv, aber immer **in privilegierter Lage** – haben sich in der Organisation Châteaux & Hôtels de France zusammengeschlossen.

Chambres d'hôtes au Château dans les vignes Besonders schöne Unterkünfte findet man in der Loire-Region in kleinen **Weingütern oder -schlössern**, in denen Privatzimmer vermietet werden. Oft kommt man mit den Besitzern bzw. Winzern ins Gespräch, kann einen Spaziergang durch ihre Weinfelder machen und ein paar Flaschen des hauseigenen Tropfens kaufen.

Die **besonders preiswerten** Relais Routiers an den Hauptstraßen wer- **Relais Routiers**
den hauptsächlich von Fernfahrern benutzt und sind meist einfach,
aber gut. Der Guide des Relais Routiers ist in französischen Buchhandlungen zu erwerben (www.relais-routiers.com).

Verzeichnisse der genannten Organisationen sowie zahlreicher Hotel- **Informationen**
ketten, darunter besonders preiswerte wie Formule 1 (► Baedeker
Tipp unten), sind bei der Maison de la France, den Tourismusbüros
(►Auskunft) und im Buchhandel erhältlich. Auch die örtlichen Tourismusbüros geben Hotelverzeichnisse heraus.

Ferien auf dem Land · Ferienwohnungen

Unter dem Begriff »Tourisme rural« werden verschiedene Möglich- **Tourisme rural**
keiten angeboten, Ferien auf dem Land zu verbringen. Die Fédération Française des Gîtes de France
bietet preiswerte Wohnmöglichkei-
ten an, vom Hotel über einfache
Landgasthöfe (Ferme-Auberge),
Ferienwohnungen und -häuser
(Gîte rural), einfache Unterkünfte
an Wanderwegen (Gîte d'etape) bis
zum **Camping auf dem Bauernhof**
(Camping à la Ferme). Verzeichnisse sind bei den Tourismusbüros
(► Auskunft) sowie bei Gîtes de
France zu bekommen. Gîtes de
France gibt auch die Verzeichnisse
»Chambres d'Hôtes«, »Campings
et Châlets-Loisirs« und »Gîtes
d'Etape« heraus. Ausgewählte Bauernhöfe und Landgüter stellt der
Band »Landurlaub in Frankreich« (Busche Verlag) vor. Darüber hinaus vermittelt eine unübersehbare Zahl privater Unternehmen Fe-
rienhäuser und -wohnungen.

> ! *Baedeker* TIPP
>
> **Preiswert übernachten**
>
> Die wohl billigsten Übernachtungsmöglichkeiten
> bietet die Hotelkette »Formule 1«. Drei Personen
> zahlen hier zusammen rund 32 Euro. Das
> Frühstück kostet pro Person ca. 5 Euro. Bei vielen
> Unterkünften wird der Hotelparkplatz nachts
> abgeschlossen. Einziger Nachteil: In den Zim-
> mern gibt es weder WC noch Dusche, sondern
> nur ein Waschbecken. »Formule 1«-Hotels findet
> man in allen größeren Orten am Stadtrand.
> (www.hotelformule1.com)

Privatzimmer · Bed & Breakfast

Ein Aufenthalt bei Privatvermietern ist ein besonders persönliches **Privatzimmer**
Frankreich-Erlebnis und meist auch deutlich preiswerter als ein ver- **Bed & Breakfast**
gleichbares Hotel. Die französischen Begriffe dafür sind chambre
d'hôte (Zimmer mit Frühstück) und table d'hôte (mit Essen). An
Durchgangsstraßen weisen grüne Schilder auf abseits gelegene Häuser hin.
Zimmer (meublés) und Appartements bei Privatvermietern sind in
vielen Orten zu finden und werden meist für mindestens eine Woche
vermietet. Verzeichnisse sind bei Gîtes de France (►S. 96), den örtlichen Tourismusbüros und bei B & B France zu haben.

▶ ADRESSEN ÜBERNACHTEN

HOTELS

▶ **Logis de France**
Tel. 01 45 84 83 84
(Reservierungszentrale)
www.logis-de-france.fr

▶ **Relais & Châteaux**
in Deutschland/Österreich/
Schweiz
Tel. 00800 2000 0002
in Frankreich
Tel. 08 25 32 32 32
www.relaischateaux.com

▶ **Châteaux & Hôtels de France**
Tel. 01 72 72 92 02
(aus dem Ausland)
Tel. 08 92 23 00 75
(von Frankreich aus)
www.chateauxhotels.com

PRIVATZIMMER BED & BREAKFAST

▶ **Gîtes de France**
59, Rue Saint-Lazare
F-75439 Paris cedex 09
Tel. 01 49 70 75 75
Fax 01 42 81 28 53
www.gites-de-france.com

▶ **Bienvenue au Château**
2, Rue de la Loire
BP 20411
F-44204 Nantes cedex 2
www.bienvenue-au-chateau.com

▶ **B & B France**
www.bedbreak.com
www.bbfrance.com

Hier kann man bleiben. Ein Hotel-Restaurant auf dem Land ist immer eine gute Adresse.

FERIENHÄUSER

▶ **Gîtes de France**
59, Rue Saint-Lazare
F-75439 Paris cedex 09
Tel. 01 49 70 75 75
Fax 01 42 81 28 53
www.gites-de-france.com

▶ **Interchalet**
Postfach 54 20
D-79021 Freiburg
Tel. 07 61/21 00 77
Fax 07 61/21 00 154
www.interchalet.com

CAMPING & CARAVANING

▶ **FFCC**
78, Rue de Rivoli
F-75004 Paris
Tel. 01 42 72 84 08
Fax 01 42 72 70 21
www.ffcc.fr
www.camping-car.org

JUGENDHERBERGEN

▶ **Deutsches Jugendherbergswerk**
Bismarckstr. 8
D-32776 Detmold
Tel. 0 52 31/7 40 10
Fax 0 52 31/74 01 49
www.djh.de

▶ **Fédération Unie des Auberges de Jeunesse (FUAJ)**
FUAJ - National Center
27, Rue Pajol, 75018 Paris
Tel. 01 44 89 87 27
Fax 01 44 89 8749
www.fuaj.org

▶ **Ligue Française pour les Auberges de Jeunesse (LFAJ)**
67, Rue Vergniaud, F-75013 Paris
Tel. 01 44 16 78 78
Fax 01 44 16 78 80
www.auberges-de-jeunesse.com

Camping

Im Loire-Tal, vor allem zwischen Orléans und Nantes, gibt es viele Campingplätze, von denen manche sogar direkt am Fluss liegen. Je nach Komfort werden sie amtlich mit einem bis vier Sternen klassifiziert. Ein Stern bedeutet einfacher Standard (z. B. nur mit Kaltwasserduschen), vier Sterne weisen auf luxuriöse Ausstattung hin. Immer beliebter wird das **Camping à la Ferme**, das Zelten auf dem Bauernhof. Dort gibt es meist nur wenige Plätze und der Komfort ist eher bescheiden; dafür lernt man ländliches Leben aus nächster Nähe kennen. In der Hauptreisezeit empfiehlt es sich, einen Platz im Voraus zu buchen. **Wildes Zelten** (camping sauvage) ist nur mit Genehmigung des jeweiligen Grundstückseigentümers erlaubt. Informationen über Camping im Loire-Tal erteilen die regionalen und lokalen Tourismusbüros.

Jugendherbergen

In den französischen Jugendherbergen (Auberges de Jeunesse) der Organisationen FUAJ und LFAJ kann jeder übernachten, der einen internationalen Jugendherbergsausweis besitzt (erhältlich bei der Organisation des Heimatlandes). Für die Hauptreisezeiten ist eine frühzeitige Anmeldung erforderlich; die Aufenthaltsdauer ist in dieser Zeit auf drei Übernachtungen beschränkt. Im Gebiet der Loire gibt es Jugendherbergen in Amboise, Angers, Beaugency, Blois, Bourges, Nantes, Orléans, Tours und Vierzon.

Urlaub aktiv

Es gibt genügend Möglichkeiten, das Loire-Tal zu erkunden und sich dabei gegebenenfalls sportlich zu betätigen. Man kann die Region vom Fahrrad bzw. Pferd aus oder auf Schusters Rappen kennenlernen; es werden Touren mit dem Kanu, Kajak und Hausboot angeboten; auch aus der Vogelperspektive lassen sich die Schönheiten der Gegend entdecken, und zwar mit den unterschiedlichsten Fluggeräten. Neben diesen Angeboten hat das Loire-Tal noch weitere interessante Sportarten und Freizeitvergnügen zu bieten.

Sport

Angeln Angeln ist in Frankreich ein **beliebter Zeitvertreib**. Im Loire-Gebiet sind die Möglichkeiten für diesen Sport breit gefächert. Die Loire selbst, vor allem aber ihre Nebenflüsse und die vielen kleinen Wasserläufe, die diesen zuströmen, laden zum Fischen ein. Was man wo angeln darf, ist von der Jahreszeit und der Art des Gewässers abhängig. Man unterscheidet zwei Kategorien von Fischgewässern: In Gewässern der ersten Kategorie trifft man hauptsächlich Lachsfische an, zur zweiten gehören alle anderen Gewässer. Für erstere benötigt man eine Steuermarke (supplément), für die zweite genügt eine Grundmarke (timbre de base). Wer in öffentlichen Gewässern (eaux libres) angeln will, braucht den entsprechenden Erlaubnisschein der zuständigen Société de Pêche, für private Gewässer (eaux closes) die Genehmigung des Besitzers bzw. Pächters.

Golf Im Loire-Tal gibt es **zahlreiche Golfplätze**. Allein in der Region Centre finden Golfspieler 30 Plätze, u. a. bei Amboise (9 Löcher), bei Tours (18 Löcher) und bei Cheverny (18 Löcher). Als vielleicht großartigster Platz gilt Les Bordes südöstlich von Beaugency (18 Löcher). Die Maison de la France (►Auskunft) gibt eine Broschüre mit den 30 Golfplätzen in der Region Centre heraus.

Jagd Mit seinen unterschiedlichen Biotopen bietet das Loire-Tal **vielfältige Möglichkeiten** zur Jagd auf Rot- und Schwarzwild, Fasane, Wildenten, Rebhühner und Wildkaninchen. Traditionelle geschätzte Jagdreviere sind die großen Waldgebiete südlich der Loire zwischen Orléans und Tours (►Baedeker Special, S. 190). Ausländische Jäger benötigen eine Jagderlaubnis (permit de chasser) bzw. eine für 48 Stunden gültige Jagdlizenz (licence de chasse; nur mit gültigem Jagd-

Durch nichts aus der Ruhe zu bringen – Angler an der Loire

schein des Heimatlandes). Für beide ist eine in Frankreich abgeschlossene Jagdversicherung, für das permit de chasser zusätzlich ein polizeiliches Führungszeugnis erforderlich.

Kanu/Kajak

Für Freunde des Kanu- bzw. Kajaksports ist das Loire-Tal in der Region Centre ein wahres Paradies. Die schönste Kanustrecke auf der Loire liegt zwischen Blois und Saumur. Neben der Loire eignen sich auch die Flussläufe Cher, Indre, Loir, Eure, Creuse und Vienne hervorragend zum Kanu- und Kajakfahren. Eindrucksvoll ist die Tour auf der Vienne von L'Île-Bouchard (südöstlich von Chinon) über Chinon bis zur Mündung der Vienne in die Loire. Der Loir ist besonders um Vendôme und Bonneval interessant. Auf der idyllischen Indre erreicht man die Schlösser von Loches, Azay-le-Rideau und Ussé; hier sind auch viele Mühlen zu entdecken. Beim Maison de la France (► Auskunft) kann man eine **Broschüre mit den schönsten Routenvorschlägen** bestellen.

Radfahren

►Fahrradurlaub

Reiten

Möglichkeiten zum Reiten gibt es an der Loire zur Genüge, insbesondere Saumur und seine Umgebung sind **Hochburgen des Reitsports**. Zahlreiche Organisationen bieten Unterricht und Arrangements für mehrtägige Touren an. Informationen über Reitställe und -schulen erteilen die örtlichen Fremdenverkehrsämter und die Tourismusbüros der Départements.

Gesellige Pause. Beim Reitausflug in die Loire-Wälder ist für alles gesorgt.

Wandern Das Wanderwegenetz ist in ganz Frankreich gut ausgebaut. Zum einen gibt es die sog. Grandes Randonnées (GR; Fernwanderwege), zum anderen die Petites Randonnées (PR) genannten kürzeren Routen. Das Loire-Gebiet ist durch **mehrere Fernwanderwege** erschlossen, einer davon begleitet die Loire von der Quelle bis zur Mündung in den Atlantik (GR 3). Die Fédération Française de la Randonnée Pédestre (FFRP) kümmert sich um den Ausbau und die Pflege des Wegenetzes. Sie gibt Wanderführer (Topo-Guides) mit ausführlichen Informationen heraus: u. a. »L'Anjou à pied« mit 49 Tourenvorschlägen, »La Touraine à pied« und »La Vallée du Loir à pied«.

! *Baedeker* TIPP

Im siebten Schlösserhimmel schweben

Die schönsten Loire-Schlösser kann man auch vom Heißluftballon aus entdecken: u. a. Chambord, Chenonceau, Chaumont-sur-Loire, Cheverny, Amboise, Blois. Flüge (zwischen 60 und 90 Min., pro Person ca. 200 Euro) bieten an: Aérocom (Tel. 02 54 33 55 00; www.aerocom.fr), France Montgolfières (Tel. 02 54 32 20 48, www.franceballoons.com), Art Montgolfières (Tel. 06 76 83 76 75, www.art-montgolfieres.fr).

Weitere Aktivitäten

Bootstourismus ►dort

Flüge Man kann das Tal der Loire auch aus der Luft erkunden – aus Heißluftballons (►Baedeker Tipp oben), Ultraleichtflugzeugen, Segelflie-

▶ ADRESSEN SPORT

ANGELN

▶ **Fédération Nationale de la Pêche en France**
17, Rue Bergère
F-75009 Paris
Tel. 01 48 24 96 00
Fax 01 48 01 00 65
www.unpf.fr

GOLF

▶ **Fédération Française de Golf**
68, Rue Anatole France
F-92300 Levallois-Perret
Tel. 01 41 49 77 00
Fax 01 41 49 77 01
www.ffgolf.org
E-Mail: ffgolf@ffgolf.org

JAGD

▶ **Fédération Nationale des Chasseurs de France**
13, Rue du Général Leclerc
F-92136 Issy-les-Moulineaux
cedex
Tel. 01 41 09 65 10
Fax 01 41 09 65 20
www.chasseurdefrance.com

WANDERN

▶ **Fédération Française de la Randonnée Pédestre**
64, Rue du Dessous des Berges
F-75013 Paris
Tel. 01 44 89 93 93
www.ffrp.asso.fr

---

gern und Hubschraubern. Gestartet wird u. a. in Tours, Blois und Orléans. Auskünfte erteilen die örtlichen Fremdenverkehrsbüros.

Historische Dampfzüge verkehren zwischen **Chinon und Richelieu** (20-km-Strecke; ▶Baedeker Tipp, S. 252), um den **Lac de Rillé** (2,5-km-Strecke; nordöstlich von Saumur), zwischen **Pithiviers und Belle-bat** (4-km-Strecke; nordöstlich von Orléans) und zwischen **Lucay-le-Mâle und Argy** (27-km-Strecke; südwestlich von Valençay). **Historische Dampfzüge**

Wegen des weitverzweigten Flussnetzes und wegen der fast das ganze Jahr über starken Südwest- und Nordwestwinde gibt es im Anjou zahlreiche **Wind- und Wassermühlen**. Im Département **Maine-et-Loire** (Hauptstadt Angers) standen einst über 1500 Mühlen; noch ca. 20 Mühlen sind erhalten, die während der Hauptsaison und nach Anmeldung besichtigt werden können, u. a. in Montreuil-Bellay und Gennes (zwischen Saumur und Angers). **Mühlen**

Ausflugsschiffe bzw. -boote verkehren auf dem Cher, u. a. bei Chenonceau (▶Baedeker Tipp, S. 179), auf dem Loire-Seitenkanal und dem Canal de Briare (▶Baedeker Tipp, S. 209), auf dem Erdre bei Nantes (▶Baedeker Tipp, S. 236) und in Vendôme (▶Baedeker Tipp, S. 288). In **Blois** werden im Juli und August Fahrten auf einem traditionellen Loire-Kahn angeboten; u. a. auch in **Rochecorbon** (östlich von Tours) und **Angers** laden Ausflugsschiffe zu schönen Flusserlebnissen ein. **Schiffsausflüge**

Weinkeller-Besuche Im Tal der Loire gibt es unzählige Möglichkeiten, Weinkeller zu besuchen, die Erzeugnisse des jeweiligen Winzers zu kosten und evtl. zu kaufen. Die Fremdenverkehrsämter und Maisons du Vin u. a. von Amboise, Angers, Bourgueil, Chinon, Nantes, Saumur und Vouvray halten entsprechende Adressen bereit.

Zoos ▶Mit Kindern unterwegs

Verkehr

Straßenverkehr

Autobahnen In Frankreich gibt es ein gut ausgebautes Straßennetz mit Autobahnen (autoroutes), Nationalstraßen (routes nationales) und Landstraßen (routes départementales). Autobahnen sind – abgesehen von Zubringern und Verbindungen in der Umgebung größerer Städte – gebührenpflichtig (péage). Die Gebühren können bar oder auch mit Kreditkarte (Mastercard, Visa) bezahlt werden. Die Schalter für Kreditkartenzahlung sind an den Mautstationen besonders ausgeschildert: **CB** = Carte bancaire. Durchschnittlich zahlt ein Pkw-Fahrer knapp sieben Cent pro Kilometer.

Unterwegs mit dem Heißluftballon. Nicht gerade flott, aber dafür bieten sich ungewöhnliche Ausblicke.

Informationen rund um die Benutzung der Autobahnen bekommt man unter www.autoroutes.fr, Verkehrshinweise (besonders über Staus und Ausweichmöglichkeiten in Ferienzeiten) unter www.bison-fute.equipement.gouv.fr. Auf **UKW 107,7 MHz** werden in Frankreich rund um die Uhr Verkehrsnachrichten ausgestrahlt: viertelstündlich auf Französisch, halbstündlich auf Englisch.

Informationen für Autofahrer

▶Anreise

Fahrzeugpapiere

Die französischen Verkehrsregeln entsprechen denen im deutschsprachigen Raum. Das Anlegen der Sicherheitsgurte ist obligatorisch, auch für Beifahrer; Kinder unter 10 Jahren müssen hinten sitzen und entsprechend gesichert sein. Motorradfahrer müssen einen Sturzhelm tragen und tagsüber mit Abblendlicht fahren. Nachts dürfen Warnsignale nur mit der Lichthupe gegeben werden. Bei Unfällen muss ein Personenschaden vorliegen, damit die Polizei tätig wird. Vorsicht: Damit sich die Autofahrer an das Tempolimit in Ortschaften halten, sind an Ortseinfahrten häufig Bodenschwellen in die Straße eingelassen. Vorfahrt hat grundsätzlich das von rechts kommende Fahrzeug (Beschilderung »Priorité à droite«); im Kreisverkehr dagegen müssen in den Kreis Einfahrende warten. Vorfahrtsstraßen sind durch das Schild »Passage protégé« vor Kreuzungen gekennzeichnet.

Verkehrsregeln

Die **Höchstgeschwindigkeit** liegt auf Autobahnen bei 130 km/h (bei Nässe 110 km/h), auf Schnellstraßen bei 110 km/h (bei Nässe 100 km/h), auf National- und Landstraßen bei 90 km/h (bei Nässe 80 km/h), innerorts bei 50 km/h.
Viele Franzosen fahren trotz **häufiger Radarkontrollen** ausgesprochen zügig. Schon geringe Tempoüberschreitungen sind teuer – zwischen 90 und 2300 € –, und sofort zu bezahlen, sonst kann das Fahrzeug beschlagnahmt werden. Bei ausländischen Verkehrssündern macht die Polizei keine Ausnahmen.

Tempolimit

Die Promillegrenze liegt bei 0,5. Wer mit einem höheren Wert erwischt wird, muss mit empfindlichen Strafen rechnen.

Alkohol am Steuer

Bei den Hauptsehenswürdigkeiten stehen im Allgemeinen genügend Parkplätze (meist gebührenpflichtig, manchmal bewacht) zur Verfügung. In Frankreich darf auch auf der **linken Straßenseite** geparkt werden (weiß gestrichelte Markierung). Oft wechselt die zum Parken freigegebene Straßenseite täglich oder halbmonatlich (stationnement alterné). **Gelbe Linien** am Fahrbahnrand bedeuten Parkverbot. Die Polizei geht scharf gegen Falschparker vor. Abgeschleppte oder mit Parkkralle festgesetzte Autos auszulösen ist kostspielig. Im Bereich der Innenstädte gibt es die zone bleue (Blaue Zone), in der das Benutzen einer **Parkscheibe** (disque) obligatorisch ist. Neben konventionellen Parkuhren gibt es horodateurs, **Parkscheinautomaten**, die auf den Parkflächen zentral aufgestellt sind. Viele Parkplätze, beson-

Parken

ders in Stadtzentren, sind für **Wohnmobile** gesperrt (Abschrankung in 1,90 – 2 m Höhe an der Einfahrt).

Tanken

Auf dem Land ist damit zu rechnen, dass am Wochenende, an Feiertagen und nachts die Tankstellen geschlossen sind. Mit Kreditkarten kann man mitunter auch an automatischen Zapfsäulen von Supermärkten tanken. Bleifreies Benzin heißt »sans plomb«, die Sorten werden mit der Oktanzahl benannt: Super bleifrei hat 95 Oktan, Super Plus bleifrei hat 98 Oktan. Am günstigsten tankt man in der Regel an den Tankstellen bei den großen Supermärkten.

Panne auf der Autobahn

Bei einer Panne auf der Autobahn sollte man für den Hilferuf nur die orangefarbenen Notrufsäulen benutzen, nicht das Mobiltelefon. Die Preise für Hilfeleistung durch konzessionierte Unternehmen sind festgelegt und in den Einsatzfahrzeugen nachzulesen. Auf anderen Straßen bekommt man Hilfe über den Polizeinotruf. Notrufe ▸ dort.

Mietwagen

Empfehlenswert ist die Buchung eines Mietwagens im Paket mit Flug (Fly & Drive) oder Bahnfahrt. An vielen Bahnhöfen der SNCF ist Avis vertreten, die den Bahnkunden Sonderkonditionen gewährt.

Taxi

Der Fahrpreis setzt sich aus der Grundgebühr und der Fahrtgebühr zusammen. An Bahnhöfen gilt eine erhöhte Grundgebühr. Für Fahrten zu Bahnhöfen, Flughäfen sowie für Gepäck werden Zuschläge berechnet. Der Tagestarif A gilt Mo.– Sa. von 7.00 bis 19.00 Uhr, in der übrigen Zeit der teurere Nachttarif B, bei Fahrten außerhalb der Stadtgrenze die ca. doppelt so teuren Tarife C / D. Taxifahrer erwarten ein Trinkgeld von 15 %.

Bahn

Informationen

Die Büros, Schalter und Internetseiten der Deutschen Bahn AG (www.bahn.de), der Österreichischen Bundesbahn (www.oebb.at) und der Schweizerischen Bundesbahnen (www.sbb.ch) informieren über Bahnverbindungen auch in Frankreich. Die französische Staatsbahn SNCF (Société Nationale des Chemins de Fer Français) hat eine Informationsstelle in Deutschland (Tel. 01805/21 82 38) und auch eine deutsche Website: www.sncf.de; ansonsten empfiehlt sich die Seite www.sncf.fr. Die SNCF bietet viele **Sondertarife** an, für bestimmte Personenkreise (Jugendliche, Familien, Senioren etc.), Regionen, Zeiträume usw.

Mitnahme von Fahrrädern

In vielen Zügen, auch im TGV, können Fahrräder kostenlos mitgenommen werden. In Zügen mit einem Fahrradsymbol müssen Fahrräder selbst ein- und ausgeladen werden. In bestimmten Zügen, so auch im TGV, kann man das Fahrrad nur zusammengelegt und verpackt (in einem üblichen Transportsack) wie normales Gepäck mitnehmen, man muss es selbst im Zug verstauen. Reservierung von Stauraum ist kostenpflichtig. Detaillierte Informationen auf der Website des ADFC (▶Fahrradurlaub), bei SNCF / Rail Europe (Guide du Train et du Vélo) sowie der DB (Bahn & Bike).

Die französischen **Hochgeschwindigkeitszüge** TGV (Train à Grande Vitesse) sind reservierungspflichtig (www.tgv.com). Vom Pariser Bahnhof Montparnasse aus starten die TGV zu einigen Städten an der Loire (▶Anreise).

TGV

Busse

Busbahnhöfe (gare routière) sind meist gleich neben den Bahnhöfen zu finden. Busse der SNCF sowie kommunaler und privater Unternehmen ergänzen das Schienennetz. Da vor allem Schüler und Berufspendler mit Bussen fahren, sind die Fahrpläne eher den lokalen Bedürfnissen als denen von Touristen angepasst. Oft fahren Busse auf dem Land nur zweimal täglich, am frühen Morgen und am Abend.

Regionale Linien

Zeit

Von Ende Oktober bis März gilt in Frankreich, wie in Deutschland, Österreich und der Schweiz, die Mitteleuropäische Zeit (MEZ), im Sommerhalbjahr die Sommerzeit (MEZ + 1 Std.).

Touren

ZU DEN SCHÖNSTEN SCHLÖSSERN
DER LOIRE ODER IN BERÜHMTE WEIN-
REGIONEN? AN DIE ATLANTIKKÜSTE,
INS QUELLGEBIET DES FLUSSES ODER
IN EINES DER GEMÜTLICHEN STÄDTCHEN?
LERNEN SIE DIE VIELEN VERSCHIEDENEN SEITEN
DER HERRLICHEN LOIRE-REGION KENNEN!

TOUREN AN DER LOIRE

Die Loire-Region lockt mit prächtigen Schlössern und idyllisch gelegenen, historisch bedeutsamen Orten. Doch nicht nur Kulturinteressierte finden hier ein Paradies vor, auch die schönen Landschaften begeistern: malerische Flussläufe, weite Ebenen, sanfte Hügel, ausgedehnte Wälder und Weinberge, von denen ausgezeichnete Tropfen kommen. Die beschriebenen Routen führen in einige der wichtigsten Landschaften Frankreichs – an die Sandküsten am Atlantik, in das Anjou, die Touraine, nach Burgund und auf der letzten Tour schließlich noch in die Auvergne und in das Zentralmassiv, das Quellgebiet der Loire.

TOUR 1 **Orléans und die Sologne**
Diese Route folgt dem großen Nordbogen der Loire und streift die schönsten Orte in der Sologne. Natürlich sind auch ein paar Schlösser dabei. ▶ **Seite 112**

TOUR 2 **Die große Schlössertour**
Die Tour der Superlative, nicht nur für Kunstbegeisterte: Auf dieser Fahrt lernt man die prächtigsten Loire-Schlösser kennen. ▶ **Seite 114**

TOUR 3 **Von Vendôme zum Meer**
Interessante Städte, Hafenatmosphäre und zwischendrin wiederum das eine oder andere Schloss: der nordwestliche Abschnitt von Frankreichs längstem Strom bis zu seiner Mündung in den Atlantik. ▶ **Seite 117**

TOUR 4 **Von Nevers bis zur Quelle**
← *Die Gärten* *von Schloss* *Villandry* Die südöstliche Tour führt den Oberlauf der Loire entlang bis zur Quelle im Zentralmassiv. ▶ **Seite 119**

Urlaubsparadies Loire: schöne Schlösser, herrliche Landschaften

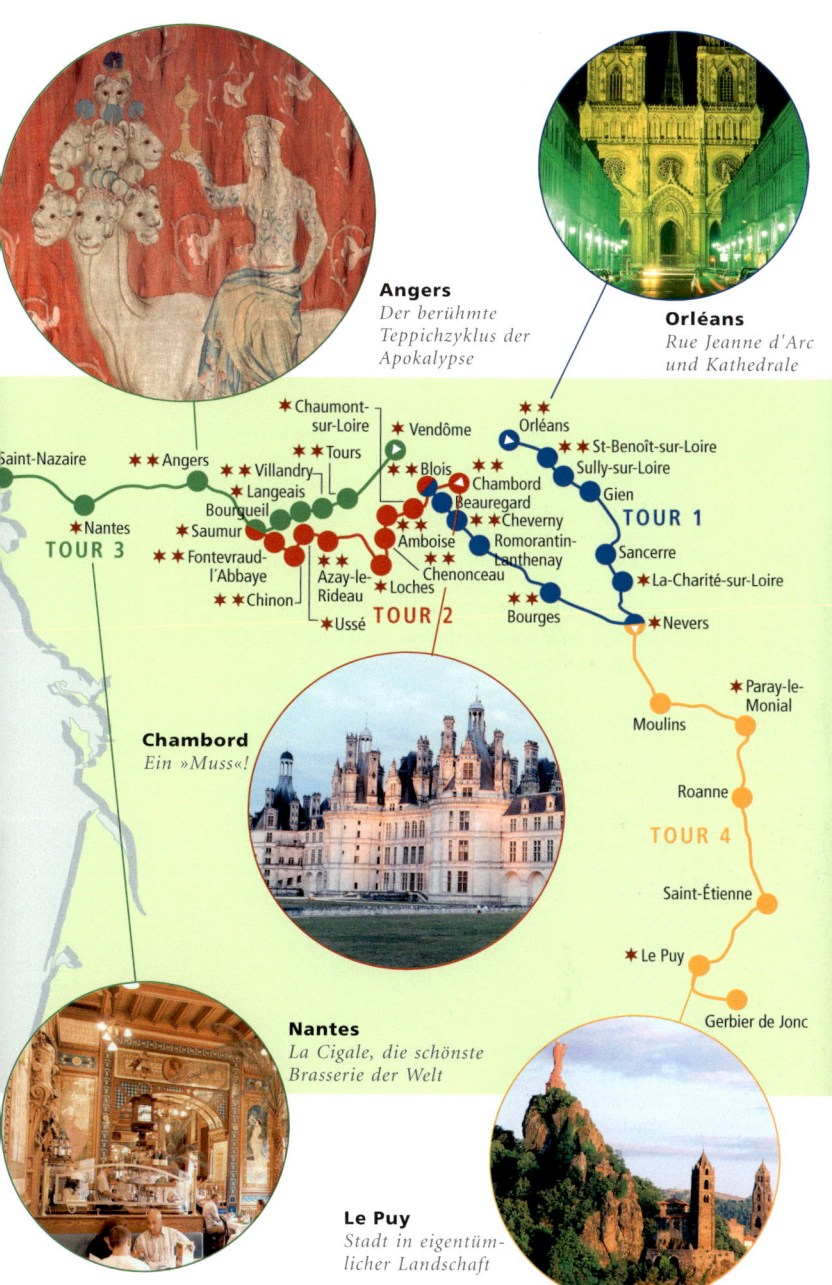

Angers
Der berühmte Teppichzyklus der Apokalypse

Orléans
Rue Jeanne d'Arc und Kathedrale

Chaumont-sur-Loire

Vendôme

Orléans

St-Benoît-sur-Loire

Sully-sur-Loire

Saint-Nazaire

Angers

Tours

Blois

Chambord

Gien

TOUR 1

Villandry

Beauregard

Langeais

Cheverny

Bourgueil

Amboise

Romorantin-Lanthenay

Sancerre

Nantes

Saumur

TOUR 3

Fontevraud-l'Abbaye

Azay-le-Rideau

Loches

Chenonceau

La-Charité-sur-Loire

Chinon

Ussé

TOUR 2

Bourges

Nevers

Paray-le-Monial

Moulins

Chambord
Ein »Muss«!

Roanne

TOUR 4

Saint-Étienne

Le Puy

Nantes
La Cigale, die schönste Brasserie der Welt

Gerbier de Jonc

Le Puy
Stadt in eigentümlicher Landschaft

Unterwegs an der Loire

Zur Einstimmung Wer die Hauptsehenswürdigkeiten an der Loire kennenlernen möchte und sich auch zum Genießen der **schönen Landschaft** und der **kleinen französischen Orte** Zeit nehmen möchte, kann gut drei Wochen zum Entdecken der Loire-Region einplanen. Viele wichtige Ziele liegen nicht direkt an der Loire, nicht einmal die bekanntesten Schlösser. Das am häufigsten besuchte Gebiet ist der Abschnitt zwischen Orléans und Angers – natürlich wegen der **Schlösser und Adelssitze**. Aber auch von der Loire selbst bekommt man hier am meisten mit: Man kann in diesem Bereich fast immer direkt am Fluss entlangfahren: am rechten Ufer auf der N 152, ab Saumur auf der N 147; am linken Ufer u. a. auf der D 951, D 751 und D 7.

Die kulturellen Highlights Ein »Muss« sind natürlich die berühmtesten Schlösser **Chambord**, **Chenonceau**, **Cheverny**, **Amboise** und **Blois**. Weniger bekannt, aber letztlich mindestens genauso schön sind die vielen kleinen Privatpaläste und Adelssitze, die oft malerisch mitten in der Landschaft liegen. Nur wenige Schlösser liegen mit Blick auf den Fluss: Chaumont gehört dazu, Saumur, Amboise oder Ménars. Chenonceau ist quasi als Brückenschloss direkt in die Wasser des Cher gebaut. Und natürlich gibt es auch jede Menge kleiner Wasserschlösser: Azay-le-Rideau und Sully-sur-Loire zum Beispiel oder kleine Perlen wie das Château du Plessis-Bourré nördlich von Angers.

Aber auch wunderschöne Kirchen und Klöster wie Fontevraud-l'Abbaye gibt es in der Loire-Region. Wer **romanische Bauten** mag, findet ein paar ausgesprochene Glanzstücke wie die Kirchen von St-Benoît-sur-Loire, La Charité-sur-Loire oder Notre Dame de Cunault. Frankreichs wahrscheinlich älteste Kirche steht ebenfalls in der Loire-Region: Germigny-des-Prés. Kulturell interessant sind natürlich auch die großen Städte – Orléans, Bourges, Tours, Angers und Nantes – mit guten **Museen** und sehenswerten **gotischen Kathedralen**: Besonders eindrucksvoll ist die Kathedrale von Bourges.

Wer sich für **Industriekultur** und **Hafenanlagen** interessiert, ist in Nantes und St-Nazaire mit verschiedenen Schiffsmuseen und Werften richtig.

Schön übernachten Es gibt vielfältige Übernachtungsmöglichkeiten und wirklich für jeden Geschmack etwas. Man kann sich in einem Stadthotel niederlassen oder sein **Zelt direkt am Flussufer** aufschlagen, einfache Privatzimmer anmieten oder in luxuriösen Schlosshotels unterkommen. Auch Besitzer von **kleineren Schlössern und Palästen** vermieten Zimmer zu bezahlbaren Preisen. Oder man fragt in einem der Weingüter nach, die manchmal auch ein paar Gästezimmer haben. Eine Besonderheit sind **Höhlenunterkünfte**: In den Hängen aus weichem Tuffstein sind viele Höhlen erhalten, in denen Wohnungen und sogar Pensionen eingerichtet sind.

Essen und Trinken sollten in Frankreich und zumal an der Loire nicht zu kurz kommen. Wer es ganz stilvoll haben möchte, speist in einem Schlossrestaurant – vorzugsweise Wild oder Flussfische – und probiert einen der Loire-Weine. Ähnlich stilvoll kann bei gutem Wetter auch ein Picknick am Flussufer sein – mit Spezialitäten aus der Region und ebenfalls einem guten Tropfen. Und ansonsten gibt es zahlreiche kleine französische Restaurants, in denen man mit viel Zeit französische Esskultur genießen kann.

Essen und Trinken

Zwar gibt es zwischen zahlreichen Orten Bahn- und Busverbindungen, doch mit dem Auto lässt sich die Loire-Region am besten erkunden. Auf den (gebührenpflichtigen) Autobahnen ist normalerweise sehr entspanntes Vorankommen, die wichtigsten sind die A 71 (Orléans – Bourges), die A 85 (Bourgueil – Angers) und die A 11 (Angers – Nantes) und die etwas befahrenere A 10 (Orléans – Tours). Für Urlauber ist jedoch die Fahrt auf den gut ausgebauten und bequem zu befahrenden **Nationalstraßen** weitaus schöner und lohnender. Das Verkehrsaufkommen auf den National- und Landstraßen der Loire hält sich in Grenzen, und die Sehenswürdigkeit sind im Allgemeinen gut ausgeschildert. Abgesehen von einigen engen Nebenstrecken, vor allem in Flusstälern, werden keine hohen Anforderungen an die Fahrkünste gestellt. Die Landschaften sind stellenweise völlig eben – etwa zwischen Blois und dem nordwestlichen Vendôme sowie zwischen Blois und dem südlichen Valençay – bzw. sanfthügelig, weshalb viele Straßen schnurgerade verlaufen.

Angenehme Straßen-verhältnisse

Wer keine Lust zum Autofahren hat und auch gar nicht so viele Schlösser und Kirchen ansehen möchte, kann die Loire-Region bestens mit dem **Fahrrad** erkunden. Am schönsten ist das natürlich auf den ganz kleinen Straßen, die man mit dem Auto meistens links liegen lässt. Oder man wählt den Wasserweg, mietet ein **Hausboot** und lässt die Landschaft vom Wasser aus langsam an sich vorbeiziehen.

Die geruhsame Variante

Auch mit dem Fahrrad gut zu erreichen: Schloss Chambord, das berühmteste der Loire-Schlösser

Tour 1 Orléans und die Sologne

Länge der Tour: ca. 370 km   **Dauer:** 4 Tage

Auf dieser Tour kommt man in die historisch bedeutenden Städte Orléans, Bourges und Blois. Man lernt auch Frankreichs berühmteste Fayenceorte Gien und Nevers kennen sowie die imposanten Kirchen von St-Benoît-sur-Loire und La-Charité-sur-Loire. Die berühmten Schlösser Sully-sur-Loire, Cheverny und Beauregard fehlen ebenso wenig wie die Weingegend um Sancerre.

Die Tour beginnt in ❶ ✱✱ **Orléans**, wo die Loire ihren nördlichsten Punkt erreicht. Im historischen Zentrum der symbolträchtigen Stadt, in der Jeanne d'Arc eine für die Entstehung der französischen Nation entscheidende geschichtliche Wende herbeiführte, ist die Erinnerung an die glorreiche Zeit allgegenwärtig. In südöstlicher Richtung kommt man von Orléans über die D 960 zuerst nach Châteauneuf-sur-Loire und dann über das am Fluss entlangführende, idyllische Sträßchen D 60 nach ❷ ✱✱ **St-Benoît-sur-Loire**, wo eine der schönsten romanischen Abteikirchen Frankreichs zu bewundern ist. Weiter geht es über die D 60, die meist oberhalb der Loire verläuft, zum Wasserschloss von ❸ **Sully-sur-Loire**, in dem einst der Dichter Voltaire Zuflucht fand.

Im Schloss von ❹ **Gien** weiter flussaufwärts kann man das größte Jagdmuseum des Landes besuchen; zu besichtigen gibt es hier auch ein Keramikmuseum, schließlich ist die Loire-Stadt das bedeutendste Fayencezentrum Frankreichs. Südlich von Gien sollte man ab Châtillon-sur-Loire auf der D 951 gen Süden weiterfahren, einem Landsträßchen, das in diesem Ort sehr steil beginnt und dann größtenteils direkt neben dem Loire-Seitenkanal verläuft. Ein Abstecher in das hoch gelegene altertümliche Weinstädtchen ❺ **Sancerre** lohnt allein schon wegen der herrlichen Aussicht auf die umliegenden Weinberge. Unterhalb von Sancerre lädt in Ménétréol-sous-Sancerre das romantisch am Kanal gelegene Restaurant »Le Floraine« zu einem leckeren Imbiss ein.

Weiter dem Loire-Seitenkanal folgend gelangt man nach ❻ ✱ **La-Charité-sur-Loire**, das mit seiner ehemaligen Prioratskirche eine wichtige Station auf dem französischen Jakobsweg bildet. Wie Gien ist auch das oberhalb der Loire gelegene ❼ ✱ **Nevers** für seine Fayencen bekannt, die man in einigen Ateliers begutachten kann. Die hübsche Stadt hat aber auch architektonische Sehenswürdigkeiten zu bieten, u. a. den Herzogspalast und die Kathedrale.

✔ NICHT VERSÄUMEN

- St-Benoît-sur-Loire: etwas für Freunde von romanischer Architektur
- Sully-sur-Loire: ein Wasserschloss, wie es im Buche steht
- Gien und Nevers: Zentren der Fayencekunst
- Bourges: beeindruckende gotische Kathedrale

Orléans
Bis heute wird die heldenhafte Jungfrau von Orléans gefeiert.

Sully-sur-Loire
Mächtiges Wasserschloss

Blois
Schönes Städtchen direkt an der Loire

Cheverny
Hier war Tintin aktiv.

Bourges
Die Kathedrale ist UNESCO-Welterbe.

1 ✶✶ Orléans
39 km
2 ✶✶ St-Benoît-sur-Loire
9 km
3 Sully-sur-Loire
23 km
4 Gien
60 km
5 Sancerre
28 km
6
✶ La-Charité-sur-Loire
30 km
7
✶ Nevers
70 km
8 ✶✶ Bourges
72 km
9 Romorantin-Lanthenay
28 km
10 ✶✶ Cheverny
7 km
11 Beauregard
12 ✶✶ Blois
8 km

Von Nevers aus geht die Tour nun weiter über breite, oft schnurgerade Nationalstraßen. Bei der Einfahrt nach **8** ✳ ✳ **Bourges** sollte man nicht erschrecken: In ihren südöstlichen Stadtteilen zeigt sich die alte Herzogsstadt nicht gerade von ihrer besten Seite. Ganz anders die wunderschöne Altstadt, die mit ihrer Kathedrale, einem der bedeutendsten Bauwerke der französischen Hochgotik, ihren engen, malerischen Gassen und prächtigen Häusern begeistert! Weiter in nordwestlicher Richtung kommt man in die einstige Hauptstadt der Sologne, nach **9** **Romorantin-Lanthenay** an der Sauldre, die sich in der Stadt in mehrere Flussarme teilt und das Bild der Altstadt prägt. Wer den Umweg nicht scheut, sollte von Romorantin-Lanthenay aus einen Abstecher ins rund 30 km südwestlich gelegene **Valençay** machen, dessen Residenz wegen ihrer großen Ausmaße gern mit Chambord, dem größten Loire-Schloss, verglichen wird.

In **10** ✳ ✳ **Cheverny** lernt man ein Schloss kennen, das zu den schönsten Gebäuden der französischen Klassik zählt; man sollte aber auch wissen, dass ein Doppelmord den Auslöser für den Bau des heute prunkvoll eingerichteten Palastes bildete ... Ein paar Kilometer weiter nördlich lädt das in einem Park gelegene Schloss **11** **Beauregard** mit seiner berühmten Porträtgalerie zu einem Besuch ein.

Wieder wenige Kilometer weiter beginnt der Autobahnzubringer von Blois (zur A 10), dem Ziel der Tour. Die Schnellstraße sollte man noch vor der Brücke über die Loire verlassen und sich dann westlich halten, um über die alte, gewölbte Brücke nach **12** ✳ ✳ **Blois** einzufahren. Der Blick von hier aus auf die alte königliche Residenzstadt mit ihrem prächtigen Schloss ist einfach fantastisch!

Tour 2 Die große Schlössertour

Länge der Tour: ca. 215 km   **Dauer:** 7 Tage

Im mittleren Bereich der Loire liegen die schönsten Paläste der Loire – Chambord, Chenonceau, Azay-le-Rideau – und die einstigen Königsschlösser Blois, Amboise, Loches und Chinon, in denen Geschichte geschrieben wurde. Chaumont-sur-Loire bezaubert durch den freien Blick auf die Loire, Ussé ist ein wahres Bilderbuchschloss, und Saumur hat nicht nur eine imposante Trutzburg, sondern ist auch ein bekannter Weinort und die Hauptstadt der Reitkunst. Nur Fontevraud-l'Abbaye fällt aus dem Rahmen – hier lockt kein Schloss, sondern ein nicht minder sehenswertes Kloster.

Ausgangspunkt der zweiten Route ist das inmitten eines riesigen Waldparks gelegene **1** ✳ ✳ **Chambord**, das größte Schloss an der Loire, das Franz I. als Jagdschloss errichten ließ. Als königliche Residenz diente für einige Jahre **2** ✳ ✳ **Blois**. Im Schloss von Blois ließ

Amboise
Letzter Wohnort von Leonardo da Vinci

Chambord
Überall zu sehen: der Salamander von Franz I.

Jssé
Das Dornröschenschloss

✶✶Chambord

✶✶Blois **1**

2

17 km   *17 km*

✶✶Amboise   *20 km*   **3**

4

✶ Chaumont-sur-
Loire

14 km

✶ Saumur

11 *15 km*   **✶** Ussé *14 km* **✶✶** Azay-le-Rideau   **5**   **✶✶** Chenonceau

10 *20 km* **8** **7**

✶✶ **9** *14 km*   *54 km*

Fontevraud-
l'Abbaye   **✶✶** Chinon   *30 km*

6   **✶** Loches

zay-le-Rideau
n et lumière am Abend

Chenonceau
Für viele das schönste der Loire-Schlösser

Heinrich III. seinen gefährlichsten politischen Gegner kaltblütig ermorden. Von Blois aus führen auf beiden Loire-Ufern Straßen nach Amboise, die immer wieder einen Blick auf den gemächlich fließenden Fluss freigeben. Die Strecke südlich der Loire ist etwas ruhiger.

Auf dem Weg nach Amboise kommt man zu dem Renaissanceschloss von ❸ ✳ **Chaumont-sur-Loire**, eins der wenigen Schlösser direkt am Fluss mit herrlichem Blick über das Tal. Im Schloss von ❹ ✳✳ **Amboise** wurde, wie auch in Blois, Politik geschrieben, und auch hier geschah eine fürchterliche Bluttat. Seine Berühmtheit verdankt der Ort jedoch eher der Tatsache, dass ein Universalgenie hier seine letzten Lebensjahre verbrachte: Leonardo da Vinci. Wenige Kilometer südlich wurde mitten in den Cher das Schloss gebaut, das viele für das schönste in der gesamten Loire-Region halten: ❺ ✳✳ **Chenonceau**. Dessen Geschichte wurde ausschließlich von Frauen bestimmt, allen voran Diana von Poitiers und Katharina von Medici. Auch die Geschichte der Stadt ❻ ✳ **Loches** südlich von Chenonceau wurde zeitweilig von einer Frau geprägt. Auf dem Schloss, der

NICHT VERSÄUMEN

- Außer den bekannten Schlössern Chambord, Chenonceau und Blois auch Chaumont und das Dornröschenschloss Ussé besuchen!
- Fontevraud-l'Abbaye: imposantes Kloster
- Saumur und Umgebung: Tuffsteinhöhlen, Wein und Reitvorführungen

»Stadt in der Stadt«, bezirzte die schöne Agnès Sorel König Karl VII.; später diente die Burg als finsteres Staatsgefängnis, in dem Gefangene in Käfigen geschmort haben sollen.

Der erste Teil der Strecke nach Azay-le-Rideau – die N 143 – ist bequem zu befahren; beim zweiten Teil – ab Esvres über Montbazon und Monts – handelt es sich um eine landschaftlich schöne, aber manchmal kurvige, enge Straße. Auch ❼ ✳✳ **Azay-le-Rideau** zählt zu den prächtigen Bauten an der Loire; 1871 schlugen hier preußische Truppen ihr Hauptquartier auf und hätten es beinahe abgebrannt. Ein wahres Märchenschloss ist ❽ ✳ **Ussé** einige Kilometer weiter westlich mit seinen vielen Türmchen; immerhin hat es dem französischen Dichter Charles Perrault als Vorlage für sein Märchen »La Belle au Bois Dormant« gedient. In ❾ ✳ **Chinon** unweit südwestlich gelang es der Jungfrau von Orléans, König Karl VII. zu einem Waffengang gegen den englischen Besatzer zu gewinnen. Von der einst mächtigen Burganlage sind heute z. T. nur Ruinen erhalten. Eine der malerischsten Klosteranlagen Frankreichs ist ❿ ✳✳ **Fontevraud-l'Abbaye** westlich von Chinon, wo jahrhundertelang Mönche und Nonnen nebeneinander lebten. Das Sagen hatten hier die Äbtissinnen. Eine der wohl bezauberndsten Strecken im Loire-Tal liegt zwischen Parnay und Souzy Champigny auf dem Weg nach Saumur. Sie ist gesäumt von vielen Tuffsteinhöhlenwohnungen, und man genießt einen wundervollen Blick auf den Fluss. Vor der Einfahrt in den Weinort ⓫ ✳ **Saumur** grüßt schon von Weitem das die Stadt überragende Schloss. Besonders interessant ist Saumur für Pferdefreunde, schließlich sind hier Frankreichs Elitereiter zu Hause.

Tour 3 Von Vendôme zum Meer

Länge der Tour: ca. 360 km   **Dauer:** 5 Tage

Diese Route führt in drei »Hauptstädte«: Tours, die Hauptstadt der Touraine; Angers, die Hauptstadt des Anjou; Nantes, die einstige Hauptstadt der Bretagne. In Villandry kann man die prächtigen Schlossgärten bewundern, in Langeais eine berühmte Hochzeit. In Bourgueil kostet man hervorragenden Wein – ebenso in Saumur, das auch für seine Schaumweine bekannt ist. Und zum Schluss genießt man bei der Hafenstadt Saint-Nazaire Strand und Meer.

Ausgangspunkt dieser Tour ist ❶✱ **Vendôme**, das idyllisch in einem Tal liegt, durch das sich mehrere Arme des Loir winden. Von hier aus gelangt man auf der gut ausgebauten N 10 nach ❷✱ **Tours**, ins Zentrum der als »Garten Frankreichs« berühmten Touraine. In der Universitätsstadt laden schöne Einkaufsstraßen zum Shopping und malerische Gassen in der Altstadt zum Bummeln ein. Nur einen Katzensprung ist es von Tours nach ❸✱✱ **Villandry** etwas weiter westlich. Die Gärten des Renaissanceschlosses zählen zu den prächtigsten des ganzen Landes. Geschichte hautnah erleben kann man im Schloss von ❹✱ **Langeais**, wo die für die geschichtliche Entwicklung Frankreichs bedeutende Hochzeit zwischen Karl VIII. und Anna von Bretagne mit lebensgroßen Wachsfiguren nachgestellt ist. Über ❺ **Bourgueil**, dessen Weine schon große Renaissancedichter schätzten, erreicht man den Weinort ❻✱ **Saumur**, bekannt auch als Hauptstadt der Reitkunst.

Um von hier nach Angers zu gelangen, hat man zwei Möglichkeiten. Man wählt entweder die idyllische Strecke entlang der Loire und besucht dabei die Klosterkirche von Cunault, ein Meisterwerk romanischer Baukunst, oder man entscheidet sich für die schnellere Variante, die meist recht leere Autobahn, die direkt nach ❼✱✱ **Angers** führt. Bedeutendster Kunstschatz der lebendigen Hauptstadt des Anjou ist der mittelalterliche Wandteppichzyklus im Schloss; man sollte aber auch nicht auf einen Streifzug durch das historische Zentrum verzichten.

Auch für die gut 90 km lange Strecke von Angers nach Nantes bieten sich zwei Möglichkeiten: an der Loire entlang oder über die Auto-

NICHT VERSÄUMEN

- In Tours: die Kathedrale mit herrlichen Glasmalereien und die stimmungsvolle Place Plumereau – möglichst abends
- Villandry: in den berühmten Gärten sind selbst noch die Gemüsebeete kunstvoll angelegt.
- Angers: Viele kleine Privatschlösser in der Umgebung können besichtigt werden. Sehr lohnend!
- Nantes, die »angenehmste Stadt Europas« bietet u. a. ein interessantes Kulturzentrum in einer alten Keksfabrik: Le Lieu Unique
- Saint-Nazaire: Highlight für Technikfreunde

Saint-Nazaire
*Luxusliner-Atmosphäre
im Escal'Atlantic*

Vendôme
*In der Umgebung
gibt es etliche
Höhlenwohnungen.*

Villandry
Herrliche Schlossgärten

Saint-Nazaire

9 — 62 km — 8 — 92 km — 7

★★ Angers

★ Nantes

★ Saumur 6 — 30 km — 5 — 21 km — 4 — 10 km — 3 — 17 km — 2 — 64 km — 1 ★ Vendôme

67 km

Bourgueil   ★ Langeais

★★ Villandry

Tours ★★

Nantes
*Kulturzentrum in einer
alten Keksfabrik*

Saumur
*Schloss,
Pferde und
Schaumwein*

bahn. ❽ ✷ **Nantes**, die einstige Hauptstadt der Bretagne, ist für ihren hohen Lebensstandard bekannt; ihren Gästen hat die sechstgrößte Stadt des Landes zahlreiche Baudenkmäler und einige interessante Museen zu bieten.

Wer technisch interessiert ist, sollte auch ❾ **Saint-Nazaire** einen Besuch abstatten. Die Hafenstadt am Atlantik ist ein bedeutendes Schiffsbauzentrum, unter anderem wurden hier Luxusliner wie Queen Mary 2 gebaut. Zu sehen sind hier eine Werft, ein ausgedientes U-Boot und zwei Museen, die sich der Schifffahrt widmen; auch ins Airbus-Werk, in dem Teile des A 380 gebaut und montiert werden, darf man einen Blick werfen.

Wer sich zum Schluss von den Strapazen der Besichtigungen erholen möchte, fährt an einen der vielen Strände, um mal kurz in den Atlantik zu springen.

Tour 4 Von Nevers bis zur Quelle

Länge der Tour: ca. 400 km   **Dauer:** 4 Tage

Wer den »schlosslosen« Abschnitt der Loire kennenlernen möchte, wählt diese Tour. Sie führt den Oberlauf der Loire entlang, also in den Teil, der, abgesehen von der Stadt Nevers, in diesem Reiseführer nicht weiter behandelt wird. Ab Nevers folgt die Route in südlicher Richtung u. a. über die Städte Paray-le-Monial, Roanne, Saint-Étienne und Le Puy bis zur Quelle der Loire im Zentralmassiv.

In ❶ ✷ **Nevers**, der Hauptstadt der historischen Landschaft Nivernais, verlässt man die Loire zunächst und schlägt den Weg in Richtung Süden nach ❷ **Moulins** ein. Der Ort, der seinen Namen den vielen Mühlen verdankt, die es hier einst gab, besitzt eine hübsche Altstadt. In der Schatzkammer der Kathedrale aus dem 15. Jh. ist das berühmte Triptychon des »Meisters von Moulins« zu sehen; der Pavillon, ebenfalls aus dem 15. Jh., beherbergt ein interessantes Kunst- und Archäologiemuseum.

Im Kunst- und Pilgerstädtchen ❸ ✷ **Paray-le-Monial** kommt man wieder an die Loire. Hier sollte man die Kirche Notre Dame besichtigen, eine der bedeutendsten romanischen Kirchen Burgunds. In der Industriestadt ❹ **Roanne** lohnt sich vor allem der Besuch des interessanten Kunst- und Archäologiemuseums, des Musée des Beaux-Arts et d'Archéologie Joseph Déchelette. Südlich von Roanne beginnen die Gorges de la Loire, die imposanten Loire-Schluchten. Nur wenige Kilometer südlich der Stadt liegt der Stausee von Villerest, ein beliebtes Naherholungsgebiet mit Campingplätzen, Strandbädern und einem Bootsverleih. Fährt man in Richtung Süden weiter, werden die Talflanken der Loire-Schluchten steiler und waldiger.

Auf einer gut ausgebauten Straße, die zu einem großen Teil dem Flusslauf folgt, kommt man schließlich nach ❺ **Saint-Étienne**. Auch wenn die Hauptstadt des Département Loire – eine lebhafte Universitätsstadt und ein bedeutender Industriestandort – nicht gerade ein Mussziel ist, sollte man dem Museum für moderne Kunst im nördlichen Stadtteil La Terrasse, einem der wichtigsten französischen Kunstmuseen mit Werken der klassischen Moderne und des späten 20. Jh.s, einen Besuch abstatten.

Südwestlich von Saint-Étienne – am Ostrand der Auvergne – liegt ❻ ✳ **Le Puy-en-Velay**, das vor allem durch seine fantastische Lage in einer von Vulkankegeln beherrschten Ebene fasziniert. In der Stadt selbst bilden zwei ausgewitterte Vulkanschlote einen Akzent; auf einem von ihnen erhebt sich eine riesige Marienstatue, auf dem anderen eine Kapelle. An Bauwerken ist die Kathedrale Notre-Dame hervorzuheben; im barocken Hochaltar steht die Schwarze Muttergottes, die Ludwig IX. der Heilige 1254 von einem Kreuzzug mitbrachte.

NICHT VERSÄUMEN

- Nevers: Als Wegzehrung für die lange Tour kann man Süßes aus Nevers mitnehmen: »Le Négus« oder »La Nougatine«
- Paray-le-Monial: sehenswerte romanische Kirche
- Le Puy-en-Velay: in eine Vulkanlandschaft gebaute Stadt
- Loire-Quellen am Gerbier de Jonc

Bei der Weiterfahrt fährt man auf z. T. schmalen und kurvenreichen Straßen durch die Loire-Schlucht den Fluss aufwärts. Hier durchströmt die Loire eine abwechslungsreiche, sehr malerische Berglandschaft mit dichten Wäldern und großen Weideflächen, die im Frühsommer mit unzähligen Narzissen und Orchideen bedeckt sind. Vom hoch gelegenen Dorf **Saint-Martin-de-Fugères** überblickt man die Berge des Velay und das Tal von Le Puy. Ein vor allem von Einheimischen gern besuchter Ferienort ist **Goudet**, das wenige Kilometer südlich idyllisch an der Einmündung zweier schmaler Seitentäler liegt. Weiter flussaufwärts gelangt man nach **Arlempdes**. Vom Schlossberg, auf dem sich eine Burgruine erhebt, genießt man einen eindrucksvollen Blick ins Flusstal. Dann kommt man zum **Lac d'Issarlès**, einem nahezu kreisrunden, von Wäldern umgebenen See. In dem kleinen gleichnamigen Ferienort wird der See von einem feinsandigen Badestrand begrenzt. Dann verläuft die Straße teilweise hoch oben über dem tief eingeschnittenen Flussbett und schließlich über ein Mittelgebirge, bis man den ❼ **Gerbier de Jonc** erblickt. Der Gerbier de Jonc gehört zum Ostteil des Zentralmassivs und ist ein von spärlicher Vegetation bedeckter Bergkegel (1551 m), auf dem im späten Frühjahr wilde Narzissen, Orchideen und Stiefmütterchen blühen. Am Fuß des Berges liegt das Quellgebiet der Loire. Direkt neben der Straße entspringt eine der Loire-Quellen; eine weitere befindet sich etwas talwärts in der »Ferme de la Loire«. Vom Parkplatz neben einem Restaurant erreicht man auf schmalen, steilen Pfaden in ca. 30 Min. den Gipfel, von dessen kleinem Plateau man bei gutem Wetter bis zu den Alpen sieht.

Nevers
Die Stadt liegt erhöht am Loire-Ufer an der Einmündung der Nièvre.

1 ✶ Nevers

54 km

2 Moulins

70 km

3 ✶ Paray-le-Monial

56 km

Roanne 4

86 km

Saint-Étienne 5

66 km

Paray-le-Monial
Notre Dame, eine der bedeutendsten romanischen Kirchen in Burgund

Le Puy
Eingebettet in eine von Vulkankegeln durchsetzte Ebene

✶ Le Puy 6

75 km

7 Gerbier de Jonc

Reiseziele von A bis Z

ÜBER 300 SCHLÖSSER UND VIELE HÜBSCHE STÄDTE, KLEINE ROMANTISCHE WINZERDÖRFER, SEHENSWERTE KIRCHEN, INTERESSANTE MUSEEN, SANFTE LANDSCHAFTEN UND IDYLLISCHE FLUSSTÄLER – AN DER LOIRE GIBT ES JEDE MENGE SCHÖNES ZU ENTDECKEN!

★★ Amboise

E 21

Région: Centre	**Höhe:** 60 m ü.d.M.
Département: 37 Indre-et-Loire	**Einwohnerzahl:** 12 000

Amboise, zwischen Blois und Tours am südlichen Ufer der Loire, war im 15. und 16. Jh. zeitweise Sitz der französischen Könige, und hier verbrachte der Erfinder und Künstler Leonardo da Vinci seine letzten Lebensjahre.

Lebhaftes Städtchen

Nicht nur das ehemalige Königsschloss bzw. das, was von dem einst imposanten Schlosskomplex übrigblieb, und der Wohnsitz von Leonardo da Vinci, das Herrenhaus Clos-Lucé, sind sehenswert. Einen Besuch lohnen auch die zahlreichen Restaurants und Geschäfte des lebhaften und pittoresken Städtchens – die meisten sind in der **Rue Victor Hugo**, die unterhalb des Schlosses in Richtung Clos-Lucé führt, und in der von ihr abzweigenden **Rue Nationale**, die unter dem Uhrturm hindurchführt, zu finden.

Königsresidenz

Amboise wurde im Jahr 503 erstmals urkundlich erwähnt, als auf der Loire-Insel unterhalb des heutigen Schlosses der Frankenkönig Chlodwig mit seinem Feind, dem Westgotenkönig Alarich, zusammentraf. Zu Beginn des 12. Jahrhunderts erhielt der Ort eine Burg. Als 1434 der Burgherr von Amboise bei König Karl VII. in Ungnade fiel, wurde die Festung von der Krone konfisziert – für die Stadt an der Loire war das der Beginn ihrer Blütezeit. Unter Ludwig XI. begannen Umbauten an der Burg; sein Sohn **Karl VIII.**, in Amboise geboren und aufgewachsen, strebte eine prachtvolle Residenz an und setzte ab 1492 die Bauarbeiten fort. Während eines Feldzugs gegen Neapel 1494 lernte er die italienische Renaissance kennen und schätzen. Bei seiner Rückkehr brachte er nicht nur wertvolle Kunstwerke mit, darunter Gemälde, Teppiche und Skulpturen, sondern auch eine Anzahl von Künstlern, Architekten und Handwerkern, die er mit der Ausstattung des Schlosses beauftragte. Den Abschluss der Bauarbeiten erlebte Karl VIII. allerdings nicht mehr. Er starb am 7. April 1498 an einem Gehirnschlag, nachdem er mit der Stirn gegen einen niedrigen Türbalken gestoßen war – er war gerade auf dem Weg zum Schlossgraben, wo er seiner Gemahlin, Königin Anna von Bretagne, ein Ballspiel zeigen wollte. Karls Nachfolger Ludwig XII. ließ die Bauarbeiten fortsetzen, obwohl er Blois als Hofsitz bevorzugte. Aber erst **Franz I.** (▶ Berühmte Persönlichkeiten), der auf dem Schloss von Amboise seine Jugend verbracht hatte, vollendete Karls Lebenswerk und machte die Stadt wie-

? WUSSTEN SIE SCHON …?

■ Unter den italienischen Künstlern und Handwerkern, die Karl VIII. Ende des 15. Jh.s in Dienst nahm, befand sich ein Geflügelzüchter, der in Frankreich den Brutapparat einführte.

← *Besichtigung von Schloss Chambord*

AMBOISE ERLEBEN

AUSKUNFT

Office de Tourisme
Quai du Général de Gaulle
BP 233, F-37400 Amboise
Tel. 02 47 57 09 28, Fax 02 47 57 14 35
www.amboise-valdeloire.com

PARKEN

Die Parkplätze am Quai du Général
de Gaulle am Loire-Ufer (westlich der
Flussbrücke) sind z. T. kostenlos.

ESSEN

▶ **Fein & teuer**
Le Choiseul
36, Quai Charles Guinot
Tel. 02 47 30 45 45
Mit 1 Michelin-Stern ausgezeichnetes
Restaurant des gleichnamigen Hotels
in einem Gebäude aus dem 18. Jh.
Hervorragende französische Küche,
edles Ambiente.

▶ **Erschwinglich**
L'Épicerie
46, Place Michel Debré
Tel. 02 47 57 08 94
Traditionelles Restaurant in einem
Fachwerkhaus unterhalb des Schlosses.
Regionale Spezialitäten, an denen
Feinschmecker eine Freude haben.

L'Alliance
14, Rue Joyeuse, Tel. 02 47 30 52 13
Von zwei jungen Leuten geführtes
Lokal mit ausgezeichneten Gerichten.
Im Sommer kann man auch auf der
Terrasse sitzen.

ÜBERNACHTEN

▶ **Luxus**
Château de Pray
Route de Chargé, F-37530 Chargé
2 km östlich von Amboise
Tel. 02 47 57 23 67, Fax 02 47 57 32 50
http://praycastel.online.fr

Von Chefkoch Ludovic Laurenty
geführtes Hotel in einem Schloss
aus dem 13. Jh. oberhalb der Loire
mit Blick auf den Fluss. 19 hübsche
Zimmer, in denen alt und modern
angenehm miteinander verbunden
sind. In dem edlen Restaurant werden
exzellente Gerichte serviert. Im Sommer bieten Terrasse, Garten und
Swimmingpool Erholung.

Le Manoir Saint-Thomas
1, Mail Saint-Thomas
F-37400 Amboise, Tel. 02 47 23 21 82
www.chenonceaux.com
Elegantes Renaissancegebäude
(10 Zi.) in einem kleinen Park mit
Swimmingpool. Sehr hübsch eingerichtete Zimmer.

▶ **Komfortabel/Luxus**

Baedeker-Empfehlung

Château de Pintray
Lussault-sur-Loire, F-37400 Amboise
6 km westlich von Amboise
Tel. 02 47 23 22 84, Fax 02 47 57 64 27
www.chateau-de-pintray.com
Kleines Schloss aus dem 17.–19. Jh. inmitten von hauseigenen Weinbergen. 5 stilvoll
altmodisch eingerichtete Zimmer, darunter
zwei Familiensuiten. Salon mit Kamin und
kleiner Bibliothek. Das Frühstück genießen
die Gäste an einer großen Tafel. Der Garten
vor dem Haus und die Weinberge laden zu
Spaziergängen ein (Abb. S. 126).

Le Clos d'Amboise
27, Rue Rabelais, F-37400 Amboise
Tel. 02 47 30 10 20
www.leclosamboise.com
Hübsches Gebäude aus dem 17.–18.
Jh. mitten in der Stadt mit wun-
derschönem Park und Schwimm-

Weingut Château de Pintray

becken sowie eigenem Parkplatz. Geschmackvoll eingerichtete Zimmer, ausgezeichnetes Frühstück, freundlicher Service.

► **Günstig**

Le Blason
11, Place Richelieu
F-37400 Amboise, Tel. 02 47 23 22 41
www.leblason.fr
Zentral gelegenes kleines Hotel (23 Zi.) mit einfachen, hübsch eingerichteten und ruhigen Zimmern. Zum Haus gehört ein Parkplatz.

der zur königlichen Residenz. In den beiden von jeweils vier Flügeln umgebenen Höfen dieser Residenz fanden auch große Feste statt; in die Mauern der Gebäude waren 4000 Haken eingeschlagen, an denen riesige blaue Zeltplanen gespannt werden konnten, um Turniere, Bälle, Maskeraden und Tierkämpfe im Freien unter künstlichem Himmel zu ermöglichen. 1516 holte Franz I. den genialen Erfinder **Leonardo da Vinci** (► Baedeker Special S. 130) nach Amboise, der bis zu seinem Tod 1519 hier lebte.

> **Baedeker** TIPP
>
> **Malerische Silhouette**
> Von der Flussbrücke, die über den südwestlichen Abschnitt der Loire-Insel führt, und vom nördlichen Loire-Ufer bietet sich ein herrlicher Blick auf die Häuser von Amboise mit den schieferblauen Dächern und das die Stadt überragende Schloss.

Traurige Berühmtheit erlangte der Ort im Jahr 1560 mit der **»Verschwörung von Amboise«**, als Hugenotten den in Blois residierenden König Franz II. mit ihrer Forderung nach Religionsfreiheit bedrängten. Der Monarch suchte Schutz in Amboise. Die Protestanten verfolgten ihn und konnten von königstreuen Truppen überwältigt werden. Die Rache des Königs war grausam. Viele der Aufständischen wurden geköpft oder in Säcke eingenäht und in der Loire ertränkt; einige von ihnen knüpfte man zur Abschreckung an den Balkonen des Schlosses auf. Zwar erlaubte das drei Jahre später unterzeichnete **Edikt von Amboise** (1563) die freie Ausübung des reformierten Glaubens, doch kurz danach flammte der Kampf zwischen Katholiken und Protestanten wieder mit gleicher Heftigkeit auf. Nach der Unterzeichnung des Edikts siedelte der Königshof nach Paris um, Amboise diente den Königen dann nur noch als Zwischenstation. Im 17. Jahrhundert war das Schloss Staatsgefängnis; in den Jahren 1806 – 1810 wurden weite Teile der einstigen Residenz abgerissen, da die notwendigen Geldmittel zu ihrem Unterhalt fehlten.

Sehenswertes in Amboise

Von dem einst mächtigen Schlosskomplex ist nach dem Abriss etlicher Gebäude zu Beginn des 19. Jh.s nur noch rund ein Viertel erhalten. Dazu gehören der aus zwei Flügeln bestehende königliche Wohntrakt (Logis du Roi), die Chapelle-Saint-Hubert und zwei Türme. Über eine lange, früher von den Wachen zu Fuß benutzte Rampe – an der Rue Victor Hugo, die von der Durchgangsstraße entlang der Loire abzweigt – gelangt man auf die Terrasse des Schlosses, von der sich ein herrlicher Blick auf die Loire, die Loire-Insel und Teile der Stadt bietet (Öffnungszeiten: tgl. 9.00 – 18.00 Uhr; im Winter verkürzte Öffnungszeiten; www.chateau-amboise.com).

★ **Château**

⏲

In der südwestlichen Ummauerung des Schlossbezirks steht die Chapelle-Saint-Hubert, das einzige noch erhaltene Gebäude der einstigen Befestigungsmauer. Die Hubertuskapelle, die dem Schutzpatron der Jäger, dem hl. Hubertus, gewidmet ist, wurde 1491 unter Karl VIII. und seiner Gemahlin Anna von Bretagne im **Flamboyant-Stil** fertiggestellt und diente ausschließlich dem Herrscherpaar als Oratorium. Sehenswert sind die spätgotischen Türflügel und der Portalsturz, der rechts ein Relief mit der Legende des hl. Hubertus zeigt, dem mitten im Wald ein Hirsch mit dem Kreuz im Geweih erscheint; links ist der hl. Christophorus zu erkennen. Das Tympanon über dem Tür-

◄ Chapelle-Saint-Hubert

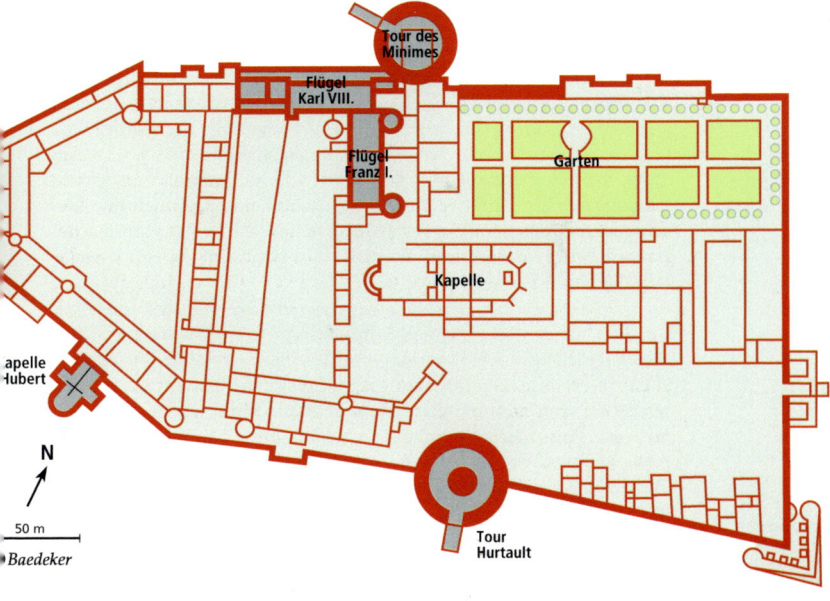

Schloss von Amboise im 17. Jahrhundert Orientierung

▶ Baedeker

Blick vom Schloss auf Amboise und die Loire

sturz mit der Madonna und den Stifterfiguren wurde im 19. Jh. geschaffen. Im Querhaus der Kapelle wird das **Grab von Leonardo da Vinci** vermutet.

◄ Logis du Roi

An der Nordseite des Schlossbezirks stehen im rechten Winkel zueinander die beiden Flügel des »Logis royal« (Wohnung des Königs), der als einziger Trakt dem Abriss 1806–1810 entging. Auf der Flussseite erhebt sich der unter Karl VIII. auf wuchtigen Mauern errichtete spätgotische Flügel, flankiert von der ebenfalls spätgotischen Tour des Minimes. Der rechtwinklig anschließende Renaissanceflügel entstand unter Ludwig XII. und Franz I. Von der Salle des Gardes Nobles aus betritt man die Terrasse, die einen herrlichen Blick über die Stadt, den Fluss und die lang gestreckte, von der Loire umströmte Île Saint-Jean bietet. In der durch ein gotisches Palmengewölbe geschmückten Salle des Gardes Nobles, dem Saal der adligen Garde, kontrollierten die Edelleute, die die Leibgarde des Herrschers stellten, den Zugang zur oberen Etage.

Im ersten Stock befindet sich der zweischiffige Ratssaal (Salle du Conseil), in dem der Monarch gemeinsam mit dem Staatsrat über die Geschicke des Königreichs entschied. Hier wurden 1560 zahlreiche protestantische Verschwörer zusammengetrieben, um sie am Gitter des Balkons zu erhängen; an dieser Hinrichtung sollen sich Franz II., seine Frau Maria Stuart und seine Mutter Katharina von Medici ergötzt haben. In den übrigen Räumen des zweiflügeligen königlichen Wohnungstraktes ist eine **reichhaltige Sammlung an Möbeln** aus der Spätgotik und der Renaissance zu bewundern. Besondere Aufmerksamkeit verdienen die Tische im Mundschenksaal, die verlängert werden können, sowie die Möbel und Tapisserien, deren Verzierungen – nach der Wiederentdeckung der antiken Perspektive in der Renaissance – eine vermeintliche Tiefe aufweisen. Im ersten Stock des Renaissanceflügels sind die für den Bürgerkönig Louis-Philippe (Regierungszeit 1830–1848) u. a. mit Stilmöbeln und Familienbildnissen eingerichteten Zimmer zu sehen.

Die beiden wuchtigen Rundtürme – die an die Wohngemächer anschließende Tour des Minimes und die Tour Hurtault an der Südmauer – dienten nicht der Verteidigung, sondern als Zugang. Über eine **spiralförmig gewundene Rampe** im Turminnern konnte man mit Pferd und Wagen bequem zum Schloss hinauffahren. Als Kaiser Karl V. 1539 Franz I. in Amboise besuchte (▶ S. 48), wollte der französische König seinen Gast mit großer Pracht empfangen und ordnete deshalb den Einzug bei Dunkelheit an. Er ließ einen der beiden Türme, wahrscheinlich den Hurtault-Turm, mit allerlei Zierwerk schmücken und mit zahlreichen Fackeln beleuchten. Beinahe hätte der kaiserliche Einzug ein dramatisches Ende genommen: Ein Fackelträger hatte einen Wandteppich in Brand gesetzt, was zu einer so starken Rauchentwicklung führte, dass man fürchtete, der Kaiser sei daran erstickt.

◀ Tour des Minimes und Tour Hurtault

Von den königlichen Wohngemächern kommt man über eine Treppe aufs Dach des Minimen-Turms, von wo aus man einen herrlichen Blick auf die Loire hat.

Auf dem Gelände der zerstörten Gebäude innerhalb des Schlossbezirks erstrecken sich heute Grünanlagen, darunter ein kleiner, im 19. Jh. angelegter Landschaftsgarten. Im unteren Teil des Parks steht ein **Denkmal für Leonardo da Vinci**. Es kennzeichnet die Stelle, an der einst die Stiftskirche Saint-Florentin stand. In diesem Gotteshaus wurde Leonardo da Vinci beigesetzt, nach Abbruch der Kirche überführte man seine Gebeine vermutlich in die Hubertuskapelle. Oben im Schlosspark erinnert ein Denkmal an den algerischen Emir **Abd el Kader**, der sich bei der Eroberung Algeriens französischen Truppen ergeben hatte und daraufhin mit seiner Familie und einem 80-köpfigen Gefolge ab 1848 vier Jahre lang im Schloss von Amboise gefangen gehalten wurde.

◀ Gärten

Im Schloss Le Clos-Lucé (1477) an der Rue Victor Hugo südöstlich des Chateaux d'Amboise verbrachte **Leonardo da Vinci** seine letzten Lebensjahre, nachdem ihn Franz I. 1516 nach Amboise geholt hatte. Der Landsitz aus rotem Backstein und weißem Naturstein war einst eine Wehrburg, woran heute nur noch der Wehrgang und der Wachtturm erinnern, über den man ins Gebäude gelangt. Er soll durch einen unterirdischen Geheimgang mit dem Schloss von Amboise verbunden gewesen sein, den Franz I. benutzte, wenn er Leonardo da Vinci besuchen wollte (der Eingang des Geheimgangs liegt im Souterrain). Im Erdgeschoss sind der Empfangsraum mit Möbeln im Renaissancestil, die Salons, die von dem Universalgenie wahrscheinlich als Ateliers benutzt wurden, die Küche und der Betraum

Le Clos-Lucé

◀ weiter S. 132

Leonardo da Vinci und eine seiner Zeichnungen: ein Fledermausflügel als Vorbild für eine Flugmaschine

LEONARDOS LETZTE JAHRE

Leonardo da Vinci verbrachte seine letzten Lebensjahre in Amboise. König Franz I. hatte ihn hierher geholt. Das Universalgenie der Renaissance und der König waren fast jeden Tag mehrere Stunden ins Gespräch vertieft.

Leonardo da Vinci (1452–1519), der uneheliche Sohn eines Notars aus dem florentinischen Dörfchen Vinci, gilt als **unübertroffenes Universalgenie**, der selbst die mächtigsten Geistes- und Kunstheroen seiner Zeit, der italienischen Renaissance, weit überragte. 1482 trat er in den Dienst von Ludovico Sforza, dem Herzog von Mailand, an dessen Hof er sich nicht nur als Maler und Bildhauer auszeichnete, sondern auch seine ungewöhnlichen Fähigkeiten auf dem Gebiet der Baukunst, der Militärtechnik und des Entwurfs von Kriegsmaschinen entfaltete. Später reiste Leonardo lange Jahre durch Italien und wechselte mehrmals den Auftraggeber und den Wohnort. 1516 ließ er sich von König Franz I. nach Frankreich holen.

Im Dienst der Lilien-Könige

Bereits **Ludwig XII.** war auf Leonardo da Vinci aufmerksam geworden. Nach der Vertreibung des Herzogs Ludovi-

co Sforza aus Mailand im Jahr 1499 entstand eine enge Beziehung zwischen dem genialen Künstler und dem Vorgänger Franz' I., die den temperamentvollen Leonardo immer stärker an Frankreich band. 1501 wurde Leonardo offiziell der Titel eines »Malers und Bildhauers des Königs von Frankreich« verliehen. Auch **Franz I.** hegte italienische Träume, auch er eroberte Mailand, das 1512 dem Lilien-Thron wieder abgerungen worden war. Doch anders als Ludwig wollte der jugendliche, hünenhafte König den Künstler in seiner Nähe haben, und so unterbreitete er dem Genie ein großzügiges Angebot: eine Pension von 7000 Goldscudi und einen Palast in Amboise, Châteaux Cloux, wie Le Clos-Lucé damals noch hieß. Leonardo nahm dankbar an. Im Frühjahr 1516 brach er im Gefolge des Königs und begleitet von seinem Lieblingsschüler Francesco Melzi und einem Diener in seine neue Heimat

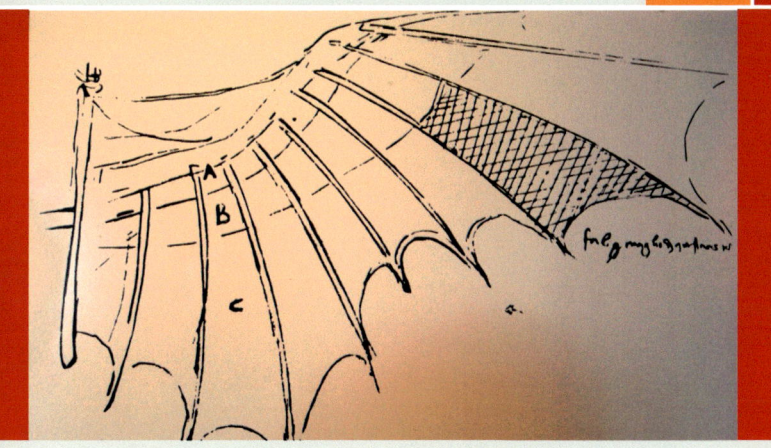

auf. Im Gepäck führte er drei seiner berühmtesten Gemälde mit: die »Mona Lisa«, die »heilige Anna« und den »heiligen Johannes«.

Der Alterssitz

In seinem Alterssitz **Le Clos-Lucé** arrangierte Leonardo da Vinci u. a. prächtige Feste für den königlichen Hof. So organisierte er eine »Wunderwelt« auf Schloss Amboise zur Hochzeit Lorenzo de Medicis mit Madeleine de la Tour d'Auvergne. Auch heißt es, er habe am Bau von Schloss Chambord mitgewirkt – insbesondere die doppelte Wendeltreppe wird ihm zugeschrieben – allerdings fehlen die entsprechenden Pläne. Er entwickelte einen Plan für ein neues Schloss samt neuer Stadt in Romorantin; darüber hinaus arbeitete er am Projekt eines großen Kanals (Canal du Centre) zwischen Loire und Saône, und er entwarf ein Konzept, die Sümpfe der Sologne trockenzulegen.

Fast täglich suchte Franz I. das Universalgenie auf, um sich an gelehrten Gesprächen mit ihm zu erbauen. Leonardo empfing auch prominente Besucher wie den Dichter Rabelais und den Kardinal Luigi von Aragón.

Tod in Amboise

Am Osterabend 1519, dem Tode nahe, machte Leonardo da Vinci sein Testament. Nach seinem Willen sollten in drei verschiedenen Kirchen in Amboise Messen gelesen und Kerzen angezündet werden; und er wollte auf dem Friedhof in St. Florentin mit einer Zeremonie, an der 60 arme Männer als Fackelträger teilnehmen sollten, bestattet werden. Nachdem er die Sakramente der Kirche empfangen hatte, starb Leonardo am 2. Mai 1519 im Alter von 67 Jahren – allerdings nicht, wie die Legende es will, in den Armen von Franz I. Am Todestag Leonardos feierte der französische Herrscher in Saint-Germain-en-Laye die Geburt des zweiten Königssohnes. Als der Monarch vom Tod Leonardos erfuhr, soll er geweint haben. Franz I. über den Künstler und Forscher: **»Nie wurde ein anderer Mensch geboren, der so viel wusste.«** Leonardo hinterließ alle seine Manuskripte seinem Freund und Schüler Francesco Melzi. Dessen schmerzlicher Epilog: »Der Verlust eines solchen Mannes ist ein Schaden für jedermann, denn die Natur vermag seinesgleichen kein zweites Mal hervorzubringen.«

Le Clos-Lucé: Schlafzimmer im Wohnhaus von Leonardo da Vinci

zu sehen; im 1. Stock befinden sich das Arbeitszimmer und der Raum, in dem der königliche Gast 1519 im Alter von 67 Jahren starb. Die 40 von Leonardo entworfenen Maschinen, die **IBM** mit zeitgenössischen Materialien rekonstruierte, sind nach Themenbereichen – Militärwesen, Städtebau, Mechanik, Flugmaschinen und Hydraulik – sortiert im Untergeschoss ausgestellt; zu sehen sind u. a. Vorformen von Maschinengewehr, Panzer und Hubschrauber.

Dem Schloss sind ein Renaissancegarten, ein Teesalon, eine Crêperie, ein hübscher Verkaufsladen u. a. mit Büchern über Leonardo da Vinci und regionalen Spezialitäten sowie ein Filmsaal mit einer ständigen Videovorführung auf großem Bildschirm zum Thema Leonardo da Vinci angeschlossen (Öffnungszeiten: Sommer tgl. 9.00 – 20.00 , Kassenschluss 19.00 Uhr, im Winter verkürzte Öffnungszeiten; www.vinci-closluce.com).

Parc Leonardo da Vinci ▶ Bei einem Rundgang durch den Park von Le Clos-Lucé kann man an Nachbauten die wichtigsten Erfindungen von Leonardo da Vinci erproben. In einem Gebäude am Rand des Parks werden die Themenbereiche, mit denen sich das Universalgenie beschäftigte – u. a. Architektur, Kriegstechnik, der Körper des Menschen – anhand von Modellen und interaktiven Terminals vorgestellt (Öffnungszeiten des Parks: tgl. Apr. bis Nov.).

Weitere Sehenswürdigkeiten Das **Musée de l'Hôtel de Ville**, das Museum im ehemaligen Rathaus (16. Jh.) an der Durchgangsstraße entlang der Loire, zeigt Sammlungen zur Geschichte von Amboise, darunter königliche Unterschriften, eine Madonna des 14. Jh.s und Wandteppiche aus Aubusson.

Gegenüber vom alten Rathaus steht die Kirche **Saint-Florentin**, die Ludwig XI. um 1480 errichten ließ, nachdem er den Bürgern der Stadt den Besuch der Kirche im Schlossbezirk verboten hatte; seinen heutigen Namen erhielt das Gotteshaus nach Abriss ebendieser Kirche Saint-Florentin oben im Schlossareal.

Ein paar Meter südlich steht die **Tour de l'Horloge** (Uhrturm), ein Rest der Stadtbefestigung mit einem Tor, das heute in eine sehr belebte Fußgängerzone führt – hier befindet sich eine der malerischsten Ecken der Stadt.

Über die Rue Nationale kommt man in westlicher Richtung zur Kirche **Saint-Denis** (um 1110). Bemerkenswert sind im Innern vor allem ein Marmorgrabmal (16. Jh.) mit der nackten Figur einer Ertrunkenen, die die »schöne Babou«, eine Geliebte Franz' I., darstellen soll, und ein Gemälde aus dem 17. Jh.: Karl VIII. empfängt den hl. Franz von Paula in Amboise.

An der Uferpromenade der Loire steht der **Max-Ernst-Brunnen**. Diesen ausgefallenen Brunnen schuf 1968 der deutsche Surrealist Max Ernst, der von 1955 bis 1963 in Huismes bei Chinon lebte. Inspiriert von den Fabeln von Jean de la Fontaine, schmückte Ernst sein Werk mit heiter-skurrilen Bronzefiguren; einige Schildkröten sind inzwischen allerdings schon gestohlen worden.

Umgebung von Amboise

Eine recht ungewöhnliche Attraktion ist die nach fernöstlichen Vorbildern errichtete Pagode von Chanteloup am Zierbecken im Forêt d'Amboise 3 km südlich der Stadt (nahe der D 31). Das 44 m hohe Bauwerk, das die Vorliebe des 18. Jh.s für Chinesisches verdeutlicht, wurde in den Jahren 1773 – 1778 errichtet. Die Pagode ist **Überbleibsel einer barocken Schlossanlage**, die von dem Herzog von Choiseul, Außenminister Ludwigs XV., in der zweiten Hälfte des 18. Jh.s noch erweitert, im ersten Viertel des 19. Jh.s aber bereits abgetragen wurde. Oben auf der Pagode befindet sich eine Aussichtsplattform, auf dem Zierteich neben der Pagode werden Bootsfahrten angeboten. Man kann in der eleganten Parkanlage regionale Spezialitäten kaufen und auf der Wiese picknicken. Außerdem wurden verschiedene alte Holzspiele aufgestellt, die man ausprobieren kann (Öffnungszeiten: Apr. bis Sept. tgl., im Hochsommer 9.30 – 19.30 Uhr, sonst verkürzte Öffnungszeiten bzw. Mittagspausen; Okt. – Mitte Nov. nur an Wochenenden; www.pagode-chanteloup.com).

✳
Pagode de Chanteloup

> ❗ *Baedeker* TIPP
>
> **Alle Loire-Schlösser an einem Ort**
>
> Im Parc des Mini-Châteaux, südlich von Amboise an der Straße nach Chenonceau, sind die Modelle von 44 bekannten Schlössern und Landsitzen des Loire-Tals im Maßstab 1:25 aufgebaut. Auch Bäume (Bonsais), Schiffe und Eisenbahnen kann man en miniature bewundern (Öffnungszeiten: Apr. – Okt. tgl., im Hochsommer 10.00 – 20.00 Uhr, sonst verkürzte Öffnungszeiten; www.mini-chateaux.com).

✱ ✱ Angers

E 12

Région: Pays de Loire
Département: 49 Maine-et-Loire

Höhe: 41 m ü.d.M.
Einwohnerzahl: 170 000

Die Hauptstadt des Anjou, der historischen Landschaft am Unterlauf der Loire, und lebendige Metropole des Département Maine-et-Loire wartet mit einem imposanten Schloss und einer hübschen Altstadt auf. Bedeutendste Sehenswürdigkeit der Universitätsstadt ist der mittelalterliche Wandteppichzyklus im Schloss mit Darstellungen aus der Apokalypse.

An Frankreichs kürzestem Fluss

Angers liegt auf halber Strecke zwischen Tours und Nantes ca. 4 km nördlich der Loire am kürzesten Fluss Frankreichs: an der nur 10 km langen **Maine**, die nördlich der Stadt aus Mayenne, Sarthe und Loir entsteht und in die Loire fließt.

Schmucke kleine Stadt

Mit dem reizvollen historischen Zentrum, Grünanlagen und breiten Boulevards, die im 19. Jh. die Stadtmauer ablösten, zählt Angers zu den **schönsten Städten Frankreichs**. Im Mittelpunkt der Altstadt stehen das Schloss und die Kathedrale, in den benachbarten Vierteln entdeckt man zahlreiche Geschäftshäuser aus dem 19. und frühen 20. Jahrhundert, an den Boulevards prächtige Villen des 19. Jahrhunderts. Schöne Fachwerkbauten aus dem 15. und 16. Jh. hat nicht nur die Altstadt zu bieten, sondern auch La Doutre, das Stadtviertel mit seinen alten Gassen jenseits der Maine, das schon im Mittelalter bestand. Die Bewohner von Angers leben in erster Linie vom Handel mit Produkten aus der Region (Gemüse, Früchte und gute Weine), auch die Informations- und Biotechnologie sind mit zahlreichen Unternehmen vertreten. Belebtester Platz der Stadt ist die von Geschäften und Cafés gesäumte **Place du Ralliement**, wo auch das Stadttheater steht.

> ❗ **Baedeker TIPP**
>
> **Rue St-Laud**
>
> Besonders reizvoll ist die von der Kathedrale nach Nordosten verlaufende Rue St-Laud mit ihren alten Fachwerkhäusern und dem ehemaligen Jugendstil-Tanzpalast »Alcazar«. In der Fußgängerzone rund um die Rue St-Laud stößt man auf viele hübsche Läden sowie Cafés und Kneipen, die bei den Studenten der Stadt besonders beliebt sind.

Alte Hauptstadt des Anjou

Schon in vorchristlicher Zeit war Angers besiedelt. Die gallischen Andekaven hatten hier ihren Stammessitz, woran heute noch der Name Angers erinnert. Nach der Eroberung errichteten die Römer ein Kastell über dem Fluss.
Im 9. Jahrhundert überrannten die Normannen die Stadt und hielten den Ort sechs Jahre in ihrer Gewalt, bis sie von Karl dem Kahlen vertrieben wurden. Mit dem Aufstieg der Fulkonen – der Ahnen des

Highlights Angers

mächtigen Hauses Anjou – begann für die Stadt eine Blütezeit, vor allem unter **Fulco Nerra** (972–1040), der hier eine Burg erbauen ließ. Gottfried V. von Anjou (1113–1151) führte als Erster den Herrschernamen Anjou-Plantagenêt, nach seiner Helmzier, einem stilisierten Ginsterzweig (plante genêt). Gottfrieds Sohn heiratete Eleonore von Aquitanien und stieg – seine Mutter Mathilde war die Tochter des englischen Königs – als **Heinrich II.** selbst zum König von England auf. Unter seiner Regierung und der seines Sohnes Richard Löwenherz wurde Angers, wo sich der englische Hof ebenso oft wie in London aufhielt, die **kontinentale Hauptstadt des Königreiches England**.
Die wohl bekannteste Gestalt in der Geschichte von Angers ist **René le Bon**, der »Gute König« (1409–1480) aus dem Hause Anjou, ein sanftmütiger Mann, der Gedichte schrieb, komponierte, malte und sich mit Künstlern umgab, die er reich entlohnte. Er liebte aber auch ein aufwändiges Hofleben und veranstaltete rund ums Jahr Feste und Turniere. Seiner Förderung der Künste und Wissenschaften war es zu verdanken, dass die Stadt, die seit 1364 eine Universität besaß, bald als »Athen des Westens« berühmt wurde. Weniger glücklich verlief das folgende Jahrhundert für Angers. Während der Religionskriege im 16. Jh. befahl Heinrich III., die Burg zu schleifen; glücklicherweise wurde dieser Befehl nur teilweise befolgt. Auch im Zweiten Weltkrieg war das Schloss gefährdet. Deutsche Truppen benutzten es als Munitionslager, das von den Mauern aus leicht bewacht werden konnte; gerade noch rechtzeitig konnten die Sprengkörper beiseite geschafft werden, bevor alliierte Bomben im Schloss einschlugen.

Sehenswertes in Angers

Die Burg von Angers wurde 1228–1238 unter Ludwig IX. auf einem schroffen Felsen am linken Ufer der Maine erbaut. Der Burgbezirk ist von Wehrmauern mit 17 aus dunklem Schiefer und hellem Stein geschichteten **Rundtürmen** umgeben. In den Religionskriegen im 16. Jh. wollte Heinrich III. die Türme niederreißen lassen – die Fes-

Château

▶ ANGERS ERLEBEN

AUSKUNFT

Office de Tourisme
7, Place Kennedy
F-49000 Angers
Tel. 02 41 23 50 00, Fax 02 41 23 50 09
www.angers-tourisme.com

ERMÄSSIGUNGEN

Mit dem »City Pass« (für 1-3 Tage) kann man über 15 verschiedene Sehenswürdigkeiten der Stadt und Umgebung besichtigen (Burgen, Museen, Gärten usw.), an den geführten Besichtigungen »Angers, Stadt der Kunst und Geschichte« teilnehmen und die Stadt auf einer Tour mit einem kleinen Zug kennenlernen.

ESSEN

▶ Preiswert

① **Le Grandgousier**
7, Rue St-Laud, Tel. 02 41 87 81 47
In einem Saal aus dem 16. Jahrhundert wird bodenständige Küche der Region serviert, Fleisch vom Holzkohlengrill, große Karte preisgünstiger Weine. Im Sommer speist man auf der Terrasse.

② **L'Entr'acte**
9, Rue L. de Romain
Tel. 02 41 87 71 82
Das traditionelle Bistro hinter dem Stadttheater bietet Hausmannskost in wunderbarem Ambiente.

③ **Bleu Marine**
1, Boulevard Foch, Tel. 02 41 87 37 20
Das zum gleichnamigen Hotel gehörende Restaurant serviert leckere Gerichte vom Grill.

ÜBERNACHTEN

▶ Luxus

① **Anjou**
1, Boulevard Foch, F-49100 Angers
Tel. 02 41 21 12 11
Fax 02 41 87 22 21
www.hoteldanjou.fr
Luxushotel mit 53 Zimmern mitten in der Stadt. Wunderschöne Eingangshalle mit farbiger Glaskuppel. Das Feinschmeckerrestaurant »La Salamandre« besitzt ein prächtiges Dekor im neogotischen Stil.

Baedeker-Empfehlung

Château de Brissac
F-49320 Brissac
Tel. 02 41 91 22 21
Fax 02 41 91 25 60
www.brissac.net
Das Château de Brissac liegt 16 km südlich von Angers. Vermietet werden 2 Suiten und 2 historische Zimmer mit jeweils wertvollem Mobiliar und herrlichem Blick in den Park. Im Schlossrestaurant kann man fürstlich speisen.

▶ Komfortabel

② **Saint-Julien**
9, Place Ralliement
F-49100 Angers
Tel. 02 41 88 41 62, Fax 02 41 20 95 19
www.hotelsaintjulien.com
Zentral am Theaterplatz gelegen, 34 schallisolierte Zimmer; preiswert, dennoch gediegen. Empfehlenswertes Restaurant »Provence Caffé« nebenan (reservieren).

③ **Mail**
8 – 10, Rue des Ursules
F-49100 Angers
Tel. 02 41 25 05 25, Fax 02 41 86 91 20
www.hotel-du-mail.com
Der noble Konvent aus dem 17. Jh. bietet Ruhe im quirligen Stadtzentrum. 26 große, geschmackvolle Zimmer. Parkplatz im Hof.

Angers Orientierung

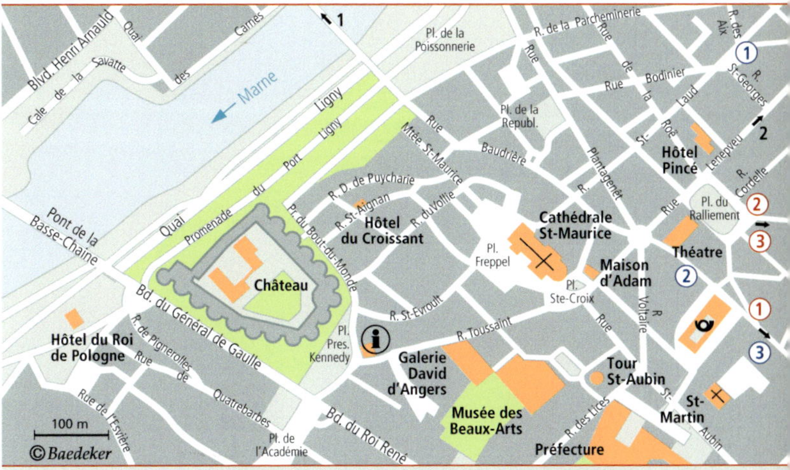

1 Musée Lurçat	**Essen**		**Übernachten**	
2 Jardin des Plantes	① Le Grandgousier	③ Bleu Marine	① Anjou	③ Mail
	② L'Entr'acte		② Saint-Julien	

tung sollte nicht in die Hände der Protestanten fallen. Doch fielen dann nur die kegelförmigen Hauben und die oberen Abschnitte der Zerstörung zum Opfer. Während die Porte de Ville an der Nordseite Zugang zum Schlosshof bietet, kann die zwischen den beiden südlichen Ecktürmen gelegene Porte de Champs nicht mehr benutzt werden. In den tiefen Trockengräben, die die Außenmauern umziehen, wurden schöne Gärten angelegt. Auf dem weiten Schlosshof, der ursprünglich an allen Seiten umbaut war, sind die Chapelle Royale, das Logis Royal und das Kleine Schloss mit den runden Ecktürmen (beide 15 Jh.) sowie das im Kern ältere Logis du Gouverneur (18. Jh.) erhalten. Man sollte unbedingt auf die breiten Wehrmauern steigen, denn von dort oben, insbesondere von der Tour du Moulin (Mühlenturm) an der Nordecke, dem höchsten Turm, hat man einen wundervollen Blick auf die Stadt und auf den Fluss (Öffnungszeiten: ○
Mai – Anfang Sept. 9.30 – 18.30, sonst 10.00 – 17.30 Uhr).

Der **Teppichzyklus der Apokalypse**, der bedeutendste Kunstschatz von Angers, ist in einer modernen Glasgalerie zu bewundern. Der Tenture de l'Apocalypse wurde im Auftrag Herzog Ludwigs I. von Anjou in den Jahren 1373 – 1380 von dem Pariser Teppichweber Nicolas Bataille angefertigt. Die Entwürfe für das Werk lieferte Hennequin von Brügge, Hofmaler in den Diensten Karls V., des Bruders von Herzog Ludwig. Für welche Räume die Teppiche bestimmt bzw. ob sie überhaupt als Wandschmuck gedacht waren, lässt sich nicht mehr rekonstruieren; sicher ist nur, dass sie bei der Hochzeit von

★★
◄ Tenture de l'Apocalypse

Ludwigs Sohn Ludwig II. mit Yolande von Aragón im Jahr 1400 im Palast von Arles aufgehängt wurden. In späteren Zeiten wurde die Bildfolge in Einzelteile zerschnitten, für unterschiedliche Zwecke benutzt und verkauft. 1848 gelang es einem Domherren namens Joubert, einen Großteil der während der Revolutionsjahre verschollenen Teppichteile wieder aufzufinden und sie zu restaurieren. Die Teppichfolge bestand ursprünglich aus sieben Teilen mit 168 m Länge und ca. 6 m Höhe, von denen noch sechs Teile (106 m) mit 74 Szenen erhalten sind, der erste, vierte und fünfte vollständig, die übrigen nur in Fragmenten. In beeindruckenden szenischen Darstellungen wird die Offenbarung des Johannes aus dem Neuen Testament veranschaulicht, zunächst grausame Schreckensvisionen und schließlich die Erlösung durch den Sieg Christi und die Herrschaft Gottes. Am Rande eines jeden Teppichabschnitts erscheint der Apostel Johannes.

Die kopfsteingepflasterte Rue St-Aignan mit hübschen Fachwerkhäusern – darunter das Hôtel du Croissant, ein Stadtpalais aus dem 15. Jh. – führt zu der Treppengasse Montée St-Maurice, durch die man zur Kathedrale St-Maurice (ca. 1150–1280) kommt. Im Westportal (ca. 1150), einem der bedeutendsten Portale der französischen Gotik, sieht man den thronenden Christus mit Evangelistensymbolen und im Gewände alttestamentliche Figuren. Überragt wird die Fassade von drei Türmen, deren mittlerer in der Renaissance (1540) erneuert wurde. Das 90 m lange und 26 m hohe Innere besitzt ein ausgeprägtes **Anjou-Gewölbe** (steil hochgezogene Gewölbe). Die **prachtvollen Glasfenster** aus dem 12., 13. und 15. Jh. sind der kostbarste Kunstschatz der Kathedrale. Die hochgelegenen Fenster an der linken Seite des Langhauses entstanden im 12 Jh.; auf ihnen sind Szenen aus dem Marienleben, das Martyrium der hl. Katharina von Alexandria und das des hl. Vincentius zu sehen. Auch die Bildteppiche aus dem 16.–18. Jh., das Rokoko-Orgelgehäuse (1748), der Hauptaltar (1759), das Chorgestühl (um 1780) und die Kanzel aus dem Jahr 1855 sind einen genaueren Blick wert.

★

**Kathedrale
Saint-Maurice**

Hinter dem Chor der Kathedrale, an der hübschen Place Ste-Croix, steht die Maison d'Adam, ein **prächtiges Fachwerkhaus** aus dem 15./16. Jh. mit zahlreichen geschnitzten Figuren an den Balken, in teilweise deftigen Darstellungen.

Maison d'Adam

Durch die Rue Toussaint gelangt man zur einstigen Klosterkirche Toussaint (13. Jh.), in deren lichtdurchflutetem Innenraum – das 1815 eingestürzte Gewölbe wurde 1984 durch ein Glasdach ersetzt – die teilweise monumentalen Skulpturen des klassizistischen Bildhauers **Pierre Jean David d'Angers** (1788–1856) ausgestellt sind (Öffnungszeiten: Juni–Sept. tgl. 10.00–19.00, sonst Di.–So. 10.00–12.00, 14.00–18.00 Uhr).

**Galerie David
d'Angers**

🕐

← *Tenture de l'Apocalypse, der berühmte Teppichzyklus von Angers*

Musée des **Beaux-Arts** 🕐	✷ Im schönen **Logis Barrault**, das 1487 Olivier Barrault, der damalige Bürgermeister von Angers und Schatzmeister der Bretagne, erbauen ließ, ist das Kunstmuseum untergebracht. Gezeigt werden mittelalterliche Tafelbilder und Kunsthandwerk sowie Gemälde u. a. von Pisano, Murillo, Watteau, Boucher, Fragonard, David, Delacroix und Corot (Öffnungszeiten: Juni–Sept. tgl. 10.00–19.00, sonst Di.–So. 13.00–18.00 Uhr; 14, Rue du Musée).

Tour Saint-Aubin
Préfecture

Von der einstigen Abtei St-Aubin (11./12. Jh.) zeugt noch der 54 m hohe Turm; in den anderen Gebäudeteilen ist die Präfektur untergebracht. Im Hof wurde ein mit vielen Skulpturen geschmückter Flügel des **romanischen Kreuzgangs** freigelegt.

Maison du Vin

An der Place Kennedy lohnt sich ein Besuch der Maison du Vin de l'Anjou, die Verkostung, Verkauf, Information und Exkursionen in die Region bietet (Mo. geschl.).

Hôtel Pincé

✷ Das 200 m nördlich der Kathedrale gelegene Hôtel Pincé, erbaut von 1523 bis 1530 für den Bürgermeister Jean de Pincé, ist der schönste Privatpalast der Stadt. Im **Musée Turpin de Crissé** sind Werke des in Angers geborenen Malers Turpin de Crissé (1772–1859), antike Gefäße, mittelalterliche Elfenbein- und Emailgegenstände sowie Ostasiatica zu sehen (u. a. Holzschnitte von Hiroshige und Hokusai).

Saint-Serge

✷ Im Norden der Stadt außerhalb der mittelalterlichen Stadtmauern ist in der Avenue M. Talet die Kirche St-Serge zu besichtigen. Der Chor, der um 1220 entstand, gilt als das **schönste und reifste Beispiel des Anjou-Stils**. Das Langhaus datiert von 1445–1466, der Vierungsturm von 1480. Drei originale Grisaille-Fenster im Chor sowie die schönen Konsolen und Schlusssteine gehören zu den Kostbarkeiten der Ausstattung.

La Doutre

Jenseits der Maine liegt das schon im Mittelalter bestehende Viertel La Doutre (von »d'outre-Maine«). Über den Pont de Verdun und durch die Rue Beaurepaire – man beachte besonders die Nr. 67, das Haus eines Apothekers von 1582 – geht es weiter zur **Place de la Laiterie** mit herrlichen Fachwerkhäusern des 16. Jh.s und der romanischen Kirche **La Trinité** (1080), die einst zur Abtei Notre-Dame-de-Ronceray (gegr. 940) gehörte. Die Ecole des Arts et Métiers in den Konventsgebäuden ist nicht zugänglich.

Hôpital
Sant-Jean

Musée Lurçat ▶

Nördlich der Place de la Laiterie steht auf dem Boulevard Arago das Hôpital St-Jean (gegr. 1174, Krankenhaus bis 1854); hier werden Werke des als Erneuerer der Gobelinweberei bekannten Malers **Jean Lurçat** (1892–1966) ausgestellt. Im gotischen Krankensaal (mit schöner Apotheke aus dem 17. Jh.) hängt Lurçats berühmter Zyklus der zehn gewebten Bildteppiche »Le Chant du Monde« (»Gesang der Welt«, begonnen 1957), auf dem quasi als Antwort auf die Gobelins

In Privatbesitz: Schloss Mongeoffroy 24 km östlich von Angers

der Apokalypse (s. o.) die Gegenwartsprobleme der Menschheit dargestellt sind. Westlich des Hospitals steht der zugehörige Speicher (Anciens greniers, Ende des 12. Jh.s), nördlich das Centre Régional d'Art Textile. In Führungen kann man hier etwas über die Kunst der Teppichweberei erfahren (Öffnungszeiten: Juni – Sept. tgl. 10.00 bis 19.00, sonst Di. – So. 10.00 – 12.00, 14.00 – 18.00 Uhr).

Der am Ende des 18. Jh.s als botanischer Garten angelegte Park wurde zwischen 1901 – 1905 vollständig neu gestaltet. In dem schönen Landschaftsgarten stehen zahlreiche hundertjährige Bäume – an warmen Sommertagen ist der Jardin des Plantes ein angenehm schattiges Plätzchen.

Jardin des Plantes

Südwestlich von Angers wurden an der Maine ein Freizeitpark und ein **künstlicher See** angelegt. Zahlreiche Sportmöglichkeiten werden hier geboten: Schwimmen, Surfen, Kanufahren, aber auch Tennis, Fußball und Volleyball. Vom Stadtzentrum ist das Freizeitgelände mit dem Auto oder Bus in rund 5 Min. zu erreichen.

Parc de Loisirs du Lac de Maine

Umgebung von Angers

Im Vorort St-Barthélemy-d'Anjou 3 km östlich von Angers ist die bekannte **Likördestillerie** beheimatet. Ein Museum informiert über die Herstellung des hellen Orangenlikörs und die fast 160-jährige Geschichte des Unternehmens, das 1849 von den Brüdern Cointreau gegründet wurde.

Distillerie Cointreau

Pignerolle Das außerhalb gelegene **Schloss** im Osten von St-Barthélemy, im 18. Jh. nach dem Vorbild des Kleinen Trianon in Versailles erbaut, spielte im Zweiten Weltkrieg eine wichtige Rolle: 1940 hatte die polnische Exilregierung hier ihren Sitz, später das Hauptquartier von Admiral Dönitz und nach dem Krieg der amerikanische General Patton. Heute ist hier das **Musée de la Communication** (Museum für Kommunikation) untergebracht. Zu sehen sind originelle Exponate von der Buschtrommel bis zum Satelliten (Öffnungszeiten: Apr. – Sept. tgl. 10.00 – 12.30, 14.30 – 18.00, sonst Sa./So. 10.00 – 12.30, 14.30 – 18.00 Uhr; www.musee-communication.com).

Musée Régional de l'Air Am Flughafen von Angers-Marcé (rechts der Autobahn Richtung Paris) zeigt ein Museum rund **50 Kleinflugzeuge**, die zwischen 1907 und 1970 gebaut wurden (Öffnungszeiten: Sommer Di. – Sa. 14.00 – 18.00, So. 15.00 – 19.00; Winter Sa./So. 14.00 – 18.00 Uhr).

Montgeoffroy Das **Schloss** 24 km östlich von Angers (N 147 bis Mazé), ein fast schmuckloses, streng symmetrisches Gebäude, wurde zwischen 1772 und 1777 von L.-G.-E. de Contades, Feldmarschall unter Ludwig XV. und Statthalter von Straßburg, erbaut und war über die Jahrhunderte in Familienbesitz, so dass die Einrichtung **bis ins letzte Detail original** erhalten blieb. Die von den besten Kunsttischlern gefertigten Möbel und Holztäfelungen sowie Wandteppiche und Gemälde befinden sich noch an ihren ursprünglichen Plätzen. Sehenswert sind auch die Ställe mit alten Kutschen und Reisewagen (Öffnungszeiten: tgl. Mitte März – Mitte Nov. 10.00 – 12.00, 14.30 – 18.00, Mitte Juni – Mitte Sept. 10.00 – 18.00 Uhr).

Baugé Das **Schloss von Baugé** 37 km nordöstlich von Angers wurde ab 1454 von René le Bon, dem »Guten König« (1409 – 1480) aus dem Hause Anjou, neu errichtet. Sehenswert sind hier eine elegante Wendeltreppe mit einem Palmengewölbe und ein kleines Museum mit Fayencen, Waffen und Münzen; hier gibt es auch ein kleines Tourismusbüro. In der zu einem Hospiz gehörenden Chapelle des Filles-du-Cœur-de-Marie (Rue de la Girouardière) wird das berühmte **Croix d'Anjou** aufbewahrt, das angeblich aus dem Kreuz Christi angefertigt wurde. Seine Form mit zwei Querbalken wurde Ende des 15. Jahrhunderts zum Lothringer Kreuz, nachdem die Soldaten von René II. von Lothringen es in der Schlacht von Nancy zu ihrem Zeichen erkoren hatten. Eine architektonische Kuriosität in der Landschaft Baugeois sind die Kirchen mit spitzen, verdrehten Turmhelmen; besonders eindrucksvoll ist der Turm von Le Vieil-Baugé.

Plessis-Macé Außerhalb des Dorfes Plessis-Macé 15 km nordwestlich von Angers wurde bereits im 11. Jh. eine **Burg** errichtet. Louis de Beaumont, ein Günstling Ludwigs XI., ließ es im 15. Jh. umbauen. Die Räumlichkeiten (Gemächer, Speise- und Ballsaal etc.) des hübschen Schlösschens sind über den reizvollen Innenhof zugänglich.

Ein echtes **Wasserschloss** ist Le Plessis-Bourré 20 km nördlich von Angers. Jean Bourré, Frankreichs Schatzmeister unter Ludwig XI., ließ es 1468–1473 auf den Besitzungen Plessis-le-Vent erbauen. Von außen mutet das Schloss wie eine Festung an – ein bewehrtes Viereck mit runden Ecktürmen und einer 43 m langen Bogenbrücke mit doppelter Zugbrücke. Doch der Eindruck ändert sich schlagartig, wenn man den Innenhof mit seiner Arkadengalerie und den Treppentürmchen betritt; denn dann wähnt man sich in einer prachtvollen Residenz. Entsprechend prächtig sind auch die Innenräume; obwohl bis heute bewohnt, ist das Renaissanceschloss immer noch so eingerichtet, wie es die Gattin von Jean Bourré vor über 500 Jahren gewünscht hatte. Zu den größten Sehenswürdigkeiten zählen der Große Salon mit seiner feingeschnitzten Wandvertäfelung und der Gardesaal im ersten Stockwerk, geschmückt von einer Holzdecke mit 24 Bildfeldern, auf denen Fabeln, Allegorien und Sprichwörter – manchmal in recht schauerlicher Weise – illustriert sind (Öffnungszeiten: Feb., März, Okt., Nov. Do.–Di. 14.00–18.00, Apr.–Juni, Sept. Do.–Di. (außer Do. vormittags) 10.00–12.00, 14.00–18.00, Juli/Aug. tgl. 10.00–18.00 Uhr).

★
Plessis-Bourré

Ein Wasserschloss wie aus dem Bilderbuch: Château Plessis-Bourré

Serrant

18 km südwestlich von Angers steht südlich abseits der Durchgangsstraße das Château de Serrant, ein **von einem schönen Park umgebener Dreiflügelbau** aus dem 16.–18. Jahrhundert. Sein äußeres Erscheinungsbild ist durch den Kontrast zwischen braunem Schiefer und hellem Kreidetuff geprägt; auf den mächtigen Ecktürmen erheben sich statt konischer Turmdächer helmförmige Kuppeln. Die mit kostbaren Möbeln und flämischen Wandteppichen ausgestatteten Gemächer sowie die umfangreiche Bibliothek mit Tausenden von Bänden können besichtigt werden. Sehenswert sind auch die Kapelle, die Jules Hardouin-Mansart, der berühmte Hofarchitekt Ludwigs XIV., erbaute, sowie das Marmorgrab aus der Werkstatt des nicht weniger bedeutenden Bildhauers Antoine Coysevox.

★
Château de Brissac

In Brissac-Quincé, einem kleinen Ort 16 km südlich von Angers, ist ein etwas spezielles **Schloss** erhalten. Es steht mitten in einem Park mit altem Baumbestand. Von einem älteren Schlossbau stammen noch die beiden gotischen Rundtürme, die zu der heutigen **Anlage aus dem 17. Jh.** nicht so recht passen. Nach Entwürfen des namhaften Architekten Jacques Corbineau sollte das Schloss – und dies ist für das beginnende 17. Jh. absolut ungewöhnlich – sieben oder acht Stockwerke erhalten; doch nach dem Tod des damaligen Bauherrn mussten die Arbeiten unterbrochen werden, und so erreichte das Gebäude nur fünf Etagen – dennoch eine für die Loire-Schlösser ungewöhnliche Höhe. Obgleich es bis heute von den Herzögen von Brissac, einer der ältesten und bedeutendsten Adelsfamilien Frankreichs,

*»Wolkenkratzer« des 17. Jahrhunderts: das fünfstöckige Château Brissac.
Eigentlich sollte es sieben oder acht Stockwerke hoch werden.*

bewohnt ist, kann man auch die Innenräume besichtigen. Sie sind mit prachtvollen Gobelins, vielen Porträtmalereien, geschnitzten und bemalten Holzdecken und skulptierten Wandverkleidungen ausgestattet. Auch von den alten Möbeln ist noch ein Großteil erhalten, und im ersten Stock befindet sich ein kleines Theater, das sich Ende des 19. Jh.s die damalige Herzogin, eine begabte Sängerin, errichten ließ. Für besonders begüterte Besucher gibt es luxuriöse Gästezimmer (▶Baedeker Empfehlung, S. 136) und einen **Weinkeller**, in dem die Besichtigung endet und wo man die edlen Tropfen der Schlossweinberge (u. a. Anjou Village) probieren kann (Öffnungszeiten/Führungen: Juli – August tgl. 10.00 – 18.30, April – Juni u. Sept. – Okt. tgl. außer Di. 10.15 – 12.15/ 14.00 – 18.00 Uhr).

★ Azay-le-Rideau

F 19

Région: Centre
Département: 37 Indre-et-Loire

Höhe: 45 m ü.d.M.
Einwohnerzahl: 3100

Es war ein reicher Finanzier, der mit dem Bau des Schlosses von Azay-le-Rideau begann. Doch er sollte keine lange Freude an der eleganten Residenz haben. Wegen eines Finanzskandals musste er fliehen, und sein Besitz fiel der Krone zu. Das erfreute Franz I., denn das Schloss zählt zu den prächtigsten Bauten an der Loire.

Das Städtchen Azay-le-Rideau liegt etwa 20 km südwestlich von Tours an der Indre, einem linken Nebenfluss der Loire. Der Name Azay geht wahrscheinlich auf den römischen Großgrundbesitzer Asiacus zurück, dem zur Zeit der Ortsgründung alle umliegenden Ländereien gehörten. Im Mittelalter stand hier eine Burg, auf der im 12. Jh. ein Mann namens Rideau oder Ridel d'Azay regierte, der für seine Grausamkeit bekannt war und den Beinamen »Teufelssohn« trug. Im Jahr 1418 reiste der damalige Dauphin, der spätere **Karl VII.**, durch Azay. Als er dabei von der burgundischen Besatzung der Burg beleidigt wurde, ließ er den Ort umgehend von seinen Truppen einnehmen, die 350 Mann Besatzung hinrichten und die Festung samt Dorf niederbrennen. Noch lange trug der Ort den Namen Azay-le-Brûlé (brûlé = verbrannt).

Prunkbau eines Finanzmannes

1518, genau ein Jahrhundert nach dem tragischen Ereignis, begann man mit dem Bau des heutigen Schlosses. Initiator war **Gilles Berthelot**, Schatzmeister unter Franz I.; geleitet wurden die Arbeiten jedoch, wie in ▶Chenonceau, von einer Frau, nämlich von Berthelots Ehefrau Philippe Lesbahy. Leider war es dem reichen Finanzmann nicht vergönnt, den Abschluss der Bauarbeiten zu erleben; wegen eines Finanzskandals musste er 1527 fliehen, und die Krone konfiszierte seinen Besitz. Franz I. schenkte das Schloss dann dem Befehlshaber seiner Wache.

▶ AZAY-LE-RIDEAU ERLEBEN

AUSKUNFT

Office de Tourisme
4, Rue du Château
BP 5, F-37190 Azay-le-Rideau
Tel. 02 47 45 44 40, Fax 02 47 45 31 46
E-Mail: tourisme@
ot-paysazaylerideau.fr
www.ot-paysazaylerideau.com

VERANSTALTUNGEN

Son et Lumière
In den Sommermonaten ist der
Schlosspark Schauplatz eines Ton- und
Lichtspektakels. Juli tgl. ab 22.30; Aug.
tgl. ab 22.00; Mai, Juni Fr. – So. ab
22.30; Sept. Fr. – So. ab 21.30 Uhr.

ESSEN

▶ Erschwinglich
Les Grottes
23 ter, Rue de Pineau
Tel. 02 47 45 21 04; Mi. und Do. geschl.
(außerhalb der Saison)
Restaurant, das in einer Höhlenwoh-
nung untergebracht ist. Traditionelle
Küche.

La Gourmandine
2, Route de Villandry
Tel. 02 47 45 68 00
Das gepflegte Restaurant 2,5 km
nördlich der Stadt ist dem Hôtel des
Châteaux angeschlossen. Es gibt lecker
zubereitete Gerichte der Region.

ÜBERNACHTEN

▶ Komfortabel
Le Grand Monarque
3, Place de la Republique
F-37190 Azay-le-Rideau
Tel. 02 47 45 40 08, Fax 02 47 45 46 25
www.legrandmonarque.com
Gemütliches Landhotel und beliebtes
Restaurant. 24 unterschiedlich ausges-
tatteten Zimmer, nur 150 m vom
Schloss entfernt. Großer Innenhof mit
schönen alten Bäumen.

Baedeker-Empfehlung

▶ Günstig/Komfortabel
Troglododo
9, Chemin des Caves
F-37190 Azay-le-Rideau
Tel. 02 47 45 31 25
Drei Zimmer in einer schönen Höhlen-
pension in Villaines-les-Rochers
5 km südlich von Azay-le-Rideau.

▶ Günstig
Le Biencourt
7, Rue Balzac
F-37190 Azay-le-Rideau
Tel. 02 47 45 20 75, Fax 02 47 45 91 73
www.hotelbiencourt.com
Ein Haus aus dem 18. Jh. in Schloss-
nähe mit 15 hübschen Zimmern.

Nach der Niederlage Frankreichs 1871 beschlagnahmten **preußische
Truppen** das Schloss und schlugen in ihm ihr Hauptquartier auf. Am
19. Februar desselben Jahres hielt sich Prinz Friedrich Karl von Preußen mit seinem Offiziersstab hier auf. Während des Abendessens fiel
ein schwerer Kronleuchter von der Decke, der den Prinzen beinahe
getötet hätte. Nur mit Mühe konnten die Offiziere anschließend den
Prinzen, der den Vorfall für ein Attentat hielt, davon abhalten, das
Anwesen niederzubrennen.

Besichtigung des Schlosses Azay-le-Rideau

Von der Durchgangsstraße führt eine romantische Allee durch den **Höfische Eleganz**
Park zum Schloss, das seit 1905 in staatlichem Besitz ist. Ursprünglich war es als vierflügelige Anlage auf rechteckigem Grundriss geplant; errichtet wurden schließlich nur der Haupttrakt und der kür-
zere westliche Seitenflügel. Dennoch zählt das auf einem Pfahlwerk
erbaute Renaissanceschloss zu den schönsten Bauwerken in der
Loire-Region. Es liegt auf einer Flussinsel und ist von hohen Bäumen
und einer bezaubernden Parklandschaft umgeben. Das Wasser hatte
keine wehrtechnische Funktion, sondern sollte den Glanz des Gebäudes erhöhen, das trotz der wuchtigen Ecktürme eine ausgesprochen höfische Eleganz ausstrahlt. So spiegeln sich die Süd- und Westfassade im Wasser der Indre, die den hier verbreiterten Schlossgraben durchströmt. Auch der Wehrgang mit Pechnasen zwischen
Haupt- und Dachgeschoss hatte keine Verteidigungsfunktion, sondern diente ausschließlich als Zierde (Öffnungszeiten: tgl. Juli bis ⏲
Aug. 9.30 – 19.00; Apr. – Juni, Sept. 9.30 – 18.00; Okt. – März 10.00
bis 12.30, 14.00 – 17.30 Uhr). **Honoré de Balzac** (►Berühmte Persönlichkeiten) schrieb in seinem Roman »Die Lilie im Tal« über das
Schloss: »Als ich über den Hügel schritt, bewunderte ich zum ersten
Mal diesen facettenhaft geschliffenen, von der Indre eingefassten
Diamanten, der sich auf blumengeschmückten Pfählen erhob.«

Son et Lumière am Schloss Azay-le-Rideau

Innenräume   In den Verzierungen der hofseitigen Fassade sind der Salamander (Wappen von Franz I.), das Hermelin (das bretonische Wappen von Königin Claudia) und die Buchstaben G, P und B zu sehen, die an die Bauherren Gilles und Philippe Berthelot erinnern. Das **Treppenhaus**, von außen an den versetzten Fensterreihen und dem Giebel zu erkennen – eine weitere Gemeinsamkeit mit ▶ Chenonceau –, stellt eine Neuerung dar, denn die Treppe ist geradläufig mit Umkehrpodesten und nicht, wie bisher üblich, in Form einer Wendeltreppe gestaltet. Im Erdgeschoss ist die mit einem Rippengewölbe gedeckte **Küche** sehenswert; der Kamin und der Ziehbrunnen liegen unter Fußbodenniveau – man erhöhte den Fußboden im 19. Jh., weil er bei Hochwasser häufig überschwemmt wurde. Den **Speisesaal** schmücken eine schwere Balkendecke und herrliche Gobelins; im **großen Salon** steht ein Kamin im Renaissancestil mit einem Salamander in einem Oval. Im ersten Stock befindet sich das **Rote Zimmer**: ein Schlafzimmer mit roten Behängen, einem Baldachinbett aus der Zeit Ludwigs XIV. und mehreren Herrscherporträts. Im Chambre du Roi, dem **Zimmer des Königs**, steht neben dem Kamin ein spanischer Reisesekretär mit Elfenbein und Blattvergoldung. Im **Empfangszimmer**, dem größten Raum des Schlosses, hängen vier große Gobelins mit biblischen Szenen. Im Westflügel ist das **Blaue Zimmer**, das Schlafzimmer von Filley de la Barre, eingerichtet, zu dessen Schmuckstücken das Bett mit besticktem Baldachin (18. Jh.) und die Wandteppiche aus Beauvais mit Jagdszenen zählen.

Umgebung von Azay-le-Rideau

Marnay   Liebhaber alter Landmaschinen und Oldtimer-Fahrzeuge sollten sich das **Musée Maurice Dufresne** in einer ehemaligen Papiermühle 6 km nordwestlich von Azay-le-Rideau ansehen. Rund 3000 in die Jahre gekommene Fortbewegungsmittel und skurrile Maschinen aus aller Welt – von der Revolutions-Guillotine aus dem Jahr 1792 über verschiedene Traktorenmodelle, Sportwagen und Motorräder bis zum Blériot-Eindecker von 1909 – wurden hier zu einer interessanten
🕐 Ausstellung zusammengetragen (Öffnungszeiten: tgl. Mai – Sept. 9.15 – 19.00; Febr. – Apr., Okt / Nov. 9.15 – 18.00 Uhr).

Saché   Wenn Saché, 5 km östlich von Azay-le-Rideau, bekannter ist als andere Orte im idyllischen Indre-Tal, dann deshalb, weil sich Honoré de Balzac (▶ Berühmte Persönlichkeiten) in den 1830er-Jahren wiederholt hier aufhielt. Einem Freund des Romanciers gehörte das **Landschloss** aus dem 17. Jh., das am Ortsrand in einem hübschen Park steht. Heute ist das Schloss ein **Balzac-Museum** und Wallfahrtsstätte der Balzac-Verehrer. Einige Repräsentationsräume und das Arbeitszimmer von Balzac können besichtigt werden; außerdem werden Briefe, Schriften und Erstausgaben des Dichters gezeigt (Öff-
🕐 nungszeiten: Juli – Aug. tgl. 10.00 – 19.00; Apr. – Juni, Sept. tgl. 10.00 bis 18.00; Okt. – März Mi. bis Mo. 10.00 – 12.30, 14.00 – 17.00 Uhr).

Auch der US-amerikanische Bildhauer **Alexander Calder** (1898 bis 1976) lebte einige Zeit in Saché. Als Erinnerung an seinen Aufenthalt schenkte er dem Ort ein Mobile, das vor dem Rathaus steht.

Villaines-les-Rochers 5 km südlich von Azay-le-Rideau ist das berühmteste **Höhlendorf** der Loire-Region. In dem Hang von Villaines-les-Rochers gibt es Höhlenwohnungen, in einer kleinen Höhlenpension kann man übernachten. Viele Höhlen an der Loire entstanden, als man Baumaterial für die Schlösser abtrug. Auf diese Weise gewann man den Stein, andererseits erhielt man Keller, Wohnungen, Lagerräume für Wein, Pilzzuchtstätten. Teilweise dienten die Höhlen auch als Verstecke.
In Villaines-les-Rochers hat das **Korbmacherhandwerk** eine lange Tradition. Auch heute noch widmen sich hier etwa 80 Familien dieser Tätigkeit. Man kann direkt beim Hersteller Korbwaren kaufen oder einfach den Handwerkern bei der Arbeit über die Schulter schauen.

Villaines-les-Rochers

Beaugency

C 25

Région: Centre
Département: 45 Loiret

Höhe: 110 m ü.d.M.
Einwohnerzahl: 7100

Auf halbem Weg zwischen Orléans und Blois liegt am rechten Ufer der Loire Beaugency, ein idyllisches, verträumtes altes Städtchen. Schon von Weitem sieht man den klotzigen Donjon über dem Fluss aufragen.

Der mächtige, das Städtchen überragende Wehrturm zählt zu den schönsten Festungsbauten aus dem 11. Jahrhundert. Heiß umkämpft in der Vergangenheit aber war die mehrbogige **Flussbrücke** – in der Zeit des Hundertjährigen Krieges die einzige Brücke zwischen Orléans und Blois. Viermal wurde der Ort von den Engländern eingenommen, 1429 befreite ihn Johanna von Orléans.
Von größter historischer Bedeutung ist das **Konzil**, das im Jahr 1152 hier stattfand und die Ehe zwischen Eleonore von Aquitanien und König Ludwig VII. – angeblich wegen Blutsverwandtschaft – für ungültig erklärte. Kurz darauf heiratete Eleonore Heinrich Plantagenêt, den späteren König Heinrich II. von England, wodurch ein Großteil des Südwestens Frankreichs als Mitgift in englischen Besitz kam. Das Konzil von Beaugency legte somit den Grundstein für den französisch-englischen Kampf um Frankreich im 14. und 15. Jahrhundert.

Mittelalterliches Loire-Städtchen

 Baedeker TIPP

Promenade oberhalb der Loire
Jenseits der Porte Tavers aus dem 12. Jh., an der alten Stadtmauer im Westen, beginnt eine breite Allee, von der man einen wunderschönen Blick auf den Fluss und die Brücke genießt.

▶ BEAUGENCY ERLEBEN

AUSKUNFT

Office de Tourisme
3, Place Dr Hyvernaud
BP 44, F-45190 Beaugency
Tel. 02 38 44 54 42
Fax 02 38 46 45 31
www.beaugency.fr

ESSEN

▶ **Erschwinglich**
Le Relais du Château
8, Rue du Pont
Tel. 02 38 44 55 10; Mi. geschl.
Kleines Restaurant mitten im Stadtzentrum mit traditioneller Küche.

ÜBERNACHTEN

▶ **Komfortabel**
Hôtel de la Sologne
6, Place St Firmin
F-45190 Beaugency

Tel. 02 38 44 50 27
Fax 02 38 44 90 19
E-Mail: hotel-de-la-sologne.
beaugency@wanadoo.fr
Hotel im alten Zentrum von Beaugency mit 16 einfachen, ruhigen
Zimmern. Im Sommer wird das
Frühstück auf der Veranda serviert.

Écu de Bretagne
Place du Martroi
F-45190 Beaugency
Tel. 02 38 44 67 60
Fax 02 38 44 68 07
E-Mail: ecu-de-bretagne@wanadoo.fr
Unterkunft in der ehemaligen Poststation am größten Platz der Stadt. Es
gibt 34 Zimmer, ein Schwimmbad im
Garten, ein gutes Restaurant (Kategorie: Erschwinglich), einen großen
Weinkeller und einen Privatparkplatz.

Sehenswertes in Beaugency

Château Dunois

Auf dem Gelände der im 11. Jh. erbauten Burg ließ Graf Johann von
Dunois, genannt »Bastard von Orléans«, ab 1439 das Schloss errichten. Der Waffengefährte von Jeanne d'Arc lebte hier von 1440 bis
1457, bevor er ▶ Châteaudun zu seiner Residenz machte. Heute ist
im Schloss, einem schmucklosen dreistöckigen Bau, das **Musée Daniel Vannier** untergebracht, das Sammlungen aus der Region Orléans
zeigt: Trachten, Möbel, Brauchutensilien, religiöse Gegenstände,
Spielsachen und archäologische Funde.

Donjon

Neben dem Schloss erhebt sich der 36 m hohe rechteckige **Donjon
de César**, Rest einer Festung aus dem 11. Jahrhundert. Heute sind
nur noch die glattflächigen Außenmauern erhalten; der ursprünglich
fünfstöckige Innenraum ist leer.

Notre-Dame

Die einst zu einer Abtei gehörende romanische Kirche Notre-Dame
wurde im 12. Jh. erbaut. Der eindrucksvolle Innenraum wird durch
mächtige Rundpfeiler in drei Schiffe gegliedert. Hier fand am 11.
März 1152 das **Konzil** statt (▶ oben), das den Grundstein für den
Streit zwischen Frankreich und England legte.

Ruhig und gemächlich – das spiegelglatte Wasser der Loire bei Beaugency

An der Place St-Fermin, einem hübschen dreieckigen Platz wenige Schritte westlich der Kirche, steht der 50 m hohe gleichnamige Turm, der Rest einer im 16. Jh. erbauten und während der Französischen Revolution zerstörten Kirche.

Tour Saint-Fermin

Neben der romanischen **Maison des Templiers** (Templerhaus) in der Rue Prateau ist das Hôtel de Ville, das Renaissancerathaus von 1526 an der Place de la Poste, der bedeutendste Profanbau in der Altstadt von Beaugency. Im Ratssaal hängen **acht Gobelins** aus dem Besitz eines der letzten Äbte von Notre-Dame, von denen vier aus dem 17. Jh. die vier Kontinente zeigen, die damals bekannt waren. In derselben Straße wie das Hôtel de Ville steht auch die **Tour d'Horloge**, ein Uhrturm, Teil der Stadtbefestigung aus dem 12. Jahrhundert.

★
Hôtel de Ville

Umgebung von Beaugency

Mitten im Dorf Talcy, ca. 15 km westlich von Beaugency und abseits der Loire in der fruchtbaren Beauce-Ebene, steht ein Schloss, das zu den **am wenigsten prunksüchtigen Schlössern der Loire** zählt. Hier sind keine kostbaren Gegenstände zu bestaunen, kein Möbelstück wirkt museal arrangiert. Vielmehr vermittelt das Schloss den Eindruck, es sei gerade erst von seinen Bewohnern verlassen worden. Bereits im 13. Jh. stand hier eine Burg, die der Florentiner Bernardo Salviati, ein im Dienst Franz' I. stehender Finanzmann, 1517 erwarb und zum Schloss ausbaute. Erhalten sind – neben dem Haupthaus, in dem die gewölbte Küche und einige Räume mit gotischen Wandbehängen und schönen Möbeln aus dem 17./18. Jh. sehr sehenswert sind – ein massiver, von Ecktürmchen flankierter Torbau, durch den man die Anlage betritt, ein riesiges zylinderförmiges Taubenhaus aus dem 16. Jh. und eine 400 Jahre alte Weinpresse.

Talcy

Schloss Talcy ging in die französische Literaturgeschichte ein. Salviatis Tochter Kassandra wurde von dem Dichter **Pierre de Ronsard** (1521–1585) umworben, der ihr zahlreiche Gedichte widmete, und die Enkelin des Schlossherrn, Diana, wurde von dem Literaten **Agrippa d'Aubigné** (1552–1630) erfolglos umschwärmt – der Großvater willigte in eine Hochzeit nicht ein.

★ # Beauregard

D 24

Région: Centre   **Höhe:** 90 m ü.d.M.
Département: 41 Loir-et-Cher

Das Renaissanceschloss Beauregard liegt inmitten grüner Parkanlagen am Rand eines ausgedehnten Waldgebiets. Von der einstigen Anlage, die Jacques Androuet du Cerceau um 1550 als eines der hervorragenden Schlösser Frankreichs in seinem Stichwerk veröffentlichte, ist nur noch der zweigeschossige Kernbau erhalten. Trotz seiner heutigen bescheidenen Ausmaße konnte das Schloss den Reiz einer Residenz im Stil des 16. Jh.s voll bewahren.

Schloss Beauregard liegt rund 8 km südlich von Blois an der D 765 zwischen Blois und Cour-Cheverny. 1545 erwarb der Humanist und königliche Staatssekretär Jean du Thier das Jagdschloss, das er in eine Schlossresidenz umbauen ließ. Für dessen Innenausstattung zog er italienische Künstler heran, die am Hof Heinrichs II. beschäftigt waren. Berühmt ist Beauregard vor allem wegen seiner im 17. Jh. vom damaligen Besitzer, Staatsrat Paul Ardier, in Auftrag gegebenen Bildergalerie, die **327 historische Porträts** bedeutender Persönlichkeiten umfasst. Das Schloss, das heute von der Grafenfamilie du Pavillon bewohnt wird, beherbergte viele illustre Gäste: u. a. Franz I., der von hier aus Jagdausflüge unternahm, und Kardinal Richelieu, der lieber hier als in Blois wohnte, da ihm das Landgut für den Fall einer Verschwörung sicherer erschien (Öffnungszeiten: Juli–Aug. tgl. 9.30 bis 18.30; Apr.–Sept. tgl. 9.30–12.00, 14.00–18.30; Febr.–März, Okt. bis Nov. Do.–Di. 9.30 bis 12.00, 14.00–17.00 Uhr).

Besichtigung des Schlosses Beauregard

Schlossinneres Die berühmte **Porträtgalerie** – Galerie des Illustres – befindet sich im ersten Obergeschoss. Die 327 Gemälde zeigen historisch bedeutende Persönlichkeiten vom ersten Valois (Philipp IV.) bis Ludwig XIII., also Könige und Königinnen vom 14. bis 17. Jahrhundert. Unter jedem Porträt wird eine kurze Beschreibung der jeweiligen Regierungszeit gegeben. Dazu kommen Bildnisse von Höflingen, Ministern, Feldherrn, Päpsten, Kardinälen, Schriftstellern und Gelehrten der jeweilgen Epoche. Den Boden dieses beeindruckenden Raumes bedecken blaue **Delfter Kacheln** aus dem 17. Jh., auf denen eine ganze Armee von Infanteristen und Reitern in Uniformen aus der Zeit Ludwigs XIII. dargestellt wird, wobei jede einzelne Kachel für eine Figur reserviert ist. An die Porträtgalerie schließt sich die sog. Südgalerie mit schönem altem Mobiliar an. Eine schmale Tür führt von dort in das **Schellenkabinett** – das Cabinet des Grelots –, das Arbeitszimmer von Jean du Thier. Der kleine Raum ist vollständig mit einer Eichenholzvertäfelung ausgestaltet, die der italienische Tischlermeister Scibec de Carpi für den Schlossherrn du Thier im 16. Jh. fertigte. Seinen Namen erhielt das Kabinett von dem Wappen des Hausherrn, drei kugeligen goldenen Schellen auf blauem Grund, die hier wiederholt als Motiv auftauchen.

✳ Blois

D 23/24

Région: Centre   **Höhe:** 72 m ü.d.M.
Département: 41 Loir-et-Cher   **Einwohnerzahl:** 53 000

Weiße Häuser mit blaugrauen Schieferdächern und roten Schornsteinen, überragt vom prächtigen Schloss und der Kathedrale – von der großen Loirebrücke aus bietet sich ein schöner Panoramablick auf die Stadt.

Die Hauptstadt des Département Loir-et-Cher erstreckt sich über zwei Hügel am Nordufer der Loire. Hauptattraktion von Blois ist das Schloss, das im 15./16. Jh. königliche Residenz war und wo ein berühmt gewordener Mord verübt wurde. Unterhalb dieses Palastes liegt die hübsche Altstadt mit steilen Treppen und engen Gassen.

Im 11./12. Jh. gehörten die Grafen von Blois zu den mächtigsten Feudalherren Frankreichs. 1391 wurde die Grafschaft an Ludwig von Orléans verkauft, dessen Sohn Karl 1440 mit dem Um- bzw. Neubau des Schlosses begann. Karls Sohn

> **!** *Baedeker* TIPP
>
> **Loire-Schlösser von oben**
>
> Ein berauschendes Erlebnis: die Loire-Schlösser aus der Vogelperspektive – aus dem Heißluftballon (s. S. 100), aus dem Sportflugzeug oder aus dem Helikopter. Allerdings ist der Spaß nicht ganz billig: pro Person ab 200 Euro. Informationen zu Flügen über und um Blois herum erteilt das Fremdenverkehrsamt Blois.

wurde 1498 als Ludwig XII. König und erhob seine Geburtsstadt Blois zur Residenz; auch unter Franz I. wurde der Bau glanzvoll fortgesetzt. 1524 allerdings endete die Ära als Residenz; nach dem Tod der Königin Claudia von Frankreich (1524) und nach der Schlacht von Pavia im Jahr 1525 (► S. 48) kehrte Franz I. nicht mehr nach Blois zurück.

Blois Orientierung

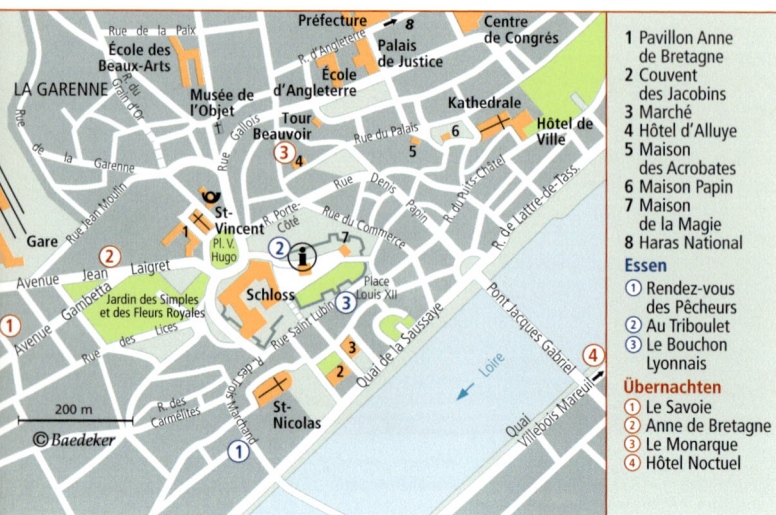

Préfecture
8
Centre de Congrés
Rue de la Paix
École des Beaux-Arts
R. d'Angleterre
Palais de Justice
LA GARENNE
École d'Angleterre
Kathedrale
Musée de l'Objet
Rue du Palais
6
Hôtel de Ville
Tour Beauvoir
5
3
4
Rue Denis Papin
St-Vincent
R. Porte-Côté
Rue du Commerce
7
Gare
2
Pl. V. Hugo
2
i
Place Louis XII
1
Avenue Jean Laigret
Schloss
3
Jardin des Simples et des Fleurs Royales
Avenue Gambetta
1
Rue Saint Lubin
3
Quai de la Saussaye
Pont Jacques Gabriel
4
2
Loire
200 m
R. des Carmélites
St-Nicolas
1
Quai Villebois Mareuil
© Baedeker

1 Pavillon Anne de Bretagne
2 Couvent des Jacobins
3 Marché
4 Hôtel d'Alluye
5 Maison des Acrobates
6 Maison Papin
7 Maison de la Magie
8 Haras National

Essen
① Rendez-vous des Pêcheurs
② Au Triboulet
③ Le Bouchon Lyonnais

Übernachten
① Le Savoie
② Anne de Bretagne
③ Le Monarque
④ Hôtel Noctuel

Unter der Herrschaft von Heinrich II., Katharina von Medici und Heinrich III. wurde das Schloss Schauplatz von Festen, Leidenschaften, Dramen und endlosen Intrigen, die nicht immer ohne Blutvergießen abgingen. Die blutigste Tragödie ereignete sich während der Religionskriege. 1588 hatte der **Herzog von Guise**, Rivale von **Heinrich III.** (▶ Berühmte Persönlichkeiten) und Führer der Katholischen Liga, den König gezwungen, die Generalstände nach Blois einzuberufen. Sein Ziel, den Monarchen auf dieser Versammlung abzusetzen, schien damit in greifbare Nähe gerückt, da nahezu alle Mitglieder dieses Gremiums vom Herzog bestochen worden waren. Doch Heinrich nutzte die Gunst der Stunde, um den Widersacher aus dem Weg zu räumen und ließ ihn am Morgen des 23. Dezember im Schloss von Blois kaltblütig ermorden; am darauf folgenden Tag wurde auch noch der Bruder des Herzogs von Guise, der Kardinal von Lothringen, getötet. Doch nur acht Monate später ereilte den König ein ähnliches Schicksal: Auch er fiel einem Mordanschlag zum Opfer.

Im 17. Jahrhundert verhalf Gaston d'Orléans, der Bruder von Ludwig XIII., Blois zu einem gewissen Aufschwung. Er lebte von 1634 bis 1660 in dem Schloss. Seine großangelegten Pläne, die Residenz durch einen Neubau ersetzen lassen, scheiterten letztendlich an der Finanzierung. Lediglich ein Trakt wurde neu gebaut. Danach blieb die Residenz für viele Jahre unbewohnt, bis sie während der Französischen Revolution geplündert und teilweise auch zerstört wurde. Ab Mitte des 19. Jahrhunderts begann man schließlich, das Schloss zu restaurieren.

▶ BLOIS ERLEBEN

AUSKUNFT

Office de Tourisme
23, Place du Château
BP 199, F-41006 Blois
Tel. 02 54 90 41 41, Fax 02 54 90 41 48
www.loiredeschateaux.com

PARKEN

Direkt neben dem Schloss gibt es
Parkmöglichkeiten (kostenpflichtig):
im Parkhaus sowie am oberen Teil der
Straße, die neben dem Schloss in die
Unterstadt und zur Loire hinun-
terführt.

EINKAUFEN

Zahlreiche Einkaufsmöglichkeiten
(u. a. Modegeschäfte) bieten die Rue
du Commerce und ihre Nebenstraßen
im östlichen Teil unterhalb des
Schlosses (Fußgängerzone).

VERANSTALTUNGEN

Son et Lumière
Mitte April – Ende Sept.: tägl. abends
Licht- und Klangspektakel im
Schlosshof, das berühmte Epochen
der Schlossgeschichte wieder aufleben
lässt (Mi. in Engl.).

ESSEN

▶ Erschwinglich
① **Rendez-vous des Pêcheurs**
27, Rue Foix
Tel. 02 54 74 67 48, So. / Mo.geschl.
Bistro für Fischliebhaber, nur ein
Menü. Herrliche Desserts und gute
Auswahl an Loire-Weinen.

▶ Preiswert
② **Au Triboulet**
18, Place du Château
Tel. 02 54 74 11 23, So. / Mo. geschl.
Kleines, angenehmes Lokal vor dem
Schlosseingang mit regionalen Spezialitäten, im Sommer Terrasse.

③ **Le Bouchon Lyonnais**
25, Rue des Violettes
Tel. 02 54 74 12 87, So. / Mo. geschl.
Rustikales Restaurant unterhalb des
Schlosses mit deftigen Spezialitäten
aus Lyon. Eines der beliebtesten
Lokale der Stadt.

ÜBERNACHTEN

▶ Günstig
① **Le Savoie**
6, Rue Ducoux, F-41000 Blois
Tel. 02 54 74 32 21, Fax 02 54 74 29 58
www.lesavoie.activehotels.com
Kleines, freundliches Hotel (24 Zi.)
abseits des Touristenrummels, in der
Nähe des Bahnhofs.

② **Anne de Bretagne**
31, Avenue Jean Laigret, F-41000 Blois
Tel. 02 54 78 05 38, Fax 02 54 74 37 79
http://annedebretagne.free.fr
Ca. 300 m vom Schloss entferntes,
familiär geführtes Hotel mit 27 ruhigen Zimmern. Freundlicher Service;
Parkmöglichkeiten.

③ **Le Monarque**
61, Rue Porte Chartraine
F-41000 Blois
Tel. 02 54 78 02 35, Fax 02 54 74 82 76
http://annedebretagne.free.fr
22 komfortable Zimmer in kleinem
Hotel in zentraler Lage. Restaurant
mit regionalen Gerichten.

④ **Hôtel Noctuel**
100, Rue des Perrières
F-41350 St-Gervais-La-Forêt
Tel. 02 54 50 52 52, Fax 02 54 43 69 62
www.hotelnoctuel.com
Günstige Übernachtungsmöglichkeit
in St-Gervais-La-Forêt südlich der
Loire. Ruhige Lage in einem Gewer-
begebiet mit Einkaufszentren.
Freundliche Atmosphäre.

Blick auf Blois vom gegenüberliegenden Ufer der Loire

Sehenswertes in Blois

✶ ✶
Château
🕐

Die Place du Château wird vom Osttrakt des Schlosses, dem zwischen 1498 und 1503 erbauten Flügel Ludwigs XII., beherrscht, einem Bau der Flamboyant-Gotik aus Ziegel- und Werkstein (Öffnungszeiten: tgl. April bis Sept. 9.00 – 18.30; Okt. – März 9.00 bis 12.30, 14.00 – 17.30 Uhr).

Gesamtanlage ▶

Über den Torbögen prunkt das bekrönte **Stachelschwein**, das Emblem Ludwigs XII., über dem großen Portal die Reiterstatue Ludwigs (Kopie von 1857). Die Anlage des Schlosses vermittelt sich am besten, wenn man den Eingangstrakt, den Flügel Ludwigs XII., passiert hat und im Innenhof steht. Rechts befindet sich die Salle des Etats (Ständesaal), ein Rest der mittelalterlichen Burg aus dem 13. Jh.; daran schließt der **Flügel von Franz I.** (Frührenaissance, 1515 – 1520) mit dem berühmten achteckigen Treppenturm an. Gegenüber vom Schlosseingang liegt der für Gaston d'Orléans, den Bruder Ludwigs XIII., 1635 – 1638 erbaute Südwestflügel, eines der frühesten Werke des klassizistischen französischen Barocks, mit Bibliothek und städtischem Festsaal. Im Südosten wird der **Flügel Ludwigs XII.** von der Galerie Charles d'Orléans mit der Schlosskapelle Saint-Calais abgeschlossen. Von der Terrasse an der mittelalterlichen Tour de Foix (Turm von Foix) hat man einen wunderschönen Blick auf die Stadt.

Aile
François I ▶

Das architektonische Prunkstück des Flügels von Franz I. ist die **Wendeltreppe**, ein achteckiger offener Treppenturm. Ursprünglich markierte dieser Gebäudeteil die Mitte des von Franz I. bewohnten Flügels, ehe der linke Teil des Baues wegen der Errichtung des barocken Flügels abgerissen wurde. Von den Balkonen des aufwändig verzierten Treppenturms konnte das adelige Publikum bei höfischen

Festen die Vorstellungen im Hof verfolgen. Auch hier sind königliche Symbole zu entdecken; so zeigen die Medaillons im Treppengewölbe u. a. die Embleme von Franz I. (den Salamander und das »F«).

Die ehemalige Küche im Erdgeschoss des dreistöckigen Flügels von Franz I. beherbergt heute ein Lapidarium. Zu sehen sind u. a. Originalskulpturen aus dem Schloss und verschiedene Gipsabdrücke, angefertigt vom Architekten **Félix Duban**, unter dessen Regie der Schlossbau 1843 – 1869 restauriert wurde. Der erste und zweite Stock des Flügels umfasst eine Reihe prunkvoller Räume; ihre Aufteilung geht auf Félix Duban zurück, der sich so die »ideale« Verteilung der königlichen Gemächer am Ende des 16. Jh.s vorstellte; er gab den Räumen auch die Namen, unter denen sie heute noch bekannt sind. Auch die Ausstattung ist größtenteils eine Schöpfung von Duban.

Über die Wendeltreppe geht es in den großen Saal im ersten Stock, die **Salle des Capitaines des Gardes**. Den mächtigen Kamin schmücken die Herrscherembleme von Franz I. (Salamander) und Claudia von Frankreich (Hermelin). Durch die Salle des Gardes, den Saal der Wache der Königinnen, betritt man die Gemächer, die Katharina von Medici bewohnte: ihr Ankleidezimmer, das Schlafzimmer, in dem sie am 5. Januar 1589 starb, und ihre kleine Betkapelle. Der letzte Raum in diesem Geschoss wird als Giftkabinett bezeichnet – laut Alexandre Dumas soll die Königin in den vier Geheimschränken hinter der Holzvertäfelung (mit 237 unterschiedlichen Feldern) Gift versteckt haben. Im zweiten Obergeschoss befinden sich die Räume Heinrichs III. Im **Königszimmer** ließ der Monarch am 23. Dezember 1588 den Herzog von Guise ermorden; es heißt, Heinrich III. habe von seinem Arbeitszimmer, hinter einem Vorhang verborgen, die Bluttat beobachtet. Gemälde aus dem 19. Jh. im Beratungssaal und im Königszimmer veranschaulichen das dramatische Ereignis.

Der durch eine Säulenreihe in zwei überwölbte Schiffe unterteilte Saal der Generalstände (13. Jh.), in dem sich 1576 und 1588 die Generalstände versammelten, wurde im 19. Jh. neu gestaltet. Der Saal der Generalstände (30 m × 18 m, 12 m hoch) gilt landesweit als der **größte gotische Saal**.

◄ Salle des Etats-Généraux

Im Obergeschoss des Ludwig-Flügels ist in den ehemaligen Wohnräumen Ludwigs XII. seit 1869 das **Musée des Beaux-Arts** mit Gemälden aus dem 16. – 19. Jh. untergebracht (u. a. Boucher, Ingres, David und Fromentin). In der langen Galerie, die die acht Räume miteinander verbindet, hängen französische und flämische Wandteppiche aus dem 17. und 18. Jahrhundert.

◄ Aile Louis XII

Die unter Ludwig XII. erbaute Schlosskapelle wurde 1508 geweiht. Die Fassade und die Ausmalung des rippengewölbten Bauwerks sind Ergebnis der Restaurierung im 19. Jh., die Glasfenster stammen von Max Ingrand (1957).

◄ Chapelle Saint-Calais

Gegenüber dem Eingangstrakt steht der Flügel, den der französische Baumeister François Mansart 1635 – 1638 für Gaston d'Orléans, den Bruder Ludwigs XIII., errichtete. Um für diesen Flügel Platz zu schaffen, musste ein Teil des Flügels von Franz I. abgerissen werden.

◄ Aile Gaston d'Orléans

Im Schlosshof von Blois: die berühmte Wendeltreppe

Mit dem Bauwerk lieferte Mansart, der als bedeutendster Vertreter des klassischen Barock in Frankreich gilt, eine schöne Kostprobe seines Könnens. Dass er sein Metier beherrschte, wird am **zentralen Treppenhaus** deutlich, das auch in unvollendetem Zustand eine umwerfende Wirkung entfaltet – die Treppe wurde erst 1932 nach seinen Plänen eingebaut und führt nur bis ins erste Obergeschoss.

Maison de la Magie Robert-Houdin

In dem großbürgerlichen Wohnhaus an der Ostseite der Place du Château ist ein Museum untergebracht, das dem berühmtesten Zauberer und Verwandlungskünstler des 19. Jh.s, **Jean-Eugène Robert-Houdin** (1805 – 1871), gewidmet ist, der hier zur Welt kam. Das Innere des Museums gleicht einem Labyrinth, in dem Besucher in die Welt der Illusion und Magie eintauchen können (u. a. Automaten, optische Effekte, Schattenspiele). Zu sehen sind außerdem Andenken an den Magier, der auch als Goldschmied, Stuckateur, Ingenieur, Erfinder und Gelehrter hervortrat (Öffnungszeiten: Apr. – Sept. Di. bis So. 10.00 – 12.30, 14.00 – 18.00 Uhr).

Pavillon Anne de Bretagne

An der Place Victor-Hugo und dem Jardin des Simples et des Fleurs Royales, einem Rest der Gartenanlagen Ludwigs XII., stehen die Jesuitenkirche Saint-Vincent-de-Paul (1655) und der Pavillon Anne de Bretagne (um 1500), ein kleines Gebäude aus Natur- und Ziegelstein mit Schieferdach. Von der Place Victor-Hugo aus hat man einen guten Blick auf die eindrucksvolle, im Stil der italienischen Renaissance gebaute **Loggienfassade** des Schlosses, mit der Franz I. die mittelalterliche Burg aufzuwerten versuchte.

Saint-Nicolas

Zwischen Schloss, Kathedrale und Loire erstreckt sich die sehenswerte **Altstadt** mit interessanten Bürgerhäusern. Aus deren schmalen Gassen erhebt sich südlich des Schlosses die einst zu einer

Abtei gehörende Benediktinerkirche Saint-Nicolas (12.–14. Jh.) im Anjou-Stil; die Kapitelle im Chor sind teilweise mit figuralen Szenen geschmückt, der Altaraufsatz (15. Jh.) zeigt Szenen aus dem Marienleben. Neben der Markthalle steht der **Jakobinerkonvent** (15./16. Jh.), heute Museum für sakrale Kunst und Naturkundliches Museum. Von hier sind es nur wenige Schritte bis zum Loire-Quai, von dem sich ein schöner Blick auf den eleganten Pont J. Gabriel (1720) bietet.

Vorbei an der Fontaine Louis XII kommt man zur hoch gelegenen Kathedrale Saint-Louis, die 1678 durch einen Orkan zu großen Teilen zerstört und in gotischem Stil wieder aufgebaut wurde. Die Krypta datiert noch aus dem 10./11. Jahrhundert. An die original erhaltene Apsis schließt sich der Bischofspalast an (18. Jh.), heute **Hôtel de Ville** (Rathaus). Vom großen Garten östlich des Palastes genießt man einen herrlichen Ausblick.

Cathédrale Saint-Louis

Unter den schönen Häusern aus dem Mittelalter und der Renaissance seien erwähnt: die gotische **Maison Denis Papin** am Ende der Rue Pierre-de-Blois, benannt nach dem Physiker Denis Papin (1647–1714), dem Erfinder des Dampfkochtopfs, der als Hugenotte nach England und Deutschland (Kassel) fliehen musste; die **Maison des Acrobates** in der Rue Palais, die ihren Namen den geschnitzten Figuren (15. Jh.) an den Holzbalken verdankt; das **Hôtel d'Alluye** in der Rue Saint-Honoré, 1508 für Florimond Robertet, den Schatzmeister dreier Könige, erbaut, der sich in Italien für die Renaissance begeisterte, was sich u. a. in der Gestaltung des hübschen Innenhofs niederschlug.

Sehenswerte Häuser in der Altstadt

Baedeker TIPP

Jazz am Abend

Nachmittags ist das »Velvet Jazz Lounge« ein Salon de Thé (15.00–19.00 Uhr); abends verwandelt es sich in eine Jazzkneipe, in der jeden Donnerstag zwischen 19.00–2.00 Uhr Livekonzerte stattfinden. Das Lokal liegt mitten in der Stadt in einem alten Kloster aus dem 13. Jh. (15, Rue Haute, F-41000 Blois; Tel. 02 54 78 36 32). Die Akustik hier ist ausgezeichnet, und die Cocktails sind grandios.

Das Musée de l'Objet im ehemaligen Minimes-Kloster (6, Rue Franciade) enthält eine Privatsammlung mit über **120 zeitgenössischen Kunstwerken aus Gebrauchsgegenständen**. Zu sehen sind ein »ready made« von Marcel Duchamp, Werke des Verpackungskünstlers Christo und z. T. kuriose Kreationen u. a. von Arman, Baquié, Ben, Boltanski, César, Dalí, Spoerri, Raysse (Öffnungszeiten: März–Juni, Sept–Dez. Sa./So. 13.30–18.30; Juli/Aug. Mi.–So. 13.30–18.30 Uhr).

Musée de l'Objet

Pferdefreunde lassen sich das seit 1806 bestehende **Nationalgestüt** nicht entgehen, dessen 50 Hengste in den Gestüten der Region für die Zucht eingesetzt werden (62, Avenue Maunoury; östlich der Ortsausfahrt; So. geschl.).

Haras National

Umgebung von Blois

✳
Schloss Ménars

In dem Dorf Ménars 6 km nordöstlich von Blois steht inmitten von schönen Terrassengärten das **Schloss**, eines der wenigen Barockschlösser an der Loire, bekannt auch als Château Pompadour. Guillaume Charron, ein Bürger aus Montlivaut am gegenüberliegenden Ufer der Loire, ließ es 1637 bauen. Dessen Nachfahre, Jean-Jacques Charron, vergrößerte den Besitz und ließ einen herrlichen Garten errichten. Die berühmteste Besitzerin des Schlosses ist die Marquise de Pompadour, die Geliebte Ludwigs XV., die 1760 das Anwesen kaufte. Mit 38 Jahren, als die Liebe ihres Königs zu erkalten begann, beauftragte sie auf der Suche nach einem ruhigen Alterssitz den königlichen Architekten J. A. Gabriel mit dem zeitgemäßen Ausbau der Anlage. Doch nur vier Jahre waren der Marquise vergönnt, ihr Schloss zu genießen – 1764 starb sie in Versailles an einer Lungenentzündung. Ihr Bruder und Erbe des Anwesens, Abel Poisson, der Marquis de Marigny, ließ die Arbeiten an dem Landschloss fortsetzen. Neuer Architekt wurde Jacques-Germain Soufflot, der Erbauer des Pantheon in Paris. Er gestaltete die terrassenförmig angelegten Gärten so, dass sie sich bis zur Loire erstreckten. Heute gehört das Schloss einem amerikanischen Geschäftsmann und kann nicht besichtigt werden. Ein besonders schöner Blick auf die Schloss- und Gartenanlage bietet sich vom Flussufer gegenüber.

✳ ✳ Bourges

G 30

Région: Centre	**Höhe:** 130 m ü.d.M.
Département: 18 Cher	**Einwohnerzahl:** 68 000

Die alte Herzogsstadt Bourges ist das Zentrum der Landschaft Berry, der »Kornkammer« im Herzen des Landes. Bourges ist ein kleines kulturelles Mekka. 1963 eröffnete hier Frankreichs erste »Maison de la Culture«, und immer im Frühling verwandelt sich die Metropole des Berry in eine Stadt der Musik.

Die Mitte Frankreichs

Der große Bogen, den der Mittellauf der Loire schlägt, umschließt die fruchtbare Landschaft Berry. Wichtigstes Zentrum dieser Region ist Bourges, Hauptstadt des Départements Cher, Erzbischofssitz und Universitätsstadt. Die alte Herzogsstadt liegt rund 50 km abseits der Loire und nur einige Kilometer entfernt vom geografischen Mittelpunkt Frankreichs. Es gibt eine hübsche Altstadt mit malerischen Fachwerk- und Steinhäusern und eine Kathedrale, die als eines der bedeutendsten Bauwerke der französischen Hochgotik gilt.

In römischer Zeit hieß der 52 v. Chr. von Cäsar eroberte Ort Avaricum und war Hauptstadt der Provinz Aquitanien. Ab 1360 residierten in Bourges die **Herzöge von Berry**, denen die Stadt ihre Blütezeit sowie die 1463 gegründete Universität verdankte. Herzog Jean (1340 bis 1416), Bruder König Karls V., machte sich als Mäzen einen Namen; u. a. gab er das berühmte Stundenbuch der Brüder Limburg in Auftrag – **Les Très Riches Heures du Duc de Berry**. Nachdem große Teile der Kronlande von England und Burgund besetzt worden waren, verlagerte Karl VII. nach 1422 seinen Hof hierher, was ihm den Titel »König von Bourges« einbrachte. Nur mit Hilfe von Jeanne d'Arc und Jacques Cœur gelang es ihm schließlich, sich offiziell zum König krönen zu lassen (►Baedeker Special S. 49). Um 1530 studierte Jean Caulvin an der Universität von Bourges, bekannt als der Reformator **Johannes Calvin**. Durch Kommilitonen aus dem deutschen Raum lernte er die Ideen Luthers kennen, die ihn tief beeindruckten und Bourges zum Ausgangspunkt der Reformationsbewegung im Berry machten.

Die Industrialisierung setzte in der Mitte des 19. Jahrhunderts ein: Heute ist Bourges Sitz bedeutender **Industrieanlagen**: Luftfahrt und Rüstung (Aérospatiale), Maschinen- und Fahrzeugbau, Reifen (Michelin).

Les Nuits Lumières de Bourges – Licht- und Farbenspektakel in der ganzen Stadt

▶ BOURGES ERLEBEN

AUSKUNFT

Office de Tourisme
21, Rue Victor Hugo
BP 126
F-18003 Bourges cedex
Tel. 02 48 23 02 60
Fax 02 48 23 02 69
www.bourges-tourisme.com

PARKEN

Für einen Besuch der Altstadt von
Bourges eignet sich das kosten-
pflichtige Parkhaus neben dem Rathaus (Hôtel de Ville) bzw. dem Musée
des Meilleurs Ouvriers im Süden des
historischen Kerns. Wer ein paar
Schritte nicht scheut, kann den weiter
südlich gelegenen Parkplatz in der Rue
de Séraucourt (neben bzw. südwestlich
der Maison de la Culture) ansteuern –
hier kann man kostenlos parken.

VERANSTALTUNGEN

Festival du Printemps de Bourges
Zehn Tage Chanson, Pop, Rock, Jazz,
Klassik. Das Frühlingsfestival im
April / Mai ist das größte Ereignis der
Stadt – frühzeitige Hotelreservierung
notwendig.

Les Nuits Lumière de Bourges
Nachtvorstellung, bei der die
schönsten Denkmäler in Licht, Bild
und Musik getaucht sind. Mai, Juni,
September an Donnerstagen, Freita-
gen, Samstagen; Juli und August jeden
Abend.

ESSEN

▶ **Erschwinglich**
① *Jacques-Cœur*
3, Place Jacques-Cœur
Tel. 02 48 26 53 01
Lokal gegenüber vom Palais Jacques-

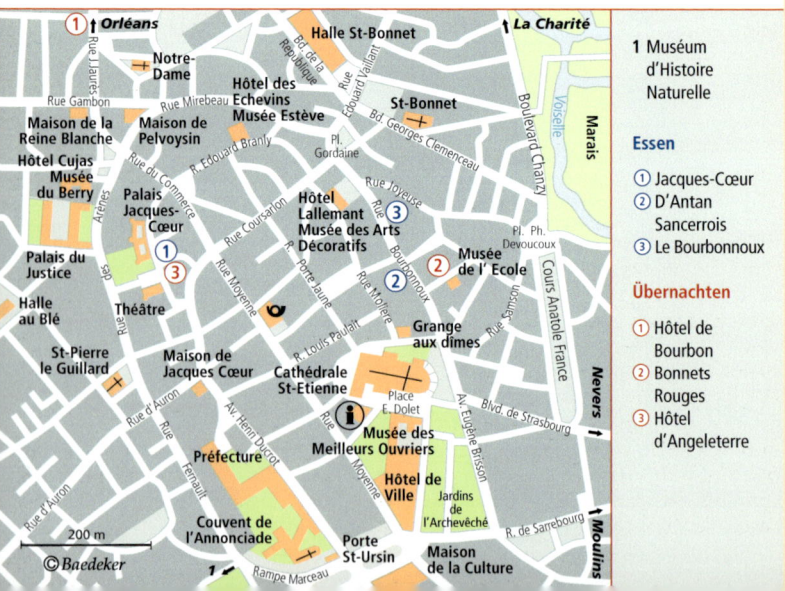

Bourges Orientierung

Orléans · Halle St-Bonnet · La Charité
Rue Jaures · Notre-Dame · Rue Gambon · Rue Mirebeau · Hôtel des Echevins · Musée Estève · St-Bonnet · Bd de la République · Rue Edouard Vaillant · Bd Georges Clemenceau · Boulevard Chanzy · Voiselle · Marais
Maison de la Reine Blanche · Maison de Pelvoysin · Rue Edouard Branly · Pl. Gordaine
Hôtel Cujas · Musée du Berry · Palais Jacques-Cœur · Rue du Commerce · R. Edouard Branly · Rue Coursarlon · Rue Joyeuse · Hôtel Lallemand · Musée des Arts Décoratifs · Rue Bourbonnoux · Pl. Ph. Devoucoux · Musée de l'Ecole
Palais du Justice · Rue Moyenne · Rue Jeanne · Porte Jaune · Rue Mirebeau · Cours Anatole France · Nevers
Halle au Blé · Théâtre
St-Pierre le Guillard · Maison de Jacques Cœur · R. Louis Paulat · Cathédrale St-Etienne · Grange aux dîmes · Bld. de Strasbourg
Préfecture · Av. Henri Dunant · Place E. Dolet · Musée des Meilleurs Ouvriers · Av. Eugène Brisson
Rue d'Auron · Rue Fernault · Hôtel de Ville · Jardins de l'Archevêché · R. de Sarrebourg · Moulins
Couvent de l'Annonciade · Porte St-Ursin · Maison de la Culture · Rampe Marceau
200 m
© Baedeker

1 Muséum d'Histoire Naturelle

Essen
① Jacques-Cœur
② D'Antan Sancerrois
③ Le Bourbonnoux

Übernachten
① Hôtel de Bourbon
② Bonnets Rouges
③ Hôtel d'Angeleterre

Cœur. In fürstlich-historischem Ambiente wird traditionelle französische Küche serviert.

► Preiswert

② D'Antan Sancerrois
50, Rue Bourbonnoux
Tel. 02 48 65 96 26; So., Mo. geschl.
Hübsches freundliches Lokal unter mittelalterlichen Balken, sehr familiär. Geboten werden »cuisine du terroir« und Weine von der oberen Loire (Sancerre, Menetou, Pouilly).

③ Le Bourbonnoux
44, Rue Bourbonnoux
Tel. 02 48 24 14 76, Fr. und Sa. mittags, So. abends
Lokal in einem alten Fachwerkhaus mit traditioneller Küche. Freundliche Bedienung.

ÜBERNACHTEN

► Luxus

① Hotel de Bourbon
Boulevard de la République (am Carrefour de Verdun)
F-18000 Bourges
Tel. 02 48 70 70 00
Fax 02 48 70 21 22
www.hoteldebourbon.fr

Hotel in einem Kloster aus dem 17. Jahrhundert. Alle 58 Zimmer wurden 2006 renoviert. Feines Restaurant »Abbaye St-Ambroix« in einer ehemaligen Kapelle aus dem 17. Jh. mit traditioneller Küche.

► Komfortabel

② Bonnets Rouges
3, Rue de la Thaumassière
F-18000 Bourges
Tel. 02 48 65 79 92
Fax 02 48 69 82 05
http://bonnets-rouges.bourges.net
Chambre d'hôte (4 Zi.) in einem Haus aus dem 15. Jh. im mittelalterlichen Zentrum. Mit Innenhof, Mansarden und ummauertem Garten. Jedes Zimmer ist anders eingerichtet.

③ Best Western – Hôtel d'Angleterre
1, Place des 4 Piliers
F-18000 Bourges
Tel. 02 48 24 68 51
Fax 02 48 65 21 41
www.bestwestern-angleterre-bourges.com
Best-Western-Hotel in einem alten Gebäude gegenüber vom Palais Jacques-Cœur (30 Zi.). Große Zimmer, ruhige Lage.

Sehenswertes in Bourges

Weithin sichtbar steht auf einem Hügel, über den sich der alte Stadtkern zieht, das Wahrzeichen der Stadt, die Kathedrale St-Étienne, die zu den bedeutendsten gotischen Kathedralen Frankreichs zählt und seit 1992 zum **UNESCO-Welterbe** gehört.

★ ★
Cathédrale St-Étienne

1198 – 1215 entstand der Chor, bis 1266 wurden Langhaus und Hauptfassade errichtet, die Weihe war 1324. Die grandiose, von zwei mächtigen Türmen flankierte Westfassade öffnet sich in fünf tiefen, figurenreichen Portalen, die den fünf dahinterliegenden Schiffen entsprechen. Im Tympanon des mittleren Portals ist eine wunderbare Darstellung des Jüngsten Gerichts (um 1250) zu sehen. Der 65 m hohe Nordturm wurde nach dem Einsturz (1506) wie die beiden linken Portale im Flamboyant-Stil neu errichtet; von seiner Aussichtsplatt-

◄ Äußeres

form genießt man einen herrlichen Blick über die Stadt. Der Süd-
turm blieb unvollendet, so dass dieser Bau nicht die ursprünglich
vorgesehene Höhe erreicht.

Inneres ▶ Man betritt das Kircheninnere durch das romanische Südportal.
Über dem Portal ist das Relief einer Maiestas Domini angebracht:
Christus auf dem Thron sitzend, umgeben von den vier Evangelistensymbolen. Der 124 m lange und 41 m breite, querhauslose Raum
ist in ein 37 m hohes Hauptschiff und je zwei niedrigere Seitenschiffe
gegliedert, die sich im doppelten Chorumgang fortsetzen. Hauptsehenswürdigkeit im Inneren der Kathedrale sind die **Glasmalereien**
von 1215 – 1225 im Kapellenkranz des Chors. Wer sie genauer be-
trachten möchte, sollte unbedingt ein Fernglas mitbringen, da die
Details von unten nicht mit bloßem Auge zu erkennen sind. Über
die Motive informiert die Karte unten. Die übrigen Glasfenster stammen aus dem 12. – 17. Jahrhundert. Vor der mittleren Chorkapelle
stehen die Figuren des Herzogs Jean de Berry und seiner Frau, ange-

Kathedrale Orientierung

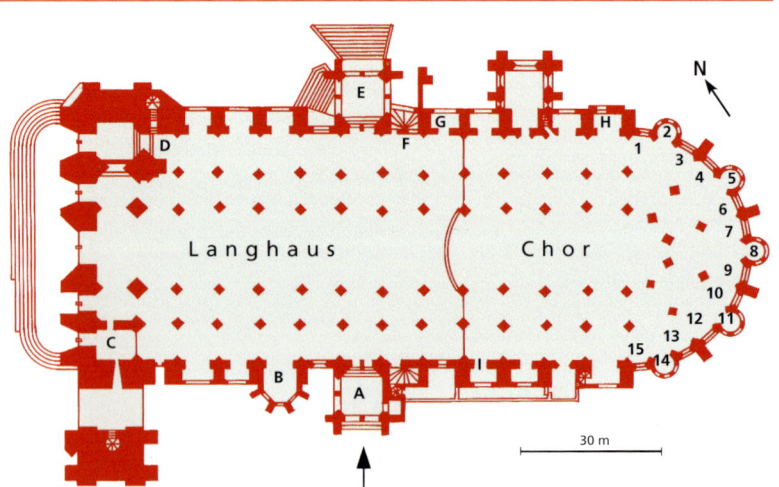

A Südportal
B Chapelle Jean de Berry
C Sakristei
D Zugang zum Nordturm
E Nordportal
F Eingang zur Krypta
G Chapelle
H St-Jean-Baptiste
I Chapelle Jacques Cœur
   Chapelle des Tullier

GLASMALEREIEN
1 Der arme Lazarus
2 Maria Magdalena,
   Nikolaus und
   Maria von Ägypten
3 Stephanuslegende
4 Der barmherzige
   Samariter
5 Dionysius von Paris
   (St-Denis),
   Paulus und Martinus

6 Gleichnis vom
   verlorenen Sohn
7 Alter Bund: Abraham,
   Isaak, Moses,
   David und Jonas
8 Marienleben
9 Jüngstes Gericht
10 Passion
11 Die Heiligen
   Laurentius,

Stephanus und
Vincentius
12 Offenbarung des
   Johannes
13 Apostel Thomas
14 Die Heiligen Jakobus
   d. Ä., Johannes der
   Täufer und Johannes
   der Evangelist
15 Joseph in Ägypten

Das romanische Südportal der Kathedrale mit einer Darstellung von Christus und den vier Evangelisten

fertigt um 1425 von Jean de Cambrai; bemerkenswert sind auch die Madonna aus Marmor (Ende 14. Jh.), die astronomische Uhr von 1424 und die Orgel mit ihren 3430 Pfeifen (17. Jh.).

In der gotischen Krypta von 1200 ist das **Marmorgrabmal des Herzogs Jean de Berry** (Jean de Cambrai, 1422 – 1438), der Rest eines großen Mausoleums, zu besichtigen. Ferner kann man hier Teile des zerstörten Lettners sehen. Auf dem Fußboden erkennt man die eingeritzte Bauzeichnung für die Rose der Hauptfassade, die an dieser Stelle entstand.

◀ Krypta

Südlich der Kathedrale steht der Bischofspalast von 1680. Eine Zeitlang war in dem Gebäude das Rathaus untergebracht, heute ist hier u. a. das **Musée des Meilleurs Ouvriers de France** zu finden, das die Meisterwerke der besten Handwerker Frankreichs präsentiert. Der sich anschließende hübsche Park **Jardins de l'Archevêché** mit den im klassischen französischen Stil angelegten Blumenbeeten wurde im 17. Jahrhundert wahrscheinlich von Le Nôtre entworfen. Von hier hat man einen sehr guten Blick auf die Kathedrale.

Bischofspalast

Weiter südlich kommt man zur Place du 8 Mai 1945. Eine Plastik von Alexander Calder weist auf die **Maison de la Culture** hin; hier finden Ausstellungen, Konzerte und Theaterveranstaltungen statt, das Café ist ein beliebter Treff.

Geht man von der Maison de la Culture über die Rampe Marceau weiter abwärts, erreicht man das **Naturgeschichtliche Museum**. Dem Museum ist ein Forschungszentrum angegliedert, dessen Biologen sich auf die Beobachtung von Fledermäusen spezialisiert haben.

! **Baedeker** TIPP

Hübsche Gassen

Nur wenige Meter nördlich vom Hôtel Lallemant liegt die Place Gordaine, von der einige hübsche Altstadtgassen mit z. T. sehr schönen Fachwerkhäusern abgehen. Zu den malerischsten Gassen zählen die nördlich gelegene lebhafte Rue Mirabeau (Fußgängerzone) mit zahlreichen Geschäften und Cafés und die von Antiquariaten, Buchhandlungen und Restaurants gesäumte Rue Bourbonnoux im Süden.

Die meisten Sehenswürdigkeiten von Bourges liegen im Norden und Nordwesten der Kathedrale, so auch das **Hôtel Lallemant** nördlich des städtischen Wahrzeichens.

Das schöne Kaufmannshaus vom Ende des 15. Jh.s beherbergt das **Musée des Arts Décoratifs** mit Möbeln, Gobelins und Gemälden vorwiegend aus dem 17. Jahrhundert. Prachtvoll sind die bemalten Kassettendecken in den einstigen Wohnräumen und in der Kapelle. An den Kaminen sind die Embleme von Ludwig XII. und Anna von Bretagne zu erkennen: Stachelschwein und Hermelin.

★★
Palais
Jacques-Cœur

Das stattliche Palais Jacques-Cœur im Westen der Altstadt entstand 1443 – 1453 auf den Resten der gallorömischen Stadtmauer im Auftrag des Finanzmannes und königlichen Schatzmeisters Jacques Cœur. Der Kontor- und Wohnkomplex, der sich um einen prächtigen Arkadenhof mit drei verzierten Treppentürmen gruppiert, ist **eines der imposantesten Beispiele für ein großbürgerliches gotisches Stadtschloss**. Während die Westfassade, von der Rue des Avènes aus betrachtet, eher an eine Festung erinnert, bezaubert die Ostfassade (Rue Jacques Cœur) durch die Feinheit und den Reichtum ihrer Außendekoration. Ursprünglich als Wohnhaus, Geschäftshaus und Warenlager konzipiert, diente das Gebäude zeitweise auch als Rathaus und Justizpalast.

Jacques Cœur, 1395 als Sohn eines Pelzhändlers geboren, stieg zum mächtigen Unternehmer im Bergbau, Schiffsbau und Handel auf und wurde 1440 Finanzminister König Karls VII. Als seine Neider eine Intrige gegen ihn anzettelten, floh er nach Rom, wurde Befehlshaber einer Flottenexpedition gegen die Türken und starb 1456 auf Chios.

Das Wappen des Bauherrn, Herz (»cœur«, für den Familiennamen) und Jakobsmuschel (»coquille St-Jacques«, die Pilgermuschel des hl. Jakob), sowie die Devise »A vaillan cœur rien impossible« (Dem Tüchtigen ist nichts unmöglich) kehren als Ornament am ganzen Bau wieder; die ebenfalls allgegenwärtigen königlichen Lilien weisen auf die enge Verbindung des Hausherrn zum König hin.

Zahlreiche Skulpturen verzieren die Kamineinfassungen, die Giebelfelder der Türen und die Sockel. Aus zwei Blindfenstern über dem großen Portal beugen sich ein Diener und eine Dienerin hinaus; aus einem anderen Scheinfenster schauen die Porträts des Hausherrn und seiner Frau Macée.

Der Hang zum Luxus zeigt sich vor allem im Speisesaal und im hölzernen Tonnengewölbe der Galerie, die zur Kapelle führt.

In dieser herrlichen Hauskapelle sind farbenprächtige Deckenfresken von 1488 zu sehen, die lange Zeit hinter einer Zwischendecke verborgen waren. Eine schöne Decke ist auch in der Galerie des Marchands (Galerie der Kaufleute) zu sehen – eine Holzdecke in Form eines umgekehrten Schiffskiels.

> ### *i* Museen
>
> ■ Die städtischen Mussen in Bourges verzichten – außer dem Muséum d'Histoire Naturelle – auf eine Eintrittsgebühr. Öffnungszeiten: Mo.–Sa. 10.00–12.00, 14.00–18.00 Uhr, im Hochsommer durchgehend, So. nur nachmittags (Musée des Meilleurs Ouvriers de France und Musée Hôtel Lallemant: Mo. geschl.; Musée Estève und Musée du Berry: Di. geschl.).

Schmuckstücke der Salle d'Audience (Audienzsaal) sind zwei mit Figuren verzierte Kamine. Auf einem Kamin ist ein Bauernturnier zu sehen mit Eseln als Reittieren, Stöcken als Lanzen und geflochtenen Korbböden als Schilde (Öffnungszeiten: Mo.–Sa. 10.00–12.00, 14.00 bis 18.00 Uhr, im Hochsommer durchgehend, So. nur nachmittags).

Hôtel Cujas

Nordwestlich vom Palais Jacques-Cœur befindet sich das Hôtel Cujas, ein schöner Renaissancebau von 1515, der in einer Kombination aus Ziegeln und Naturstein errichtet wurde. Ursprünglich für einen Kaufmann aus Florenz gebaut, trägt es den Namen von Jacques Cujas, dem Dekan der Universität für Rechtswissenschaft, der es später bewohnte.

Seit dem 19. Jh. beherbergt das Gebäude das **Musée du Berry**, in dem Funde aus vorgeschichtlicher und römischer Zeit, volkskundlichen Exponate und Marmorstatuetten (»Pleurants«) vom Grabmal des Herzogs Jean de Berry gezeigt werden. Außerdem sind Werke des Malers Jean Boucher (1568–1633) ausgestellt, der aus Bourges stammte.

Hôtel des Echevins

Das Ende des 15. Jh.s errichtete Hôtel des Echevins im Norden der Altstadt diente 300 Jahre lang als Rathaus. Sehenswert sind der schöne Hof, der achteckige Treppenturm im spätgotischen Flamboyant-Stil und die nur wenig später erbaute Renaissancegalerie.

Im Innern des Stadtpalais ist das **Musée Estève** untergebracht mit Gemälden und Grafiken des im hiesigen Département geborenen Malers Maurice Estève (1904–2001).

★ Marais

Ein hübscher Spaziergang führt in den Marais. Aus einem früheren Sumpfgebiet östlich der Stadt wurde eine **Anlage mit rund 1500 Schrebergärten** geschaffen, durch die sich kleine Bäche und Kanäle ziehen. Die Gartenanlage mit ausgeschildertem Rundweg ist nur etwa 10 Min. vom Stadtzentrum entfernt.

★★ Chambord

D 25

Région: Centre   **Höhe:** 70 m ü.d.M.
Département: 41 Loir-et-Cher

Chambord 16 km östlich von Blois ist das größte und berühmteste der Loire-Schlösser – mit seinen Ausmaßen lässt es alle anderen Residenzen im Loire-Tal weit hinter sich. Dennoch diente der Prachtbau nur als Jagdschloss und als Dekor für glanzvolle Empfänge, wie im Jahr 1539, als Franz I. in Chambord ein Fest für Kaiser Karl V. gab.

Größtes Loire-Schloss

3D S. 38 ▶

Chambord ist ein Bau der Superlative in der Loire-Region: Das Schloss ist 154 m lang, 117 m breit und 56 m hoch, es besitzt 77 Treppen, 282 Kamine und 426 Räume. Obwohl die Residenz alle anderen Loire-Schlösser an Pracht überbietet, kamen Könige nur gelegentlich hierher, und die Räume standen meist leer.

1519, mit 25 Jahren, gab **Franz I.** den Bau des Jagd-, Fest- und Lustschlosses Chambord in Auftrag. Die Wälder der Sologne, wie diese Landschaft im Loire-Bogen genannt wird, waren schon zuvor ein be-

Ein Schloss der Superlative – allein 282 Kamine wurden gezählt.

CHAMBORD ERLEBEN

AUSKUNFT

Domaine national de Chambord
41250 Chambord
Tel. 02 54 50 40 00
Fax 02 54 20 34 69
E-Mail: info@epchambord.fr
www.chambord.org

ÜBERNACHTEN / ESSEN

► **Komfortabel**
Hôtel-Restaurant
Du Grand Saint Michel
Place Saint Louis

F-41250 Chambord
Tel. 02 54 20 31 31
Fax 02 54 20 36 40
www.saintmichel-chambord.com
Eine besondere Adresse: ein ruhig
gelegenes Hotel im Park direkt gegenüber von Schloss Chambord! Von
15 der insgesamt 40 Zimmer genießt
man einen herrlichen Blick auf das
größte Schloss in der Loire-Region.
Die Küche des Restaurants bietet sehr
schmackhafte Gerichte (Kategorie:
Erschwinglich).

liebtes und berühmtes Jagdrevier. Es gab bereits ein kleines Jagdschloss der Grafen von Blois, das nun abgerissen wurde, um Platz für
die neue Anlage zu schaffen. Die Fundamente für das Schloss wurden
in 5 m Tiefe auf Grundpfählen und unterirdischen Felsen in den
torfhaltigen, morastigen Boden gebaut. Bereits 1524 mussten die Arbeiten wegen des Italienfeldzuges des Königs unterbrochen werden;
ab 1526 arbeitete man wieder am Bau, bis zu 1800 Menschen waren
gleichzeitig beschäftigt. Aus den Archiven geht nicht hervor, welcher
Architekt den Komplex entwarf; doch gibt es einen klaren Bezug zu
Projekten des Baumeisters Domenico da Cortona, der während seines Aufenthaltes in Frankreich zu Beginn des 16. Jh.s ein Holzmodell
schuf, das große Ähnlichkeiten mit dem Donjon von Schloss Chambord aufweist.

1539 konnte Kaiser Karl V. hier empfangen werden, doch den fertigen Bau sah Franz I., der in den drei Jahrzehnten seiner Herrschaft
lediglich 72 Tage in Chambord verbrachte, nie. Als er 1547 starb,
standen nicht mehr als der Donjon und der Flügel mit den Königs-
gemächern. Heinrich II. führte die Arbeiten zwar fort, aber mit seinem frühen Tod 1559 kam es wieder zu einer Unterbrechung. Einige
Jahre zuvor, 1552, war im Schloss der **Vertrag von Chambord** abgeschlossen worden, in dem sich Heinrich II. verpflichtete, die deutschen Protestanten im Kampf gegen Kaiser Karl V. zu unterstützen,
wofür er als Gegenleistung die drei Bistümer Toul, Metz und Verdun
erhielt.

Erst **Ludwig XIV.** ließ, obwohl er sich nur neunmal in Chambord aufhielt, wieder umfangreiche Restaurierungsarbeiten und Umbauten
vornehmen. Er nutzte das Schloss für festliche Anlässe und rief bedeutende Künstler nach Chambord. 1670 diente die Anlage für die
Erstaufführung des Stückes »Der Bürger als Edelmann« von Jean-

Baptiste Poquelin (1622–1673), genannt Molière; der aus Florenz stammende Jean-Baptiste Lully (Lulli; 1623–1687) schrieb zu vielen Stücken Molières die Musik. 1725 schenkte Ludwig XV. seinem Schwiegervater, dem entthronten Polenkönig Stanislaus Leszczynski, die Residenz. 1748 erhielt **Marschall Moritz von Sachsen** das Krongut als Dank für seinen Sieg bei Fontenoy, den er gegen die Österreicher erfochten hatte. Zwei Jahre später starb der prunksüchtige und überaus stolze Marschall, der im Schloss gern rauschende Feste feiern ließ, an einer Lungenentzündung, wie es damals hieß. Wahrscheinlicher ist, dass es wegen der Frau des Prinzen Conti – Moritz von Sachsen hatte eine große Schwäche für das weibliche Geschlecht – zu einem Duell gekommen war, bei dem er ums Leben kam. In der Folgezeit wechselte Chambord mehrfach den Besitzer. Während der Französischen Revolution wurde fast die gesamte Inneneinrichtung teils geplündert, teils versteigert. Seit 1932 ist das Schloss in staatlichem Besitz.

Besichtigung des Schlosses Chambord

Zufahrt Der Anfahrtsweg zum Schloss führt durch einen weitläufigen Park zu einem großen Parkplatz nordwestlich des Schlosses. Der Eingang ins Schloss befindet sich an der anderen, nach Südosten weisenden Fassade. Auf dem Weg zum Schloss passiert man Andenkengeschäfte, Cafés und ein Restaurant (Öffnungszeiten des Schlosses: Mitte Juli – Mitte Aug. tgl. 9.00–19.30; Apr.–Mitte Juli, Mitte Aug.–Sept. tgl. 9.00–18.15; Okt.–März tgl. 9.00–17.15 Uhr).

Äußeres Am beeindruckendsten zeigt sich Chambord von seiner Nordwestseite, da hier die Fassade vollständig fertiggestellt wurde. Die Anlage stellt ein großes Rechteck dar mit runden Ecktürmen und größtenteils unvollendeten Längsseiten um einen inneren Schlosshof. An der Nordwestseite der Anlage steht der auch von vier Rundtürmen flankierte Donjon, der in seiner Wuchtigkeit noch sehr an mittelalterliche Burgen erinnert. Doch trotz zahlreicher Merkmale der Festungsbaukunst ist deutlich das Bemühen um prunkvolle Repräsentation zu erkennen. Dazu gehört auch die Vielzahl von Türmchen, Giebeln und Kaminen auf den Dächern. Für Chambord, das gern als **Vorläufer von Versailles** verstanden wird, sollte zunächst sogar die 5 km entfernte Loire umgeleitet werden, um die nur noch dekorativen Zwecken dienenden Wassergräben zu füllen; doch beschränkte man sich schließlich auf eine Kanalisierung des Cosson, eines linken Nebenflusses der Loire.

Inneres Durch die Königspforte (Porte Royale; links davon die Kasse) betritt man die **Cour d'Honneur**, den Ehrenhof, dessen Nordwestseite vom mächtigen Donjon beherrscht wird. Im Nordostflügel ist der **Kutschensaal** zu besichtigen mit Pferdekutschen, die 1871 für den Grafen von Chambord hergestellt, aber nie benutzt wurden.

Die verwirrende Doppelwendeltreppe, auf der man sich nicht begegnet

Den Mittelpunkt des Donjon (Wehrturm), in dessen Sälen sich das höfische Leben hauptsächlich abspielte, bildet die frei stehende **Doppelwendeltreppe**, die die drei Stockwerke des Schlosses miteinander verbindet. Sie besteht aus zwei Wendeltreppen, die sich schraubenförmig und unabhängig voneinander um eine durchbrochene Säule bis zum Dach hochwinden. Personen, die auf den unterschiedlichen Treppenläufen hinauf- und hinabgehen, begegnen sich nicht. Vermutet wird, dass Leonardo da Vinci (►Berühmte Persönlichkeiten) den Bau der einfallsreichen Doppelwendeltreppe anregte; fest steht, dass Leonardo solche Treppen gezeichnet hat. ◄ Treppenhaus

In jedem Stockwerk befinden sich vier kreuzförmig angeordnete Korridore, die vier riesige, bis in die Rundtürme hinausreichende Eckappartements begrenzen. Im Erdgeschoss befindet sich in einem dieser Säle heute ein **Medienraum**, in dem ein kurzer Film in französischer, englischer oder italienischer Sprache die Bauphasen des Schlosses aufzeigt. ◄ Erdgeschoss

Im ersten Stock sind die Räumlichkeiten zu besichtigen, die zwischen dem 16. und 19. Jh. zeitweise bewohnt waren. Da während der Französischen Revolution fast die gesamte Inneneinrichtung geplündert wurde, handelt es sich bei den meisten Einrichtungsgegenständen, darunter zahlreichen Gemälden und Gobelins, um zusammengetragene Museumsstücke – die Schlossverwaltung hält die Residenz heute vollständiger möbliert, als sie es jemals gewesen ist. Der größte Raum im Schloss ist die **Kapelle** im Westturm, die Franz I. für das Stockwerk vorsah, das er selbst bewohnte; vollendet wurde sie aber erst ◄ 1. Stock unter Ludwig XIV. von Jules Hardouin-Mansart, einem der Architekten von Versailles. Gegenüber – im nördlichen Rundturm – kann man die **Wohnung von Franz I.** besichtigen, die früher auch über eine Galerie und eine Außentreppe zugänglich war. Im östlichen Eckappartement des Donjon befindet sich das **Museum des Grafen von Chambord**. Dieser Graf, der von 1821 bis 1883 Besitzer des Schlosses war, hielt sich insgesamt nur drei Tage in Chambord auf. Nach der Niederlage Frankreichs im Deutsch-französischen Krieg (1870/1871) sollte er als letzter Bourbone König von Frankreich werden; er weigerte sich aber, seinen Eid auf die Trikolore als Nationalflagge zu leisten, und ging ins Exil. Das Museum zeigt u. a. die reichhaltige Militärspielzeugsammlung des Grafen.

2. Stock ▶ Anders als die unteren Etagen trägt das zweite Stockwerk keine Balkendecke, sondern ein kassettiertes Steingewölbe, auf dem immer wieder das Monogramm von Franz I., das »F« mit seinem Wappentier, dem Salamander, zu erkennen ist. Das zweite Obergeschoss dient heute vorwiegend als **Jagdmuseum** (Musée de la Chasse et de la Nature). Zu sehen sind eine umfangreiche Sammlung von Waffen und Jagdtrophäen, eine Darstellung der verschiedenen Jagdarten im 16. Jh. sowie Werke flämischer Tiermaler aus dem 17. Jahrhundert; in einem Raum hängt eine Serie von Wandteppichen mit Szenen aus dem Leben des Argonautenhelden Meleager.

Dachterrassen ▶ Über die Wendeltreppe gelangt man auf die Dachterrasse, in deren Zentrum eine 32 m hohe Laterne über dem Treppenturm aufragt. Ein Rundgang zeigt die verwirrende Fülle und Formenvielfalt der **Dachlandschaft** – eine insgesamt imposante Verbindung von gotischem Flamboyantstil und Elementen der italienischen Renaissance in französischer Prägung. Hier oben bewegt man sich zwischen zahllosen Türmen, Giebeln und Schornsteinen und gewinnt den Eindruck, durch eine **fantastische kleine Stadt** zu gehen. Von den Dachterrassen genießt man einen **herrlichen Blick auf das Schloss, den Schlosshof, weite Rasenflächen und den riesigen Park**. Auch in der Vergangenheit sollten die Schmuckaufbauten auf dem Dach zum Flanieren einladen; von hier oben verfolgte man Ausritt und Heimkehr der Jäger, sah bei Paraden und Turnieren zu und nutzte die Dachlandschaft als Hintergrund für höfische Feste – angeblich wurden hier einige von Molières Dramen uraufgeführt.

Park Rund um das Schloss erstreckt sich ein Park, der etwa die Ausmaße der Innenstadt von Paris hat. Umzogen ist das Areal von einer 32 km langen Mauer. Dieser größte umschlossene Park Europas dient heute als staatliches Jagdrevier, in dem u. a. Wildschweine, Rehe und Hirsche leben, die nach Bedarf in den übrigen Wäldern Frankreichs ausgesetzt werden. Damit sich die Tiere möglichst ungestört bewegen können, dürfen Besucher nur auf den markierten Wegen in den westlichen Teilen des Parks spazieren gehen; von vier Aussichtskanzeln aus kann man bei der Hirsch- und Wildschweinfütterung zuschauen.

Umgebung von Chambord

Seine große Zeit hatte das Städtchen an der Loire, als in seinem Hafen das **Baumaterial für Chambord** umgeladen wurde. An die glanzvolle Vergangenheit erinnern noch einige schöne alte Häuser und die Kirche (9. Jh./Ende 15. Jh.). Der Ort geht auf einen Eremiten Deodat (Dié, Dyé) zurück, der im 6. Jh. lebte und dessen Gebeine in der Kirche ruhen.

Saint-Dyé-sur-Loire

Châteaudun

A 24

Région: Centre
Département: 28 Eure-et-Loir
Höhe: 140 m ü.d.M.
Einwohnerzahl: 16 000

»Dun« ist ein keltisches Wort und bedeutet Festung, aber auch Hügel – passend zum Schloss von Châteaudun, das von seinem Felsen aus das Tal des Loir beherrscht. Ganz anders als das trutzige und mittelalterliche Schloss zeigt sich die benachbarte Neustadt mit ihrer regelmäßig-geometrischen Anlage. Nach einem verheerenden Brand im Jahr 1723 wurde sie neu angelegt.

Das Schloss von Châteaudun, rund 50 km nordwestlich von Orléans, gilt als das nördlichste Loire-Schloss: ein von außen wie eine Festung wirkender Bau, der aus verschiedenen Stilepochen stammt und hervorragend erhalten ist.

Nördlichstes Loire-Schloss

Der Ort war zunächst eine keltische Siedlung, wurde später von den Römern erobert und gehörte vom 10. Jh. bis 1391 den Grafen von Blois, die die Siedlung an Ludwig von Orléans, den Bruder Karls VI., verkauften. 1439 wurde Johann (1402 – 1468), der uneheliche Sohn Ludwigs von Orléans, neuer Schlossherr und somit »Dunois«. Der »Beau Dunois« (Schöner Dunois) war ein treuer Gefährte von Jeanne d'Arc im Kampf gegen die Engländer – **»edler Bastard«** nannte ihn anerkennend die Jungfrau von Orléans. Dubois veranlasste den grundlegenden Umbau der alten Burg von Châteaudun (ab 1451), 1457 zog er sich hierher zurück. 1723 fielen große Teile der Stadt einem Brand zum Opfer. Bei dem Wiederaufbau wurden die neuen Straßen in einem Rastersystem angelegt. Im **Deutsch-Französischen Krieg** brannte es erneut. Am 18. Oktober 1870 griffen Preußen den Ort an und legten, da ihnen einen Tag lang erbitterter Widerstand geleistet worden war, aus Vergeltung Feuer.

Stadtgeschichte

Sehenswertes in Châteaudun

Das Schloss im Nordwesten der Altstadt entstand zwischen dem 12. und 16. Jh., die wichtigsten Teile stammen aus dem 15. und 16. Jahr-

**★
Château**

▶ CHÂTEAUDUN ERLEBEN

AUSKUNFT

Office de Tourisme
1, Rue de Luynes
F-28200 Châteaudun
Tel. 02 37 45 22 46, Fax 02 37 66 00 16
www.ville-chateaudun.com

PARKEN

Am Schloss gibt es zwar einen Parkplatz, doch sind die wenigen Abstellmöglichkeiten meist belegt. Besser parkt man am Rathausplatz (Place du 18 Octobre).

ESSEN

▶ **Preiswert/Erschwinglich**
Le Caveau des Fouleurs
31, Rue des Fouleries
Tel. 02 37 66 20 00; So. abends und Mo. geschl.; rustikales Lokal in einer Höhle, in dem sehr gute französische Gerichte serviert werden.

L'Arnaudière
4, Rue Saint Lubin
Tel. 02 37 45 98 98; Sehr gutes Restaurant in der Altstadt in Schlossnähe.

ÜBERNACHTEN

▶ **Günstig**
Le Saint-Louis
41, Rue de la République
F-28200 Châteaudun
Tel. 02 37 45 00 01, Fax 02 37 45 16 09
www.lesaintlouishotel.fr
Hotel (40 Zi.) im Herzen der Stadt mit angeschlossenem Restaurant.

Hôtel St-Michel
28, Place du 18 Octobre / 5, Rue Péan,
F-28200 Châteaudun
Tel. 02 37 45 15 70, Fax 02 37 45 83 39
www.hotelstmichel.net
In einer Poststation aus dem 18. Jh. (19 Zi.). Wintergarten, Bar und Sauna.

hundert. Der **Donjon** wurde im 12. Jh. errichtet und hat – ohne das spitze Dach – eine Höhe von 31 m. Nördlich an den Wohnturm schließt sich die von einem viereckigen Glockenturm flankierte, 1464 für Dunois erbaute **Sainte-Chapelle** (Schlosskapelle) an. Im Inneren sind 15 lebensgroße Heiligenstatuen sehenswert, die ein Bildhauer aus der Region im 15. Jh. schuf, außerdem ein Fresko aus dem ausgehenden 15. Jh. mit der Darstellung des Jüngsten Gerichts. Mit dem Bau der **Aile du Dunois** (Dunois-Flügel) westlich neben der Schlosskapelle begann man ab 1460 im gotischen Stil. In den großen Wohnräumen beeindrucken die mächtigen Balkendecken und Wandbehänge u. a. aus flämischen Werkstätten. Bedeutendstes Bauteil des Flügels ist die gotische Wendeltreppe mit reicher Steindekoration. Den nördlichen Teil der Schlossanlage bildet die **Aile de Longueville**, die sich im rechten Winkel an die Aile du Dunois anfügt. Den Longueville-Flügel, der bereits den Einfluss der italienischen Renaissance verrät, ließ Franz II., Graf von Longueville, zu Beginn des 16. Jh.s für sich und seinen Bruder, den Kardinal, errichten; er blieb jedoch unvollendet. Wertvollste Ausstellungsstücke dieses Flügels sind Wandteppiche aus dem 17. Jh., geschnitzte Truhen und prächtige Kamine (Öffnungszeiten: tgl. Sept. bis Apr. 10.00 – 12.30, 14.00 – 17.30, Mai bis Aug. 10.00 bis 13.00, 14.00 bis 18.00 Uhr).

Südlich des Schlosses erstreckt sich die Altstadt, in der noch einige **Altstadt**
wenige Häuser zu entdecken sind, die die Brände von 1723 und 1870
überstanden haben, u. a. an der Rue St-Lubin und an der Rue des
Huileries. Am Südrand der Altstadt steht unmittelbar an der Stadtmauer die auf das 12. Jh. zurückgehende Kirche **Ste-Madeleine**, das
älteste Gotteshaus der Stadt. Noch aus romanischer Zeit stammen
die Krypta und das Figurenportal an der Südseite.

Östlich des Schlosses liegt die rechtwinklig angelegte, auf die zentrale **Neustadt**
Place du 18 Octobre mit dem Rathaus ausgerichtete Neustadt, die
nach dem Brand von 1723 neu aufgebaut wurde. Von der **Promenade du Mail** – ein öffentlicher Park, der den nördlichen Abschluss der
Neustadt bildet – genießt man einen schönen **Blick auf den Loir**. An
der Südseite der Promenade du Mail zeigt das **Musée des Beaux-Arts
et d'Histoire Naturelle**, das Museum für Kunst und Naturgeschichte,
ägyptische Funde, asiatische Kunstwerke und stadtgeschichtliche Exponate; berühmt ist das Museum für seine ornithologische Sammlung mit 3000 ausgestopften Vogelarten aus aller Welt. In der Rue
des Fouleries, nordöstlich der Promenade du Mail, kann man die
Grottes du Foulon besichtigen, Höhlen, die der Loir in den Kalkstein
gegraben hat; sie sind auf einer Länge von 800 m begehbar.

✶ Chaumont-sur-Loire

E 23

Région: Centre　　　　　　**Höhe:** 70 m ü.d.M.
Département: 41 Loir-et-Cher　**Einwohnerzahl:** 1000

**Chaumont-sur-Loire liegt auf etwa halber Strecke zwischen Blois
und Amboise am Südufer der Loire. Das Renaissanceschloss Chaumont – in schönster Lage oberhalb des Ortes und eines der wenigen Loire-Schlösser in unmittelbarer Flussnähe – hatte drei berühmte Bewohnerinnen.**

Bereits im Mittelalter stand auf der Anhöhe oberhalb des Flusses eine **Schloss hoch**
Burg – ursprünglich mit dem Namen »Chauve Mont« (Kahler Berg), **über der Loire**
später »Chaud Mont« (Heißer Berg). Fünf Jahrhunderte lang gehörte
sie den Herren von Amboise. 1465 ließ König Ludwig XI. die Festung schleifen, um Peter von Amboise zu bestrafen, der sich mit anderen Feudalherren gegen den König verbündet hatte. Wenig später
erhielt Peter seine Ländereien wieder zurück. Kurz darauf begann er
mit dem Bau des heutigen Schlosses, sein Sohn Karl I. und sein En-
kel Karl II. setzten die Bauarbeiten bis 1510 fort. 1560 erwarb **Katharina von Medici** (▶Berühmte Persönlichkeiten) das Schloss. Ein häufiger Gast war der aus Florenz stammende königliche Astrologe **Cosi-
mo Ruggieri**, der sich in einem der Schlosstürme eine Sternwarte
einrichtete, wo er gemeinsam mit Katharina die Sterne befragte. In

▶ CHAUMONT-SUR-LOIRE ERLEBEN

AUSKUNFT

Office de Tourisme
24, Rue du Maréchal Leclerc, F-41150
Chaumont-sur-Loire
Tel. 02 54 20 91 73, Fax 02 54 20 90 34
E-Mail: contact@chaumontsurloire.
info
www.chaumontsurloire.info

VERANSTALTUNGEN

Festival international des Jardins
Seit 1992 wird von Mitte Juni bis Mitte
Oktober im Goualoup-Garten eine
internationale Gartenausstellung mit
den besten zeitgenössischen Garten-
gestaltern aus rund 30 Ländern aus-
gerichtet. Jedes Jahr stehen die
Gartenbauschöpfungen der Land-
schaftsarchitekten und Künstler unter
einem anderen Motto. Veranstalter ist
das Conservatoire international des
Parcs et Jardins et du Paysage, das in
der Meierei des Schlosses untergebracht ist.

ÜBERNACHTEN / ESSEN

▶ Komfortabel

L'Hostellerie du Château
2, Rue Maréchal de Lattre de Tassigny
F-41150 Chaumont-sur-Loire
Tel. 02 54 20 98 04, Fax 02 54 20 97 98
www.hostellerie-du-chateau.com
Das Hotel liegt am Loire-Ufer schräg
gegenüber vom Schlosseingang. 15
hübsch eingerichtete Zimmer, Terrasse
und Swimmingpool. Im Restaurant
wird traditionelle Küche serviert (Kategorie: Erschwinglich).

diesem Observatorium soll er die Lebens- und Regierungsjahre der
Söhne von Katharina und den Aufstieg der Bourbonen mit Heinrich
von Navarra vorausgesehen haben. Später bot Katharina der Mätresse ihres verstorbenen Gatten, **Diana von Poitiers**, (▶ Berühmte Persönlichkeiten) Chaumont im Tausch gegen das schönere und größere
Schloss ▶ Chenonceau an. Diana wohnte kurz auf ihrem neuen Besitz, zog sich aber dann, weil sie die düstere Atmosphäre von Chaumont nicht ertragen konnte, auf ihr Schloss Anet bei Paris zurück,
wo sie bis zu ihrem Lebensende blieb.
Im 18. Jh. entstand in den Nebengebäuden des Schlosses eine Töpfe-
rei-Manufaktur, die zwischen 1772 und 1786 von dem Italiener **Gio-
vanni Battista Nini** geleitet wurde und mit deren Produkten – Port-
rätmedaillons großer Persönlichkeiten – der damalige Schlossbesitzer
Le Ray ein blühendes Geschäft machte. Im selben Jahrhundert wurde
der Nordflügel des Schlosses geschleift, um den Blick auf die Loire
freizugeben: Ab 1810 lebte die Schriftstellerin **Madame de Staël** auf
Chaumont, die von Napoleon aus Paris verbannt worden war. Hier
schrieb sie ihr Werk »De l'Allemagne« und scharte einen Kreis illust-
rer Literaten um sich, zu denen die deutschen Romantiker August
Wilhelm Schlegel und Adalbert von Chamisso gehörten. 1875 erwarb
die Erbin eines reichen Zuckerfabrikanten das Anwesen; kurze Zeit
später heiratete sie den Fürsten Amédée de **Broglie**. 1938 musste die
verarmte Prinzessin das Schloss an den Staat veräußern.

Besichtigung des Schlosses Chaumont

Der Eingang zum Schlossgelände befindet sich unten im Ort. Von hier führt ein breiter Fußweg durch den Park hinauf zum Schloss, vorbei an Zedern, Linden und Mammutbäumen. Der leicht hügelige Park wurde 1884 im **englischen Landschaftsstil** von dem Gartenarchitekten Henri Duchène angelegt; er ließ zu diesem Zweck Friedhof und Kirche ans Ufer der Loire versetzen. Jenseits der Stallungen (s. u.) liegt auf der anderen Seite einer kleinen Schlucht auf abschüssigem Gelände ein zweiter Garten, **»Goualoup«** genannt. Betreten kann man diesen Parkteil über eine Brücke aus falschen Baumstämmen, die aus Zement hergestellt sind (Öffnungszeiten des Schlosses: Mitte Mai–Mitte Sept. tgl. 9.30 bis 18.30, sonst 10.00–17.00 Uhr; Park: 9.00 Uhr bis Sonnenuntergang).

Park

⊕

Die Westfassade des Schlosses, der älteste Teil der ursprünglich als Militärfestung konzipierten Burg, wirkt immer noch sehr wehrhaft, obwohl durch spätere Veränderungen das strenglinige Mauerwerk – beispielsweise durch Fensteröffnungen – aufgelockert wurde. Auch an den anderen Schlossflügeln kann man die mittelalterliche Festung noch erkennen, doch herrscht dort insgesamt der **Renaissancecharakter** vor.

Schlossäußeres

Auffälligster Schmuck an den die Zugbrücke flankierenden Rundtürmen sind die **Reliefs** mit der stilisierten Darstellung eines Vulkans (»chaud mont«), einer Anspielung auf den Namen des Schlosses, und den beiden miteinander verschlungenen C, den Initialen von Karl I. (Charles) d'Amboise und seiner Gattin Catherine. Am Gesims

In schönster Lage oberhalb der Loire: Schloss Chaumont

der Türme sind außerdem die Initialen von Diana von Poitiers zu erkennen: zwei verschlungene D bzw. Jagdhorn, Bogen und Köcher, die Attribute der römischen Jagdgöttin Diana.

Schlossinneres Über die Zugbrücke betritt man den früher geschlossenen, nun zur Flussseite hin offenen Innenhof, der einen wunderschönen Blick über die Loire freigibt. Man beginnt den Rundgang im Ostflügel rechts der Eingangspforte, überquert dann den Hof und kommt im Erdgeschoss des **Westflügels** zu den **Appartements**, die die Familie Broglie Ende des 19. Jh.s einrichten ließ. U. a. sind hier **flämische Tapisserien** aus dem 16. Jh. zu sehen, die die Geschichte Hannibals schildern, sowie Terrakotta-Medaillons, auf denen Jean-Baptiste Nini berühmte Besucher des Schlosses, etwa Benjamlin Franklin, verewigte. Im ersten Stock liegen die historischen Appartements, die die Broglie im Geist der Renaissance neu gestalteten: das **Schlafgemach von Diana von Poitiers**, in dem ein ungewöhnlicher Herrscherstuhl aus dem 15. Jh. mit drei Plätzen steht, das Zimmer von Katharina de Medici mit einem Porträt der Königin, und das Ruggieri-Zimmer: Dieser Raum ist nach einem Zeichen auf dem Kamin benannt, das fälschlicherweise als ein kabbalistisches Zeichen gedeutet wurde; tatsächlich handelt es sich um ein Monogramm der Diana von Poitiers. Die **Kapelle**, ebenfalls im Obergeschoss, wurde zu Beginn des 16. Jh.s im spätgotischen Stil errichtet; die Glasmalereien erzählen die Geschichte der Familie von Chaumont-Amboise.

Stallungen Die luxuriös ausgestatteten Stallungen (Écuries), ein **Gebäudeviereck** südwestlich vom Schloss, wurden 1877 für die Familie Broglie erbaut. Bereits Ende des 19. Jh.s erhielten die Pferdeboxen fließendes Wasser, das man aus der Loire hochpumpte, und elektrisches Licht aus einem von der Familie angelegten Kraftwerk. Im kegelförmigen Eckgebäude, einem ehemaligen Taubenhaus, brannte der Italiener Nini seine begehrten Terrakotta-Medaillons berühmter Persönlichkeiten. Die Grundfläche des Ofens wurde Ende des 19. Jh.s zu einer Manege für die Ponys der Broglie-Kinder umfunktioniert.

★ ★ Chenonceau

E/F 22

Région: Centre	**Höhe:** 65 m ü.d.M.
Département: 37 Indre-et-Loire	

Chenonceau gehört zu den schönsten Loire-Schlössern. Das südlich von Amboise gelegene Schloss besteht nur aus einem Flügel, der sich über die Wasser des Cher spannt. Chenonceau gilt als Schloss der Damen, denn in seiner Geschichte spielten immer Frauen die Hauptrolle.

Etwa an der Stelle, an der heute das elegante Renaissanceschloss steht, gab es seit 1243 eine von Wassergräben umgebene Burg, die den Herren von Marques aus der Auvergne gehörte. Der Vorhof des heutigen Schlosses entspricht dem Grundriss der mittelalterlichen Wehrburg. Durch eine Mühle war sie mit dem Cher verbunden. Zu Beginn des 16. Jh.s zwangen hohe Geldschulden die Familie, ihren Besitz nach und nach an Thomas Bohier, einen hohen Steuerbeamten aus der Normandie, zu verkaufen. Dieser ließ ab 1512 die Burg und die Mühle abreißen, lediglich der Treppenturm der alten Befestigungsanlage blieb stehen und wurde dem Geschmack der Renaissance entsprechend umgebaut. 1513 begann man, auf den Pfeilern der alten befestigten Mühle das Renaissancegebäude zu errichten. Allerdings hatte Thomas Bohier wegen beruflicher Verpflichtungen keine Zeit, die Arbeiten in Chenonceau zu beaufsichtigen, so dass seine Frau, **Catherine Briçonnet**, den Bau leitete. 1521 war das Schloss fertiggestellt.

Château des Dames

1533 konfiszierte König Franz I. den Neubau – angeblich wegen erheblicher Schulden der Familie Bohier bei der Staatskasse, tatsächlich aber, weil der Monarch das imposante Gebäude mit seinen fruchtbaren Ländereien und reichen Jagdgründen selbst besitzen wollte. Franz I. weilte oft in Chenonceau, und bald schon war das Schloss Schauplatz prunkvoller und ausschweifender Feste. 1547 schenkte König Heinrich II., der Sohn von Franz I., Chenonceau seiner Geliebten **Diana von Poitiers** (► Berühmte Persönlichkeiten), die einen Garten vor dem Schloss und eine Steinbrücke über den Cher anlegen ließ. Nach dem Tod Heinrichs II. im Jahr 1559 konnte sich dessen Witwe, **Katharina von Medici**

> **Baedeker** TIPP
>
> **Mit dem Schiff auf dem Cher**
>
> Ab Chisseaux, ca. 2 km östlich von Chenonceau, verkehren Ausflugsschiffe (mit und ohne Verpflegung an Bord) auf dem romantischen Cher, die unter den Bögen des prächtigen Renaissanceschlosses hindurchfahren (Auskünfte und Reservierung: Maison Eclisière de Chisseaux, BP 4, F-37150 Chisseaux, Tel. 02 47 23 98 64, Fax 02 47 23 81 48, www.labelandre.com).

(► Berühmte Persönlichkeiten), an der Mätresse ihres verstorbenen Mannes rächen. Sie forderte Chenonceau zurück und überließ Diana zum Ausgleich Schloss Chaumont (► Chaumont-sur-Loire). Katharina, die in Chenonceau rauschende Feste feierte, plante zunächst eine großzügige Erweiterung des Schlosses, doch gebaut wurde schließlich nur der zweistöckige Gebäudeflügel über der Cher-Brücke (1585). Das Untergeschoss diente als Festsaal, im Obergeschoss lebten wahrscheinlich die Höflinge. Wie ihre einstige Rivalin ließ auch Katharina einen Garten anlegen.

Als Katharina 1589 starb, erbte **Luise von Lothringen**, die Gemahlin von Katharinas Sohn Heinrich III., das Schloss. Nach der Ermordung von Heinrich III. im August 1589 verließ Luise Chenonceau nie wieder. Die Prinzessin, die nie aufhörte, ihren Gemahl zu lieben, trug nach höfischer Etikette nur noch weiße Trauerkleidung, ließ allen

◄ weiter S. 182

Kostümball unter Karl IX. Auf dem Gemälde von 1570 sind u. a. Katharina von Medici, Heinrich von Anjou und der Herzog von Guise dargestellt.

BIZARRE FEIERN

Auf ihren Schlössern, vor allem in Chenonceau, ließ Katharina von Medici häufig rauschende Feste feiern, die nicht selten in wahren Lustorgien endeten. Denn meist kam dabei ihre wohl gefährlichste Waffe zum Einsatz: der »escadron volant«, eine Bereitschaftsgruppe ausgesprochen hübscher junger Damen, die politische Gegner auszuspionieren hatten.

Heinrich III. erschien in einem mit Eisenstäben verstärkten Korsett. Die schmale Korsage aus Brokat war fast bis zu den Brustwarzen dekolletiert, das Dekolleté verdeckten zehn Reihen langer Perlenschnüre. Heinrichs Gesicht war stark geschminkt; auf dem Kopf trug er eine Perücke, die Diamantenagraffen schmückten. Auch seine Günstlinge hatten sich als Frauen verkleidet. Bedient wurde die königliche Gesellschaft von jungen, bildhübschen und halbnackten Damen des Hofes – alle in männlichen Kleidern aus zweifarbigem Damast.

Das Travestiefest von Blois

Katharina von Medici liebte prächtige Feste. Am 24. Februar 1577, nachdem ihr Sohn Heinrich nach kurzem Intermezzo als polnischer König nach Frankreich zurückgekehrt war, um die Nachfolge seines Bruders Karl IX. anzutreten, organisierte sie in Blois einen rauschenden Empfang, bei dem Frauen und Männer in vertauschten Rollen auftraten. Für seine Bewunderer war Heinrich natürlich **»die Schönste des Abends«** – jeder andere hingegen stellte sich irritiert die Frage, wie es der Dichter Agrippa d'Aubigné später ausdrückte, ob er eine Frau als König oder einen Mann als Königin gesehen habe.

Chenonceau 1577

Wenige Monate später, am 9. Juni 1577, lud die 58-jährige Florentinerin zu einem Fest nach Chenonceau ein. Wieder trugen viele männliche Gäste Damenkleidung, waren Frauen als Männer verkleidet. **Hundert der schönsten Mädchen** bedienten die Gäste – in hauchzarten, lose wallenden Gewändern, darunter gänzlich nackt. Zum Dessert wurde ein künstliches Bouquet aus jungen, hinreißenden Nymphen serviert; eine von ihnen, die bezaubernde Mademoiselle de Roannes, bot sich dem König an. Lange betrachtete ihr Sohn Heinrich diese Göttin der Lust, dann aber wandte er sich ab. Er hatte keinen Blick für die reizvollen Amazonen, seine Augen suchten den derzeitigen Favoriten unter seinen am Hof le-

So muss man sich die Feste bei Hofe im 16. Jahrhundert vorstellen. König Heinrich III. war anwesend, ebenso seine Mutter Katharina von Medici (beide links stehend).

benden Geliebten, den **»Mignons«**. Katharina war enttäuscht, fehlgeschlagen ihr Versuch, Heinrich aus dem Kreis der Mignons, die sie für einen schlechten Umgang hielt, zu lösen. Würde also ihr geliebter Sohn, wie sie befürchtete, der Krone nie einen Erben schenken? Die anderen Gäste ließen sich von Heinrichs Zurückhaltung nicht bremsen. Als aus weiteren Bouquets nackte Mädchen entstiegen, gab es für die Herren kein Halten mehr und sie fielen über diese her. Bis zum Morgengrauen sollen die Lustorgien gedauert haben.

Die Aufklärungsschwadron

Die Präsentation des neuen Königs in Chenonceau dauerte drei Tage. Begonnen wurde mit einem festlichen Einzug durch die lange, von Kanälen flankierte Allee, an der die Schönsten der Schönen, als Nymphen und Sirenen verkleidet, den jungen Heinrich begrüßten. Nach diesem Einzug eröffneten der König und seine Schwester den Hofball, bei dem die hübschen Nymphen nun in bäuerlichen Kostümen erschienen. Am zweiten Tag widmete man sich der Jagd, abends wurde Entspannung bei einem Schlosskonzert gesucht. Am dritten Tag ging man auf die Treibjagd; nach Einbruch der Dunkelheit folgte ein pompöses Essgelage vor der Residenz, abgeschlossen durch ein imposantes

Feuerwerk. Und fast immer und überall waren Mädchen und Frauen aus Katharinas **escadron volant** dabei. Rund 200 junge Damen gehörten zu diesem Regiment, die jüngsten waren 14 oder 15 Jahre alt. Mindestens 50 der schönen Geschöpfe begleiteten Katharina stets beim Ausritt. Bei Festgelagen hatten sich auserwählte »Ehrenfräuleins« als Wald- und Wassernymphen, als Göttin der Liebe und Göttin der Jagd zu präsentieren und, nachdem sich ältere Damen von der Tafelrunde diskret verabschiedet hatten, ihrer hauchdünnen Gewänder zu entledigen. Ihre wichtigste Aufgabe aber bestand darin, sich an gefährliche und interessante Minister, Fürsten, Gutsherren und Botschafter, an potenzielle Verschwörer und Rivalen der königlichen Macht heranzumachen und diese für ihre Herrin auszuspionieren – notfalls mit vollem Körpereinsatz. Zu Katharinas erfolgreichsten Spioninnen gehörten Louise de la Béraudière, die »belle Rouet«, die die Ehe Antons von Navarra zerstörte, und Isabella von Limeuil, die den Prinzen von Condé verführte, der bald sittlich verkam, während seine Gattin dem Tod entgegensiechte. Kein Wunder, mit welcher Abscheu **Calvin** von Genf aus diese infamen Methoden anprangerte – schließlich waren die o. g. Opfer calvinistische Hugenotten, seine Glaubensbrüder.

▶ CHENONCEAUX ERLEBEN

AUSKUNFT

Château de Chenonceau
F-37150 Chenonceaux
Tel. 02 47 23 90 07, Fax 02 47 23 80 88
www.chenonceau.com

Office de Tourisme
1, Rue Bretonneau
F-37150 Chenonceaux
Tel. 02 47 23 94 45, Fax 02 47 23 82 41
www.chenonceaux-blere-tourisme.com

ÜBERNACHTEN / ESSEN

▶ Luxus
Le Bon Laboureur
Rue du Dr Bretonneau
F-37150 Chenonceaux
Tel. 02 47 23 90 02, Fax 02 47 23 82 01
www.bonlaboureur.com

Traditionsreiches Hotel mit 25 individuell eingerichteten Zimmern. Hervorragendes Restaurant mit klassischer Küche. Terrasse, Garten, beheiztes Schwimmbad, Privatparkplatz.

▶ Komfortabel
La Roseraie
7, Rue du Dr Bretonneau
F-37150 Chenonceaux
Tel. 02 47 23 90 09, Fax 02 47 23 91 59
www.charmingroseraie.com
Im Herzen von Chenonceaux gelegenes Hotel mit 17 großen, rustikal eingerichteten Zimmern. Hübscher Park mit beheiztem Schwimmbad. Das Restaurant bietet eine ausgezeichnete traditionelle Küche. Im Sommer wird das Frühstück auf der Terrasse serviert.

Prunk aus den Räumen entfernen und Teile des Schlosses schwarz ausmalen und widmete einen Großteil ihrer Zeit dem gemeinsamen Gebet mit den Ursulinen, die sie auf dem Schloss beherbergte.

In der Folgezeit war Chenonceau im Besitz der Familien Vendôme und Bourbon-Condé, die das Schloss vernachlässigten. 1733 erwarb der reiche Finanzier Claude Dupin den Besitz, dessen Frau, **Louise-Marie Madeleine de Fontaine**, Künstler, Wissenschaftler, Literaten und Theaterleute zu intellektuellen Tafelgesprächen nach Chenonceau einlud, darunter Montesquieu und Voltaire. Jean-Jacques Rousseau ernannte sie zu ihrem Privatsekretär und Erzieher ihrer Tochter. Madame Dupin war bei der Bevölkerung des benachbarten Dorfes Chenonceaux (der Ort schreibt sich, anders als das Schloss, mit einem »x« am Ende) so beliebt, dass zu Zeiten der Französischen Revolution im 18. Jh. niemand es wagte, dem Schloss Schaden zuzufügen. 1913 erwarb der Industrielle Henri Menier Chenonceau, dessen Nachfahren noch heute das Schloss besitzen.

Eine wichtige Rolle spielte Chenonceau in den beiden **Weltkriegen**. Im Ersten Weltkrieg (1914–1918) ließ Gaston Menier, Senator für das Département Seine-et-Marne, das Schloss in ein **Lazarett** verwandeln, so dass bis Kriegsende im langen Galerieflügel über 2000 Kriegsversehrte versorgt wurden. Im Zweiten Weltkrieg verlief von 1940 bis 1942 mitten durch diesen Galerieflügel die **Grenze** zwischen dem besetzten und dem nicht besetzten Frankreich.

Besichtigung des Schlosses Chenonceau

Vom Parkplatz führt eine von jahrhundertealten Bäumen gesäumte **Anlage** Allee zu einem großen Platz, auf dessen linker Seite der von Diana von Poitiers angelegte Garten liegt. Rechts hinten erstreckt sich der Garten ihrer Widersacherin Katharina von Medici. Über eine Brücke kommt man auf den von einem Wassergraben umgebenen quadratischen Vorplatz, in dessen südlicher Ecke der restaurierte mittelalterliche **Rundturm** steht. Eine weitere Brücke führt zum Schlosseingang. Der ältere Teil des Schlosses mit den Wohnräumen, Corps de Logis genannt, erhebt sich auf nahezu quadratischem Grundriss und wird von vier Ecktürmen flankiert. Der anschließende zweistöckige, 60 m lange **Galerieflügel** steht auf fünf Gewölbebögen und reicht fast bis ans gegenüberliegende Flussufer. Zuweilen wird man Zeuge, wie Ausflugsschiffe diese Gewölbebögen passieren ⏲ (Öffnungszeiten: tgl. 9.00 bis 17.00/19.30 Uhr, je nach Saison).

> **!** *Baedeker* TIPP
>
> **Kostenlose Besichtigung**
>
> Wer Chenonceau nur von außen sehen und sich das Eintrittsgeld sparen will, sollte den Ort Chenonceaux in Richtung Montrichard passieren, am Ortsausgang rechts Richtung Francueil abbiegen, über die Cher-Brücke fahren und gleich danach rechts abbiegen; dann an einem Haus vorbei dem Uferweg folgen bis zu einem Wendepunkt. Nach weiteren 5 Min. Fußweg sieht man das Schloss vom linken Cher-Ufer aus. Von hier aus kann man auch die abendliche Musik im Schlossgarten hören (s. Tipp S. 187).

Wie eine Brücke über das Wasser des Cher gespannt: Schloss Chenonceau

SCHLOSS CHENONCEAU

✹ ✹ **Das »Château des Dames« wurde unter Anleitung einer Frau – Catherine Briçonnet – gebaut, Diana von Poitiers und später Katharina von Medici bewohnten das Schloss, ließen es baulich erweitern und feierten rauschende Feste, Luise von Lothringen trauerte auf Schloss Chenonceau jahrelang um ihren verstorbenen Mann. Und unter Luise-Marie Madeleine de Fontaine war Chenonceau im 18. Jh. Treffpunkt zahlreicher Künstler und Wissenschaftler.**

🕐 Öffnungszeiten:
tgl. 9.00 bis 17.00/19.30 Uhr, je nach Saison

① **Vorhof und Turm der Familie Marques**
An dieser Stelle stand eine im 13. Jh. gebaute, von Wassergräben umzogene Burg, die der Familie de Marques gehörte. Zum Cher hin stand eine auf Pfeilern errichtete Mühle, die die Familie betrieb. Als sie in finanzielle Nöte geriet, verkaufte sie ihren Besitz an Thomas Bohier.

② **Corps de Logis – Renaissanceschloss**
Thomas Bohier ließ die Mühle und die Burg – mit Ausnahme des Turms – abreißen und auf den Pfeilern der Mühle ein fast quadritisches Renaissanceschloss bauen, das von vier Ecktürmen flankiert wird.

③ **Eingangsportal**
Das Portal aus dem 16. Jh. zeigt auf dem linken Türflügel das Wappen von Thomas Bohier, auf dem rechten das Wappen seiner Frau Catherine

Briçonnet. Über der Holztür sieht man den Salamander von Franz I.

④ **Kapelle**
Die kleine Kapelle mit dem 5/8-Chor wurde 1521 gebaut. Zu erkennen sind Formen der Spätgotik und der Renaissance.

⑤ **Küche**
Die Küchenräume sind unter dem Erdgeschoss in den stützenden Pfeilerbauten untergebracht. Hier unten legten die Boote an, die Lebensmittel in das Schloss brachten.

⑥ **Galerieflügel**
Unter Diana von Portiers wurde eine Brücke vom Renaissancegebäude über den Cher gezogen. Katharina von Medici ließ 1585 auf dieser Brücke den zweistöckigen Galerieflügel errichten: im Erdgeschoss entstand ein Festsaal, im Obergeschoss wohnten die Angestellten. Am Ende führte eine Zugbrücke auf das andere Ufer des Cher.

Schloss Chenonceau *Orientierung*

1 Salle des Gardes
2 Kapelle
3 Bibliothek
4 Salon Franz I.
5 Salon Ludwigs XIV
6 Galerie
7 Wachsfigurenkabinett

Garten der Diana von Poitiers

Garten der Katharina von Medici

Donjon

Château

100 m

© Baedeker

Der Rundturm ist das letzte
Überbleibsel der mittelalterlichen
Wehrburg: In der Burganlage der
Familie von Marques war er
der Treppenturm.

Über eine Brücke,
die vom Vorplatz über
den Cher führt, kommt man
zum Schlosseingang.

Das Schlafgemach von César von Vendôme ist benannt nach dem Sohn von König Heinrich IV. und Gabrielle d'Estrées. Der Renaissance-Kamin trägt das Wappen von Thomas Bohier. An den Wänden hängen flämische Gobelins.

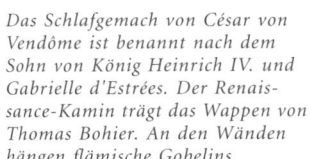

dem 60 m langen Galerieflügel
rden im 16. Jh. rauschende
te gefeiert. Während des Ersten
ltkriegs war hier ein Lazarett
gerichtet. Im Zweiten Weltkrieg
lief durch den Saal die Grenze
ischen dem besetzten und dem
ht besetzten Teil Frankreichs.

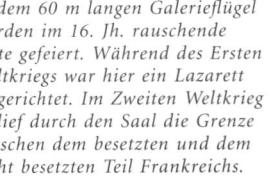

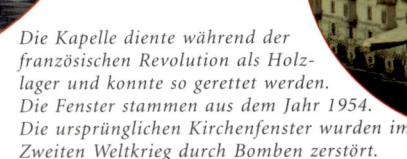

Die Kapelle diente während der französischen Revolution als Holz-lager und konnte so gerettet werden. Die Fenster stammen aus dem Jahr 1954. Die ursprünglichen Kirchenfenster wurden im Zweiten Weltkrieg durch Bomben zerstört.

Innenräume Durch das Eingangstor aus der Zeit Franz' I. und die Eingangshalle des Corps de Logis betritt man den von einem gotischen Gewölbe überspannten Korridor.

Rechts vom Korridor liegt der **Salon Ludwigs XIV.**, in dem das Porträt des Sonnenkönigs von Hyacinthe Rigaud an den Besuch des Monarchen in Chenonceau am 14. Juli 1650 erinnert. Im **Schlafgemach von Franz I.** hängt ein Bild, das Diana von Poitiers als römische Göttin der Jagd zeigt; für die »Drei Grazien« von Charles-Amédée van Loo standen die Fräulein von Nesle Modell, drei Schwestern, die nacheinander Favoritinnen von König Ludwig XV. waren.

Die **Salle des Gardes** links vom Korridor war ursprünglich der Aufenthaltsort für die Soldaten der königlichen Leibwache. Flämische Wandteppiche stellen Szenen aus dem Schlossleben dar. Die königliche Loge in der benachbarten **Kapelle**, in der die Schlossbewohnerinnen der Messe beiwohnten, stammt aus dem Jahr 1521. Der Kamin im **Schlafgemach von Diana von Poitiers** trägt die Initialen von Heinrich II. und Katharina von Medici – H und C. Das Bild »Madonna mit dem Christuskind« wird dem spanischen Maler Murillo zugeschrieben. Das mit einem Wandteppich aus dem 16. Jh. und zahlreichen Gemälden geschmückte **Cabinet Vert** (Grünes Kabinett) diente einst Katharina von Medici als Arbeitszimmer, das dahinterliegende Erkerzimmer als **Bibliothek**. Von der Bibliothek aus hat man einen herrlichen Blick auf den Fluss und den Garten der Diana von Poitiers.

An den Wohntrakt schließt sich die 60 m lange und 6 m breite **Galerie** an. Diesen Gebäudetrakt ließ Katharina von Medici über der Brücke errichten, die unter Diana von Poitiers gebaut worden war. Am Ende der Galerie führte eine Zugbrücke, die jeden Abend hochgezogen wurde, auf das andere Ufer des Cher. Der herrliche, langgezogene Raum wurde als Fest- und Ballsaal genutzt. Im Ersten Weltkrieg diente die Galerie als Lazarett; im Zweiten Weltkrieg gelangte man über deren Südtür ins nicht besetzte Frankreich, der Eingang des Schlosses lag dagegen in der von den Deutschen besetzten Zone.

Im Untergeschoss des Schlosses befinden sich die großen **Küchen**, die in die Brückenpfeiler eingebaut wurden. Hier unten konnten auch die Schiffe anlanden, die Vorräte ins Schloss brachten.

Über eine schöne Renaissancetreppe gelangt man vom Erdgeschoss in den ersten Stock. Bemerkenswert ist der Aufgang insofern, als es sich hierbei um eine gerade verlaufende Treppe handelt anstatt der bisher üblichen Wendeltreppe. Im Obergeschoss (nur im Corps de Logis, nicht in der Galerie zugänglich) befinden sich weitere Schlafgemächer. Das **Schlafgemach der fünf Königinnen** erinnert an die zwei Töchter und drei Schwiegertöchter von Katharina de Medici, die alle mit Königen verheiratet waren: die beiden Töchter Margot (Gemahlin von Heinrich IV.) und Elisabeth (Gemahlin von Philipp II. von Spanien); die drei Schwiegertöchter Maria Stuart

(Gemahlin von Franz II.), Elisabeth von Österreich (Gemahlin von Karl IX.) und Luise von Lothringen (Gemahlin von Heinrich III.). Wie dieser Raum ist auch das **Schlafgemach von Katharina von Medici** mit schönen flämischen Wandbehängen geschmückt. Das **Schlafgemach von César von Vendôme** verdankt seinen Namen dem unehelichen Sohn von Heinrich IV. und Gabrielle d'Estrées, das **Schlafgemach von Gabrielle d'Estrées** trägt den Namen der Mätresse Heinrichs IV., die 1624 das Schloss in Besitz nahm. Im **Cabinet d'Estampes** ist eine Sammlung von Zeichnungen und Drucken von Chenonceau zu sehen, die zwischen dem 16. und 19. Jh. angefertigt wurden. Im zweiten Stock des Schlosses befindet sich u. a. das sehr düster wirkende **Schlafgemach von Luise von Lothringen**, die nach der Ermordung ihres Mannes Heinrich III. (1589) große Teile von Chenonceau in Trauerfarben ausstatten ließ.

Gärten

Die Gartenanlagen zu beiden Seiten des Schlosses wurden im 19. Jh. neu gestaltet. Der **Garten der Diana von Poitiers** mit der im 16. Jh. erbauten Kanzlei des Verwalters in der westlichen Ecke und einem Springbrunnen in der Mitte ist vor dem Hochwasser des Cher durch erhöhte Terrassen geschützt. Einen schönen Blick auf das Schloss genießt man vom **Garten der Katharina von Medici** mit seinem zentralen Wasserbecken.

! *Baedeker* TIPP

Nächtliche Spaziergänge

An den Wochenenden im Juni und an allen Abenden im Juli und August kann man zwischen 21.30 und 23.00 Uhr in den beleuchteten Gärten von Chenonceau flanieren und der Musik von Corelli lauschen.

In den Gebäuden nordwestlich des Schlosses, die früher die königlichen Stallungen und die von Katharina von Medici in Frankreich eingeführte Seidenraupenzucht beherbergten, ist heute ein **Wachsfigurenkabinett** eingerichtet, das mit lebensgroßen Figuren Begebenheiten aus der Geschichte des Schlosses schildert, u. a. Madame Dupin, die Rousseau und Voltaire empfängt, sowie eine Rekonstruktion des 1914 im Schloss installierten Militärlazaretts.

Weitere Sehenswürdigkeiten

Weitere Sehenswürdigkeiten sind der 70 ha große **Park**, der **Bauernhof** aus dem 16. Jh. und, östlich davon, ein **Gartenlabyrinth** aus 2000 Eiben, das nach einer italienischen Zeichnung aus dem Jahr 1720 angelegt wurde.

Umgebung von Chenonceau

Montrichard

8 km östlich von Chenonceaux liegt am Cher das von alten Häusern und hübschen Gassen gesäumte Montrichard (3600 Einw.), das für seine **Wein- und Sektkellereien** bekannt ist. Der Ort wird von einer mächtigen **Schlossanlage** beherrscht, deren Kern 1010 nach dem Vorbild von ► Loches errichtet wurde. Im mächtigen Donjon aus

dem 12. Jh. ist das Stadtmuseum untergebracht. Daneben steht die Kapelle Ste-Croix, in der der Herzog von Orléans 1476 die Tochter Ludwigs XI., Johanna, heiratete; die Ehe wurde später für ungültig erklärt, damit der Herzog, der als Ludwig XII. den französischen Thron bestieg, Anna von Bretagne heiraten konnte. Johanna von Frankreich, die später in Bourges einen Orden gründete, wurde 1950 von Papst Pius XII. heilig gesprochen.

Schönes Fachwerk findet man an der schmalen **Maison de l'Ave Maria** in der Rue du Pont im alten Stadtzentrum, wegen ihrer eigenwilligen Dachkonstruktion auch Dreigiebelhaus genannt (16. Jh.; hier gibt es auch eine Touristeninformation). Eines der ältesten Steinhäuser ist die Maison du Prêche aus dem 12. Jh. an der Ecke Rue Nationale / Rue du Prêche. Hübsche Einkaufsstraßen laden zum Bummeln und Shoppen ein, außerdem gibt es mehrere Restaurants.

> **! Baedeker TIPP**
>
> **15 km lange Kellerstollen**
>
> Die 1886 gegründete Sektkellerei Caves Monmousseau in Montrichard (71, Route de Vierzon) besitzt mit 15 km langen Kellerstollen die längsten unterirdischen Gänge aller Kellereien der Gegend. Öffnungszeiten: Apr. – Okt. tgl. 10.00 – 18.00, Nov. – März Mo. – Fr. 10.00 bis 12.00, 14.00 – 17.00 Uhr.

Bourré   In Bourré 3 km östlich gibt es einige der vielen **unterirdischen Steinbrüche** der Gegend, die als Wohnung oder Weinkeller, für die Pilz- oder Seidenraupenzucht genutzt werden (Führungen).

✶✶ Cheverny

D/E 24

Région: Centre	**Höhe:** 90 m ü.d.M.
Département: 41 Loir-et-Cher	**Einwohnerzahl:** 3500

Das schöne Schloss aus dem 17. Jahrhundert, dessen Baubeginn ein Doppelmord vorausging, wird bis heute von der Familie Hurault de Vibraye bewohnt. Bekannt ist Cheverny, eine Hochburg der »Vénerie« (Hetzjagd), für seine Hundemeute und für seine »Tim-und-Struppi«-Ausstellung.

Schloss Cheverny liegt im Ort Cheverny, der mit Cour-Cheverny, rund 10 km südöstlich von ▸ Blois, eine Gemeinde bildet. Bereits 1315 gab es in Cheverny eine Ölmühle, die der damals berühmten **Familie Hurault** gehörte. Aus dieser Familie stammten einige Minister, die unter den Königen von Ludwig XII. bis Heinrich IV. dienten. 1490 beschloss Jacques Hurault, Finanzminister unter Ludwig XII., auf dem Landgut ein Schloss zu errichten; dieser Bau soll dort gestanden haben, wo sich heute die Wirtschaftsgebäude des Schlosses befinden, das in den Jahren 1604 – 1634 errichtet wurde.

CHEVERNY ERLEBEN

AUSKUNFT

Office de Tourisme
12, Rue du Chêne des Dames
F-41700 Cheverny-Cour-Cheverny
Tel. 02 54 79 95 63, Fax 02 54 79 23 90
E-Mail: otcheverny@aol.com

Château de Cheverny
F-41700 Cheverny
Tel. 02 54 79 96 29, Fax 02 54 79 25 38
www.chateau-cheverny.fr

ESSEN

► Erschwinglich
Le Grand Chancelier
2, Rue du Chêne-des-Dames
Tel. 02 54 79 22 57, Mi. geschlossen

Traditionelle Küche in einer Herberge aus dem 16. Jh. ganz nah beim Schloss. Im Sommer wird auch auf der Terrasse serviert.

ÜBERNACHTEN

► Luxus
Château de Breuil
Route de Fougères, F-41700 Cheverny
Tel. 02 54 44 20 20, Fax 02 54 44 30 40
www.chateauxhotels.com/breuil
Das Schloss aus dem 18. Jh. liegt in einem 30 ha großen bewaldeten Park. Die 16 Zimmer und 2 Suiten sind mit antiken Möbeln ausgestattet. Restaurant mit ausgezeichneter Küche. Beheizter Swimmingpool.

Die Geschichte des heutigen Schlosses beginnt mit einer **schaurigen Liebestragödie**, über die der Historiker Marquis Durfort de Cheverny, der während der Französischen Revolution hier lebte, in seinen Memoiren berichtet: 1599 erbte der 24-jährige **Graf Henri Hurault** das Landgut Cheverny; zehn Jahre zuvor hatte er die elfjährige **Françoise Chabot**, die Tochter des Oberstallmeisters von Frankreich, geheiratet. Die beiden Jungvermählten sahen sich während ihrer Ehe kaum. Allzu oft nahm Henri an den Feldzügen des Königs teil; da seine junge Gattin sich langweilte, vergnügte sie sich mit einem Pagen. Eines Tages, als der junge Graf am Hof Heinrichs IV. in Paris weilte, wies ihn der König als Gehörnten aus, indem er zwei Finger über Henris Kopf spreizte. Alle anwesenden Adligen brachen in Gelächter aus. Womit der König nicht gerechnet hatte, war, dass der Verspottete alles im Spiegel sehen konnte. Im Morgengrauen ritt der »gehörnte Ehemann« nach Hause, betrat heimlich das Schlafgemach der nichtsahnenden Gattin und ertappte die beiden Ehebrecher auf frischer Tat. Zwar gelang es dem Pagen noch, aus dem Fenster zu springen, doch blieb er verunglückt liegen und wurde vom Grafen mit dem Degen erstochen. Henri ging ins Schlafzimmer seiner Frau zurück und zwang sie, zwischen Degen und Giftbecher zu wählen. Françoise wählte das Gift. Ärzte stellten fest, dass die Getötete im sechsten Monat schwanger gewesen war. König Heinrich IV., der sich nicht ganz unschuldig an diesem Totschlag fühlte, bestrafte den jungen Grafen relativ mild und verbannte ihn für drei Jahre auf sein Landgut.

◄ weiter S. 192

Begrüßung per Jagdhorn –
Auftakt zur Jagd

GROSSE HATZ

Angeprangert als Tierquälerei, ist sie in vielen Ländern verboten. Doch in Frankreich, vor allem in der Sologne, erfreut sich die Parforcejagd unter adligen Grundbesitzern und dem modernen Geldadel noch großer Beliebtheit. In Frankreich wird nicht nur gern gejagt, es gibt sogar eine Jägerpartei.

Bei der Parforcejagd (von französisch »par force« = mit Gewalt) wird eine **Hundemeute** (Bracken) auf die Fährte eines bestimmten Wildes – Hirsch, Wildsau, Fuchs u. a. – angesetzt. Unterstützt von berittenen Jägern und begleitet von klangvollen Hornsignalen jagen die Bracken das Wild durch riesige Waldgebiete, bis es eingeholt ist. Die Hunde verfolgen das Tier nur mit Hilfe ihrer feinen Nase, sie reißen es nicht; zwar sind sie langsamer als das Wild, aber durch ihre größere Ausdauer letztlich überlegen. Ist das Tier gestellt, wird es durch Fangschuss erlegt.

In Deutschland verboten

Diese Jagdart praktizierten bereits die Kelten. Große Bedeutung erlangte die Parforcejagd, die mit einem enormen Aufwand an Hunden, Pferden und Jagdpersonal verbunden war – manche Hundemeuten zählten mehrere hundert Bracken –, vor allem im 17. und 18. Jh. an den Fürstenhöfen Europas; als Vorbild galt die »Chasse Royale« im absolutistischen Frankreich. Heute spielt diese Jagdform

nur noch in **Westeuropa** eine Rolle, und in Frankreich ist sie am weitesten verbreitet. Während in England und Irland vornehmlich Füchse gejagt werden, hetzen in Frankreich die rund 200 Équipages (Jagdgesellschaften) Hirsch, Schwarzwild und Rehwild (Große Jagd) bzw. Fuchs und Hase (Kleine Jagd). In Deutschland ist die Parforcejagd seit 1934 aus ethischen Gründen verboten.

Rangordnung

Rund 40 Meuten mit 1500 Hunden jagen im Loire-Tal. Am berühmtesten sind die 100 Tiere von Schloss **Cheverny**. Wenn der Marquis von Cheverny zur »chasse à courre«, zur Parforcejagd, bläst, werden im rund 600 ha großen Wald Hirsche gehetzt. Eine solche Hatz hat ihre Rangfolge. An vorderster Front steht der Hirsch, gejagt von den Hunden, denen ein großes V ins Fell rasiert ist. Dahinter folgen, auf Pferden und in traditioneller Jaguniform, die Familie des Marquis und ihre Gäste aus dem Geldadel – Banker, Unternehmer, Ärzte und Anwälte. In gebührendem

Bei der Parforcejagd mit von der Partie: Hunde, Pferde und Jäger

Abstand schließen sich die Jagdhelfer mit Geländewagen an, und ganz am Ende fahren jagdbegeisterte Dorfbewohner in Privat-Pkws der Gesellschaft hinterher.

Nur jeder zweite wird erlegt

Eine Hetzjagd kann Stunden dauern. Es kommt vor, dass die Jäger den Hirsch über eine Strecke von 100 km verfolgen müssen. Denn Hirsche besitzen einen sehr feinen Geruchssinn. Und sie sind listig und wenden **Täuschungsmanöver** an. Sie laufen im Zickzack, springen in Flüsse und Teiche, und die besonders Schlauen scheuen nicht davor zurück, schwächere Artgenossen oder Jungtiere vor die Hundemeute zu treiben. Dauert die Hatz sehr lange, geben viele Reiter und Pferde auf. Meist muss dabei auch die Hundemeute ausgewechselt werden: Die zu Anfang nützlicheren jungen, schnellen Tiere werden durch erfahrene Hunde ersetzt, die dafür etwas langsamer sind. Nur etwa jeder zweite gejagte Hirsch wird am Ende auch erlegt – die Jäger weisen dann gerne darauf hin, dass das gehetzte Wild eine **faire Chance** hatte. Am meisten fürchten die Jäger, wenn ein Hirsch in einen Teich springt und das Wasser nicht mehr verlassen will, denn dann muss das Wild vom Ruderboot aus getötet werden – und zwar mit einem Messer, wie es die

Tradition verlangt. An Land hingegen wird der von der Hundemeute gestellte Hirsch erschossen. Doch egal auf welche Art das Tier erlegt wurde, immer erklingt aus den Parforcehörnern das »halali la mort« – die »Tränen des Hirsches«. Dann wird das Geweih abgetrennt und der gesamte Rest der Beute der Hundemeute zum Fraß vorgeworfen.

Jägerpartei

Zwar halbierte sich in den letzten anderthalb Jahrzehnten die Anzahl der französischen Jäger, doch hat das Nachbarland immer noch die meisten angemeldeten Weidmänner in Europa (1,3 Mio.; Deutschland: 340 000).
Die Jagdleidenschaft vieler Franzosen hat Folgen: Jedes Jahr kommen in Frankreich bei der Jagd etwa 40 – 60 Menschen durch verirrte Kugeln zu Tode, davon ein Drittel Jäger. Und der größte französische Jagdverband **CPNT** (Chasse, Pêche, Nature, Tradition – Jagd, Fischerei, Natur, Tradition) ist zugleich eine politische Partei, die die ländliche Idylle dem entwurzelten Stadtleben gegenüber bevorzugt und deren Rhetorik in eindeutig reaktionären Bahnen bewegt. Bei den Europawahlen 1999 erhielt die Jägerpartei sogar knapp 7 % der in Frankreich abgegebenen Stimmen; bei den Europawahlen 2004 waren es allerdings nur noch 1,7 %.

Schloss Cheverny aus dem 17. Jahrhundert:
das erste im klassizistischen Stil errichtete Loire-Château

Henri heiratete wenig später die Tochter seines Landvogts, Marguerite Gaillard, eine, wie es heißt, intelligente und sparsame Frau, die ihre Vorbehalte gegen das Schloss hatte. Mit dem Bau eines modernen Schlosses wollte man sicherlich auch die Erinnerung an die scheußlichen Morde aus dem Gedächtnis tilgen. Ausgeführt wurden die Architekturarbeiten von damals namhaften Künstlern, die für die Königin Maria von Medici im Schloss von Blois und im Palais du Luxembourg in Paris gearbeitet hatten.

Besichtigung des Schlosses Cheverny

Außenansicht Cheverny wird gerne als erstes im klassizistischen Stil erbaute Schloss zitiert. Der Mitteltrakt, ein außergewöhnlich schmaler Mittelbau mit zweistöckigen Seitenflügeln, ist von höheren, dreistöckigen Eckpavillons mit Haubendach flankiert. Jedes Bauglied besitzt ein anders geformtes Dach, die Dachhauben der Eckpavillons sind von Laternentürmchen gekrönt. An der reich verzierten Südfassade machen die Büsten von Cäsar und den ersten elf römischen Kaisern in Medaillonform den herrschaftlichen Anspruch der Architektur sinnfällig. Die Nordfassade ist wesentlich nüchterner gestaltet (Öffnungszeiten: Juli – Aug. tgl. 9.15 – 18.45, sonst 9.45 bis 17.00 Uhr).

Innenräume Das eigentliche Erlebnis beginnt in Cheverny mit dem Besuch der Innenräume, in denen u. a. prachtvolle Stilmöbel, schöne Wandbehänge, großartige Gemälde und bemalte Holztäfelungen zu sehen sind. Im Erdgeschoss ist zuerst der **Speisesaal** zu besichtigen. In die mit Leder bespannten Wände sind Gemälde von Jean Mosnier mit Motiven aus Cervantes' Roman »Don Quijote« eingelassen, der im 17. Jh. eine Art Bestseller war.

Über die elegante **Ehrentreppe** gelangt man ins Obergeschoss. Linker Hand befinden sich die **sechs Privatgemächer**, die bis 1985 bewohnt waren und weitgehend ihre herrschaftliche Ausstattung behalten haben.

Auf der anderen Seite des Treppenhauses liegt der **Waffensaal**, der größte Saal des Schlosses, mit einer umfangreichen Sammlung von Waffen aus dem 15. bis 17. Jh.; gegenüber vom Kamin hängt ein Wandteppich aus dem 17. Jh., der Helenas Entführung aus Homers Ilias zeigt.

Das **Schlafgemach des Königs** war hohen Gästen vorbehalten. Auch hier sind Wandteppiche mit Szenen aus der Odyssee aufgehängt. Das Himmelbett ist mit persischer Seide bestickt; auf dem Kamin, der Türoberseite und auf der italienischen Kassettendecke sind Szenen aus der Perseussage dargestellt.

Wieder zurück im Erdgeschoss kommt man über ein Vorzimmer in den **Großen Salon** mit einer reichhaltigen Sammlung von Gemälden und Stilmöbeln.

In der **Galerie** hängen viele Familienbilder und Porträts; an einen berühmten Vorfahren der heutigen Besitzer, der im amerikanischen Unabhängigkeitskrieg gegen die Engländer kämpfte, erinnert ein von George Washington unterschriebenes Dokument. Im **Kleinen Salon** ist ein Porträt von Henri Hurault, dem Erbauer des Schlosses, zu sehen.

In der **Familienbibliothek** stehen rund 2000 Bücher mit Ledereinbänden, in die das Familienwappen eingeprägt ist. Im kleinen **Salon des Tapisseries** hängen Wandteppiche aus dem 17. Jh., die nach Vorlagen des flämischen Malers David Téniers angefertigt wurden; seine Bilder kann man daran erkennen, dass darauf immer Hunde abgebildet sind – quasi sein Markenzeichen. Eine Präzisionsuhr in diesem Saal zeigt seit über zwei Jahrhunderten immer noch genau Stunden, Minuten und Sekunden sowie das Datum und die Mondphasen an.

Park und Nebengebäude

Der 100 ha große, gepflegte Park, in dem u. a. Zedern aus dem Atlas-Gebirge stehen, kann mit **Elektroautos** erkundet werden. Alternativ kann man in kleinen **Elektrobooten** auf einem Kanal, der durch den Park führt, fahren. Die im Norden des Schlosses gelegene **Orangerie**, die nur von außen besichtigt werden kann, ist für Kongresse und festliche Anlässe reserviert; hier wurde im Zweiten Weltkrieg ein Teil der in Staatsbesitz befindlichen Möbel und Kunstgegenstände aufbewahrt, darunter die Mona Lisa von Leonardo da Vinci.

Südöstlich vom Schloss stehen die Wirtschaftsgebäude; u. a. gibt es hier einen **Zwinger** für die zur Hetzjagd abgerichteten Hunde. Wer sich dafür interessiert, kann

Baedeker TIPP

Ratespiel für Kinder

Für 7- bis 14-jährige Kinder gibt es eine geschickt gemachte Broschüre mit einem Ratespiel (auch auf Deutsch), in dem der Nachwuchs Antworten auf Fragen zum Schloss Cheverny geben und dabei einen »rätselhaften Satz« entdecken muss.

hier hervorragend das Verhalten der Tiere untereinander und ihre Rangordnung beobachten; zwischen dem 1. April und 15. September kann man jeweils um 17.00 Uhr der Fütterung der rund 100 Jagdhunde, einer Kreuzung aus englischem Foxhound und französischem Poitevin, beiwohnen (▶Baedeker Special, S. 190).

Im benachbarten **Trophäensaal** sind rund 2000 Geweihe zu bewundern. Gleich nebenan gibt es die Dauerausstellung **»Tim und Struppi«** (»Tintin et Milou«) rund um Tim, Kapitän Haddock und Professor Bienlein – schließlich diente Cheverny dem belgischen Zeichner Hergé als Modell für das mythische Schloss Moulinsart (Mühlenhof), auf dem die beiden berühmten Comicfiguren Tim und Struppi ein Abenteuer bestanden.

Umgebung von Cheverny

Villesavin 8 km nordöstlich von Cheverny liegt am Flüsschen Beuvron die Siedlung Arlan, zu der man über die D 102 kommt. Auf dem gegenüberliegenden Ufer steht das Schloss Villesavin, das sich **Jean Le Breton**, Finanzsekretär Franz' I. und Bauleiter des nahe gelegenen Schlosses ▶Chambord, in den Jahren 1527–1537 errichten ließ. Verantwortlich für den Bau waren französische und italienische Handwerker, die sich Jean Le Breton aus Chambord holte. Seinerzeit wirkte das Anwesen sehr modern – die früher üblichen Rundtürme fehlten, man hatte sie durch viereckige Bauten ersetzt. Den vierseitigen Ehrenhof der hufeisenförmigen Anlage, die sich auf der Rückseite zu einem Park hin öffnet, ziert ein wunderschönes Bassin aus Carrara-Marmor, das von Florentiner Künstlern geschaffen wurde. In einem Pavillon ist die Kapelle mit schönen, aber leider ziemlich verwitterten Fresken aus dem frühen 17. Jh. untergebracht. Der Taubenschlag mit Platz für 1500 Tauben besitzt noch seine Drehleiter. In den Wirtschaftsgebäuden kann eine Kutschensammlung bewundert werden; in einem Seitenflügel des Schlosses ist ein Hochzeitsmuseum untergebracht. Nachdem das Schloss in den letzten Jahrhunderten mehrfach den Besitzer gewechselt hat, gehört es seit 1937 der Familie de Sparre (Öffnungszeiten: Mitte Febr.–Mai 10.00–12.00, 14.00 bis 19.00; Juni–Sept. 10.00–19.00; Okt.–Nov. 10.00–12.00, 14.00 bis 18.00; Dez. nur am Wochenende und in den Schulferien 10.00 bis 12.00, 14.00 bis 18.00 Uhr; www.chateauvillesavin.com).

Troussay Knapp 5 km südwestlich von Cheverny, an der Strecke nach Fougères-sur-Bièvre, liegt rechts der D 52 etwas versteckt in einem weitläufigen Park das **kleine Landschloss** Troussay, dessen Gründung auf das 15. Jh. zurückgeht. Ab 1828 gehörte das Schlösschen dem französischen Historiker Louis de la Saussaye, der das Anwesen restaurieren und mit Schmuckelementen anderer verfallener Schlösser und Herrschaftshäuser der Region versehen ließ. Dazu zählt das Relief mit einem Stachelschwein, dem Wappentier Ludwigs XII., das aus dem Palais Hurault in Blois stammt und die Rückseite des Gebäudes schmückt. In den Nebengebäuden um den Ehrenhof ist ein Museum für Kunst und Traditionen der Sologne untergebracht, das über die verschiedenen Aspekte des Landlebens informiert. Hinter dem heute noch bewohnten Schloss liegt ein reizvoller Park mit zwei kleinen Gartenpavillons (17. und 18. Jh.).

12 km südwestlich von Cheverny liegt an der D 52 das Dorf Fougères-sur-Bièvre. Mitten im Ort erhebt sich das mittelalterlich anmutende Schloss, dessen Vorgängerbau, eine Wehrburg, im Hundertjährigen Krieg Schauplatz blutiger Gefechte war und größtenteils zerstört wurde. Das heutige Anwesen ließ Pierre de Refuge, der Schatzmeister Ludwigs XI., ab 1470 um den mittelalterlichen viereckigen Donjon errichten, der von der Wehrburg noch erhalten geblieben war. Obwohl man in der Folgezeit die Wassergräben beseitigte und die Fenster vergrößerte, bleibt das Schloss ein **Modell militärischer Architektur des 15. Jahrhunderts**. Im Inneren sind nur die wuchtigen Kamine und der Dachstuhl, der die Form eines Schiffskiels aufweist, für eine Besichtigung interessant.

Fougères-sur-Bièvre

✴ Chinon

F/G 17

Région: Centre
Département: 37 Indre-et-Loire

Höhe: 35 m ü.d.M.
Einwohnerzahl: 9400

»Kleine Stadt, großer Ruhm« schrieb der Dichter François Rabelais über das bezaubernde Städtchen Chinon. Von dessen stolzer Vergangenheit erzählen die Ruinen des einst mächtigen Schlosses, und in der Altstadt ist das Mittelalter heute noch lebendig.

Der im nahen La Devinière geborene François Rabelais (1494–1553) übertrieb keineswegs, als er in seinem Roman »Gargantua und Pantagruel« diese Worte für seine Heimatstadt fand – die Schlossruine von Chinon ist tatsächlich einer der wertvollsten Überreste des alten Frankreichs.

»Kleine Stadt, großer Ruhm«

Auf der die Altstadt überragende Anhöhe, auf der heute die Ruine des Schlosses steht, gab es schon ein gallorömisches Oppidum. Im 10. Jh. bauten die Grafen von Blois hier oben in strategisch günstiger Lage eine Festung, im 11. Jh. taten die Grafen von Anjou dasselbe. Durch den ersten Plantagenêt, **Henri von Anjou**, den späteren Heinrich II., ging Chinon 1154 in englischen Besitz über. 1205 eroberte der französische König Philipp II. August die Burg.

▶ CHINON ERLEBEN

AUSKUNFT

Office de Tourisme
Place d'Hofheim
BP 141, F-37501 Chinon cedex
Tel. 02 47 93 17 85, Fax 02 47 93 93 05
www.chinon.com

PARKEN

Nördlich der Schlossruine – an der
Hauptverkehrsstraße D 751 – gibt es
einen großen Parkplatz. Wer die Altstadt besuchen möchte, sollte die
Parkplätze am Flussufer aufsuchen.

VERANSTALTUNGEN

Marché médiéval
Wer Chinon in Feststimmung erleben
will, muss am ersten Augustwochen-
ende kommen, wenn der mittelalterliche Markt abgehalten wird.

ESSEN

▶ Erschwinglich

① **Au Plaisir Gourmand**
Quai Charles VII
Tel. 02 47 93 20 48
So abends, Mo. geschl.
Lokal in einem schönen alten Bürger-
haus mit Steinfassade mitten im Zen-
trum von Chinon, unterhalb der Burg.
Ausgezeichnete Regionalgerichte, Vor-
bestellung empfohlen.

② **Les Années 30**
76, Rue Voltaire
Tel. 02 47 93 37 18

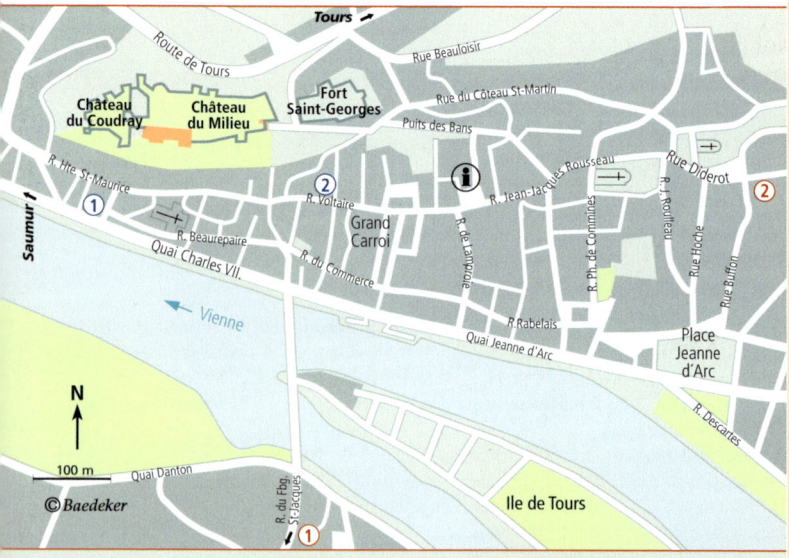

Chinon Orientierung

Essen
① Au Plaisir Gourmand
② Les Années 30

Übernachten
① Château de Marçay
② Diderot

Mi. von Ostern bis 1. Nov. geschl. Im Stil der 1930er-Jahre eingerichtetes Restaurant in einem Haus aus dem 14. Jahrhundert. Sehr gute Regionalküche.

ÜBERNACHTEN

▶ Luxus

① *Château de Marçay*
F-37500 Marçay-Chinon
Tel. 02 47 93 03 47, Fax 02 47 93 45 33
www.relaischateaux.com/marcay
9 km südlich über die D 116. Stilvolles Hotel (30 Zi., 4 Suiten) in einem Schloss aus dem 15. Jh., mitten in eigenen Weinbergen gelegen. Elegant eingerichtete Zimmer. Restaurant mit ausgezeichneter Küche. Schwimmbad und Tennisplatz.

▶ Komfortabel

② *Diderot*
4, Rue de Buffon und
7, Rue Diderot, F-37500 Chinon
Tel. 02 47 93 18 87, Fax 02 47 93 37 10
www.hoteldiderot.com
Außerhalb des Stadtzentrums gelegenes, einfaches, aber gemütliches Hotel (27 Zi.) in einem Haus aus dem 18. Jahrhundert; Terrassengarten.

Das herausragende Ereignis in der Geschichte von Chinon war das Treffen von **Jeanne d'Arc**, der »Jungfrau von Orléans«, und Karl VII. am 1. März 1429, mit dem die Rückeroberung der in englischem Besitz befindlichen Festlandsgebiete begann. Kurz darauf wurde Chinon französischer Königssitz und Ausgangsort der Wiedereroberung. Um 1442 verliebte sich Karl VII. in die schöne Agnès Sorel, machte sie zur Hofdame der Königin und brachte sie im Logis du Roberdeau unter, einem Privatgemach, das er durch einen unterirdischen Gang erreichen konnte.

Nach der Herrschaft Karls VII. verlor der Hof jegliches Interesse an Chinon, nur **Ludwig XII.** empfing hier noch einmal einen illustren Gast, den von Papst Alexander VI. gesandten Kardinal Cesare Borgia, der die Ehe mit Johanna von Frankreich annullieren sollte, damit Ludwig Anna von Bretagne, die Witwe Karls VIII., heiraten konnte. Eine ganze Zeit später kam **Kardinal Richelieu** in den Besitz von Chinon, doch unter seinen Nachfolgern verfiel die Burganlage.

Heute ist Chinon – rund 50 km südwestlich von Tours am rechten Ufer der Vienne – **Zentrum des bedeutenden Weingebiets Véron**. Die feinfruchtigen Rotweine aus Cabernet und Cabernet Franc werden in der Maison du Vin de Chinon (Impasse des Caves-Painctes) vorgestellt. Die **Caves Painctes**, in denen viermal im Jahr neue Mitglieder in die Weinbruderschaft der guten Kellermeister, der »Bons Etonneurs Rabelaisiens«, aufgenommen werden, dehnen sich unter dem Schloss aus. Sie können im Sommer besichtigt werden. Der Bruderschaft gehören Prominente wie Gérard Depardieu und Paul Bocuse an.

Sehenswertes in Chinon

Die Festung besteht aus **drei Teilkomplexen**, dem nach dem englischen Schutzheiligen benannten Fort St-Georges, dem Château du

Burg

Milieu und dem Château du Coudray, die durch zwei Gräben voneinander getrennt sind (Öffnungszeiten: tgl. unterschiedlich, je nach
Saison). Um das ca. 400 m lange und 80 m breite Areal zieht sich eine mit Türmen verstärkte Mauer, deren Entstehungszeit bis ins 10.
Jh. zurückreicht. Von dem unter
Heinrich II. Plantagenêt errichteten Fort St-Georges ist heute nicht
mehr viel erhalten. Heinrich starb
hier im Jahr 1189; bestattet wurde
er in ▶Fontevraud-l'Abbaye.

Über eine Brücke rechts kommt
man zur **Tour de l'Horloge**, dem
einzigen vollständig erhaltenen
Bauwerk des Burgberges. Dieser
Uhrturm aus dem 12. Jh. diente als
Zugang zum Château du Milieu,
dem mittleren Teil der Burganlage. Im Inneren des 35 m hohen,
12 m breiten, aber nur 5 m dicken Turms ist das Musée Jeanne d'Arc
eingerichtet, das u. a. ein kleines Modell des Jeanne-d'Arc-Denkmals
auf der Place St-Augustin in Paris zeigt.

Von der Südmauer hat man einen herrlichen Blick über den Ort und
den Fluss. An dieser Mauer lagen auch die **Logis Royaux**, die Königlichen Gemächer, von denen ein Teil rekonstruiert wurde. Ein Modell und eine Grundrissdarstellung im Wachsaal vermitteln einen
Eindruck vom Aussehen der Burganlage im 15. Jahrhundert. Die
Grande Salle im ersten Obergeschoss, in der Jeanne mit Karl zusam-
mengetroffen sein soll, wurde 1699 von Richelieu abgerissen; nur die
Stirnwand mit dem Kamin ist erhalten. Die legendäre historische
Szene ist auf einem Gobelin aus Aubusson (17. Jh.) wiedergegeben.

Jenseits des zweiten Grabens liegt das Château du Coudray, der west-
lichste Teil des Schlosses. Hier steht der **Donjon**, der 1308 als Gefängnis für rund 140 Templer diente, deren Orden der Ketzerei bezichtigt
und 1312 aufgelöst wurde; von ihnen sollen die Inschriften an den
Wänden sein. Im ersten Stock wohnte Jeanne d'Arc bei ihrem Aufenthalt im Jahr 1429. Von der Südseite des Turmes genießt man einen schönen Blick flussabwärts.

Altstadt

Die malerische Altstadt von Chinon mit ihren engen Straßen und
winkeligen Gassen erstreckt sich zwischen dem Schlossberg und dem
Fluss. Schönster Platz ist der **Grand Carroi**, der im Mittelalter das
Zentrum darstellte. Einen hübschen Blick auf die Stadt genießt man
vom gegenüberliegenden Ufer der Vienne, über die sich eine alte,
teilweise noch aus dem 12. Jh. stammende Brücke spannt.

Direkt am Quai Jeanne d'Arc steht das **Denkmal für François Rabelais**, und zwar genau in der Achse der vielbefahrenen Straße, die
vom Quai stadteinwärts führt, zunächst in einen länglichen Platz
mündet und dann auf die **Rue Voltaire** stößt. Diese hübsche Gasse
unterhalb der Burg ist vermutlich die meistbesuchte in Chinon, denn

Friedliches Idyll: die Reste der alten Burg von Chinon

hier findet man besonders viele, zumeist gut restaurierte Häuser aus dem 15. und 16. Jahrhundert mit Fachwerk- oder Kalksteinfassade.

In der Rue Voltaire wurde in einem Keller das **Wein- und Küfermuseum** eingerichtet. Mit Hilfe mechanisch bewegter Puppen werden hier der Weinbau und die Fertigung der Fässer vorgeführt.

Musée Animé du Vin de la Tonnellerie

Einige besonders schöne Häuser sind an der Place du Grand Carroi zu finden, so die **Maison Rouge** (Rotes Haus, Nr. 38) und die **Maison des Etats-Généraux** – ein Patrizierhaus mit Ecktürmchen, in dem sich 1427/1428 die Generalstände versammelten. Heute ist in diesem Gebäude, in dem Richard Löwenherz 1199 gestorben sein soll, das Heimatmuseum – **Le Musée d'art et d'histoire de Chinon** – untergebracht, das neben regionalgeschichtlichen Exponaten (Trachten, Keramik, Volkskunst) auch einige Schiffsmodelle zeigt. Unweit östlich steht an der Abzweigung der steilen Gasse zum Schloss ein Brunnen, auf den die Jungfrau von Orléans beim Absteigen vom Pferd ihren Fuß gesetzt haben soll. Folgt man der Rue Haute St-Maurice nach Westen, so sieht man weitere interessante Häuser, u. a. das **Hôtel du Gouvernement** aus dem 17. Jh. mit einem malerischen Innenhof, das **Palais du Baillage** aus dem 15. Jh. und das **Hôtel Poirier de Beauvais** aus dem 16. Jh. mit kleinem Rundturm.

Sehenswerte Häuser

Östlich außerhalb des Stadtzentrums gibt es einige Felshöhlen. In einer dieser Höhlen lebte im 6. Jh. ein Eremit, den Radegunde, die Frau von König Clothar I., aufsuchte. In der Nähe dieser Höhle wurde eine **Kapelle** errichtet, die man in den Sommermonaten (Voranmeldung im Verkehrsbüro) besichtigen kann. In der Kapelle befindet sich u. a. ein interessantes, erst 1964 entdecktes Wandbild aus dem 13. Jh. mit einer Jagdszene.

Sainte-Radegonde

Oldtimer-Eisenbahn Vom Bahnhof Chinon fährt an Sommerwochenenden ein Dampfzug aus den 1920er-Jahren nach ▶Richelieu (Fahrzeit: 1 Std.).

Umgebung von Chinon

Seuilly In Seuilly ca. 5 km südwestlich von Chinon kann man die **Maison de la Devinière** besichtigen, in der der größte französische Satiriker und berühmte Dichter **François Rabelais** (1494 – 1553) geboren wurde.

Château du Rivau Das hübsche Château du Rivau (15. Jh.) ca. 10 km südöstlich von Chinon lohnt einen Besuch u. a. wegen der preisgekrönten Gärten.

✳

Tavant Ein Abstecher nach Tavant ca. 14 km östlich von Chinon am linken Vienne-Ufer lohnt sich wegen der um 1120 gebauten Kirche St-Nicolas. In der Krypta sind **romanische Fresken** aus dem 12. Jh. erhalten, die zu den bedeutendsten Frankreichs gehören.

Bourgueil Große Renaissancedichter schätzten das Weinstädtchen rund 15 km nördlich von Chinon: **Pierre de Ronsard** (1524 – 1585) hielt sich des Öfteren hier im Heimatort von Marie, die er in seinen Amours besang, auf, und **François Rabelais** (▶oben) liebte die spezielle Rebsorte dieser Gegend, den »Breton«. Wegen seiner edlen roten Tropfen genießt Bourgueil auch heute noch einen sehr guten Ruf.
Im Château des Sablons informiert das **Musée Van Oeveren** über die Fechtkunst und Duelle. Am östlichen Ortsausgang stehen die Reste der 990 gegründeten **Benediktinerabtei**: das Hauptgebäude sowie das schöne Speicherhaus aus dem 13. / 14. Jh.; in den ehemaligen Mönchszellen zeigt das **Musée d'Arts et de Traditions Populaires** Trachten und Werkzeug. Mitten in den Weingärten sind in der **Cave touristique du Pays de Bourgueil** historische Weinpressen zu sehen; den Besuch kann man mit einer Weinprobe beenden.

✳ ✳ Fontevraud-l'Abbaye

F 16

Région: Pays de la Loire	**Höhe:** 80 m ü.d.M.
Département: 49 Maine-et-Loire	**Einwohnerzahl:** 2000

Die berühmte Abtei Fontevraud ist eine der größten und zugleich malerischsten Klosteranlagen Frankreichs. Mönche und Nonnen lebten hier, das Sagen hatten aber über Jahrhunderte Äbtissinnen. Für Touristen aus England ist das Kloster ein beliebtes Ziel, liegen hier doch einige wichtige englische Herrscher aus dem Mittelalter begraben.

Geschichte des Klosters Gegründet wurde die Abtei im Jahr 1101 von **Robert d'Arbrissel**, einem berühmten Wanderprediger, der sich mit seiner Gefolgschaft von Schülern, Büßern und Bekehrten in der Talmulde von Fonte-vraud niedergelassen hatte. Da zu seinen Anhängern auch Laien, Männer und Frauen aus allen Schichten, darunter Prostituierte, Kranke und Aussätzige zählten, musste eine besondere Klosterge-meinschaft geschaffen werden. So entstanden in fünf verschiedenen Gebäuden regelrechte eigenständige Klöster: Sainte-Marie für die Nonnen, Sainte-Madeleine für die reuigen Sünderinnen, Saint-Jean für die Mönche, Kapläne und Beauftragten weltlicher Angelegenhei-ten, Saint-Benoît für die Kranken und Saint-Lazare für die Lepra-kranken. Die Leitung aller fünf Klöster, in denen nach den Regeln des hl. Benedikt gelebt wurde, vertraute der Gründer – getreu den Worten Christi am Kreuz zu Johannes: »Sohn, siehe, da ist deine Mutter« – einer Frau in Stellvertretung der Muttergottes Maria an.

Insgesamt 36 **Äbtissinnen** leiteten die gemischte Klostergemeinschaft bis zur Französischen Revolution; im Lauf der Jahrhunderte begehr-ten immer wieder Mönche gegen die Herrschaft ihrer Schwestern auf, doch blieb ihr Widerstand stets erfolglos. Schließlich stammten alle Äbtissinnen von Fontevraud aus einflussreichen adeligen Fami-lien, 14 von ihnen waren sogar Prinzessinnen.

Fontevraud-l'Abbaye, eine der größten Klosteranlagen in Frankreich

Die wirtschaftliche Basis des Klosters bildeten Schenkungen der Grafen von Anjou-Plantagenêts und späteren **Könige von England**, die die Abtei zu ihrer Grablege wählten. Im 18. Jh. war Fontevraud das **reichste Frauenkloster Frankreichs**, man lebte hier wie an einem Fürstenhof. Die Abtei genoss einen solch ausgezeichneten Ruf, dass König Ludwig XV. seine vier jüngsten Töchter hier erziehen ließ. Während der Französischen Revolution endete das schöne Leben in Fontevraud. Gebäude wurden geplündert und zerstört, viele Nonnen verloren ihr Leben unter der Guillotine. 1804 wurden die noch erhaltenen Gebäude von Napoleon in ein Gefängnis umgewandelt, das bis 1963 bestand. Seit 1975 hat in den restaurierten Konventsgebäuden das Centre Culturel de l'Ouest seinen Sitz, das Konzerte, Ausstellungen und Kongresse veranstaltet; es gibt auch ein Hotel-Restaurant.

Besichtigung der Abtei Fontevraud

Klosterareal Der Eingang zu dem großen Klosterareal liegt an der Place des Plantagenêts im Ortszentrum. Man überquert einen weitläufigen Hof, links befinden sich die ehemaligen Stallungen, rechts das alte Wohnhaus des Abtes aus dem 17. und 18. Jahrhundert. In einer einstigen Kaserne gegenüber vom Eingang waren im 19. Jh. die Wachsoldaten des Gefängnisses stationiert. Dahinter liegt die überwiegend aus dem Mittelalter stammende Klosteranlage. Vom Klosterkomplex sind noch das Frauenkloster Sainte-Marie mit der Klosterkirche, dem Kreuzgang, dem Kapitelsaal und einer berühmten Küche, der Saint-Benoît-Kreuzgang sowie das von schönen Gärten umgebene Priorat Saint-Lazare erhalten. Nicht mehr vorhanden sind das Männerklos-

Fontevraud l'Abbaye Orientierung

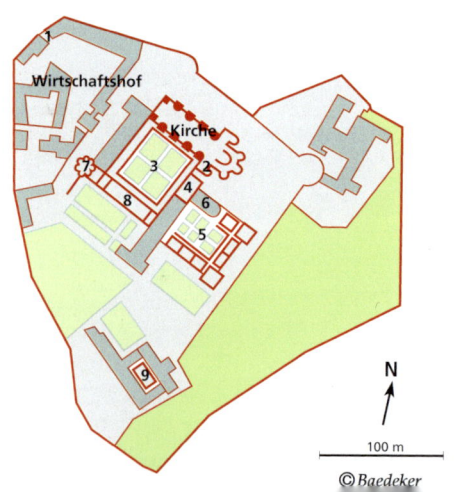

Wirtschaftshof

Kirche

1 Eingang
2 Grabmäler der
  Plantagenêts
3 Marienkreuzgang
4 Kapitelsaal
5 St.-Benedikt-
  Kreuzgang
6 Benediktkapelle
7 Küche
8 Refektorium
9 Priorat St-Lazare

N

100 m

© Baedeker

ter Saint-Jean und das Priorat Sainte-Madeleine; sie befanden sich östlich der Hauptgebäude (Öffnungszeiten: tgl. Jan. bis März 10.00 – 17.30, Apr. – Mai 10.00 – 18.00, Juni – Sept. 9.00 – 18.30, Okt. 10.00 – 18.00, Nov. – Dez. 10.00 – 17.30 Uhr).

Die große Kirche wurde 1119 geweiht. Ihre Fassade ist verhältnismä-   **Kirche**
ßig schlicht und entspricht damit dem benediktinischen Ideal, auch das Innere des 90 m langen Kirchenschiffs kommt fast ohne jeden Schmuck aus. Die Langhausjoche sind von einzelnen Kuppeln überwölbt, ihr Licht erhält die Kirche nur durch kleine, unter den Gewölbebogen gelegene Fenster. Querhaus und Chor sind wesentlich höher als die Bögen der Langhausjoche; der für den romanischen Baustil überraschend schmale und hohe Chor ist von einem Chorumgang mit drei Kapellen umgeben. Im rechten Querhaus sind die berühmten **Grabmäler der Plantagenêts** aus dem 12./13. Jh. zu sehen: bemalte Liegefiguren von Heinrich II. Plantagenêt (König von England) und seiner Gemahlin, Eleonore von Aquitanien, ihrem Sohn Richard Löwenherz und Isabella von Angoulême, der zweiten Frau ihres Sohnes Johann Ohneland.

Der **Marien-Kreuzgang** ist der größte Kreuzgang Frankreichs. Mit Ausnahme des südlichen gotischen Flügels ist er im Stil der Renaissance gehalten. Auf den Wandmalereien ist das Selbstbewusstsein der Äbtissinnen erkennbar; bis ins 18. Jh. haben diese eigene Porträts in die immer wieder erneuerten Malereien mit Szenen aus dem Leben Jesu einfügen lassen. Im Ostflügel stößt der **Kapitelsaal** an den Kreuzgang, über dessen Portal reicher Figurenschmuck zu sehen ist. Die Gewölbe sind mit Fresken aus dem 16. Jh. ausgemalt.

Um den **St.-Benedikt-Kreuzgang**, der im Norden von der Benediktinerkapelle aus dem 12. Jh. begrenzt wird, ziehen sich die Gebäude des früheren **Krankenhauses**. Wenn man an der Nordseite aus dem Kreuzgang hinaustritt, steht man direkt vor der Apsis der großen Klosterkirche.

Das unverwechselbare achteckige Küchengebäude der Abtei mit fast 30 m hohem Schornstein

FONTEVRAUD UND UMGEBUNG ERLEBEN

AUSKUNFT

Office de Tourisme
Place St Michel
F-49590 Fontevraud-l'Abbaye
Tel. 02 41 51 79 45
Fax 02 41 51 79 01
http://perso.wanadoo.fr/tc.fontevraud
www.abbaye-fontevraud.com

ESSEN

► **Erschwinglich**
Diane de Méridor
12, Quai Philippe de Commines
F-49730 Montsoreau
Tel. 02 41 51 71 76
Restaurant am Ufer der Loire, benannt nach der Romanheldin aus Alexandre Dumas' »Die Dame von Montsoreau«. Feine Gerichte. Vom Speiseraum mit Balkendecke und Kamin hübscher Blick auf den Fluss.

ÜBERNACHTEN

Baedeker-Empfehlung

► **Komfortabel**
L'Hôtellerie de l'Abbaye
Royale de Fontevraud
Rue Saint Jean de l'Habit
BP 14, F-49590 Fontevraud-l'Abbaye
Tel. 02 41 51 73 16, Fax 02 41 51 75 50
www.hotelfp-fontevraud.com
Wer klösterliche Abgeschiedenheit sucht, ist im Zwei-Sterne Hotel im Priorat St-Lazare gut aufgehoben. In 52 Zimmern kann man Ruhe finden. Das Frühstück wird im Kapitelsaal serviert, und der kleine Kreuzgang des ehemaligen Krankenhauses der Abtei dient als Restaurant; hier werden Gerichte angeboten, die nach klassisch französischer Art zubereitet sind (Kategorie: Erschwinglich).

Küchengebäude

Die Küche aus dem 12. Jh. ist sicher das bekannteste Klostergebäude. Das ursprünglich freistehende achteckige Gebäude, in dessen Mitte ein ebenfalls achteckiger, pyramidenförmiger und 27 m hoher Schornstein aufragt, ist von einem Apsidenkranz mit jeweils eigenem Rauchabzug umschlossen – immerhin mussten hier täglich Mahlzeiten für mehrere hundert Personen zubereitet werden. Die **markante Dachkonstruktion** allerdings stammt nicht aus vergangenen Jahrhunderten, sondern ist eine Erneuerung aus der Zeit um 1900. Eine niedrige Tür führt zu dem 45 m langen, mit einem mächtigen neunjochigen Rippengewölbe versehenen **Refektorium**, über dem Zellen für 47 Nonnen lagen.

Prieuré Saint-Lazare

Im Süden des ummauerten Bezirks steht das Priorat St-Lazare mit Kapelle und dem zugehörigen kleinen Kreuzgang, der im Sommer als Restaurant dient. In dem Priorat, ursprünglich für Aussätzige bestimmt, ist heute ein komfortables **Hotel-Restaurant** untergebracht.

Saint-Michel

Vor den Toren der Abtei steht die einschiffige Pfarrkirche St-Michel – um 1170 errichtet für die Bevölkerung, die sich vor den Mauern des Klosters angesiedelt hatte. Im Innern beherbergt das Gotteshaus **kostbare Altäre**, zahlreiche Gemälde und schöne Holzplastiken.

Umgebung von Fontevraud-l'Abbaye

Bis ins Jahr 1820 brandete das Wasser der Loire direkt an die Mauern des Schlosses von Montsoreau, dann wurde der Uferstreifen verbreitert und der Fluss zurückgedrängt. Montsoreau 4 km nördlich von Fontevraud zählt zu den schönsten Dörfern in Frankreich. Im 15. Jh. von Jean de Chambes, dem Hofmeister Karls VII., erbaut, wurden in dem **Schloss** oft berühmte Pilger empfangen, die zur Abtei von Fontevraud reisten. Die berühmteste Figur der Schlossgeschichte ist zweifellos Charles de Chambes. Dieser Herrscher war verheiratet mit Françoise de Méridor, die wiederum ein Verhältnis mit dem Gouverneur von Anjou, dem galanten Bussy d'Amboise, hatte. Von ihrem Ehemann gezwungen, lockte Françoise den Gouverneur unter dem Vorwand eines Stelldicheins in das wenige Kilometer entfernte Schloss Coutancière. Dort lauerten bereits Charles' Gefolgsmänner und ermordeten den Liebhaber von Françoise. Niemand in der Region soll dem getöteten Bussy nachgetrauert haben. Charles und Françoise führten 40 Jahre lang eine glückliche und harmonische Ehe und setzten neun Kinder in die Welt. **Alexandre Dumas** machte das dramatische Ereignis aus dem Jahr 1579 in seinem Werk »Die Dame von Montsoreau« unvergessen.

Montsoreau

Macht einen ausgesprochen behaglichen Eindruck: Höhlenwohnung bei Montsoreau, abendlich beleuchtet.

Château Brézé – elegantes Renaissanceschloss inmitten von Weinfeldern

An dem Schloss von Montsoreau, das von außen sehr wehrhaft wirkt, lässt sich der Übergang von der mittelalterlichen Festung zum Lustschloss der Renaissance gut studieren. Im Inneren informiert ein audiovisueller Parcours mit dem Titel **»Les images de Loire«** über die Geschichte der Loire (Öffnungszeiten des Parcours: tgl. 14.00 bis 18.00 Uhr; www.chateau-montsoreau.com). Empfehlenswert ist ein kleiner Ausflug vom Schloss 1 km bergauf zu einem Aussichtspunkt, von dem aus man das Panorama mit dem Zusammenfluss von Vienne und Loire genießen kann.

Ca. 1,5 km westlich vom Schloss sind Höhlenwohnungen und die **Moulin de la Herpinière** zu sehen, eine Windmühle von 1514, die noch immer funktioniert; von dieser Bauart existierten in der Gegend einst mehrere hundert, ihr kegelförmiger Unterbau ist heute noch ganz typisch für das Landschaftsbild.

Candes-Saint-Martin

Wie Montsoreau wird auch Candes-Saint-Martin – 5 km nördlich von Fontevraud an der Mündung der Vienne in die Loire gelegen – als eines der schönsten Dörfer Frankreichs bezeichnet. Seinen Namen verdankt der Ort mit den schiefergedeckten weißen Häusern dem hl. Martin von Tours. Sehenswert ist die wuchtige **Wallfahrtskirche Saint-Martin**, die im 12./13. Jh. an der Stelle erbaut wurde, an der der Heilige 397 verstorben war. Überspannt wird das Langhaus von einem kuppelartig überhöhten Gewölbe im sog. Anjou-Stil, wie er für viele Kirchen im Loire-Gebiet am Übergang von der Romanik zur Gotik üblich war. Reichen Figurenschmuck zeigen das Kirchenportal und die Außenfront der Vorhalle an der Nordseite.

Brézé

Auch in Brézé 10 km westlich von Fontevraud-l'Abbaye gibt es ein elegantes, von Weinbergen umgebenes Renaissanceschloss. Seine Besonderheit ist die riesige **unterirdische Anlage** mit Küchen, Lagerräumen, einer Bäckerei, Ställen usw., die seit dem 9. Jh. in den Tuffstein gehauen wurde.

Gien

Région: Centre   **Höhe:** 160 m ü.d.M.
Département: 45 Loiret   **Einwohnerzahl:** 16 000

Gien, ein hübsches, von einem Schloss überragtes Städtchen am Nordufer der Loire, ist in erster Linie für seine Fayencen bekannt. Als geschätztes Jagdrevier trug es früher auch den Beinamen »Hauptstadt der Jagd«.

Die kleine Stadt etwa 70 km südöstlich von Orléans ist die östlichste Schlossstadt im Loire-Tal und das **bedeutendste Zentrum der Fayencekunst** in Frankreich. Während in der einstigen Fayencestadt, im burgundischen ►Nevers, die Keramikherstellung längst erloschen ist, lebt in Gien die Tradition dieses Kunsthandwerks fort. Anders als in Nevers, wo bereits seit dem späten 16. Jh. Fayencen hergestellt wurden, gibt es in Gien erst seit dem frühen 19. Jh. eine Faïencerie.

Östlichste Schlossstadt des Loire-Tals

 ## GIEN ERLEBEN

AUSKUNFT

Office de Tourisme
Place Jean Jaurès
BP. 99, F-45503 Gien cedex
Tel. 02 38 67 25 28, Fax 02 38 38 23 16
www.gien.fr

ESSEN

► **Erschwinglich**
La Poularde
13, Quai de Nice, F-45500 Gien
Tel. 02 38 67 36 05; So. abends und Mo. mittags geschl.
Elegantes Restaurant, in dem traditionelle Gerichte auf dem typischen Porzellan aus Gien serviert werden. Auch Gästezimmer, z. T. mit Blick auf die Loire, stehen zur Verfügung.

Le Régency
6, Quai Lenoir, F-45500 Gien
Tel. 02 38 67 04 96; So. abends, Di. abends, Mi. geschl.
Kleines Lokal gegenüber der Steinbrücke mit guter traditioneller Küche.

ÜBERNACHTEN

► **Komfortabel**
Le Rivage
1, Quai de Nice, F-45500 Gien
Tel. 02 38 37 79 00
Fax 02 38 38 12 21
Von einigen der insgesamt 19 Zimmer des am Loire-Ufer gelegenen Hotel-Restaurants hat man einen herrlichen Blick auf den Fluss. Komfortable Zimmer mit großen Bädern. Hervorragende Küche (Süßwasser-Fischspezialitäten), hübscher Speisesaal und Terrasse. Separater Parkplatz.

► **Günstig**
Anne de Beaujeu
10, Route de Bourges
F-45500 Gien
Tel. 02 38 29 39 39
Fax 02 38 38 27 29
Großes modernes Hotel auf der anderen Loire-Seite (30 Zi.). Hier sollte man sich für die nach hinten gehenden Räume entscheiden – sie sind ruhiger.

1821 gründete der Engländer Thomas Hulm, der sich schon in anderen Orten mit der Gründung einer Manufaktur versucht hatte, in einem alten Kloster am Stadtrand der Loire-Stadt eine Fayencefabrik. Der Standort war günstig gewählt, gab es hier doch genug Sand und Ton sowie Holz für die Öfen und einen Fluss als Transportweg für die Produkte. In den folgenden Jahrzehnten entwickelte sich dieses Unternehmen, das anfänglich preisgünstiges Gebrauchsgeschirr, später wertvolle Tafelservice und künstlerische Keramiken produzierte, zu einer weltweit bekannten Fabrik. Gefragt war vor allem das Ende des 19. Jh.s entstandene **Gien-Blau** (bleu de Gien), ein Dekor mit goldgelben Mustern auf dunkelblauem Grund.

Gien liegt inmitten der schönsten, schon von den Königen hochgeschätzten Jagdreviere Frankreichs. Zu allen Zeiten war Gien ein bedeutendes **Jagdzentrum** und wurde in der Vergangenheit sogar »Capitale de la chasse« (Hauptstadt der Jagd) genannt. Kein Wunder also, dass im Schloss ein Jagdmuseum eingerichtet wurde.

1940 wurde Gien bei Bombenangriffen fast völlig zerstört. Die Maxime für den Wiederaufbau war eine möglichst unverfälschte regionale Bauweise. Besonders von der Loire-Brücke aus wirkt die am Flussufer gelegene Altstadt mit dem darüber thronenden Schloss äußerst reizvoll.

Sehenswertes in Gien

Château Das Schloss oberhalb der Altstadt ließ **Anne de Beaujeu**, die Tochter Ludwigs XI. und zeitweilige Regentin von Frankreich, an der Stelle einer älteren Burg aus rotem Ziegelstein und Schiefer bauen. Im Jahr 1652 fanden der junge Ludwig XIV., seine Mutter Anna von Österreich und Minister Mazarin, die vor der Fronde, den Gegnern der

Vom Schloss überragt: Gien am Ufer der Loire

Kanalbrücke bei Briare, im Hause Eiffel konstruiert

absolutistischen Königsherrschaft, aus Paris geflohen waren, Zuflucht im Schloss von Gien.

Heute ist im Schloss, von dessen Terrasse man einen wunderschönen Blick auf die Stadt und den Fluss genießt, das **Musée International de la Chasse**, das größte Jagdmuseum Frankreichs, untergebracht. Die Sammlungen geben einen umfassenden Überblick über die Geschichte der Jagd. Neben Jagdwaffen aller Art sind Zeichnungen, Stiche, Gemälde, Tapisserien, verzierte Keramik, Jagdtrophäen und Jagdzubehör zu sehen. Im Obergeschoss hängen 75 Gemälde und Skizzen von **François Desportes** (1661–1743), dem Hofmaler Ludwigs XIV. und berühmtesten französischer Tiermaler. Ein Saal zeigt rund 5000 Jagdknöpfe, die als Verschluss und Schmuck der königlichen Jagdgewänder dienten (Öffnungszeiten: Mi.–Mo. 10.00–18.00, sonst Mi.–Mo. 10.00 bis 12.00, 14.00–17.00 Uhr; Juli und Aug. tgl. geöffnet; Jan. geschl.).

Im Nordwesten der Stadt, , befindet sich an der Place de la Vitoire in Flussnähe die seit 1821 bestehende Faïencerie. Die Werksanlagen des bekannten Unternehmens können besichtigt werden; angegliedert ist ein kleines **Keramikmuseum** mit rund 400 Exponaten aus der Produktionsgeschichte und einer Boutique (Öffnungszeiten: tgl. 9.00 bis 12.00, 14.00–18.00, So. ab 10.00 Uhr; Jan./Febr. nur nachmittags).

★
Musée de la Faïencerie

Umgebung von Gien

Um zwei Kanäle, den 56 km langen Canal de Briare und den 196 km langen Loire-Seitenkanal, zu verbinden, ohne sie in die Loire zu leiten, baute 1890–1894 das Unternehmen Gustave Eiffel in Briare, 10 km südöstlich von Gien, eine 664 m lange und 11 m breite **Kanalbrücke** über den Fluss. Die Wasserstraße ist einseitig schiffbar und wird regelmäßig befahren; seitlich verlaufen Bürgersteige für Fußgänger und Radfahrer.

Briare

> ! **Baedeker TIPP**
>
> ### Auf dem Wasserweg über die Loire
> In den Sommermonaten werden in Briare Kreuzfahrten auf den Kanälen, inklusive Überquerung der Kanalbrücke, angeboten. Man kann während der Fahrt auch ein reichhaltiges Frühstück oder ein Abendessen mit mehrgängigem Menü genießen.

Auf der auf einem Felsvorsprung gelegenen Burg Saint-Brisson 6 km südöstlich von Gien wird vorgeführt, wie die im Burggraben aufgestellten mittelalterlichen Kriegsmaschinen funktionierten (Vorführungen: Ende Juni–Mitte Sept. So. 15.30–16.30, Mitte Juli–Mitte Aug. Do.–Di. 15.30 Uhr).

Rund 10 km nordöstlich von Gien steht am Rand des gleichnamigen Ortes das Schloss **La Bussière**, eine im 16. Jh. umgebaute Residenz. Das Anwesen heißt auch **Château des Pêcheurs**, denn neben zehn möblierten Zimmern, darunter einer Küche aus dem 16. Jh., ist eine Sammlung zur Binnenfischerei zu sehen. Der das Schloss umgebende See entstand in der Zeit Ludwigs XIV.; den Park gestaltete Jean Le Nôtre, der Vater des Gartenarchitekten von Versailles.

La Charité-sur-Loire

F 34

Région: Bourgogne	**Höhe:** 199 m ü.d.M.
Département: 58 Nièvre	**Einwohnerzahl:** 6000

Die hübsche Altstadt von La Charité-sur-Loire am rechten Ufer der Loire zieht sich um die ehemalige Prioratskirche Ste-Croix-Notre-Dame. Einem Schriftsteller ist zu verdanken, dass das Gotteshaus im 19. Jh. nicht abgerissen wurde. Doch nicht nur die Kirche, auch die kleinen Geschäftsstraßen des ruhigen Städtchens laden zu einem Besuch ein.

Station auf dem Jakobsweg
Bereits im 8. Jh. gab es auf der Anhöhe, auf der La Charité-sur-Loire liegt, einen Ort namens Seyr, der 771 von den Sarazenen zerstört wurde. 1059 entstand mit der Errichtung eines Priorats durch den Abt Hugo von Cluny die Stadt neu. In den folgenden drei Jahrhunderten erlebte das Kloster, das auch als **»älteste Tochter von Cluny«** bezeichnet wird, einen kolossalen Aufschwung: Seine Lage an einem

 ## LA CHARITÉ-SUR-LOIRE ERLEBEN

AUSKUNFT

Office de Tourisme
5 Place Sainte-Croix
BP 13, F-58401 La Charité-sur-Loire
Tel. 03 86 70 15 06, Fax 03 86 70 21 55
www.lacharitesurloire-tourisme.com

ÜBERNACHTEN / ESSEN

▶ **Komfortabel**
Le Grand Monarque
33 quai Clemenceau,
F-58400 La Charité-sur-Loire
Tel. 03 86 70 21 73, Fax 03 86 69 62 32
www.le-grand-monarque.fr
Am Loire-Ufer gelegenes Familienhotel in einem Haus aus dem 17. Jh. mit 15 geschmackvoll eingerichteten Zimmern. Das Restaurant mit Blick auf den Fluss bietet eine feine Küche.

▶ **Günstig**
Le Mille et une feuilles
23 Avenue Gambetta, F-58400 La Charité-sur-Loire
Tel. 03 86 70 09 61, Fax 03 86 70 12 99
www.milleetunefeuilles.com
Hotel in einer ehemaligen Poststation aus dem 18. Jh. (10 Zi.). Gemütliches Restaurant (Kategorie Preiswert/Erschwinglich). 1991 übernachtete in Zimmer 2 der damalige Prinz und heutige König Albert II. von Belgien.

La Charité-sur-Loire im Morgendunst

bedeutenden Jakobsweg und das wohltätige Wirken seiner Mönche (charité = Barmherzigkeit) hatten es weithin bekannt gemacht. Der Klosterkomplex hatte über 400 Nebengebäude, bis zu 5000 Gläubige konnten hier unterkommen. Im Hundertjährigen Krieg wurde die Stadt 1429 einen Monat erfolglos von Jeanne d'Arc (►Berühmte Persönlichkeiten) belagert; in den Hugenottenkriegen vernichtete ein Feuer große Teile des Klosters und der Stadt.

Dank seiner günstigen Lage konnte sich die Stadt wieder zu einem florierenden Handelsplatz entwickeln. Doch mit dem Bau des Loire-Seitenkanals begann der Stern zu sinken. 1998 wurde der nach Santiago de Compostela führende Jakobsweg zwischen Vézelay nordöstlich von La Charité-sur-Loire und ► Bourges zum **Unesco-Weltkulturerbe** ernannt, womit auch die Prioratskirche von La Charité-sur-Loire auf der Unesco-Liste steht. Seit dem Jahr 2000 nennt sich La Charité-sur-Loire mit seinen rund 15 Bücherantiquariaten, die sich in der Altstadt etabliert haben, **Ville du Livre** (Stadt des Buches).

Den schönsten Blick auf die an einem Hang liegende Stadt mit ihrer berühmten Prioratskirche hat man von der alten Steinbrücke über die Loire, die direkt in das Herz des historischen Zentrums von La Charité-sur-Loire führt.

Besichtigung von La Charité-sur-Loire

★
Sainte-Croix-Notre-Dame

Die einstige Klosterkirche war bei ihrer Weihung im Jahr 1107 durch Papst Paschalis II. mit einem Langhaus von 120 m Länge das zweitgrößte Gotteshaus der Christenheit nach der Abteikirche von Cluny. Obwohl von der Kirche nur ein Teil erhalten ist, zählt sie zu den **großen Zeugnissen der Romanik** in Burgund. Im Jahr 1840 sollte die Straße Paris – Nevers durch das Kirchenschiff geführt werden, und nur den Bemühungen des Schriftstellers **Prosper Mérimée**, dem damals die Inspektion der historischen Denkmäler Frankreichs oblag, ist es zu verdanken, dass dieser Plan nicht realisiert wurde.

Von der Doppelturmfassade der Kirche blieb nur der Heilig-Kreuz-Turm, ursprünglich der Nordturm der Fassade, erhalten – seit dem 17. Jh. steht dieser 67 m hohe **Glockenturm** isoliert. Außerdem sind von einst fünf Westportalen die beiden nördlichen stehen geblieben. Das linke Tympanon befindet sich noch an seinem ursprünglichen Platz, das rechte wird im linken Seitenschiff in der Kirche aufbewahrt. Durch ein erneuertes Portal aus dem 16. Jh. betritt man die Place Sainte-Croix oder auch Cour Sainte-Croix (Office de Tourisme), die sich an der Stelle befindet, an der einst die sechs westlichen Joche des Kirchenschiffs waren. Das heutige Gotteshaus umfasst nur noch den östlichen Teil der früheren Anlage, d. h. vier Joche des im 17. Jh. erneuerten Schiffs, das von einem **oktogonalen Vierungsturm bekrönte Querhaus** und den Chor. Im Chorbereich fällt der Reichtum an Skulpturenschmuck auf, die Kapitelle zeigen Blattwerk und Fabelwesen, wie sie typisch sind für die späte Romanik. Im rechten Seitenschiff wurden Fundamente eines älteren Baus freigelegt.

Verlässt man die Kirche durch den rechten Querhausarm, kommt man durch die Grande Rue zum Ausgrabungsgelände des Square des Bénédictins, dem **ehemaligen Standort des Benediktinerklosters**, zu dem die Kirche gehörte. Auf dem benachbarten Areal wurden die Reste von **St-Laurent**, einer 1056 erbauten und nach einem Brand 1559 verfallenen Kirche ausgegraben, in der die Klostergemeinde Totenmessen las.

Sainte-Croix-Notre-Dame Orientierung

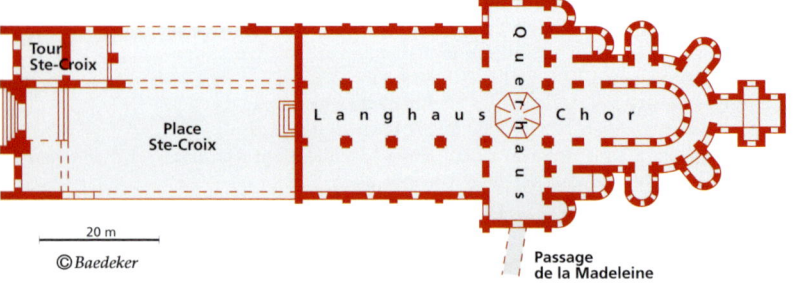

Tour Ste-Croix

Place Ste-Croix

Langhaus

Querhaus

Chor

20 m

© Baedeker

Passage de la Madeleine

So sah die Klosterkirche einst aus: Modell von Sainte-Croix-Notre-Dame

Von den Befestigungsanlagen, die ab dem 11. Jh. von den Mönchen errichtet wurden, sind noch Reste erhalten – besonders gut die Nordmauer mit ihren vier Türmen. Bei einem **Spaziergang** auf den Remparts (»Promenade des remparts«) hat man einen schönen Blick auf den kleinen Ort. **Befestigungsanlagen**

In der Rue des Chapelains, die von der Place des Pêcheurs abzweigt, steht das Hôtel Adam (18. Jh.) mit der Sammlung des Stadtmuseums. Gezeigt werden u. a. **moderne Kunst und angewandte Kunst**: Gläser von Lalique, Daum und Gallé; Keramikarbeiten von Deck und Louchet; Skulpturen des Künstlers Alfredo Pina, einem Schüler von August Rodin, aber auch Gebrauchsgegenstände und Grabungsfunde. Ein Saal ist Feilen und Raspeln gewidmet, die zwischen 1850 und 1950 hier hergestellt wurden. **Musée Municipal**

★ Langeais

Région: Centre   **Höhe:** 55 m ü.d.M.
Département: 37 Indre-et-Loire   **Einwohnerzahl:** 3800

Mit seiner Zugbrücke, den hohen Mauern und schmalen Kreuzfenstern, Rundtürmen, Zinnenkranz, Pechnasen und dem Wehrgang bietet das Schloss von Langeais das vollkommene Bild einer mächtigen Trutzburg – zum Hof hin wirkt es dagegen wie ein eleganter Landsitz. 1491 fand hier eine für die Geschichte Frankreichs bedeutende Vermählung statt.

Wechselvolle Schloss-geschichte

Das Städtchen Langeais liegt am rechten Loire-Ufer knapp 20 km westlich von Tours. Das Schloss erhebt sich mitten im Ort auf einem Bergsporn. Bereits im 10. Jh. stand hier eine Burg, die **Fulco Nerra**, der finstere Graf von Anjou, erbauen ließ – »finster«, da er nicht davor zurückschreckte, seine Frau zu verbrennen, weil er sie für untreu hielt. Von dieser frühen Festung ist noch der Donjon im Schlossgarten erhalten, der älteste Frankreichs: Er entstand bereits 994. Die erste Burg gehörte bis zum 13. Jh. den Plantagenêts, den Erben der Grafen von Anjou, und war damit in englischem Besitz. Im 13. Jh. wechselte sie mehrfach die Besitzer, und im Hundertjährigen Krieg fiel sie wiederum den Engländern in die Hände. 1428 gaben diese sie frei, unter der Bedingung, dass sie bis auf den Donjon geschleift würde.

Das heutige Schloss wurde in nur vier Jahren, 1465 bis 1469, errichtet und später nie wesentlich verändert. Bauherr war Ludwig XI., der mit dieser Festung eine Bastion gegen den kampffreudigen Herzog der Bretagne schaffen wollte.

1491 wurde das Schloss zum Schauplatz eines bedeutenden Ereignisses, als mit viel Prunk die Vermählung von **Karl VIII. und Anna von Bretagne** gefeiert wurde. Durch diese Heirat war der Anschluss der Bretagne an Frankreich besiegelt, denn im Ehevertrag verpflichtete sich Anna, Karls Nachfolger zu heiraten, falls der König vor ihr starb. Genau das traf ein. Karl VIII. verunglückte tödlich in Amboise, und Anna heiratete Ludwig XII. Die Eheschließung von Langeais erregte großes Aufsehen im damaligen Europa, denn die Herzogin Anna war durch Ferntrauung bereits Maximilian von Habsburg, dem späteren Kaiser des Heiligen Römischen Reiches, versprochen, und Karl VIII. war seinerseits mit dessen Tochter Margarethe verheiratet. Mit dieser Vermählung, mit der die Bedrohung der Touraine durch die Bretonen endete, erlosch die strategische Bedeutung von Langeais.

 LANGEAIS ERLEBEN

AUSKUNFT

Office de Tourisme
Place du 14 Juillet
BP 47, F-37130 Langeais
Tel. 02 47 96 58 22, Fax 02 47 96 83 41
E-Mail: tourisme.langeais@wanadoo.fr
www.tourisme-langeais.com

ÜBERNACHTEN / ESSEN

▶ **Luxus**
Château de Rochecotte
43, Rue Dorothée de Dino
F-37130 Langeais (Ortsteil St-Patrice)
Tel. 02 47 96 16 16, Fax 02 47 96 90 59
www.chateau-de-rochecotte.fr

Eines der schönsten Schlosshotels an der Loire. Das von einem Park umgebene Schloss aus dem 18. Jh. (35 Zi.) besitzt auch ein stimmungsvolles Restaurant mit hervorragender Küche.

▶ **Komfortabel**
Errard Hosten
2, Rue Gambetta
F-37130 Langeais
Tel. 02 47 96 82 12, Fax 02 47 96 56 72
www.errard.com
Hotelrestaurant (10 Zi.) in Schlossnähe, gegenüber vom Office de Tourisme. Traditionelle Küche.

In der Folgezeit wechselte das Schloss mehrfach den Besitzer. 1886 erwarben der Privatmann **Jacques Siegfried** und seine Ehefrau das Anwesen. Die neuen Besitzer machten es sich zur Aufgabe, das Schloss wieder in den Zustand des 15. Jahrhunderts zu versetzen, und statteten es mit zahlreichen alten Wandteppichen und Renaissancemöbeln aus. 1904 vermachten die engagierten Schlossherren ihren Besitz dem Institut de France. Am Fuß des alten Donjon ist das Ehepaar bestattet.

Sehenswertes in Langeais

Über eine Treppe, eine Zugbrücke und durch einen Torbogen betritt man den geräumigen Innenhof, der von den zwei Flügeln des Schlosses begrenzt wird und sich, in Terrassengärten ansteigend, bis zur Ruine des Donjon fortsetzt (Öffnungszeiten: tgl. Febr.–Juni, Sept. bis Mitte Nov. 9.30–18.30; Juli/Aug. 9.00–19.00; Mitte Nov. bis Jan. 10.00–17.00 Uhr).

★
Château

🕐

Im Innern können **13 Säle** besichtigt werden. Sie sind nahezu komplett eingerichtet, ohne dass eine Atmosphäre musealer Sterilität entsteht. Mit ihren Holzdecken und Wandvertäfelungen, den reich dekorierten Kaminen und den stilechten Möbelstücken, den Gemälden und Skulpturen vermitteln sie eine anschauliche Vorstellung vom Schlossleben im 15. Jahrhundert. Die Krönung der gesamten Einrichtung bilden die 30 Gobelins aus dem 15. und 16. Jh., die Jacques Siegfried zwischen 1880 und 1900 zusammentrug; die ältesten stammen aus Flandern, die übrigen sind aus Aubusson.

Im Großen Salon der ersten Etage, in dem am 6. Dezember 1491 die Vermählung von Karl VIII. und der 14-jährigen Anna von Bretagne stattfand, ist die Hochzeitsszene mit **lebensgroßen Wachsfiguren** nachgestellt. Man sollte auch auf dem oberen **Wehrgang** das ganze Schloss umrunden; von hier hat man einen herrlichen Blick auf den Schlossgarten, das Städtchen mit seinen kleinen Häusern und den Fluss. In einem Saal werden Gobelins zum Verkauf angeboten.

Direkt gegenüber vom Schloss steht die **Maison de Rabelais**, ein Renaissancebau, in dem der französische Schriftsteller François Rabelais (1494–1553) einige Zeit gewohnt haben soll.

Umgebung von Langeais

Die Attraktion von Saint-Michel-sur-Loire 5 km südwestlich von Langeais ist das **Cadillac-Automuseum** im Château Planchoury. 60 Cadillacs aus der Sammlung des belgischen Sammlers Robert Keyaerts sind hier zu besichtigen. Ihren Namen verdankt die amerikanische Luxus-Automarke, die seit den 1920er-Jahren von General Motors hergestellt wird, dem Franzosen Antoine de la Mothe Cadillac, der 1701 die Stadt Detroit im heutigen US-Bundesstaat Michigan gründete. Das Museum ist nur an wenigen Tagen im Jahr geöffnet (Tel. 02 47 96 81 52; www.musee-keyaerts-cadillac.com).

Saint-Michel-sur-Loire

✳ Le Lude

D 16/17

Région: Pays de la Loire
Département: 72 Sarthe

Höhe: 48 m ü.d.M.
Einwohnerzahl: 4500

Hauptsehenswürdigkeit der am Loir gelegenen Kleinstadt Le Lude – rund 50 km nordwestlich von Tours – ist das von herrlichen Gärten umgebene, noch heute bewohnte Schloss, dessen Hausherrin alljährlich ein großes Gartenfest veranstaltet.

Schlossbesichtigung

In der zweiten Hälfte des 15. Jh.s errichteten Jean de Daillon, ein Jugendfreund König Ludwigs XI., und sein Sohn Jacques auf den Fundamenten einer alten, im Hundertjährigen Krieg umkämpften Burg das Schloss Le Lude direkt am Ufer des Loir. Bis ins 19. Jh. wurden immer wieder Umbauten an dem Gebäudekomplex mit seinen vier charakteristischen massigen Rundtürmen vorgenommen. Im Innern von Le Lude sind die **Bibliothek** mit ca. 2000 Bänden, der im Stil des 15. und 16. Jh.s restaurierte **Festsaal**, der **Speisesaal** mit einem Renaissancekamin sowie andere Salons mit altem Mobiliar und Gobelins zu besichtigen. Ein runder Treppenturm führt in den Burggraben hinab, wo ein langer, überwölbter Stollen zur **Salle des Gardes**

Schloss Le Lude, von herrlichen Gärten umgeben

▶ LE LUDE UND UMGEBUNG ERLEBEN

AUSKUNFT

Château du Lude
F-72800 Le Lude
Tel. 02 43 94 60 09, Fax 02 43 45 27 53
E-Mail: info@lelude.com
www.lelude.com

Office de Tourisme du Bassin Ludois
Place François de Nicolaÿ
F-72800 Le Lude
Tel. 02 43 94 62 20, Fax 02 43 94 48 46
E-Mail: otbas.ludois@wanadoo.fr
www.ville-lelude.com

Office de Tourisme du Pays Fléchois
Boulevard de Montréal
F-72200 La Flèche
Tel. 02 43 94 02 53, Fax 02 43 94 43 15
E-Mail: info@tourisme-paysflechois.fr
www.tourisme-paysflechois.fr

ÜBERNACHTEN

▶ Komfortabel
Le Relais Cicéro
18, Boulevard d'Alger
F-72200 La Flèche
Tel. 02 43 94 14 14, Fax 02 43 45 98 96
www.cicero.fr
Schönes Haus aus dem 17. Jh., das
absolute Ruhe bietet. Die 21 Zimmer
sind individuell eingerichtet.

▶ Günstig
Le Relais du Loir
40-42-44, Promenade du Maréchal
Foch, F-72200 La Flèche
Tel. 02 43 94 00 60, Fax 02 43 45 98 15
www.hotelrelaisduloir.com
Gemütliches Hotel am Loir (20 Zi.).
Von der Sommerterrasse hat man
einen schönen Blick auf den Fluss.

(13. Jh.) führt, die unter den Fundamenten von Schloss und Terrasse
liegt (Öffnungszeiten: Apr. – Sept. Di. – Do., Mitte Juni – Aug. tgl. ⊙
Gärten 10.00 – 12.30, 14.00 – 18.00; Führungen im Schloss 14.30 bis
18.00 Uhr).
Bewohnt wird das Schloss heute von der **Grafenfamilie de Nicolaÿ**.
Seit 1994 veranstaltet die Gräfin jedes Jahr am ersten Juni-Wochen-
ende ein großes Gartenfest, das sich Themen zur Gartengestaltung
und Gartenarbeit widmet.

Umgebung von Le Lude

Die Kleinstadt La Flèche, die 20 km nordwestlich von Le Lude an   **La Flèche**
mehreren Seitenarmen des Loir liegt, hat ihren Gästen einiges zu bieten: Geschäfte, Restaurants und Cafés, Flaniermeilen wie die Place
Henri IV und den Stadtpark, in der näheren Umgebung mehrere
Schlösser und Badeseen (Freizeitzentrum La Monnerie) und einen
schönen **Zoo** mit über 1200 Tieren 5 km östlich.
Bekannt ist der Ort vor allem als Sitz einer Militärakademie, aus der
zahlreiche berühmte Männer Frankreichs hervorgingen – die am
Nordrand der Innenstadt gelegene **Prytanée National Militaire** war
ursprünglich ein von Heinrich IV. gegründetes Jesuitenkolleg; mit
der Vertreibung der Jesuiten 1762 wurde das Kolleg Militärschule,

1808 richtete Napoleon hier die Militärakademie ein. In der zur Pry-tanée gehörenden, prächtig ausgestatteten **Chapelle St-Louis** (1607 bis 1637) steht in einer Nische am Hochaltar eine Urne mit der Asche der Herzen von Heinrich IV. und seiner Gemahlin Maria von Medici.

Berühmt ist das Städtchen auch für ein historisches Ereignis, das in der Neuen Welt stattfand: 1642 gründeten ausgewanderte Bürger von La Flèche die Kolonie »Ville Marie« in Kanada, aus der sich später **Montréal** entwickelte.

✶ Loches

G 21

Région: Centre
Département: 37 Indre-et-Loire

Höhe: 70 m ü.d.M.
Einwohnerzahl: 6300

Das Städtchen Loches, malerisch am Ufer der Indre gelegen, ist ein historisches Kleinod. Über der hübschen Unterstadt erhebt sich auf einem Bergrücken die Cité médiévale, die »Stadt in der Stadt«. Hier residierten mehrere Könige und hier fristeten große Persön-lichkeiten ihre Tage im berühmt-berüchtigten Staatsgefängnis.

Bereits im 6. Jh. stand auf dem Felssporn hoch über der Indre eine Burg. Ab dem 11. Jh. herrschten hier die Grafen von Anjou; im 12. Jh. waren Heinrich II. Plantagenêt, Graf von Anjou und König von England, sowie seine Söhne Richard Löwenherz und Johann Oh-neland Hausherren; 1205 wurde die Burg für die französische Krone zurückerobert. Im 15. Jh. residierten in Loches **Karl VII.** mit seiner schönen Mätresse Agnès Sorel und **Ludwig XII.** mit seiner Gemahlin Anna von Bretagne.

Zwei Ereignisse prägten die Herrschaft Karls VII. in Loches. Am 3. und 5. Juni 1429 traf Jeanne d'Arc ihn hier, um ihn nach Reims zur Krönung zu holen. Unter Karl VII. ging das Schloss aber auch als Re-sidenz von **Agnès Sorel** in die Chronique scandaleuse ein. Agnès, ein Bauernmädchen, war erst 20 Jahre alt, als sich der 40-jährige Karl in sie verliebte. »Dame de Beauté« wurde sie genannt – wegen ihrer Schönheit und nach dem ihr vom König vermachten Gut Beauté-en-Champagne. Die ab 1444 fast offiziell anerkannte Favoritin heilte den König von Depressionen und beriet ihn bei wichtigen Staatsge-schäften, umgab sich aber auch gern mit allerlei Luxus – Edelsteinen, Seidenstoffen und kostbaren Raritäten aus dem Orient –, was am Hof wegen der mageren königlichen Finanzen Anstoß erregte. Den-noch war sie eine sehr fromme Frau, die die Burgkirche (heute St-Ours) mit Geldern unterstützte. Agnès Sorel starb 1450 im Alter von nur 28 Jahren. Auf eigenen Wunsch wurde sie in der Burgkirche bei-gesetzt. Als Ludwig XI. den Thron bestieg, baten die Chorherren die-ser Kirche, die sterbliche Hülle ins Schloss überführen zu lassen, um die heilige Stätte nicht länger durch eine Sünderin zu entweihen. Der König zeigte sich einverstanden, forderte allerdings die Rückgabe der von Agnès gemachten Schenkungen. Daraufhin änderten die geistlichen Herren schnell ihre Meinung – und so blieb das Grab der Agnès Sorel bis zur Französischen Revolution in der Burgkirche.

Mit dem Herrschaftsantritt von Ludwig XI. diente ein Teil von Loches zeitweise als **Gefängnis**, in dessen finsteren Zellen manch bekannte Persönlichkeit hausen musste, u. a. Ludovico il Moro, der Herzog von Mailand (► unten). 1469 wurde Kardinal Jean Balue – des Hochverrats beschuldigt – von Ludwig XI. hier elf Jahre lang eingesperrt. Es heißt, er musste nachts in einem Käfig schmachten, den er sogar selbst erfunden haben soll; dieser Käfig, der mit Hilfe von Flaschenzügen hochzogen wurde, war so klein, dass sich ein normal großer Mann darin nicht ausstrecken konnte.

Loches *Orientierung*

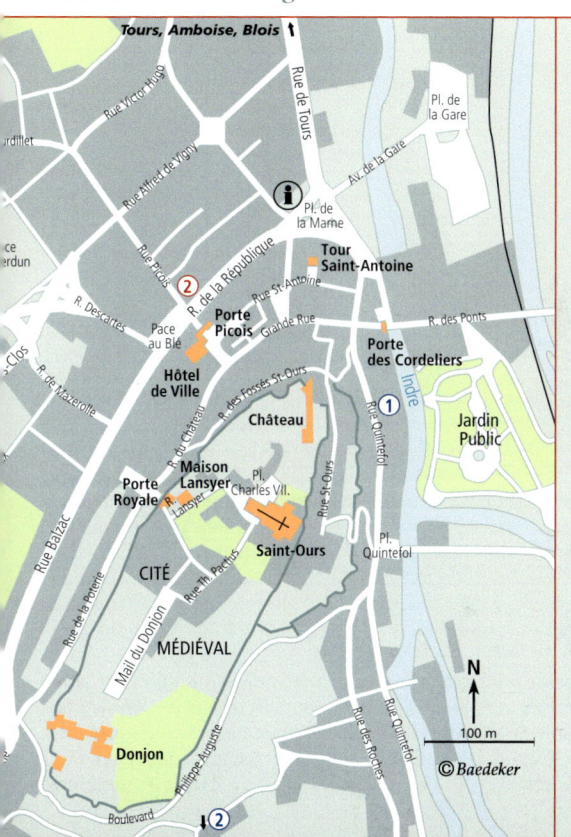

Essen
① George Sand
② L'Estaminet

Übernachten
① Le Luccotel
② Hôtel de France

© Baedeker

LOCHES ERLEBEN

AUSKUNFT

Office de Tourisme
Place de la Marne
BP 112, F-37600 Loches
Tel. 02 47 91 82 82, Fax 02 47 91 61 50
E-Mail: loches.en.touraine@
wanadoo.fr
www.loches-tourainecotesud.com

PARKEN

Unterhalb der Porte Royale (Zugang
zum Schloss) gibt es ausreichend
Parkmöglichkeiten.

ESSEN

► **Erschwinglich**

① **George Sand**
39, Rue Qintefol
Tel. 02 47 59 39 74
Hotel-Restaurant in einer alten Poststation aus dem 15. Jh. Sonnenterrasse
mit Blick auf die Indre. Traditionelle,
aber delikate Gerichte. Menüs zwischen 18 und 73 Euro.

► **Preiswert**

② **L'Estaminet**
14, Rue de l'Abbaye

Tel. 02 47 59 35 47; So. abends geschl.
Landgasthaus in einem malerischen
Dorf 1 km südlich von Loches. Im
Sommer werden die einfachen Ge-
richte auch auf der Terrasse serviert.

ÜBERNACHTEN

► **Komfortabel**

① **Le Luccotel**
12-14, Rue des Lézards
BP 221, F-37602 Loches cedex
Tel. 02 47 91 30 30
Fax 02 47 91 30 35
www.luccotel.com
Hotel (69 Zi.) in einem Park nordwestlich von Loches mit Blick auf die
mittelalterliche Altstadt. Zwei Restaurants, Hallenbad.

► **Günstig**

② **Hôtel de France**
6, Rue Picois, F-37600 Loches
Tel. 02 47 59 00 32, Fax 02 47 59 28 66
www.hoteldefranceloches.com
Hotel (17 Zi.) mitten im historischen
Stadtkern mit ruhigen Zimmern. Pri-
vatparkplatz, Terrasse, angeschlossenes
Restaurant.

Sehenswertes auf dem Schlossberg

Porte Royale   Wie eine uneinnehmbare Festung erhebt sich der Schlossberg mit
der von einer 2 km langen Mauer umgebenen Cité médiévale über
der Unterstadt. Die »Stadt in der Stadt« betritt man durch die von
zwei Rundtürmen flankierte Porte Royale, das mittelalterliche Tor an
der nordwestlichen Ummauerung, das früher durch eine Zugbrücke
gesichert war.

Maison Lansyer   Wenige Schritte neben dem Königstor steht das Wohnhaus von **Em-
manuel Lansyer** (1835–1893), der seinerzeit als einer der besten
Landschaftsmaler galt. Im Haus ist das Musée Lansyer mit einer Gemäldesammlung des Künstlers und einer Sammlung japanischer
Kunst eingerichtet.

Die Kirche St-Ours ist dem Patron von Loches geweiht. Sie geht auf **Saint-Ours**
eine Gründung von 962 zurück, der Bau entstand zu großen Teilen
im 12. Jahrhundert. Das mittlere Kirchenschiff ist von spitzen, pyra-
midenförmigen Bauteilen überdeckt, die der Kirche ihre unverwechselbare Silhouette verleihen. Das romanische Portal besitzt einen reichen, allerdings stark beschädigten Figurenschmuck. Seit April 2005
befindet sich das Grabmal von **Agnès Sorel** wieder in der Stiftskirche. Während der Französischen Revolution war es zerstört worden;
nach 1809 war es in der Tour d'Agnès Sorel aufgestellt, ab 1970 im
Logis Royal. Das Alabastergrabmal der schönen Mätresse Karls VII.
zeigt eine Liegefigur mit gefalteten Händen; an ihrem Haupt wachen
zwei kleine Engel, zu ihren Füßen kauern zwei Lämmer, eine Anspielung auf den Namen Agnès (lat. agnus = Lamm) und die Sanftmut
der Königsgeliebten.

Links der Kirche befindet sich der Eingang zum Areal des ehemaligen **Château**
königlichen Schlosses, das Karl VII. und einigen seiner Nachfolger
als Wohnsitz diente (Öffnungszeiten: Apr. – Sept. tgl. 9.00 – 19.00, ☉
sonst 9.30 – 17.00 Uhr). Mit dem Bau wurde Mitte des 14. Jh.s begonnen; unter Karl VIII. und Ludwig XII. kam der Renaissanceflügel
hinzu. Im schmucklosen Großen Saal im Erdgeschoss, hinter dem
Gemach Karls VII., suchte Jeanne d'Arc 1429 Karl VII. auf, um ihn
zur Königssalbung zu holen. Zu den wichtigsten Ausstattungsstücken
zählen das Diptychon von Jean Fouquet (Kopie) mit der barbusigen
Gottesmutter, die nach einem Porträt von Agnès Sorel gestaltet wurde – das Original befindet sich im Königlichen Museum für Schöne
Künste in Antwerpen – und das Passionstriptychon (1485) von Fouquet. Sehenswert ist das elegante **Oratorium der Königin** im ersten
Stock des Neuen Gebäudes. Die Wände dieser Betkapelle sind mit
silbernen Hermelinen auf dunkelblauem Grund, dem bretonischen
Wappentier, und Knotenschnüren verziert, die Annas Verehrung für
den hl. Franziskus andeuten.
Rechts vom Schlosseingang führen einige Stufen unter der **Tour
d'Agnès Sorel** hindurch zu einer Terrasse, von der aus man auf die
nördliche Unterstadt mit der Tour St-Antoine und der Porte des
Cordeliers blickt.

Am anderen Ende der mittelalterlichen Stadt erhebt sich der gewalti- **Donjon**
ge Donjon (11. Jh.), der den südlichen Abschluss des Schlossberges
bildet und lange Zeit als Gefängnis diente. Im 15. Jh. wurden an den
Wehrturm weitere Wehrbauten angefügt, so die **Tour Ronde**, der
Runde Turm, von dessen Dachplattform sich ein herrlicher Rundblick bietet. Hier und in der **Tour du Martelet** befanden sich mehrere
Gefängniszellen, u. a. die des Sforza-Herzogs **Ludovico il Moro**, der
von 1500 an für acht Jahre hier eingekerkert war. Um die langen
Stunden im Gefängnis auszufüllen, versah der Herzog von Mailand
die Wände mit Malereien und Inschriften, von denen eine lautet:
»Der, der nicht glücklich ist.« Obwohl Ludovico il Moro wieder frei-

Altes Tor in der Stadtbefestigung von Loches: die wuchtige Porte des Cordeliers

kam, nahm die Geschichte ein tragisches Ende: Als er 1508 freigelassen wurde und zum ersten Mal das helle Tageslicht erblickte, soll er tot zusammengebrochen sein.

Sehenswertes in der Unterstadt

Die schönsten Gassen der Unterstadt liegen nördlich und westlich des Schlossberges. Loches zeigt hier noch das typische Bild einer französischen Kleinstadt. Direkt neben der **Porte Picois**, einem alten Stadttor im Übergangsstil von der Gotik zur Renaissance, steht das **Hôtel de Ville** (Rathaus; 1535 – 1543), ein reizvoller vierstöckiger Renaissancebau. Wendet man sich am Rathaus nach rechts, sieht man die schlanke, 52 m hohe **Tour Saint-Antoine** (1529 – 1575); dieser Glockenturm einer heute verschwundenen Kapelle ist der einzige Kirchturm der Renaissance in der Touraine. Die mit runden Ecktürmen und Wehrgang ausgestattete **Porte des Cordeliers** (Franziskanertor) ist ein weiteres der vier Stadttore, die sich in der ehemaligen Ummauerung der Unterstadt befanden. Jenseits der Porte des Cordeliers führt eine Brücke über das Flüsschen und zum **Jardin public** (Stadtgarten), von dem sich ein schöner Blick auf die Altstadt bietet.

Umgebung von Loches

Le Liget Im Waldgebiet der Forêt de Loches liegt ca. 10 km östlich der Stadt die **Chartreuse** (Kartause) de Liget. Heinrich II., König von England, soll sie gegründet haben, angeblich wollte er damit den Mord an Thomas Becket (1118 – 1170), dem Erzbischof von Canterbury, sühnen. Heute steht hier nur noch die imposante Ruine der Klosterkirche. Innerhalb des großen, von einer Mauer umfriedeten Geländes ist einige hundert Meter nördlich der Kartause eine **Kapelle** aus dem 12. Jh. erhalten. Diese Kapelle, ein überkuppelter Zentralbau, besitzt romanische Wandmalereien, die zu den schönsten ihrer Zeit in Frankreich zählen. U. a. zeigen sie die Geburt Christi, die Kreuzabnahme und den Tod Marias.

Montrésor, 17 km östlich von Loches im Tal des Indrois, eines Nebenflusses der Indre, gilt als **eines der hübschesten Dörfer** im Gebiet der unteren Loire. Überragt wird der Ort von einem **Schloss**, an dessen Stelle früher eine von Fulco Nerra erbaute Burg stand. Ende des 15. Jh.s kaufte Imbert de Bastarnay das Anwesen und verwandelte die Burg in ein Lustschloss.

★
Montrésor

Ab 1849 restaurierte **Graf Xavier Branicki** die gesamte Anlage. Dieser Adlige, ein polnischer Emigrant, war einer der reichsten Finanzmänner seiner Zeit; er begleitete Napoleon III. im Krimkrieg nach Konstantinopel und versuchte, ein polnisches Regiment aufzustellen. Die sehenswerte Einrichtung des Schlosses – Möbel, Gemälde französischer und italienischer Meister sowie kostbares Porzellan – stammt noch aus der Zeit des Grafen. Einen Besuch lohnt auch die von Imbert de Bastarnay gestiftete Renaissancekirche (1519 – 1541) mit dem Marmorgrab seiner Familie, das Jean Goujon, dem größten französischen Renaissancebildhauer, zugeschrieben wird.

★ Montreuil-Bellay

G 15

Région: Pays de la Loire
Département: 49 Maine-et-Loire

Höhe: 50 m ü.d.M.
Einwohnerzahl: 4100

Das Schloss von Montreuil-Bellay liegt hoch über dem Tal des Thouet. Die von mächtigen Mauern umgebene Anlage umfasst mehrere Gebäudekomplexe: Altes Schloss, Kleines Schloss, Neues Schloss, Küche und Kollegiatskirche.

Wie viele andere Loire-Schlösser wurde auch Montreuil, 17 km südwestlich von Saumur, von **Fulco Nerra**, dem Grafen von Anjou und unermüdlichen Burgenbauer des 11. Jh.s, errichtet. Fulco schenkte das Schloss seinem Vasalen Berlay (oder Bellay), nach dem der Ort benannt ist; Montreuil hingegen leitet sich vom lateinischen »monasteriolum« ab, dem kleinen Kloster, das die Bellays nahe der Festung bauen ließen. Mitte des 12. Jh.s wurde Fulcos Burg zerstört, in den folgenden Jahrhunderten entstanden nach und nach der mit Rundtürmen besetzte Mauerring (13. Jh.), der ältere Teil des Schlosses, die Kirche, das Wohnhaus der Domherren und das Neue Schloss mit seinem Treppentürmchen (Öffnungszeiten: Juli – Aug. tgl. 10.00 – 19.00; ⏲ Apr. – Juni, Okt. / Nov. Mi. – Mo. 10.00 – 12.00, 14.00 – 18.00 Uhr).

▶ MONTREUIL-BELLAY ERLEBEN

AUSKUNFT

Office de Tourisme
Place du Concorde
F-49260 Montreuil-Bellay
Tel. 02 41 52 32 39, Fax 02 41 52 32 35
www.ville-montreuil-bellay.fr

ESSEN

▶ **Erschwinglich**
La Grange à Dîme
Rue du Château
Tel. 02 41 50 97 24; Mo. geschl.
Lokal in einer Scheune aus dem 15.
Jahrhundert. Regionale Gerichte. Eine
Spezialität des Hauses sind im Holz-
kohlenofen gebackene Brötchen.

ÜBERNACHTEN

▶ **Günstig**
Demeure des Petits Augustins
Place des Augustins
F-49260 Montreuil-Bellay
Tel. / Fax 02 41 52 33 88
www.les-petits-augustins.com
Hotel in einem ehemaligen Adelshof
aus dem 17. Jahrhundert.

Besichtigung des Schlosses Montreuil-Bellay

Gebäude-ensemble
Das **Alte Schloss** (13./14. Jh.), dessen enges Portal von mächtigen Rundtürmen flankiert wird, ist der Eingangsbau, durch den man in den inneren Schlossbezirk geht. Sehr mittelalterlich und burgenhaft wirkt das **Neue Schloss** (1485 – 1505) mit seinen drei Rundtürmen. Im Inneren können einige Räume mit Kaminen und Balkendecken besichtigt werden; künstlerisch wertvoll sind die leider stark beschädigten Fresken in der zweijochigen Kapelle und ein deutscher Renaissanceschrank (1647) mit kunstvoller Einlegearbeit. Das **Kleine Schloss**, der modernste Bau, besteht aus zwei Flügeln, in denen vier Wohnungen mit eigenem Eingang und eigenem Treppenturm untergebracht sind – vermutlich die Wohnungen der vier Kanoniker der benachbarten Kollegiatskirche. Auffallend sind hier die heute noch erhaltenen vier Badezimmer. An das Kleine Schloss schließt sich eine **Küche** mit pyramidenförmigem Schornstein aus dem späten 15. Jh. an, die, von den übrigen Gebäuden isoliert errichtet, an die berühmte Klosterküche von ▶Fontevraud erinnert. In der ehemaligen Kollegiatskirche (1460 – 1481) und heutigen Pfarrkirche **Notre-Dame** ist ein gemalter schwarzer Trauerstreifen zu sehen.

Umgebung von Montreuil-Bellay

Auf der Strecke nach Angers kommt man durch Doué-la-Fontaine und Rochemenier. Die vielen Höhlenwohnungen, die es hier gibt, sind auf den ersten Blick nicht zu sehen, da sie in den Boden gegraben sind.

Doué-la-Fontaine
Doué-la-Fontaine, 12 km nordwestlich von Montreuil-Bellay, ist für seine **Rosen** berühmt. Im Stadtpark und im Amphitheater (Arènes),

einem alten Steinbruch, findet die Rosenausstellung »Journées de la Rose« statt (Mitte Mai – Mitte Juni); der Park **»Les Chemins de la Rose«** gilt als einer der schönsten Rosengärten Frankreichs.

2 km außerhalb des Ortes ist in den Stallungen eines ehemaligen Schlosses ein Museum ganz besonderer Art untergebracht, das **Musée des Commerces anciens**. In jahrelanger Arbeit kaufte der Gründer des Museums alte Ladengeschäfte samt ihrer kompletten Einrichtung in ganz Frankreich auf und ließ diese Läden – aus dem Zeitraum zwischen 1850 und 1950 – hier originalgetreu wieder aufbauen: u. a. eine Apotheke, eine Schuhmacher- und eine Hutmacherwerkstatt, einen Friseurladen, eine Drogerie sowie ein Lebensmittel- und ein Spielwarenladen. Zu sehen ist auch ein Planwagen, mit dem die fliegenden Händler von Dorf zu Dorf zogen, um ihre Waren zu verkaufen (Öffnungszeiten: Di. – So. Juli – Aug. 10.00 – 19.00; Mai – Juni 10.00 – 12.00, 14.00 bis 19.00; Apr., Sept., Okt. 10.00 bis 12.00, 14.00 – 18.00; März, Nov. 14.00 – 18.00 Uhr).

Im ehemaligen Steinbruch an der Straße nach Cholet ist ein sehenswerter **Zoo** mit 500 Tieren eingerichtet, wobei die Höhlen und Tunnel auf dem Areal als Tiergehege dienen. Eine Attraktion des Tierparks ist ein Becken mit durchsichtigen Wänden, in dem man seltene Zwergflusspferde im Wasser beobachten kann.

Rochemenier

6 km nordwestlich von Doué-la-Fontaine kommt man nach Louresse und biegt dort nach Rochemenier ab. In Rochemenier gibt es etwa 40 Bauernhöfe, auf deren Gelände sich Höhlenwohnungen befinden, die heute von Häusern überbaut sind. Zwei dieser einzigartigen Höfe können heute im Freilichtmuseum **Village Troglodytique** besichtigt werden. Die »unterirdischen« Bauernhöfe waren vom Ende des 17. Jh.s bis etwa 1930 bewohnt. Die Wohnungen und Wirtschaftsräume wurden in die Felswände gebaut, so u. a. der Weinkeller des ersten Hofes, der besonders tief lag, weil er kühl sein musste und einen engen Eingang hatte, damit möglichst wenig Licht eindrang. Durch einen Trichter in der Erde konnte man die Weintrauben direkt in die dortige Weinpresse befördern. Besonders eindrucksvoll ist die unterirdische Kapelle; sie wurde vermutlich während der Religionskriege, als eine Kirche über der Erde niedergebrannt war, angelegt – und zwar in der Form eines Kreuzes. Interessant ist auch die kleine Fotografie-Ausstellung, die eine Vorstellung vom Leben der Höhlenbewohner vermittelt. In einem modernisierten Haus wird dargestellt, wie man auch heute solche unterirdischen Wohnungen benutzen könnte (Öffnungszeiten: tgl. Apr. – Okt. 9.30 – 19.00; Nov., Febr., März Sa. – So. 14.00 – 18.00 Uhr).

Denezé-sous-Doué

In Denezé-sous-Doué 4 km nordöstlich von Rochemenier entdeckte man eine Höhle – **Caverne sculptée** –, die mit Hunderten von Skulpturen geschmückt ist. Die zum Teil grotesken Figuren stammen wahrscheinlich aus dem 16. Jh. – und zwar vermutlich als Werke eines verbotenen protestantischen Geheimbundes von Steinmetzen.

★ Nantes

Région: Pays de la Loire
Département: 44 Loire-Atlantique

Höhe: 8 m ü.d.M.
Einwohnerzahl: 278 000

Nantes, einst die Hauptstadt der Bretagne, liegt nur einen Katzensprung vom Atlantik entfernt. Früher wurde Nantes wegen der vielen Wasserläufe auch das »Venedig des Westens« genannt. Ihren Besuchern bietet Frankreichs sechstgrößte Stadt ein reiches architektonisches und kulturelles Erbe und herrliche Parks und Gärten.

Bei den Franzosen steht Nantes hoch im Kurs. Nicht etwa Touristenmagneten wie Paris, Nizza oder Toulouse kürten sie zu ihrer Lieblingsstadt, sondern das international weniger bekannte Nantes. 2003 erklärte das Wochenmagazin »L'Express« Nantes zur **»grünsten« Stadt des Landes**; von »Le Point«, einem anderen Wochenmagazin, gab es zweimal, 2003 und 2004, die Auszeichnung »Stadt, in der es sich am besten leben lässt«; und selbst das »Time-Magazine« bewertete Nantes 2004 als die angenehmste Stadt Europas.

»Angenehmste Stadt Europas«

Nantes liegt 55 km vom Atlantik entfernt an der Loire, die Stadt wurde am Zusammenfluss mehrerer Flüsse aufgebaut, zu denen auch die Erdre zählt – laut König Franz I. der »schönste Fluss Frankreichs«. Die Hauptstadt des Département Loire-Atlantique ist zugleich Hauptort der Région Pays de la Loire. Mit ihren Industrien – vor allem Eisen-, Glas-, Textil-, Zucker- und Lebensmittelindustrie – und Dienstleistungsbranchen zählt die einstige bretonische Metropole zu den bedeutendsten Wirtschaftszentren Frankreichs; die Börse von Nantes ist nach Paris die größte des Landes. Die Stadt, die für ihren hohen Lebensstandard bekannt ist, zeigt ein **vielseitiges Gesicht** mit High-Tech-Türmen und Jugendstilplätzen, Kanälen und Grünanlagen. Man entdeckt elegante Cafés und schicke Restaurants – vor allem an der Place Royale und der Place du Commerce im Kern der Stadt –, und nicht zu übersehen ist das »junge« Flair der Stadt, zu dem die Universität mit über 40 000 Studenten beiträgt.

Für keine andere Stadt im Loire-Tal spielte die Loire eine so große Rolle wie für Nantes. In vorchristlicher Zeit lebten hier die keltischen **Namneten**, deren Ort die Römer nach der Eroberung 50 v. Chr. in Portus Namnetum – »Hafen der Namneten«, wovon sich Nantes ableitet – umtauften.

Einst ein wichtiger Seehafen

Ende des 4. Jh.s eroberten die Bretonen die Stadt, vom 13. Jh. an war Nantes Sitz der Herzöge der Bretagne. 1532 fiel das Herzogtum an die französische Krone. 1598 unterzeichnete Heinrich IV. hier das berühmte **Edikt von Nantes** (»Toleranzedikt«), das den Protestanten

← Nantes besitzt – ohne Übertreibung – die schönste Brasserie der Welt: »La Cigale« mit einer Inneneinrichtung von 1895

► NANTES ERLEBEN

AUSKUNFT

Office de Tourisme
Infostellen:
3, Cours Olivier de Clisson
2, Place Saint-Pierre

Anschrift:
BP 64 106, F-44041 Nantes cedex 1
Tel. 08 92 46 40 44, Fax 02 40 89 11 99
www.nantes-tourisme.com

FLUGHAFEN

Flughafen Nantes-Atlantique 12 km
südwestlich, Busverbindung TAN Air

ERMÄSSIGUNGEN

Der Pass Nantes (1 – 3 Tage) umfasst
Eintritt für zahlreiche Attraktionen
und die Benutzung von Bus und Tram.

ESSEN

► Erschwinglich

① *Lou Pescadou*
8 Allée Baco, F-44000 Nantes
Tel. 02 40 35 29 50, So. geschl.
Ein Dorado für Liebhaber von Fisch
und Meeresfrüchten, vom Hummer
bis zum Loup de Mer in Salzkruste.
Gegenüber dem Schloss.

② *La Cigale*
4, Place Graslin, F-44000 Nantes
Tel. 02 51 84 94 94; tgl. geöffnet
Nantes besitzt – ohne Übertreibung –

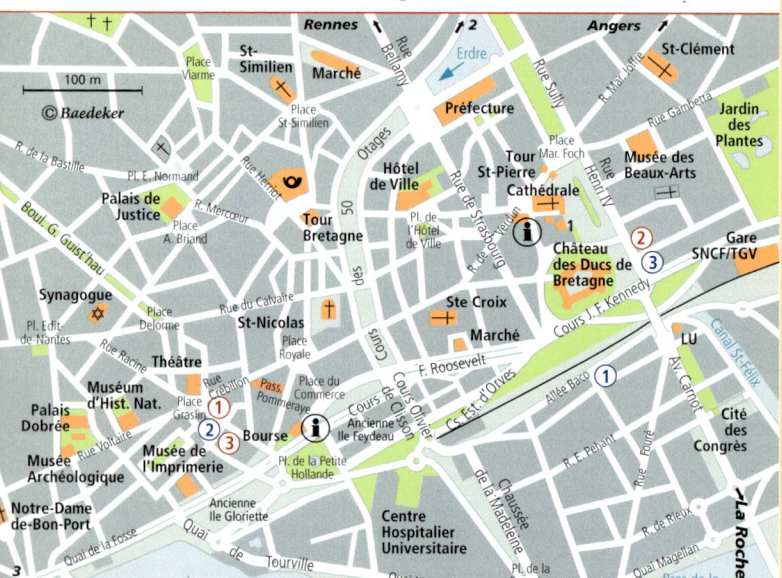

Nantes Orientierung

1 La Psalette
2 Quai de la Motte-Rouge
3 Musée Jules Verne

Essen
① Lou Pescadou
② La Cigale

③ Auberge
du Château

Übernachten
① Hôtel de France
② L' Hôtel

③ Graslin

Bars, Cafés und Restaurants: abends im Viertel um Sainte-Croix

die schönste Brasserie der Welt. In der »Grille« von 1895 entfaltet sich die ganze Pracht der Belle Époque. Gute Küche.

③ *Auberge du Château*
5, Place de la Duchesse Anne
F-44000 Nantes
Tel. 02 40 74 31 85, Sa. mittags und So. geschl.
Vornehmes Restaurant mit nur 30 Plätzen gegenüber vom Schloss. Traditionelle Küche.

ÜBERNACHTEN
▶ Luxus
① *Hôtel de France*
24, Rue Crébillon, F-44000 Nantes
Tel. 02 40 73 57 91, Fax 02 40 69 75 75
www.hotelfrancenantes.com
Mitten in der Stadt, an einer schönen Einkaufsstraße gelegenes Hotel in

einem Gebäude aus dem 18. Jahrhundert. Elegante Einrichtung und ausgezeichnetes Restaurant mit regionaler Küche.

▶ Komfortabel
② *L'Hôtel*
6, Rue Henri IV, F-44000 Nantes
Tel. 02 40 29 30 31, Fax 02 40 29 00 95
www.nanteshotel.com
Drei-Sterne-Hotel gegenüber vom Schloss. 31 Zimmer mit Schlossblick oder zum Garten hin. Kein Restaurant, aber hervorragendes Frühstück. Eigener Parkplatz.

③ *Graslin*
1, Rue Piron, F-44000 Nantes
Tel. 02 40 69 72 91, Fax 02 40 69 04 44
http://graslin.ifrance.com/
In der Nähe der Place Graslin gelegenes Hotel mit 47 Zimmern.

Highlights Nantes

**Château des
Ducs de Bretagne**
Mächtige Festung mitten in der Stadt und
Museum zur Geschichte von Nantes und
der Bretagne
▶ **Seite 232**

**Cathédrale
Saint-Pierre-et-Saint-Paul**
Kathedrale mit berühmtem Grabmal
▶ **Seite 233**

Musée des Beaux-Arts
Das Kunstmuseum zählt zu den wichtigs-
ten seiner Art in Frankreich. Zu sehen sind
Gemälde aus verschiedenen europäischen
Ländern aus acht Jahrhunderten
▶ **Seite 234**

Passage Pommeraye
Einer der schönsten Konsumtempel des
19. Jahrhunderts
▶ **Seite 235**

eine bedingte Glaubensfreiheit einräumte. Dank des Seehafens setzte
im 16. Jh. ein wirtschaftlicher Aufschwung ein, der Nantes bald zur
bedeutendsten Hafenstadt Frankreichs machte. Seine Blütezeit erlebte der Ort im 18. Jh. als europäisches **Zentrum des Sklavenhandels**.
Zwischen 1715 und 1775 verzeichnete man 787 Schiffe, die von
Nantes nach Afrika und von dort, mit »Ebenholz« beladen, zu den
Antillen aufbrachen und mit Zuckerrohr, Kaffee, Tabak und Indigo
zurückkehrten.

Traurige Berühmtheit erlangte Nantes während der Französischen
Revolution: 1793 ließ der vom Nationalkonvent entsandte J.-B. Carrier über 10 000 Adlige, Priester und andere »Pfeffersäcke« – jeweils
ein Mann und eine Frau aneinandergebunden – auf Schiffe mit ver-
schiebbaren Böden verladen und in der Loire ertränken, was als **»ma-
riage républicain«** in die Geschichte einging; für diese Eigenmächtig-
keit wurde er zum Tod verurteilt und hingerichtet.

Im 19. Jh. ging die Bedeutung des Hafens zwar stark zurück, da die
immer größer werdenden Seeschiffe den Unterlauf der Loire nicht
mehr bewältigen konnten, doch sorgten der 1856 in St-Nazaire angelegte Hafen und die Ansiedlung weiterer Industrien für einen erneuten Aufschwung. 1920 – 1930 wurden zwei Loire-Seitenarme zugeschüttet, die Inseln Feydeau und Gloriette an das rechte Loire-Ufer
angeschlossen und der Nebenfluss Erdre in einen unterirdischen
Tunnel geleitet, über den heute der Stadtverkehr braust.

Während des Zweiten Weltkriegs besetzten deutsche Truppen 1940
die Stadt an der Loire. Als 1941 der deutsche Stadtkommandant
Hotz von der Résistance getötet wurde, erschossen die Besatzer als
Vergeltung 50 Geiseln – ein dunkles Kapitel der Geschichte, an das
die Hauptverkehrsstraße **»Cours des 50 Otages«** (Straße der 50 Geiseln) erinnert. Im September 1943 zerstörten Bombenangriffe der
Alliierten das Stadtzentrum und den Hafen; der Wiederaufbau hat
das Stadtbild stark verändert.

In Nantes kamen zahlreiche **bedeutende Persönlichkeiten** zur Welt, darunter Anna von Bretagne (► Berühmte Persönlichkeiten), der Schriftsteller Jules Verne (►Berühmte Persönlichkeiten), der Politiker und Friedensnobelpreisträger von 1926 Aristide Briand (►Berühmte Persönlichkeiten) und die über die Landesgrenzen hinaus bekannte Karikaturistin Claire Bretécher (geb. 1940).

Sehenswertes in Nantes

Nantes erstreckt sich an beiden Ufern der Loire. Das Stadtzentrum befindet sich **nördlich des Flusses**, im Süden liegen zahlreiche neue Viertel, darunter die 1953 bis 1955 nach Plänen von Le Corbusier erbaute Cité Radieuse. Nördlich der Loire gibt es zwei Zentren: im Osten liegt die kleine mittelalterliche Stadt mit dem Herzogsschloss und der Kathedrale, im Westen die im Wesentlichen im 18. Jh. entstandenen Viertel um die Place Royale, Place Graslin und Place du Commerce.

Stadtzentren

Zahlreiche Feingebäck-Firmen wurden in Nantes gegründet, darunter BN (Biscuit Nantais) und LU (Lefèvre Utile). Südwestlich vom Bahnhof steht ein ungewöhnlicher Turm, Teil der alten Anlage der bekannten **Keksfabrik LU** vom Anfang des 20. Jahrhunderts. Seit 1999 ist die alte Keksfabrik Kulturzentrum mit Ausstellungs- und

Le Lieu Unique

Le Lieu Unique – Kulturzentrum in einer alten Keksfabrik

Veranstaltungsräumen, Restaurant, Bar, Café, Bücherladen und sogar einem Hammam. Der »Lieu Unique« ist bekannt für sein gutes Veranstaltungsprogramm: Musik, Tanz und Theater aus aller Welt sowie Ausstellungen von internationalen Künstlern. Auch der renovierte Turm kann besichtigt werden; von ganz oben genießt man einen herrlichen Blick über Nantes. Die Initialen »LU« werden neu als »Lieu Unique« definiert (www.lelieuunique.com).

★
Château des Ducs de Bretagne

»Donnerwetter! Unsere lieben Herzöge der Bretagne waren aber keine mickrigen Gesellen!«, soll Heinrich IV. 1598 beim Anblick des von mächtigen Wehrmauern und einem Wassergraben umgebenen Schlosses ausgerufen haben.

Das Schloss erhebt sich im Zentrum der Stadt. An derselben Stelle gab es in gallo-römischer Zeit eine Befestigungsanlage und im 12./13. Jh. eine Burg. Das jetzige Schloss entstand 1466 unter **Franz II.**, Herzog der Bretagne; seine hier geborene Tochter Anna von Bretagne ließ es vergrößern. In der Schlosskapelle heiratete die 22-jährige Anna 1499 König Ludwig XII.; 1532 wurde im Schloss die Union über die Vereinigung der Bretagne mit dem Königreich Frankreich verkündet, 1598 von Heinrich IV. das Edikt von Nantes unterzeichnet.

1800 explodierten in der Tour des Espagnols Pulvervorräte, wobei Teile des Schlosses, u. a. die Kapelle, zerstört wurden (Öffnungszeiten: Mitte Mai – Mitte Sept. tgl. 9.00 bis 20.00; Mitte Sept. – Mitte Mai tgl. 10.00 – 19.00 Uhr; im Jan. geschlossen. Das neue Museum ist im Winterhalbjahr dienstags geschlossen).

Von der Place Marc-Elder aus führt eine im 18. Jh. angelegte Brücke zur ehemaligen Zugbrücke, die links von der Tour du Pied-de-Biche und rechts von der Tour de la Boulangerie, dem Bäckereiturm, flankiert ist. Durch den Saal der drei Kamine (Salle des trois cheminées) kommt man in den Innenhof, in dem früher Turniere veranstaltet wurden. Über eine elegante Doppelfreitreppe aus dem 17. Jh. erreicht man den Eingang des 1684 nach einem Brand wieder aufgebauten **Grand Gouvernement**. Im Untergeschoss befanden sich

Schloss der Herzöge Orientierung

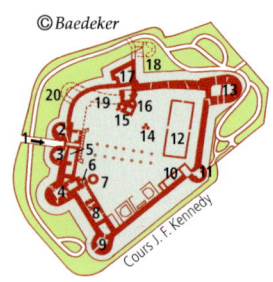

© Baedeker

1 Zugang
2 Tour du Pied de Biche
3 Tour de la Boulangerie
4 Tour des Jacobins
5 Grand Gouvernement
6 Tour de la Couronne d'Or
7 Puits (Ziehbrunnen)
8 Grand Logis
9 Tour du Port
10 Petit Gouvernement
11 Tour de la Rivière

12 Harnachement
13 Tour du Fer à Cheval
14 Reste der
   ursprünglichen Burg
15 Loge du Concierge
16 Vieux Donjon
17 Bastion Mercœur
18 Tour au Duc
19 Vieux Logis
20 Tour des Espagnols
   (im Jahr 1800 zerstört)

Cathédrale St-Pierre-et-St-Paul: Detail vom Grabmal des letzten bretonischen Herzogs Franz II.

zu Zeiten der Herzöge die Gefängnisse, darüber die Räume der Wachen und die Küchen. Im ersten und zweiten Stock folgten die fürstlichen Wohnräume und im Dachgeschoss die Zimmer der Bediensteten. Südlich schließt sich der zierliche **Treppenturm** (Tour de la Couronne d'Or) an; vor ihm steht der unter Franz II. entstandene Brunnen mit einem schmiedeeisernen Baldachin, der die bretonische Herzogskrone darstellt.

Schließlich kommt man in den eindrucksvollen **Grand Logis** (Großer Wohnbau) mit fünf reich verzierten Lukarnen auf dem Dach. Der **Petit Gouvernement** (Kleiner Gouverneursbau) wurde im Renaissancestil erbaut, das **Zeughaus** (Harnachement) stammt von 1784. Von der begehbaren Ringmauer blickt man auf die ehemalige Insel Feydeau mit ihren prunkvollen Reederhäusern. Wo heute der Verkehr auf dem Cours J. F. Kennedy am Fuß der Mauer tost, floss einst ein Seitenarm der Loire.

Seit Februar 2007 beherbergt das Schloss ein großes **Museum für die Geschichte von Nantes und der Bretagne**, in dem modernste multimediale Technologien zur Anwendung kommen.

Nördlich vom Schloss steht die Kathedrale von Nantes, die trotz der langen Bauzeit von 1434 bis 1891 ein einheitliches Bild bietet. An der von zwei 63 m hohen Türmen flankierten Westfassade ist über dem Hauptportal ein schönes spätgotisches Fenster zu bewundern. Die Reliefs am nördlichen Seitenportal erzählen die Leidensgeschichten der Märtyrer Rogatianus und Donatianus (304). Der Kalkstein lässt das Innere hell und nüchtern wirken, er ermöglichte auch die große

Cathédrale St-Pierre-et-St-Paul

Höhe (37,7 m) des 102 m langen Hauptschiffs. Im rechten Querschiff steht das berühmte Grabmal des letzten bretonischen Herzogs Franz II. (gest. 1488) und seiner Gemahlin Margarethe von Foix, ein Renaissancewerk des Künstlers **Michel Colombe** (1507) – laut Châteaubriand »das Meisterwerk der katholischen Kunst in Frankreich«. Vier große Statuen an den Ecken stellen die Kardinaltugenden dar, die ein Herrscher besitzen sollte: Gerechtigkeit (mit Schwert), Kraft (mit Helm und Harnisch), Vorsicht (die doppelgesichtige Figur schaut nach vorn und hinten) und Mäßigung (mit Zügel). Südlich der Kathedrale hat sich der spätgotische Anbau der **Psalette** (Kapitelhaus; 1502) erhalten.

Musée des Beaux-Arts

Das um einen riesigen Lichthof angeordnete und in einem stattlichen Gebäude aus dem späten 19. Jh. untergebrachte **Kunstmuseum** nordöstlich der Kathedrale ist eines der wichtigsten Stadtmuseen Frankreichs. Es besitzt Gemälde vom 13. bis zum 20. Jh., darunter Meisterwerke aus Italien, Flandern, Holland und Frankreich. Zu sehen sind Werke von Courbet, Chagall, Picasso, Chaissac, Dubuffet, Tinguely, Kandinsky und Morellet (Öffnungszeiten: Mi.–Mo. 10.00 bis 18.00, Do. bis 20.00 Uhr).

Atrium im Musée des Beaux-Arts

Der schöne Botanische Garten ging aus einem 1688 gegründeten Apothekergarten hervor, der aus Platzgründen 1805 in das Gelände eines Ursulinenkonvents verlegt wurde. In den 1850er-Jahren entstand hier ein **Landschaftspark im englischen Stil** mit alten Bäumen, Wasserläufen und einem See.

Jardin des Plantes

Zwischen 1926 und 1938 wurden die Nebenarme der Loire und ihres Zuflusses Erdre zugeschüttet und dabei die Insel Feydeau südlich des Herzogsschlosses und die südwestlich davon gelegene Insel Gloriette an die Stadt angeschlossen. Wegen ihrer Nähe zur Stadt und zum Hafen ließen sich auf der Insel einst vor allem reiche Reeder nieder. Im Volksmund hieß das Eiland Quartier des Négriers – eine Anspielung auf die durch den Sklavenhandel reich gewordenen Kaufleute. Zwischen dem Cours Olivier de Clisson und der Place de la Petite Hollande stehen prächtige Häuser im klassizistischen Stil – die Rue Kervégan gehört zu den schönsten Straßen in Nantes – mit schönen schmiedeeisernen Gittern und Balkonen. Am Cours Olivier de Clisson Nr. 4 findet man das Geburtshaus von Jules Verne.

✱
Île Feydeau

Im Viertel um die Kirche Ste-Croix stehen noch schöne alte Häuser, laden Geschäfte, Cafés und Restaurants zu einem Bummel ein. Malerisch ist die **Place du Bouffay**, der älteste Platz der Stadt, auf dem im 10. Jh. die Burg der Grafen der Bretagne stand und seit dem 15. Jh. vormittags (außer Mo.) der Gemüsemarkt abgehalten wird.

Viertel um Ste-Croix

Westlich des Cours des 50 Otages – benannt nach den 50 Geiseln, die 1941 von den Deutschen in einem Vergeltungsakt erschossen wurden – ragt die 1975 gebaute 24-stöckige **Tour de Bretagne** auf. Südlich davon liegt die 1790 angelegte Place Royale, einer der zentralen Plätze der Stadt. In der Mitte steht ein großer Brunnen aus bläulichem Granit von 1865. Seine Marmorfigur auf der Spitze symbolisiert die Stadt Nantes, seine vier, an den Ecken sitzenden Figuren stellen die Nebenflüsse der Loire dar: Cher, Erdre, Loiret und Sèvre.

Place Royale

Die Einkaufsstraße Rue Crébillon mit ihren Geschäften internationaler Modedesigner verbindet die Place Royale mit der Place Graslin. Auf Höhe der Rue Santeuil hat man Zugang zur Passage Pommeraye von 1843, einem der schönsten Konsumtempel des 19. Jahrhunderts. Mit ihrem Stuckwerk, ihren Büsten, Säulen, Kandelabern und schmiedeeisernen Gittern gehört sie sicher zu den gelungensten Beispielen ihrer Art.

✱
Passage Pommeraye

Die halbkreisförmige, dem Pariser Odéon nachempfundene Place Graslin trägt den Namen des reichen Finanzmannes Jean-Joseph-Louis Graslin, des obersten Steuereinnehmers für die königlichen Landgüter. Er hatte von der Stadt den Grund und Boden erworben und M. Crucy mit der Bebauung des Platzes, einschließlich des Grand-Théâtre (1783–1788) an der Nordseite, beauftragt.

Place Graslin

Die Place Royal – einer der zentralen Plätze von Nantes

Museen Westlich der Place Graslin gibt es drei interessante Museen. Im **Muséum d'Histoire Naturelle** (Naturkundemuseum) in der ehemaligen Münzanstalt (1875) sind verschiedene Ausstellungen zur Zoologie, regionalen Pflanzenwelt und Mineralogie sowie ein Vivarium mit unterschiedlichen Reptilien und Amphibien zu sehen (Öffnungszeiten: Mi.–Mo. 10.00–18.00 Uhr). Im Palais Dobrée sind das **Musée Dobrée** und das **Musée Archéologique** (Archäologisches Museum) untergebracht. Thomas Dobrée (1810–1895) war ein wohlhabender Reeder aus Nantes, der sein ganzes Leben lang leidenschaftlich Kunstgegenstände sammelte. Um ihnen einen würdigen Rahmen zu verschaffen, baute er ein nach ihm benanntes Museum, das im Todesjahr des Bauherrn und Sammlers eingeweiht wurde. Die Sammlung umfasst Exponate aus vielen Jahrhunderten und Erdteilen, rund 10 000 Stücke, darunter Gemälde, Grafiken, Möbel, Wandteppiche, Goldschmiedearbeiten, Manuskripte und wertvolle Bücher. Das Archäologische Museum zeigt einen altsteinzeitlichen Feuerstein, griechische und etruskische Keramik sowie eine kleine ägyptische Sammlung. Das wertvollste Stück ist wohl eine herzförmige Reliquie von 1514, in der einst das Herz der Anna von Bretagne aufbewahrt war (Öffnungszeiten beider Museen: Di.–Fr. 13.30 bis 17.30, Sa.–So. 14.30 bis 17.30 Uhr).

Südöstlich dieser Museen befindet sich am Quai de la Fosse das **Mu-**

! **Baedeker TIPP**

Schiffsausflug auf dem Erdre

Sehr beliebt ist die Bootsfahrt ins Tal des Erdre, der von Norden der Stadt zuströmt. Die etwa 2,5-stündige Fahrt (Mittags- oder Dinner-Kreuzfahrten) beginnt am Quai de la Motte-Rouge. Am Fluss stehen rund 20 elegante Herrenhäuser und Schlösser, u. a. das Château de la Gascherie (15. Jh.) am Westufer (www.bateaux-nantais.fr).

sée de l'Imprimerie (Buchdruckmuseum), das über die traditionellen Berufe rund um Drucktechnik und Grafikkunst informiert. Besucher können die Maschinen selbst bedienen und die alten Werkzeuge benutzen, die fünf Jahrhunderte lang zur Verbreitung von Schrift und Bild beigetragen haben (Öffnungszeiten: im Sommer tgl. 14.00 bis 18.00 Uhr, sonst eingeschränkte Öffnungszeiten).

Ebenfalls am Quai de la Fosse steht am Nordarm der Loire das **Musée Naval Maillé Brézé**: Das 1956/1957 gebaute U-Boot »Maillé-Brézé« der französischen Kriegsmarine, dient heute als Schiffsmuseum (Öffnungszeiten: im Sommer tgl. 14.00 – 18.00 Uhr; sonst eingeschränkte Öffnungszeiten).

Das weiter flussabwärts, oberhalb des Hafens gelegene und in einem großen Bürgerhaus aus dem 19. Jh. untergebrachte **Musée Jules Verne** ist dem Science-Fiction-Schriftsteller Jules Verne gewidmet, der 1828 auf der ehemaligen Insel Feydeau geboren wurde. Auf zwei Stockwerken sind Briefe, Fotos, Manuskripte, Modelle und andere Andenken ausgestellt (Öffnungszeiten: Mi. – Mo. 10.00 – 12.00, 14.00 bis 18.00 Uhr, So. morgen geschlossen; 3, Rue de l'Hermitage).

Umgebung von Nantes

Ein herrlicher Ausflugsort ist Champtoceaux ca. 30 km östlich von Nantes, das auf einem bewaldeten Hügel über dem südlichen Loire-Ufer liegt. Von der **Promenade du Champalud** hat man eine der schönsten Aussichten über das Tal der Loire. Von der alten Festung, die 1420 geschleift wurde, sind noch Reste erhalten.

Champtoceaux

Rund 40 km östlich von Nantes erstreckt sich der Weinort Ancenis am Nordufer der Loire. Einst war der Ort eine Festung an der Südgrenze der Bretagne; eine erste Burg entstand um 980, die noch erhaltenen Reste der Wehrbauten und das Palais stammen aus dem 16. Jahrhundert. Im Ortskern stehen viele schiefergedeckte Häuser aus dem 16./17. Jahrhundert; beachtenswert ist auch die Kirche St-Pierre-et-St-Paul (15./16. Jahrhundert) mit einem Fresko aus dem 15. Jahrhundert.

Ancenis

Nevers

G/H 34/35

Région: Bourgogne
Département: 58 Nièvre

Höhe: 185 m ü.d.M.
Einwohnerzahl: 44 000

Nevers, die Hauptstadt des Département Nièvre an der oberen Loire, liegt erhöht über dem rechten Flussufer an der Einmündung der Nièvre. Die Stadt ist berühmt für die Fayencen, die ab etwa 1575 hier hergestellt wurden.

NEVERS ERLEBEN

AUSKUNFT

Office de Tourisme
Palais Ducal, Rue Sabatier
BP 818
F-58008 Nevers cedex
Tel. 03 86 68 46 00
Fax 03 86 68 45 98
E-Mail: contact@nevers-tourisme.com
www.nevers-tourisme.com

FAYENCEATELIERS

François Bernard
88 bis, Avenue Colbert
(im Norden der Stadt)

und: 1, Rue Sabatier
(beim Office de Tourisme)

Jean-Pierre Georges
11, Avenue Colbert
(im Norden der Stadt)

Gérard Montagnon
10, Rue de la Porte du Croux
(bei der Porte du Croux)

Laetitia Moreau
22, Rue du 14 Juillet
(nördlich der Kathedrale)

STADTRUNDGÄNGE

Auf dem Bürgersteig und auf der Straße verläuft eine blaue Linie, die zwei Rundstrecken durch die Stadt markiert. Die eine führt in das Viertel St-Martin und St-Etienne, die andere in das ehemalige Viertel der Fayencenhersteller. Während des gesamten Rundgangs informieren Lesetafeln und Schilder über die Sehenswürdigkeiten, die man passiert. Der Ausgangspunkt der Rundgänge liegt am Office de Tourisme in der Rue Sabatier.

ESSEN

► Erschwinglich

① **Jean-Michel Couron**
21, Rue Saint-Etienne
Tel. 03 86 61 19 28
So. abends, Mo. und Di. geschl.
www.jm-couron.com
Das mit einem Michelin-Stern ausgezeichnete Restaurant bietet traditionelle Küche in feinem Rahmen.

② **Pont de Loire**
Quai de Médine
Tel. 03 86 93 93 86
Restaurant des gleichnamigen Hotels am Loire-Ufer mit traditioneller und regionaler Küche. Von der Terrasse und vom Speisesaal hat man einen wunderschönen Blick auf den Fluss.

ÜBERNACHTEN

Baedeker-Empfehlung

► Komfortabel

① **Clos Sainte-Marie**
25, Rue du Petit Mouësse
F-58000 Nevers
Tel. 03 86 71 94 50, Fax 03 86 71 94 69
www.clos-sainte-marie.fr
Charmantes Hotel im Südosten der Stadt. Die 17 Zimmer sind mit alten Möbeln eingerichtet. Das hoteleigene Restaurant kann man empfehlen, es ist abends geöffnet.

► Günstig

② **Villa du Parc**
16, Rue de Lourdes
F-58000 Nevers
Tel. 03 86 61 09 48, Fax 03 86 57 85 17
www.hotelvilladuparc.com
In Altstadtnähe: Villa mit herrlichem Blick auf den Park. 28 schlichte Zimmer mit altmodischen Möbeln.

Nevers Orientierung

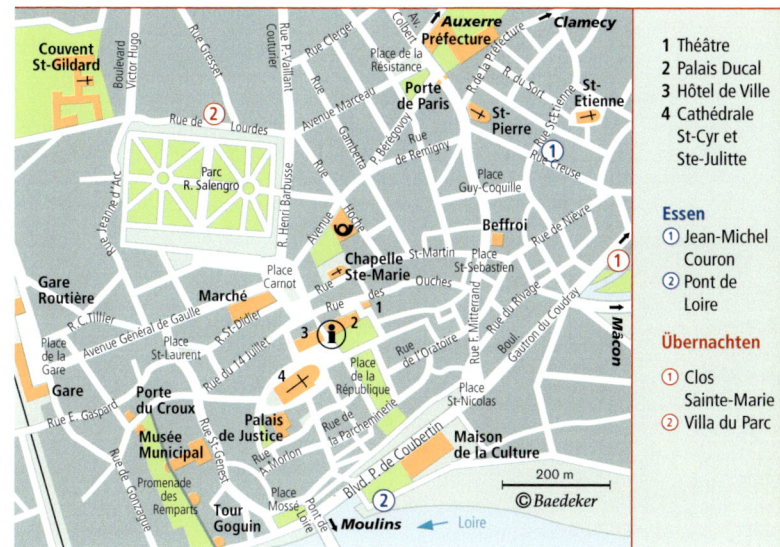

1 Théâtre
2 Palais Ducal
3 Hôtel de Ville
4 Cathédrale
   St-Cyr et
   Ste-Julitte

Essen
① Jean-Michel
   Couron
② Pont de
   Loire

Übernachten
① Clos
   Sainte-Marie
② Villa du Parc

Schon im Mittelalter wurden in Nevers Töpferwaren hergestellt. Im 16. Jh. siedelte Ludwig Gonzaga aus Mantua, seit 1565 Herzog von Nevers, eine Fayencemanufaktur hier an, die bereits im 17. Jh. auf rund zehn Fabriken anwuchs und mehr als 1500 Arbeiter beschäftigte. Die Fayencen genossen einen so großartigen Ruf im Land, dass sich Nevers im 18. Jh. »Frankreichs Hauptstadt der Fayencen« nennen durfte. Von den zwölf Manufakturen im 18. Jh. überlebte nur eine einzige die wirtschaftlichen Schwierigkeiten des 19. Jahrhunderts. Heute kann man sich in fünf Ateliers (►S. 238) Fayencen aus Nevers ansehen.

»Hauptstadt der Fayencen«

Sehenswertes in Nevers

Von der Loire-Brücke (18./19. Jh.) aus gesehen dominiert rechts neben der Kathedrale das elegante Palais Ducal, der ehemalige **Herzogspalast**; er entstand gegen 1460 auf Initiative des Grafen Jean de Clamecy und markiert den Übergang von der Spätgotik zur Renaissance. Die der Loire zugewandte Front wird vom zentralen Treppenturm beherrscht; die Reliefs zwischen seinen Fenstern zeigen die Ursprünge des Hauses Kleve (Lohengrin-Motiv) und die Legende des hl. Hubertus. Links und rechts wird die Fassade jeweils durch einen achteckigen Turm abgeschlossen; am linken Eckturm befindet sich eine Gedenktafel für Louise Marie de Gonzaga und Marie de la Grange d'Arquian, die beiden Prinzessinnen von Nevers, die später Königin-

★
Palais Ducal

nen von Polen wurden. Heute ist der Palast Veranstaltungsort für Ausstellungen und Empfänge; im Erdgeschoss informiert eine Dauerausstellung über die Kunst der **Fayencen** in Nevers (Eingang durch das im Herzogspalast untergebrachte Office de Tourisme).

Cathédrale Saint-Cyr-et-Sainte-Julitte

Die Kathedrale Saint-Cyr-et-Sainte-Julitte südwestlich vom Herzogspalast wurde in mehreren Etappen zwischen dem 6. und 20. Jahrhundert errichtet. Schon im 6. Jh. gab es an dieser Stelle eine Kirche, die dann bis zum 11. Jh. nach und nach erweitert und umgebaut wurde. Die heute sichtbare Bausubstanz stammt größtenteils aus dem 11. bis 16. Jh.; so ist der eine der beiden einander gegenüberliegenden **Chöre** romanisch, der andere gotisch. Im romanischen Westchor sind Reste eines Freskos aus dem 12. Jh. zu sehen, das Christus, umgeben von den Evangelistensymbolen, zeigt. In der darunterliegenden, vergitterten Krypta ist eine farbig gefasste Grablegung vom Anfang des 16. Jh.s erhalten. Im südlichen Querhaus ist der so genannte **Méridien** interessant, eine in den Fußboden gravierte, den Mittagspunkt markierende Doppelschleife, auf die durch eine kleine, kreisrunde Öffnung im rechten unteren Querhausfenster mittags Sonnenstrahlen fallen. Die alten Glasfenster der Kathedrale wurden bei Bombardements 1944 zerstört; die heutigen stammen von zeitgenössischen Künstlern. Die haubenlose **Tour Boyer** ist 53 m hoch, von oben hat man einen schönen Rundblick.

> ! **Baedeker TIPP**
>
> ### Süßes aus Nevers
>
> Nevers hat exquisites Naschwerk zu bieten. »**Le Négus**« wurde 1902 zur Feier des Besuchs des äthiopischen Staatsoberhauptes kreiert: ein Bonbon aus weichem Schoko- oder Kaffeekaramell in einem Zuckermantel (Confiserie »Au Négus«: 96, Rue François Mitterrand). »**La Nougatine**« ist ein knuspriges Herz mit süßem Mandelgeschmack, es ist von einer orangefarbenen Hülle umgeben, die zart auf der Zunge zergeht. Diese Süßigkeit wurde vor über 100 Jahren erfunden und erinnert an die Naschlust von Kaiserin Eugénie, die 1862 Nevers besuchte (Pâtisserie Chocolaterie Edé: 75, Rue François Mitterrand).

Porte du Croux

Westlich der Kathedrale erhebt sich die stattliche Porte du Croux aus dem 14. Jahrhundert, ein mächtiges Tor der Stadtbefestigung und das einzige noch erhaltene Stadttor der einstigen Ummauerung. Das Musée Archéologique du Nivernais im Innern der Porte du Croux zeigt unter anderem Exponate aus der Bronzezeit sowie antike und romanische Plastiken. Eine Besichtigung ist nur nach Anmeldung möglich.

Musée Municipal

Das städtische Museum Frédéric Blandin südlich der Porte du Croux (Promenade des Remparts, Jardin de l'Abbaye) präsentiert eine bedeutende Sammlung von Fayencen aus Nevers, die in der Zeit vom 16. bis 20. Jahrhundert hergestellt wurden (Öffnungszeiten: Mo.–Fr. 8.00–12.00, 13.00–17.00 Uhr).

Blick auf die Loire und Nevers mit der Kathedrale

Die Place Carnot am Nordrand der Altstadt ist der beliebteste Platz der Stadt. Hier trifft man sich gern bei einem Café oder an einem Stand des überdachten Marktes. Nordwestlich des Platzes erstreckt sich der hübsche **Stadtpark** (Parc Roger Salengro).

Place Carnot

Ziel Tausender Gläubiger ist St-Gildard, das Kloster der Sœurs de la Charité, nordwestlich vom Stadtpark mit dem gläsernen Sarkophag von Maria Bernarda Soubirous, besser bekannt als **hl. Bernadette**. Die 1933 heilig gesprochene Bernadette hatte in dem Pyrenäenort Lourdes mehrere Marienerscheinungen und trat 1866 in dieses Kloster ein, wo sie am 16. April 1879 starb. Der Sarkophag steht in der Kapelle; ein kleines Museum informiert über das Leben der Heiligen.

Espace Bernadette / St-Gildard

Im Nordosten der Altstadt steht die von Mönchen aus Cluny erbaute bedeutende **frühromanische Kirche St-Etienne** (1063 – 1097). Ungewöhnlich sind der dreigeschossige Aufbau des Langhauses und die Helligkeit, durch die die schmucklose Architektur gut zur Geltung kommt.

! *Baedeker* TIPP

Grand Prix de France

Seit 1991 kämpfen bei Magny-Cours (13 km südlich von Nevers) Anfang / Mitte Juli die Stars der Formel 1 beim Grand Prix de France um den Lorbeer. Info und Karten: www.magnyf1.com. Das Musée Ligier F 1 ist nur während der Renntage geöffnet.

★ Orléans

Région: Centre   **Höhe:** 110 m ü.d.M.
Département: 45 Loiret   **Einwohnerzahl:** 125 000

Die Stadt hat eine überaus wichtige Bedeutung in der Geschichte Frankreichs: Hier – am nördlichsten Punkt der Loire – wurde eine für die Entstehung der französischen Nation entscheidende historische Wende herbeigeführt. Seitdem ist der Name der »Jungfrau von Orléans«, der Heldin von damals, untrennbar mit der Stadt verbunden – Grund genug, Jeanne d'Arc bis heute ausgiebig zu feiern.

Orléans – nach Tours die größte Stadt an der mittleren Loire – ist **Hauptstadt der Région Centre und des Département Loiret**. Die Stadt liegt in einer fruchtbaren Ebene an der Stelle, an der der Fluss in einem weiten Bogen seinen nördlichsten Punkt erreicht.

In gallischer Zeit gab es hier eine Siedlung mit dem Namen Cenabum. Die Römer nannten den Ort nach der Eroberung 52 v. Chr. Aurelianum, woraus sich der heutige Name entwickelte. 498 eroberte der Frankenkönig Chlodwig die Stadt und machte sie zum Mittelpunkt seines Reiches. Schon 1305 wurde die Universität gegründet, ab 1344 wuchsen die Herzöge von Orléans zu einem der mächtigsten Geschlechter Frankreichs heran.

Eine Schlüsselrolle spielte die Stadt bei dem für Frankreich glücklichen Ausgang des Hundertjährigen Kriegs (1337–1453), aus dem das französische Volk als Nation hervorging. 1428/1429 war Orléans, die zweitwichtigste Stadt Frankreichs, das letzte Bollwerk der Franzosen gegen die Engländer: Mit der Belagerung der Stadt seit Oktober 1428 war das Nationalgefühl der Franzosen erwacht. Am 7./8. Mai 1429 vollbrachte die erst 17-jährige **Jeanne d'Arc** (► Baedeker Special, S. 49) das Wunder, mit einem kleinen französischen Heer das belagerte Orléans zu befreien und so eine Wende im Krieg gegen England herbeizuführen. Denn nun konnte Karl VII. endlich zum französischen König gekrönt werden; ihm gelang es schließlich, die Engländer aus dem Land zu drängen und den Krieg zu beenden.

Während der Religionskriege in der zweiten Hälfte des 16. Jh.s wurde die Stadt – zu jener Zeit ein bedeutendes Zentrum des Protestantismus, Calvin studierte hier – zu großen Teilen zerstört. Auch der Zweite Weltkrieg hinterließ Spuren. Im Juli 1940 fiel ein Teil der Altstadt deutschen Bomben zum Opfer; 1943 erfolgte das Bombardement durch die Amerikaner.

Die **Erinnerung an die glorreiche Zeit** ist noch heute in Orléans allgegenwärtig; in der außergewöhnlich hübschen Altstadt nördlich der

Symbolträchtige Stadt

← *Am Ende der Rue Jeanne d'Arc ragen die Türme der Kathedrale von Orléans in den Nachthimmel.*

▶ ORLÉANS ERLEBEN

AUSKUNFT

Office de Tourisme
2, Place de l'Étape, F-45000 Orléans
Tel. 02 38 24 05 05, Fax 02 38 54 49 84
E-Mail: infos@tourisme-orleans.com
www.tourisme-orleans.com

PARKEN

Kostenlose Parkmöglichkeiten gibt es
am nördlichen Loire-Ufer, allerdings
nur wenige freie Plätze. Ansonsten
sind im Zentrum mehrere Parkhäuser;
das günstigste ist Saint-Paul nahe Place
du Vieux Marché.

*Jedes Jahr im Mai: Fêtes de Jeanne d'Arc
zu Ehren der Jungfrau von Orléans*

VERANSTALTUNGEN

Fêtes de Jeanne d'Arc
6. / 8. Mai: großes Fest zu Ehren der
Jeanne d'Arc mit Konzerten, histori-
schem Umzug und feierlicher Messe in
der Kathedrale

Orléans Jazz
Ende Juni: Open-Air-Jazzfestival auf
dem Campo Santo nördlich der Kathedrale

AUSGEHEN

Ein hübsches Ausgeh- und Flanier-
viertel ist die Fußgängerzone südlich
der Kathedrale rund um die Rue de
Bourgogne. In den engen kopfstein-
gepflasterten Gassen entdeckt man
zahlreiche alte Stein- und Fachwerkhäuser sowie jede Menge Geschäfte,
Cafés und Bars.

ESSEN

▶ **Erschwinglich**

① **La Petite Marmite**
178, Rue de Bourgogne
Tel. 02 38 54 23 83
Das Restaurant ist bekannt für seine
traditionelle Regionalküche: u. a. Foie
gras, Trüffeln, Andouille.

② **La Chancellerie**
27, Place du Martroi
Tel. 02 38 53 57 54
Bekannteste Brasserie von Orléans, in
einem noblen Haus aus dem 18. Jh.
am schönsten Platz der Stadt, im
Sommer mit Terrasse. Große Auswahl
an Gerichten und Weinen.

③ **Chez Jules**
136 r, Rue de Bourgogne
Tel. 02 38 54 30 80
Kleines Restaurant mit sehr freund-
lichem Service. Die Küche bereitet
traditionelle Speisen modern zu.

ÜBERNACHTEN
► Komfortabel
① *Hôtel d'Arc*
37, Rue de la République
F-45000 Orléans
Tel. 02 38 53 10 94, Fax 02 38 81 77 47
www.hotelarc.fr
Traditionelles Hotel (35 Zi.) aus dem Jugendstil. Moderne, schlichte Zimmer mit Schallschutzfenstern, freundlicher Service.

② *Hôtel Marguerite*
14, Place du Vieux Marché
F-45000 Orléans
Tel. 02 38 53 74 32, Fax 02 38 53 31 56
www.hotel-orleans.fr
Eines der beliebtesten Hotels in Orléans. Sehr freundlicher Patron. Für Großfamilien stehen in einem abschließbaren Bereich zwei miteinander verbundene Zimmer zur Verfügung. Frühstück wird auch im Zimmer serviert. Gleich um die Ecke steht das billigste Parkhaus der Stadt (Saint-Paul); unter dem Vieux Marché soll ein neues Parkhaus entstehen.

③ *Hôtel de l'Abeille*
64, Rue Alsace Lorraine
F-45000 Orléans
Tel. 02 38 53 54 87, Fax 02 38 62 65 84
www.hoteldelabeille.com
Hotel an der Rue de la République in einem Haus aus dem 19. Jh., 5 Min. südlich vom Bahnhof. 31 sehr hübsche und komfortable Zimmer.

Orléans Orientierung

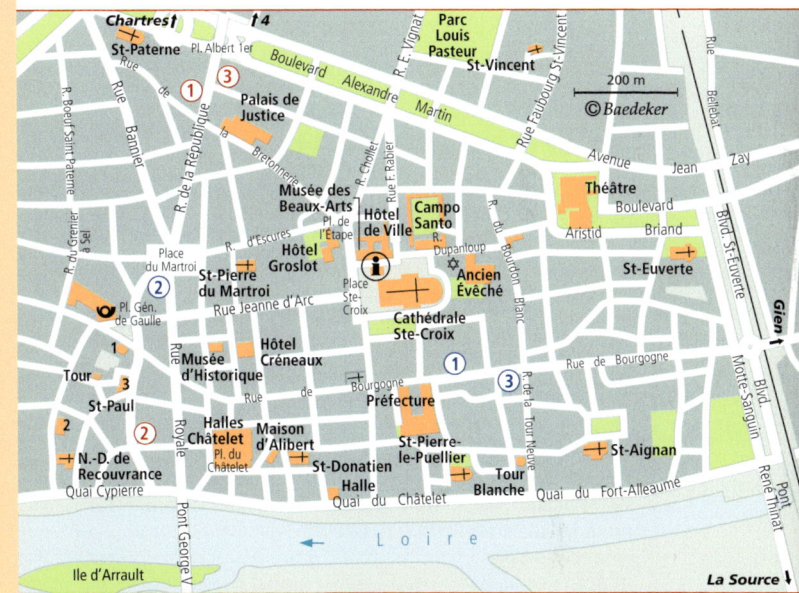

1 Maison de Jeanne d'Arc
2 Hôtel Toutin
3 Muséum d'Histoire Naturelle

Essen
① La Petite Marmite
② La Chancellerie
③ Chez Jules

Übernachten
① Hôtel d'Arc
② Hôtel Marguerite
③ Hôtel de l'Abeille

Highlights Orléans

Cathédrale Sainte-Croix
Über das imposante Gotteshaus gehen die Meinungen auseinander.
▶ **Seite 246**

Musée des Beaux-Arts
Sollten Kunstfreunde auf keinen Fall versäumen!
▶ **Seite 247**

Place du Martroi
Belebter Mittelpunkt der Altstadt
▶ **Seite 247**

Parc de la Source
Für Groß und Klein: Landschaftsgarten mit Spielplatz, Streichelzoo, Schmetterlingshaus, Schloss und Blumenschauen.
▶ **Seite 249**

Loire entdeckt man überall bauliche Zeugnisse jener Zeit, als Orléans Hauptstadt des gleichnamigen Herzogtums war, wird man an die Befreiung durch das Hirtenmädchen Jeanne d'Arc erinnert. Doch daneben gibt es auch das moderne und dynamische Orléans mit seinem Büro- und Gewerbeviertel im Osten der Stadt und dem Universitätsviertel im Stadtteil La Source südlich der Loire.

Sehenswertes in Orléans

Cathédrale Sainte-Croix

Folgt man vom Loire-Ufer der Geschäftsstraße Rue Royale aufwärts und biegt rechts in die Rue Jeanne d'Arc ein – einen Straßenzug aus dem 19. Jh. mit mehrstöckigen, gleichförmigen Häusern –, dann sieht man am Ende der Straße die Westfassade der mächtigen Heiligkreuz-Kathedrale. Über dieses Gotteshaus, den markantesten Punkt von Orléans, gehen die Meinungen auseinander: Den Franzosen gilt die Cathédrale Ste-Croix als Denkmal von nationaler Bedeutung – schließlich wurde Jeanne d'Arc hier erst selig (1909) und dann heilig gesprochen (1920) –, der französische Schriftsteller **Marcel Proust** (1871 – 1922) hingegen bezeichnete sie einmal als die hässlichste Kathedrale der Nation.

Die **Westfassade** mit den beiden 81 m hohen Türmen, den spitzbogigen Portalen, den Fensterrosen und einer abschließenden Galerie entspricht in ihrem Aufbau zwar dem der großen gotischen Kathedralen Frankreichs, tatsächlich entstand sie aber erst zwischen 1767 und 1793. Sieht man genauer hin, entdeckt man auch zeittypische Formen des 18. Jh.s, so u. a. den barocken Figurenschmuck an den Portalen. Der 114 m hohe Vierungsturm stammt ebenfalls aus späterer Zeit; er wurde 1858 fertiggestellt. Überhaupt hat die Kathedrale eine sehr bewegte Baugeschichte: Der romanische Vorgängerbau war in der zweiten Hälfte des 13. Jh.s zweimal eingestürzt, an der neuen Kathedrale wurde von 1287 bis ins 16. Jh. gearbeitet; 1568 – während der Religionskriege – zerstörten die Calvinisten das Gotteshaus, in den Jahren 1601 – 1858 baute man es wieder auf.

Das nüchtern-gleichförmige **Innere** der fünfschiffigen Kathedrale beeindruckt durch seine Maße (136 m lang). Die Innenausstattung
stammt teilweise aus dem 19. Jh., so die Glasfenster und einige Bild-
werke im Chor. Die Glasgemälde zeigen, vom linken Querhaus aus
entgegen dem Uhrzeigersinn verlaufend, Szenen aus dem Leben der
Jungfrau von Orléans. Zu den Besonderheiten im Innern zählen die
Orgel (17. Jh.), das **Chorgestühl** (1706) mit prächtigen Holzschnitze-
reien, die zu den besten Schnitzarbeiten der französischen Hofkunst
gehören, und die barocke Marmor-Pietà von Bourdin (1623) in der
mittleren Chorkapelle. Im linken Querhaus triumphiert eine **hl. Johanna** (1912) über die englischen Leoparden, neben dem Altar steht
das Grabmal von Kardinal Touchet (1927), der ihre Heiligsprechung
erreichte. In der Krypta sind Reste der Vorgängerbauten zu sehen,
außerdem der Kirchenschatz, darunter zwei sehr kostbare Goldme-
daillons, die im 11. Jh. als Schmuck für die Handschuhe des Bischofs
gefertigt wurden.

Wegen seiner **vorzüglichen Werke** sehr zu empfehlen ist das Museum
der Schönen Künste neben der Kathedrale. Zu sehen sind Gemälde
alter italienischer, flämischer, niederländischer Meister und Sieneser
Meister, wie Tintoretto und Van Dyck, sowie Werke der französischen Malerei aus dem 17. – 20. Jahrhundert, darunter Boucher,
Watteau, Gauguin und Soutine. Die moderne Kunst ist vor allem
durch plastische Werke vertreten, u. a. von Maillol und Rodin (Öffnungszeiten: Di. u. So. 11.00 – 18.00, Mi. 10.00 – 20.00, Do. – Sa.
10.00 – 18.00 Uhr).

✶
**Musée des
Beaux-Arts**

🕐

Das Hôtel Groslot an der Place de l'Étape, ein hübsches, reich deko-
riertes Renaissancegebäude aus Ziegel und Werkstein, wurde 1550
für den Gouverneur von Orléans, Jacques Groslot, erbaut. Hier stie-
gen viele Könige auf der Durchreise ab, u. a. Karl IX., Heinrich III.
und Heinrich VI. 1560 starb im Hochzeitssaal der noch blutjunge,
knapp 17-jährige König **Franz II.**, der mit seiner Frau Maria Stuart
zur Eröffnung der Versammlung der Generalstände nach Orléans gekommen war. In den Jahren 1790 bis 1962 diente das Gebäude als
Rathaus. Im 19. Jahrhundert wurden die Seitenflügel angebaut. Vor
der doppelläufigen Freitreppe in der Mittelachse des Hauses steht eine Statue der Jeanne d'Arc – ein Werk der Prinzessin Marie d'Orléans, Tochter des Bürgerkönigs Louis-Philippe (Öffnungszeiten: tgl.
9.00 – 18.00 Uhr).

Hôtel Groslot

🕐

Die belebte, von Miets- und Kaufhäusern sowie Straßencafés und
Restaurants gesäumte Place du Martroi ist der Mittelpunkt der von
breiten Boulevards umzogenen Altstadt. Der Name des Platzes leitet
sich wohl vom lateinischen »martyretum« ab, der Bezeichnung für
frühchristliche Friedhöfe. In seiner Mitte erhebt sich ein bronzenes,
heroisches Reiterstandbild der Jeanne d'Arc (D. Foyatier, 1855); die
Reliefs am Sockel zeigen Szenen aus ihrem Leben.

Place du Martroi

Häuserzeile in der Innenstadt von Orléans

Die nach Süden verlaufende **Rue Royale** wurde um 1760 angelegt. Noch heute stehen hier viele restaurierte Häuser aus dem 18. Jh., in deren Arkaden elegante Geschäfte zum Einkaufen einladen. Die Rue Royale führt hinunter zum 330 m langen **Pont George V** von 1755, von dem man einen schönen Blick auf die Stadt hat. Benannt wurde diese Brücke nach dem englischen König zur Erinnerung an die englisch-französische Waffenbruderschaft im Ersten Weltkrieg. Die von der Place du Martroi nach Norden abzweigende **Rue de la République** ist die Haupteinkaufsstraße von Orléans. Die **Rue d'Escures**, die in östlicher Richtung von der Place du Martroi abgeht, wird von Wohnhäusern aus dem 17. Jh. gesäumt.

★
Musée
Historique et
Archéologique

Im eleganten **Hôtel Cabu**, einem Renaissancegebäude von 1550 südöstlich der Place du Martroi, ist das Historische und Archäologische Museum untergebracht. Wertvollster Besitz ist der gallorömische Schatz von Neuvy-en-Sullias, einem Ort etwa 30 km östlich von Orléans, mit eindrucksvollen Bronzestatuen. Zu sehen sind außerdem mittelalterliche Skulpturen aus der Umgebung, Beispiele der lokalen Keramikproduktion und Exponate, die in Zusammenhang mit den Heldentaten der Jungfrau von Orléans stehen. Außerdem werden Goldwaren und Uhrensammlungen gezeigt (Öffnungszeiten: Juli bis Aug. Di.–So. 10.00–18.00; Mai, Juni, Sept. Di.–So. 14.00–18.00; Okt.–Apr. Mi., Sa., So. 14.00–18.00 Uhr).

Ein weiteres sehenswertes **Renaissancegebäude** liegt nur einen Straßenblock östlich des Historischen und Archäologischen Museums an der Rue Sainte-Catherine. Es handelt sich um das Hôtel Créneaux, das sich aus einem älteren Teil aus dem 15. Jh. und einem jüngeren aus dem 16. Jh. zusammensetzt.

Hôtel Créneaux

Auch der Jungfrau von Orléans ist ein **Museum** gewidmet: In dem originalgetreu rekonstruierten Fachwerkhaus an der Place du Général du Gaulle südwestlich der Place du Martroi wohnte Jeanne d'Arc 1429 als Gast bei Jacques Boucher, dem Schatzmeister des Herzogs von Orléans. Außer Trachten und Waffen aus der Zeit des Hundertjährigen Krieges sowie alten Dokumenten zum Leben und Werk der französischen Nationalheldin ist eine Audiovisionsschau zu sehen, die Johannas Einzug in Orléans am 8. Mai 1429 veranschaulicht.

Maison de Jeanne d'Arc

Die Kirche St-Paul südlich der Maison de Jeanne d'Arc an der Rue St-Paul ist ein Zeugnis der schweren Zerstörung, die Orléans im Zweiten Weltkrieg erlitt. Von dem Bau aus dem 17. Jh. blieben nur der Turm und die Kapelle erhalten, in der eine **schwarze Muttergottes** (16. Jh.) zu sehen ist. Dass im Krieg alles rings um die Kapelle durch Bomben zerstört wurde und nur die Kapelle verschont blieb, wurde der Schwarzen Madonna zugeschrieben.

Saint-Paul

Südwestlich von St-Paul steht das 1540 erbaute Hôtel Toutin, das dem Kammerherrn des Sohnes von Franz I., Guillaume Toutin, gehörte. Die **Arkadengalerie im Innenhof** macht dieses Haus zum schönsten erhaltenen Renaissancebau der Stadt.

Hôtel Toutin

Die 1519 im Frührenaissancestil erbaute Kirche Notre-Dame-de-Recouvrance südlich vom Hôtel Toutin wurde im Zweiten Weltkrieg nicht zerstört. Außer Renaissanceskulpturen im Chor sind schöne Glasfenster aus dem 11. Jh. zu sehen.

Notre-Dame-de-Recouvrance

Im Südosten der Altstadt – nahe der Loire – steht die Kirche St-Aignan, die dem Bischof von Orléans geweiht ist, dem es im Jahr 451 gelang, den **Hunnenkönig Attila** dazu zu bewegen, die Belagerung der Stadt zu beenden. Nach wiederholten Zerstörungen sind nur das Querhaus und der schöne spätgotische Chor (15./16. Jh.) erhalten; darunter befindet sich die 1029 vollendete Krypta des Vorgängerbaus, eine der frühesten und größten gewölbten Hallenkrypten in Frankreich.

Saint-Aignan

Etwa 7 km südlich der Loire liegt im Stadtteil La Source der Parc de la Source, ein **Landschaftsgarten** mit einem Schloss, Schmetterlingshaus, Spielplatz, Streichelzoo und zahlreichen Blumenbeeten. Hier entspringt der Loiret, ein 12 km langer Nebenfluss der Loire, nach dem das Département benannt ist. Der Park ist jedes Jahr Veranstaltungsort mehrerer Blumenschauen.

Parc de la Source

Umgebung von Orléans

Chamerolles ✳ 25 km nordöstlich von Orléans und 3 km östlich von Chilleurs-aux-Bois steht das elegante **Schloss von Chamerolles** (1522), eine großzügige viereckige Anlage aus Natur- und Backstein mit Ecktürmen. Im Südflügel ist ein **Parfümmuseum** untergebracht, im schönen Renaissancegarten werden Gewürzpflanzen gezogen (Öffnungszeiten: Juli / Aug. tgl. 10.00 – 18.00; Apr., Mai, Juni, Sept. Mi. – Mo. 10.00 bis 18.00; sonst Mi. – Mo. 10.00 bis 12.00; 14.00 – 17.00 Uhr).

> ! *Baedeker* TIPP
>
> **Idyllisches Bad**
> Zurück nach Orléans kann man die Strecke am 1692 angelegten Canal d'Orléans entlang wählen und im idyllischen Etang de la Vallée baden.

Cléry-Saint-André In der im Flamboyant-Stil erbauten spätgotischen Basilika von Cléry-St-André, 15 km südwestlich von Orléans, sind **König Ludwig XI.** (1423 – 1483) und seine Gemahlin Charlotte von Savoyen bestattet. Ludwigs prächtiges Grabmal mit einer Marmorstatue von 1622 liegt an der linken Langhauswand. Seit Ende des 13. Jh.s wird im Hochaltar eine Madonna mit Kind aus Eichenholz als wundertätig verehrt.

La Ferté-St-Aubin Rund 20 km südlich von Orléans liegt das **Schloss** La Ferté-St-Aubin, eine große Anlage aus dem 17. Jh. am Ufer des Cosson, die besichtigt werden kann. Sehenswert ist vor allem die alte Küche aus dem 17. Jahrhundert. Im Park wurde ein Bahnhof des **Orient-Express** aus den 1930er-Jahren nachgebaut, außerdem sind eine Dampflokomotive von 1917 und Schlafwaggons zu besichtigen. Es stehen auch **Gästezimmer** zur Verfügung (www.chateau-ferte-st-aubin.com).

Richelieu

G 17

| **Région:** Centre | **Höhe:** 53 m ü.d.M. |
| **Département:** 37 Indre-et-Loire | **Einwohnerzahl:** 2200 |

»Hübsch erbaut, aber schlecht platziert«, so lautete das Urteil des Fabeldichters Jean de la Fontaine über das Städtchen Richelieu, das seine Existenz einzig und allein einem Mann verdankt, Kardinal Richelieu, der hier nicht nur ein Schloss, sondern gleich daneben auch einen Ort errichten ließ.

Stadt eines Kardinals Tatsächlich ist die heute friedliche Kleinstadt ca. 20 km südlich von Chinon zwar ansehnlich, aber ziemlich abgelegen und der Boden für die Bevölkerung nicht ertragreich genug. Im Jahr 1621 hatte **Armand Jean du Plessis** (1585 – 1642), Bischof von Luçon, das Gebiet erworben. Zehn Jahre später beauftragte er als Herzog von **Richelieu**, Kar-

▶ RICHELIEU ERLEBEN

AUSKUNFT

Office de Tourisme du
Pays de Richelieu
7, Place Louis XIII
BP 3,
F-37120 Richelieu
Tel. 02 47 58 13 62
Fax 02 47 58 29 86
E-Mail: otsi.richelieu@wanadoo.fr
www.cc-pays-de-richelieu.fr

ÜBERNACHTEN / ESSEN

▶ **Günstig**
Le Puits Doré
24, Place du Marché
F-37120 Richelieu
Tel. 02 47 58 16 02, Fax 02 47 58 24 39
www.lepuitsdore.fr
Zwei-Sterne-Hotel mit gemütlichen Zimmern. Im Restaurant wird traditionelle Küche serviert (Menüs zwischen 13,50 und 33 Euros).

dinal und erster Minister den Architekten Jean Lemercier mit dem Bau eines Schlosses und darüber hinaus einer Ortschaft, in der sein zahlreiches Gefolge untergebracht werden sollte. Während der Kardinal in der näheren Umgebung mehrere Schlösser aufkaufte und sie zerstören bzw. verfallen ließ, schuf er sich hier eine pompöse Residenz, die – zusammen mit dem Ort – im 17. Jh. als ein kleines architektonisches Wunder galt, und stattete sie mit auserlesenen Gemälden, u. a. von Dürer, Tizian und Rubens, aus. Von der prächtigen Residenz ist so gut wie nichts mehr erhalten, nach der Französischen Revolution wurde sie abgerissen. Doch noch heute wirkt das schachbrettartig angelegte, ganz auf das Schloss ausgerichtete Städtchen wie eine pompöse Auffahrt – nur dass eben der Palast fehlt.

Sehenswertes in Richelieu

Die rechteckig angelegte **Stadt** ist von einer Mauer und einem Graben umgeben, der einst vom Mable-Fluss gespeist wurde, heute jedoch trocken gelegt und bepflanzt ist. Die sechs monumentalen Stadttore besitzen z. T. noch ihre alten Pavillons. Die Hauptachse des Ortes bildet die von Nord nach Süd

Gab den Bau der Ortschaft Richelieu in Auftrag: Kardinal Richelieu

verlaufende **Grande Rue**, die gesäumt ist von zahlreichen hochherrschaftlichen Häusern – allesamt mit großem Rundbogenportal. An beiden Enden dieser Straße befinden sich zwei gleich große Plätze: die **Place des Religieuses** und die **Place du Marché**. An der Place du Marché stehen die klassizistische Kirche **Notre-Dame** mit heller Steinfassade und den vier Evangelisten in den Fassadennischen, eine beeindruckende hölzerne **Markthalle** und das **Hôtel de Ville**, das heute ein kleines Richelieu-Museum beherbergt.

✳ Schlosspark

Die Grande Rue setzt sich geradlinig im riesigen Schlosspark fort, einer sehr gepflegten Anlage mit schnurgeraden Kastanien- und Platanenalleen und einem Netz von Kanälen. Von Richelieus Schloss sind nur noch ein **Pavillon mit Kuppeldach** nahe dem Rosengarten und zwei Pavillons hinter den Blumenbeeten weiter südöstlich, die **Orangerie** und der **Weinkeller**, erhalten. Im erstgenannten Pavillon ist ein kleines Museum eingerichtet mit einem Modell des ursprünglichen Schloss- und Stadtensembles sowie Erinnerungsstücken an Kardinal Richelieu.

❗ *Baedeker* TIPP

Nostalgisch

An Sommerwochenenden verkehrt ein nostalgischer Oldtimer-Dampfzug vom Bahnhof von Richelieu ins 20 km entfernte Chinon, von Mitte Juli bis Mitte August sogar täglich (außer dienstags; Tel. 02 47 58 12 97).

Romorantin-Lanthenay

E 26

Région: Centre	**Höhe:** 88 m ü.d.M.
Département: 41 Loir-et-Cher	**Einwohnerzahl:** 19 000

Romorantin, das heute mit der Gemeinde Lanthenay im Norden zusammengeschlossen ist, war einst die Hauptstadt der Sologne. Der hübsche Ort liegt an den Armen der Sauldre, die sich hier teilt und das Bild des Stadtkerns prägt.

Hauptstadt der Sologne

Die einstige Hauptstadt der Sologne, eines seenreichen Gebietes mit Wäldern und Mooren zwischen Blois und Bourges, war um die Wende vom 15. zum 16. Jh. **eine der Residenzen des Königshofes**. Geschichtlich belegt ist die Siedlung erstmals im 12. Jh. als Rivus Morantini. Zunächst gehörte der Ort den Grafen von Blois, im 15. Jh. erwarb das Haus Valois-Angoulême den Besitz. In Romorantin verlebte François d'Angoulême, der spätere **Franz I.**, seine Jugend, und hier wurde 1499 seine Gemahlin, Claudia von Frankreich, die Tochter Ludwigs XII., geboren. 1517 beauftragte Franz I. Leonardo da Vinci, für seine Mutter, Luise von Savoyen, ein Schloss zu planen, das jedoch nie gebaut wurde. Von dem Schloss, in dem Franz I. lebte, sind nur noch Türme erhalten, in die die Präfektur eingezogen ist.

ROMORANTIN-LANTHENAY ERLEBEN

AUSKUNFT

Office de Tourisme
Place de la Paix
F-41200 Romorantin-Lanthenay
Tel. 02 54 76 43 89
Fax 02 54 76 96 24
www.tourisme-romorantin.com

ESSEN

► **Erschwinglich**
Auberge du Lanthenay
9, Rue Notre Dame du Lieu
Tel. 02 54 76 09 19
So., Mo. geschl.
Feinschmeckerlokal im Stadtteil Lan-

thenay mit vernünftigen Preisen. Es
werden auch 10 Gästezimmer vermietet (Kategorie: Komfortabel).

ÜBERNACHTEN

► **Luxus**
Grand Hôtel du Lion d'Or
69, Rue Georges Clemenceau
F-41200 Romorantin-Lanthenay
Tel. 02 54 94 15 15
Fax 02 54 88 24 87
www.hotel-liondor.fr
Nobelquartier in einem Renaissance-
herrenhaus mit edlem Zwei-Sterne-
Restaurant.

Sehenswertes in Romorantin-Lanthenay

Sehr schöne **Ausblicke** – u. a. über die Gebäude des Musée de Sologne (s. u.) – hat man von den beiden Brücken über die Sauldre mitten in der Altstadt.

Sauldre-Brücken

Das Musée de Sologne direkt am Flussufer verteilt sich über drei Gebäude, darunter zwei ehemalige Mühlen. Die **Moulin du Chapitre** informiert über die Geschichte, Ge-
sellschaft, Wirtschaft und Architektur der Sologne, die **Moulin de la
Ville** widmet sich der Geschichte
und Wirtschaft der Stadt, im Turm
Jacquemart finden wechselnde
Ausstellungen statt (Öffnungszeiten: Mo., Mi.–Sa. 10.00–12.00,
14.00 bis 18.00, So. 14.00–18.00
Uhr).

Musée de Sologne

> **!** *Baedeker* TIPP
>
> ### Feinschmeckertage
>
> Seit 1978 finden jedes Jahr am letzten Oktober-
> wochenende in Romorantin-Lanthenay die
> »Journées gastronomiques de la Sologne«, die
> gastronomischen Tage der Sologne, statt. Dann
> kann man die Produkte von Köchen, Metzgern
> und Konditoren – vom Lehrling bis zum Meister
> – kosten. Veranstaltungsort der genussvollen
> Tage ist die Pyramide »Espace François I«.

Eines der schönsten alten Häuser
ist die ehemalige **Chancellerie**
(Kanzlei), ein Fachwerkbau an der
Kreuzung Rue de la Résistance/Rue
du Milieu. An der Rue du Milieu/Rue de la Pierre steht die **Maison
du Carroir Doré**, ebenfalls ein Fachwerkhaus (15. Jahrhundert), in
dem das **Archäologische Museum** untergebracht ist. Dieses Museum
zeigt Exponate der Vorzeit, der gallorömischen Epoche und des Mittelalters sowie Mineralien und Fossilien.

Espace Automobiles Matra

In der Rue des Capucins vergegenwärtigen über 50 Fahrzeuge die Geschichte der Autoschmiede Matra, des größten Arbeitgebers von Romorantin, die mit dem Renault Espace Europas erste Großraumlimousine schuf. Zu sehen ist auch das **Matra-Rennauto**, das 1969 die Formel 1 gewann (Öffnungszeiten: Mo.–Fr. 9.00–12.00, 14.00 bis 18.00, Sa./So. 10.00–12.00, 14.00–18.00 Uhr).

★ ★ Saint-Benoît-sur-Loire

C 29

Région: Centre	**Höhe:** 100 m ü.d.M.
Département: 45 Loiret	**Einwohnerzahl:** 1900

St-Benoît-sur-Loire besitzt eine der schönsten romanischen Abteikirchen Frankreichs und gehörte im Mittelalter zu den wichtigsten Stätten klösterlicher Kultur.

Wallfahrtsstätte und Zentrum der Wissenschaften und Künste

Das am rechten Ufer der Loire gelegene Dorf St-Benoît-sur-Loire, rund 30 km südöstlich von Orléans, besitzt eine berühmte Benediktinerabtei. Gegründet wurde das Kloster Mitte des 7. Jahrhunderts. Um 672 erfuhr der Abt von **Fleury** – so hieß damals der Konvent –, dass die Gebeine des 547 verstorbenen **hl. Benedikt** von Nursia, des Begründers des Benediktinerordens, unter den Trümmern der Abtei von Monte Cassino in Italien zerstreut lagen. Um sie vor den Entweihungen durch lombardische Eroberer zu retten, ließ er sie gemeinsam mit den Gebeinen seiner Schwester, der hl. Scholastika, ins Loire-Kloster überführen. Dieser Reliquienschatz machte Fleury bald zu einer bedeutenden Wallfahrtsstätte.

Unter der Amtszeit von **Theodulf**, dem hochgebildeten Bischof von Orléans und Berater Karls des Großen, wurde das Kloster ein Zentrum der Künste und Wissenschaften, dessen Einflüsse sich im gesamten karolingischen Reich verbreiteten. Weitere Höhepunkte erlebte der Konvent im 10. und 11. Jh. unter den Äbten Odo, Abbo und Gauzlin, unter denen die Abtei zu einem geistigen Zentrum des Abendlandes aufstieg.

Schwersten Schaden erlitt das Kloster in den Religionskriegen in der zweiten Hälfte des 16. Jh.s, als Abt Odet de Châtillon-Coligny zum Protestantismus übertrat und die Abtei von hugenottischen Truppen plündern ließ. Während der Französischen Revolution wurde der Konvent schließlich aufgelöst. Erst 1944 konnte das Klosterleben wieder aufgenommen werden.

In St-Benoît-sur-Loire lebte auch 20 Jahre lang der aus der Bretagne stammende Schriftsteller und Maler **Max Jacob** (1876–1944), der vom Judentum zum Katholizismus übergetreten war. 1944 wurde er nach dem Besuch der Morgenmesse in der Abtei von der Gestapo verhaftet. Er starb im KZ von Drancy an einer Lungenentzündung und wurde auf dem Friedhof von St-Benoît beigesetzt.

SAINT-BENOÎT-SUR-LOIRE ERLEBEN

AUSKUNFT

Office de Tourisme
»Maison Max Jacob«
44, Rue Orléanaise
F-45730 Saint-Benoît-sur-Loire
Tel. 02 38 35 79 00
Fax 02 38 35 10 45
www.saint-benoit-sur-loire.fr

VERANSTALTUNGEN

Gregorianischer Choral
in der Basilika
Mo.–Sa. 12.00, So. 11.00 Uhr

ESSEN

► **Erschwinglich**
Le Grand Saint Benoît
7, Place Saint André

Tel. 02 38 35 11 92
Sa. abends, So. mittags, Mo. geschl.
Lokal mitten im Ort mit traditioneller
Küche. An warmen Tagen sitzt man
auf der Terrasse in der Fußgänger-
zone.

ÜBERNACHTEN

► **Günstig**
Le Labrador
7, Place de l'Abbaye
F-45730 St-Benoît-sur-Loire
Tel. 02 38 35 74 38, Fax 02 38 35 72 99
www.hoteldulabrador.fr
Ruhiges, aus mehreren Gebäuden
bestehendes Hotel gegenüber der
Basilika mit 46 Zimmern. Garten und
Salon de thé.

Besichtigung der Basilika St-Benoît

Die zwischen 1026 und 1218 errichtete, mächtige Basilika ist das einzige Bauwerk, das von dem früheren Klosterkomplex erhalten blieb.
Ungewöhnlich ist die Westfassade der Basilika, die unter Abt Gauzlin
gebaut und vermutlich bereits 1030 vollendet war und damals etwas
völlig Neues darstellte. Sie besteht aus einem zweigeschossigen Turm
auf nahezu quadratischem Grundriss. Ursprünglich hatte der Turm
noch ein weiteres Obergeschoss. Doch das wurde 1527 auf Anord-
nung Franz' I. zerstört – er wollte damit die Mönche bestrafen, die
sich geweigert hatten, Kardinal Duprat als Titularabt in ihrem Kloster zu empfangen. Das heutige Zeltdach mit Glockenstuhl und Laterne entstand erst im 17. Jh. (Öffnungszeiten: tgl. 6.30 bis 22.00 Uhr).
Durch das Erdgeschoss des Turms – quasi eine nach drei Seiten offene Eingangshalle – kommt man in das Kirchenschiff. In der Halle
sind herrliche **Kapitelle** zu sehen: Sie zeigen stilisierte Pflanzenmoti-
ve, fantastische Tierfiguren und Szenen aus der Apokalypse und aus
dem Leben Jesu (u. a. Flucht nach Ägypten, das Jüngste Gericht).

Westfassade /
Eingangsturm

Einen Blick verdient auch das Nordportal der Kirche aus der Zeit
um 1200. Auf dem Türsturz ist die Überführung der Gebeine des hl.
Benedikt von Monte Cassino nach Fleury dargestellt.

Nordportal

Im Innern beeindruckt die Basilika durch einen hellen, klar gestalteten Raum. Das um 1200 fertiggestellte Hauptschiff und die auffallend

Inneres
der Basilika

schmalen, hohen Seitenschiffe tragen bis zum Querhaus ein Kreuzrippengewölbe, das den Übergang von der Romantik zur Gotik erkennen lässt. Architektonisch interessant ist der romanische **Langchor** mit Chorumgang, der zu den schönsten romanischen Chören
Frankreichs zählt. Chor und Querhaus machen zusammen mit der
Krypta (▶ unten) die ältesten Bauteile der Kirche aus, sie stammen
aus dem frühen 12. Jahrhundert. Vor dem Hauptaltar im Langchor
befindet sich ein **Fußbodenmosaik** aus Marmor, auf dem – als
Hauptfigur – der Kapetingerkönig Philipp I. (gest. 1108) dargestellt
ist. Das Marmorgrabmal mit der liegenden Figur König Philipps I.
wurde im 13. Jh. geschaffen. Das prächtige Chorgestühl stammt von
1413, die Orgeltribüne wurde um 1700 eingefügt. Eine Kostbarkeit
ist der winzige **Mumma-Schrein** aus Holz mit vergoldeten, getriebe-
nen Kupferplatten. Dieser Schrein aus der zweiten Hälfte des 7. Jh.s,
der seinen Namen nach der Stifterinschrift erhielt, ist eines der seltenen heute noch erhaltenen Stücke merowingischer Kunst. Die zwölf
Figuren auf den Dachflächen des Schreins stellen wahrscheinlich die
zwölf Apostel dar.

Die Gewölbe der Krypta (11. Jh.) erheben sich über gedrungenen,   **Krypta**
im Halbkreis angeordneten Rundpfeilern. Im Zentrum des dunklen
Raumes ruhen in einem modernen Schrein die **Gebeine des hl. Benedikt**, die im späten 7. Jh. vom italienischen Kloster Monte Cassino
hierher gebracht wurden.

Umgebung von Saint-Benoît-sur-Loire

Ca. 5 km nordwestlich von Saint-Benoît-sur-Loire steht in Germig-   **✶**
ny-des-Prés eine kleine Kirche, die Abt Theodulf um 800 als Betka-   **Germigny-**
pelle für sein Landhaus errichten ließ. Sie gilt als **eines der ältesten**   **des-Prés**
Gotteshäuser Frankreichs. Nach zeitgenössischen Dokumenten dien-
te die Aachener Pfalzkapelle beim Bau als Vorbild; weil die erste Kirche auf dem Grundriss in der Form eines griechischen Kreuzes
stand, wird sie auch mit der berühmten Kirche von Etschmjadsin in
Armenien verglichen. Bei Restaurierungsarbeiten im 19. Jh. entdeckte man in der Wölbung der Chorkonche ein aus 130 000 bunten
Glaswürfeln bestehendes Mosaik, das aus der Entstehungszeit der
Kirche stammt und eine enge Verwandtschaft mit den Mosaiken in
Ravenna zeigt. Dargestellt sind auf dem **einzigen erhaltenen karolin-
gischen Mosaik in Frankreich** Engel mit der alttestamentarischen
Bundeslade.

5 km nordwestlich von Germigny-des-Prés liegt das Städtchen   **Châteauneuf-**
Châteauneuf-sur-Loire. Hier sind Reste des **»kleinen Versailles«** er-   **sur-Loire**
halten, das sich Louis Phélypeaux de la Vrillière, der Staatssekretär

← *Ein Glanzwerk der Romanik: der Chorumgang in der Basilika von
Saint-Benoît-sur-Loire*

Ludwigs XIV., errichten ließ: die Orangerie, Wirtschaftsgebäude, zwei Pavillons und ein überkuppelter Achteckbau. Die ehemaligen Pferdeställe beherbergen heute das **Musée de la Marine de Loire**, ein Museum zur Loire-Schifffahrt. Hübsch ist vor allem der Schlosspark, der im Frühsommer durch seine Rhododendren ein farbenprächtiges Bild bietet. In der gotischen Stadtkirche **St-Martial** befindet sich das prächtige Marmorgrabmal des ehemaligen Schlossherrn, des Marquis de la Vrillière (gest. 1681), das ein Schüler des italienischen Bildhauers Bernini schuf.

Saint-Nazaire

F 2

Région: Pays de la Loire
Département: 44 Loire-Atlantique

Höhe: Meereshöhe
Einwohnerzahl: 68 000

In der Hafenstadt am Atlantik werden seit über 150 Jahren Ozeandampfer gebaut, die teilweise geradezu Berühmtheit erlangt haben. Heute ist der Hafen auch ein Reiseziel mit einem faszinierenden Tourismusangebot.

Hafenstadt am Atlantik

Die Hafen- und Industriestadt Saint-Nazaire liegt 64 km westlich von ▶Nantes direkt an der Mündung der Loire in den Atlantik. Die Geschichte der Stadt ist untrennbar mit dem Hafen verbunden. Bis vor rund 150 Jahren war Saint-Nazaire ein kleiner Fischerort, mit dem großen Aufschwung der Industrie im 19. Jh. entwickelte es sich zu einem **bedeutenden Schiffsbauzentrum**. Im Ersten Weltkrieg landeten in Saint-Nazaire die Truppen der Alliierten; im Zweiten Weltkrieg baute die deutsche Wehrmacht den Hafen zu ihrem Flottenstützpunkt aus. Nachdem die Stadt bei Bombenangriffen fast völlig zerstört worden war, entstand nach Kriegsende die heutige Stadt auf neuem Grundriss; Architekt war Noël Lemaresquier.

Nach dem Stapellauf des ersten Passagierdampfers 1864 sind Hunderte von Schiffen in Saint-Nazaire gebaut worden – Frachtschiffe, Kriegsschiffe und eine Reihe bekannter Passagierdampfer wie die

? WUSSTEN SIE SCHON …?

■ Am Strand von Saint-Marc-sur-Mer westlich von Saint-Nazaire wurde 1951 der Film »Die Ferien des Monsieur Hulot« von Jacques Tati gedreht. Der beliebte Urlaubsort wurde damit unsterblich.

»France« 1960. Seit etwa 15 Jahren werden in der riesigen Anlage der Werft »Aker Yards« **Kreuzfahrtschiffe** hergestellt. Außer Kreuzfahrtschiffen entstehen hier Flüssiggastanker, darunter die zwei größten der Welt, und Militärschiffe.

Aber nicht nur Schiffbau spielt eine große Rolle, in Saint-Nazaire werden seit über 80 Jahren auch **Flugzeuge** gebaut. Zuerst waren es nur Wasserflugzeuge, später Teile der Concorde – heute ist in Saint-

Werft in Saint-Nazaire. Die Stadt lebt zum großen Teil vom Schiffbau.

Nazaire Frankreichs nach Toulouse zweitgrößtes Airbus-Werk ansässig. Darüber hinaus bildet Saint-Nazaire den Vorhafen von Nantes; das Gebiet zwischen den beiden Städten ist mit seinen Industriebetrieben und Hafenanlagen (Erdölhafen und -raffinerie in Donges) das wichtigste Wirtschaftszentrum im Westen Frankreichs.

Für technisch Interessierte ist Saint-Nazaire ein Eldorado. Es gibt Führungen durch die **Werft Aker Yards**, in der eines der größten Kreuzfahrtschiffe, die Queen Mary 2, entstanden ist, und durch das **Airbus-Werk**, in dessen riesigen Fertigungshallen man aus nächster Nähe beim Bau des Riesenvogels A 380 und anderer Airbus-Modelle zuschauen kann; das Werk befindet sich außerhalb von Saint-Nazaire, in der Nähe des Flughafens Montoir-de-Bretagne. Tourismusmagneten sind auch das französische U-Boot aus den 1950er-Jahren im Hafen und das Erlebnismuseum »Escal'Atlantic«, das seit seiner Eröffnung im Jahr 2000 bereits von über 1,5 Mio. Personen besucht wurde.

Tourismusmagnete

Doch nicht nur Freunde der Technik kommen in der sympathischen Hafenstadt auf ihre Kosten, denn Saint-Nazaire bietet nicht weniger als **20 Strände** und einen 7 km langen **Küstenpfad** (»Zöllnerweg«), der im Schatten von Pinien und Eichen an den Stränden und Buchten entlangführt. Sehr hübsch ist auch die Strandpromenade an den Boulevards Albert I und Président Wilson, hinter denen die Innenstadt mit zahlreichen Geschäften, Cafés und Restaurants zum Bummeln einlädt.

▶ SAINT-NAZAIRE ERLEBEN

AUSKUNFT

Office de Tourisme
3, Boulevard de la Légion d'Honneur
BP 173, F-44613 Saint-Nazaire cedex
Tel. 02 40 22 40 65, Fax 02 40 22 19 80
www.saint-nazaire-tourisme.com

ESSEN

▶ **Preiswert**
La Pierre et le P'tit Loup
16, Rue des Halles
Tel. 02 40 66 46 64, Sa. mittags, So.
mittags und Mi. geschlossen
Spezialitäten des Hauses sind gegrillte
Fleisch- und Fischgerichte, Raclette
und Fondues.

ÜBERNACHTEN

▶ **Komfortabel**
Au Bon Accueil
39, Rue François Marceau
F-44600 Saint-Nazaire
Tel. 02 40 22 07 05, Fax 02 40 19 01 58

www.au-bon-accueil44.com
Mitten in der Stadt und nahe beim
Escal'Atlantic; Unterkunft mit 12 unterschiedlich eingerichteten Zimmern
und 5 Luxusappartements. Im Restaurant werden feine traditionelle
Gerichte zubereitet.

Hôtel-Restaurant De la Plage
Plage de Monsieur Hulot
37, Avenue du Commandant Charcot
Saint-Marc-sur-Mer (Vorort)
F-44600 Saint-Nazaire
Tel. 02 40 91 99 01, Fax 02 40 91 92 00
www.hotel-de-la-plage-44.com
Direkt am Strand, über den die Statue
von »Monsieur Hulot« wacht, der in
dem Film von Jacques Tati seine
Ferien hier verbrachte. Von vielen der
30 Zimmer genießt man einen herrlichen Blick aufs Meer. Zu den Spezialitäten des Restaurants zählen
Fischgerichte und Meeresfrüchte.

Darüber hinaus mangelt es nicht an attraktiven **Ausflugszielen**.
Landschaftlich sehr reizvoll sind der Küstenabschnitt nordwestlich
von Saint-Nazaire, wo sich das **berühmte Seebad La Baule** befindet,
und die **»Grande Brière«** nördlich der Stadt, Frankreichs zweitgrößtes **Moorgebiet**.

Sehenswertes in Saint-Nazaire

Hafen Die Hafenanlagen liegen am rechten Loire-Ufer. Das 10,5 ha große
Bassin de St-Nazaire wurde 1856 erbaut; zwei Jahre später folgte, neben der Werft Aker Yards, das 2 ha große **Bassin de Penhoët**, das
noch heute zu den größten Becken Europas gehört. Es gibt drei Tro-
ckendocks, das größte misst 226 m × 32 m. Der im Zweiten Weltkrieg aus Stahlbeton gebaute und nahezu unbeschädigt gebliebene
deutsche U-Boot-Stützpunkt nimmt eine Fläche von 300 m × 125 m
ein. Seine 14 Zellen konnten bis zu 20 U-Boote aufnehmen. Heute
haben sich hier mehrere Industriebetriebe angesiedelt. Die U-Boot-
Schleuse befindet sich gegenüber dem U-Boot-Bunker neben der früheren Hafeneinfahrt. Sie ist 53 m lang, 13 m breit und überdacht,

damit die U-Boote den Hafen unbemerkt verlassen konnten. Von der Plattform der Schleuse – oberhalb der U-Boot-Ausfahrt – hat man einen guten Blick über den Hafen, die Loire-Mündung und die große Brücke (► S. 262).

◄ Terrasse Panoramique

Nördlich der Schleuse liegt in einem alten U-Boot-Bunker das 1957 in Le Havre gebaute **U-Boot** »Espadon« (Schwertfisch) vor Anker, das als erstes unter dem Polareis navigierte. 25 Jahre war das Boot im Dienst; die Seemeilen, die es dabei zurücklegte, entsprechen 17-mal dem Erdumfang. Die Espadon kann innen besichtigt werden.

Espadon

Das Ecomusée am östlichen Rand des Bassin de St-Nazaire zeigt Ausstellungen zur **Geschichte des Schiffsbaus, des Hafens und der Stadt**. Vor dem Ecomusée steht im flachen Wasser das der amerikanischen Sklavenbefreiung gewidmete Denkmal **»Abolition de l'Esclavage«** (1991) von J.-C. Mayo.

Ecomusée

Am westlichen Rand des Bassin de St-Nazaire steht das **Internationale Ozeandampfermuseum** Escal'Atlantic, in dem die Atmosphäre der Luxusliner erlebbar gemacht wird. Auf drei Ebenen ist das Innere legendärer Schiffe nachgebaut, von den Kabinen über den Maschinenraum und das Promenadendeck bis zur Kommandobrücke. Filme, die an Bord großer Liner gedreht wurden, erzählen die Geschichte der Passagierseefahrt – insbesondere auf den Linien nach Amerika.

Escal'Atlantic

Im Escal'Atlantic ist alles rund um's Kreuzfahrtschiff zu sehen – sogar ein schwimmender Friseursalon.

Die Brücke zwischen Saint-Nazaire und Saint-Brévin

Pont St-Nazaire – St-Brévin

Die Loire-Mündung überspannt in schönem Schwung eine 1972 bis 1975 erbaute, 3356 m lange und 61 m hohe **Straßenbrücke**. Bis zur Eröffnung des Pont de Tancarville über die Seine (Normandie) war sie die längste Brücke Frankreichs. Von hier oben sieht man auf die Industrieansiedlungen und Docks beiderseits der Loire.

Sancerre

Région: Centre
Département: 18 Cher

Höhe: 310 m ü.d.M.
Einwohnerzahl: 2200

Sancerre rund 50 km nordöstlich von Bourges thront malerisch auf einem Hügel – ein altertümliches Weinstädtchen mit hübschen Straßencafés, Restaurants, Weinkellern und Geschäften.

Malerisch gelegenes Weinstädtchen

Sancerre liegt zwischen hügeligen Weinbergen mit Blick auf die weite Ebene der Loire. Seit der Antike ist der Ort für seinen **trockenen Weißwein** bekannt. Die edlen Tropfen von Sancerre und aus der Umgebung können in zahlreichen Weinkellereien gekostet werden. Zur Besichtigung sind auch einige Betriebe geöffnet, in denen Ziegenkäse hergestellt wird. In den alten Häusern – teilweise aus dem 15. Jh. – haben viele Künstler und Kunsthandwerker ihre Ateliers eingerichtet. Rund um Sancerre führt ein Weinwanderweg.

SANCERRE ERLEBEN

AUSKUNFT

Office de Tourisme
Nouvelle Place
F-18300 Sancerre
Tel. 02 48 54 08 21
Fax 02 48 78 03 58
E-Mail: ot.sancerre@wanadoo.fr
www.ville-sancerre.fr

PARKEN

Den Wagen lässt man am besten am Rand der Altstadt stehen, z. B. beim Hôtel Le Panoramic, denn die Gassen sind steil und eng, und die Sehenswürdigkeiten liegen dicht beieinander.

ESSEN

► Erschwinglich

La Pomme d'Or
Rue de la Panneterie
Tel. 02 48 54 13 30
Di. und Mi. geschl.
Ein kleines Restaurant, in dem ausgezeichnete Gerichte serviert werden, außerdem gibt es eine hervorragende Weinkarte.

ÜBERNACHTEN

► Komfortabel

Hôtel Le Panoramic
Remparts des Augustins
F-18300 Sancerre
Tel. 02 48 54 22 44, Fax 02 48 54 39 55
www.panoramicotel.com
Moderne Unterkunft am Stadteingang (60 Zi.). Von den Zimmern zum Tal hin genießt man einen fantastischen Blick über die Weinberge. Hotelbar und Swimmingpool.

► Günstig

Le Floroine
Route du Canal
F-18300 Ménétréol-sous-Sancerre
Tel. 02 48 54 02 74
www.le-floroine.com
Hotel-Restaurant – wie aus alten Zeiten – im Ort unterhalb von Sancerre, direkt am Kanal. Fünf komfortable Zimmer. Der Inhaber, der ein wenig Deutsch spricht, bereitet leckere Gerichte zu (Menüs zwischen 10 und 18 Euro). Ideale Adresse für Radfahrer.

Umgebung von Sancerre: liebliche Weinberge und das weite Loire-Tal

Sehenswertes in Sancerre

Beffroi
Mitten im Ort steht ein **Wehrturm** (Beffroi), der Anfang des 16. Jahrhunderts errichtet wurde. Heute dient der gedrungene Bau als Glockenturm der neoromanischen Kirche Notre-Dame.

Tour des Fiefs
Im Schlosspark am Ostrand von Sancerre steht die Tour des Fiefs, ein alter **Burgturm** aus dem 14. Jahrhundert. Der Turm, ein letztes Überbleibsel eines 1621 zerstörten Grafenschlosses, befindet sich heute in Privatbesitz.

Direkt am Schlosspark öffnet sich die **Esplanade Porte César**, ein kleiner baumbestandener Platz, von dem man einen weiten Blick über die Weinberge und das Loire-Tal bis nach Burgund hinein genießt.

> **! Baedeker TIPP**
>
> **Ziegenkäse aus Chavignol**
> Aus dem nahen Dorf Chavignol (westlich von Sancerre) kommt der berühmte Ziegenkäse Crottin. In der Route de Chavignol Nr. 9 in Sancerre erhält man eine Liste der Käseproduzenten (www.crottindechavignol.com).

✴ Saumur

F 15

Région: Pays de la Loire	**Höhe:** 30 m ü.d.M.
Département: 49 Maine-et-Loire	**Einwohnerzahl:** 33 000

Saumur ist für sein schönes Stadtbild mit der hübschen Flussfront bekannt. Schon von weitem sieht man die trutzige Burg über dem mittelalterlichen Ort an den Ufern der Loire aufragen.

Weinstadt und Hauptstadt der Reitkunst
Die Stadt rund 50 km südöstlich von Angers ist ein Handelszentrum und bekannt vor allem für den in der Umgebung erzeugten **Wein** und Schaumwein. Außerdem kommt fast die Hälfte der französischen Champignons aus Saumur. Sie werden in den Kellern und Höhlen gezüchtet, von denen es mehrere rund um die Stadt gibt. Insbesondere in Saint-Hilaire-Saint-Florent 2 km südwestlich von Saumur haben sich in den Tuffsteinhöhlen Wein- und Sektkellereien sowie Pilzproduzenten eingerichtet – darunter auch France Champignon, der größte Pilzproduzent Frankreichs. Mehrere Kellereien und Betriebe laden zu Besichtigungen ein.

Zudem ist Saumur bekannt als **Zentrum der französischen Dressur- und Springreiter**. 1763 rief Ludwig XV. in Saumur die **Nationale Kavallerieschule** ins Leben, deren Eleven in Khaki-Uniformen heute das Stadtbild beleben; 1972 wurde die Nationale Reitschule gegründet, deren berühmte Militär-Reitertruppe **Cadre Noir** hin und wieder – unter anderem einmal im Jahr um den 20. Juli beim »Carrousel de Saumur« – zu sehen ist.

weiter S. 268 ▶

SAUMUR ERLEBEN

AUSKUNFT

Office de Tourisme
Place de la Bilange
BP 241, F-49418 Saumur
Tel. 02 41 40 20 60
Fax 02 41 40 20 69
E-Mail: infos@ot-saumur.fr
www.ot-saumur.fr

VERANSTALTUNGEN

Le Carrousel
Für alle, die die Reiter des Cadre Noir
erleben möchten: Bei der Truppenschau der Kavallerie und Panzereinheit von Saumur (an drei Tagen um
den 20. Juli auf der Place du Char-
donnet) treten die Reiter als Gaststars
auf.

ESSEN

► **Erschwinglich**
Les Ménestrels
11, Rue Raspail
Tel. 02 41 67 71 10
So., Mo mittags geschl.
Eines der besten Restaurants in Saumur, zwischen Schloss und Loire
gelegen. Tuffstein und Holzbalken
geben den Speiseräumen ein etwas
uriges Flair. Im Sommer sitzt man auf
einer schönen Terrasse.

Le Pyrène
42, Rue du Maréchal Leclerc
Tel. 02 41 51 31 45
Mo. geschl.
In dem einfachen, aber gemütlichen
Lokal kommen Gerichte aus dem
Süden auf den Tisch: Languedoc,
Pyrenäen, Katalonien.

► **Preiswert**
Auberge St-Pierre
6, Place Saint-Pierre
Tel. 02 41 51 26 25
So., Mo. geschl.

Eingerichtet in einem Fachwerkhaus
aus dem 15. Jahrhundert unterhalb
der Kirche St-Pierre. Serviert werden
leckere Gerichte der klassischen
französischen Küche.

ÜBERNACHTEN

► **Luxus**
Château de Verrières
53, Rue d'Alsace
F-49400 Saumur
Tel. 02 41 38 05 15
Fax 02 41 38 18 18
www.chateau-verrieres.com
Sehr schöne Vier-Sterne-Unterkunft
mitten in Saumur. Das kleine Hotel
mit 10 eleganten Zimmern ist in
einem hübschen Schloss aus dem
19. Jahrhundert eingerichtet, das von
einem Park umgeben ist.

► **Komfortabel**
Loire Hôtel
Rue du Vieux Port
F-49400 Saumur
Tel. 02 41 67 22 42
Fax 02 41 67 88 80
www.loire-hotel.fr
Das Hotel befindet sich auf der
Offard-Insel und liegt direkt am Ufer
der Loire. Von hier aus hat man einen
wunderbaren Blick auf die Stadt und
das Schloss. Auch von dem ange-
schlossenen Restaurant bietet sich ein
schöner Blick.

St-Pierre
8, Rue Haute St-Pierre
F-49400 Saumur
Tel. 02 41 50 33 00
Fax 02 41 50 38 68
www.saintpierresaumur.com
Ein gemütliches kleines Hotel mit 14
hübschen Zimmern. Eingerichtet in
einem Haus aus dem 17. Jahrhundert
in der Altstadt von Saumur.

Der Cadre Noir – aufgestellt vor dem Schloss von Saumur

FRANKREICHS ELITEREITER

Der Cadre Noir war eine zentrale reiterliche Ausbildungsstätte der französischen Armee. Heute ist das Korps der Elitereiter Frankreichs eine Institution, die der Spanischen Reitschule in Wien durchaus ebenbürtig ist.

Indirekt geht der Cadre Noir auf die Schlacht bei Roßbach (1757) im Siebenjährigen Krieg zurück. Bei dem Ort in der Nähe von Halle hatte der preußische Reitergeneral **Friedrich Wilhelm von Seydlitz** eine neue Kampftechnik der Kavallerie eingeführt: »Wie eine von Säbeln starrende Mauer« überrannte die dicht geschlossene Front der preußischen Reiter die französische Kavallerie und trieb sie in die Flucht. Die demütigende Erinnerung an diese Niederlage der französischen Reiter bewog Napoleon, seine Kavallerie der neuen Kampftechnik – Überrollen durch eine massive Reiterfront – anzugleichen. Doch erst nachdem der Kaiser entmachtet war, konnte an eine systematisch ausbildende Institution gedacht werden. **1814** wurde das reiterliche Ausbildungs- und Elitekorps der französischen Armee ins Leben gerufen. Dass man Saumur zum Standort wählte, war kein Zufall.

In dem Loire-Ort hat die Reitkunst eine lange Tradition. Bereits Ende des 16. Jh.s hatte es hier eine Reiterakademie gegeben – gegründet vom Stadtgouverneur **Duplesiss-Mornay**, dessen Initiative auch eine protestantische Universität zu verdanken war.

Unverkennbar

Den Namen »cadre noir« (schwarzer Kader) rührt von den Uniformen her. Die schwarze Kleidung stammt aus den Gründungsjahren in der ersten Hälfte des 19. Jh.s; die Rittmeister sollten von den übrigen Ausbildern der französischen Armee zu unterscheiden sein. Heute tragen alle Reiter bei öffentlichen Auftritten Schwarz und Gold; ein weiteres Erkennungszeichen ist der **Zweispitz**.

Nationale Reitschule

1972 entstand um den Cadre Noir von Saumur, der inzwischen auch zivile Mitglieder zählt, die staatliche

Reitschule (Ecole nationale d'équitation). Diese dem **Minister für Jugend und Sport** unterstellte Lehrstätte bildet zunehmend Reiter aus, die am Turniersport teilnehmen wollen, und bietet eine Ausbildung an, die alle Reitdisziplinen abdeckt: u. a. Dressur, Hindernis, Gelände und Gespann.

Spektakuläre Darbietungen

Der Cadre Noir genießt in der Welt der Reiterei höchstes Ansehen. Seine eleganten Reiter und rassigen Pferde (überwiegend Selle Français) sind eine Institution, die der **Spanischen Reitschule** in Wien durchaus ebenbürtig ist. Die Vorführungen des Cadre Noir gliedern sich in die »Reprise des Écuyers« (Schule auf der Erde) und die »Reprise des Sauteurs« (Schule über der Erde) – Begriffe aus der Hohen Schule, die auch in Wien gelten. Zur »Schule auf der Erde« zählen Figuren wie Schulschritt, Seitengänge, Pirouette, Passage und Piaffe (trabartige Bewegung mit diagonaler Trittfolge nahezu auf der Stelle). Weit spektakulärer sind die **Schulsprünge** der zweiten Schule. Bei dieser Dressur läuft der Reiter neben dem Pferd her. Man spricht von »Courbette«, wenn das Pferd seine Vorderbeine erhebt und sein Gewicht auf die Hinterbeine verlagert. Bei der »Croupade« schlägt das Pferd mit gestreckten Hinterbeinen aus – eine Übung, die ein enormes Gleichgewicht der Vorhand erfordert. Die »Kapriole« kann an der Hand oder im Sattel ausgeführt werden. Sie ist der schwerste Sprung – eine Kombination aus Courbette und Croupade. Hierbei springt das Pferd in die Höhe und schlägt mit gestreckten Hinterbeinen aus.

Die Dressurdarbietungen des Cadre Noir unterscheiden sich von denen der Spanischen Hofreitschule in Feinheiten. Der größte Unterschied zwischen den Reitschulen in der Stadt an der Loire und in der Hauptstadt Österreichs besteht darin, dass in Saumur nicht nur die Dressur, sondern auch Spring- und Geländereiten Gegenstand der Ausbildung sind. Darüber hinaus zielt das Reitverständnis des französischen Elitekorps vermehrt auf moderne Pferdetypen und die Richtlinien des internationalen Turniersports, während die Wiener Reitschule mit ihren Lipizzanern traditionell die barocke Reitkunst pflegt.

Sehenswertes in Saumur

✳
Château

Hoch über der Altstadt von Saumur ließ **Ludwig I. von Anjou** eine von vier Ecktürmen flankierte, dreiflügelige Anlage errichten, die heute zu den schönsten Bauten an der Loire zählt. Sie entstand um 1370 an einer Stelle, an der in den Jahrhunderten zuvor schon mehrere Festungen gestanden hatten. Um 1590 wurde der repräsentative Verteidigungsbau vom Stadtgouverneur **Duplessis-Mornay** zu einer Festung umgebaut. »Hugenottenpapst« Duplessis-Mornay war nicht nur ein Militärexperte und fähiger Diplomat, sondern auch ein hochgebildeter Theologe. 1593 gründete er in Saumur eine Protestantische Akademie, die der Stadt fast 100 Jahre lang – bis zur Aufhebung des Edikts von Nantes 1685 – zu großem Ansehen verhalf. Nachdem er 1621 von einem katholischen Gouverneur abgelöst worden war, ging die politische und militärische Glanzzeit von Saumur zu Ende.

In der Folgezeit diente die Burg als königliches **Luxusgefängnis** für Adlige von Rang und Namen, die hier eine sehr liberale Behandlung genossen und in Begleitung sogar das Burggelände verlassen und die Stadt besuchen durften. 1799, während des amerikanischen Unabhängigkeitskrieges, waren hier 800 Engländer inhaftiert, wohl zum größten Teil Matrosen, wie die auf den Wänden hinterlassenen Graffiti bezeugen: Neben Namen und Tag der Gefangennahme taucht häufig das Bild eines Schiffes auf. 1899 endete die Militärtradition des Gebäudes, 1905 wurde es von der Stadt Saumur erworben (Öffnungszeiten: 1.4.–1.11. Di.–So. 10.00–13.00, 14.00–17.30, Juli, August Di.–So. 10.00–18.00 Uhr; wegen Umbauarbeiten sind die Säle im Innern bis auf einen Ausstellungsraum nicht zu besichtigen).

> **!** *Baedeker* TIPP
>
> **Weinproben**
> Die hervorragenden Weine und den ausgezeichneten Schaumwein von Saumur kann man in einigen Kellereien verkosten, die auch Besichtigungen anbieten, wie Ackerman, Bouvet-Ladubay, Veuve Amiot, Langlois-Chateau und Gratien-Meyer. Die Maison du Vin (Quai Lucien Gautier) neben dem Office de Tourisme und die Maison du Vin Saumur (25, Rue Beaurepaire) haben Weine zum Probieren und informieren über die 29 AOC-Weingüter aus den Weinanbaugebieten von Anjou und Saumur.

Place de la République

Direkt am Fluss liegt die weitläufige Place de la République, an der im Sommer Musik oder Straßentheater geboten wird. Der Platz wird vom **Hôtel de Ville** (Rathaus) beherrscht, dessen linker Teil noch aus dem 16. Jh. stammt und durch die nur von wenigen Fenstern durchbrochene Fassade und die Ecktürme geradezu festungsartig wirkt – kein Wunder, das Gebäude gehörte einst zur Stadtbefestigung.

Place de la Bilange

An der Place de la Bilange etwas weiter westlich steht das klassizistische **Theater**. Hier befindet sich auch die Touristeninformation, und wer sich stärken möchte, hat hier die Auswahl zwischen mehreren Cafés und Bars.

Saumur und der Fluss im Abendlicht

Schmale Gassen verbinden die Place de la République mit der hübschen Place Saint-Pierre mitten in der Altstadt. Sie ist von schön renovierten Fachwerkhäusern und geschickt eingepassten Neubauten umzogen und wird beherrscht von der hohen Barockfassade und dem mächtigem Vierungsturm der eigentlich romanischen **Kirche St-Pierre** (12. – 16. Jh.), die neben der Burg das zweite Wahrzeichen der Stadt ist. Sehenswert sind das Portal und im Kircheninneren die herrlichen Wandteppiche aus dem 16. Jh. mit Szenen aus dem Leben des hl. Petrus und einer Darstellung des hl. Florentin sowie die Barockorgel, auf der regelmäßig Konzerte gegeben werden.

★
**Place
Saint-Pierre**

Die älteste Kirche von Saumur ist Notre-Dame-de-Nantilly südwestlich der Burg in der Nähe des Jardin des Plantes. In dem romanischen Bau aus dem 12. Jh. sind schöne Gobelins aus Flandern und Aubusson (15. – 17. Jh.) zu sehen und eine im 12. Jh. geschaffene hölzerne Madonnenstatue.

**Notre-Dame-
de-Nantilly**

Südöstlich vom Zentrum steht die Kirche Notre-Dame-des-Ardilliers, die zwischen 1628 und 1693 an der Stelle einer Wallfahrtskapelle errichtet wurde. 1454 hatte ein Bauer an diesem Ort eine alte Muttergottesstatue gefunden, die sich als wundertätig erwies und viele Pilger anzog. Im 17. Jh. war die Kirche, ein schönes Beispiel klassizistischer Baukunst, eines der beliebtesten Wallfahrtsziele Frankreichs.

**Notre-Dame-
des-Ardilliers**

Das **Panzermuseum** (1043, Route de Fontevraud; 2 km südöstlich des Zentrums) zeigt die Entwicklung der Panzerwaffe von 1917 bis heute. Zu sehen sind 250 Fahrzeuge: Panzer, gepanzerte Fahrzeuge, Geschütze (Öffnungszeiten: tgl. Mai – Sept. 9.30 – 18.30, Okt. – Apr. 10.00 – 17.00 Uhr).

**Musée des
Blindés**

🕐

Im Westen der Stadt liegt die **Likörbrennerei** Combier (48, Rue Beaurepaire), die älteste Likörbrennerei, die noch in Betrieb ist. Nach

**Distellerie
Combier**

der Besichtigung des 150 Jahre alten Betriebs mit seinen Destillierapparaten und Kesseln aus blinkendem Kupfer hat man Gelegenheit, eine Kostprobe zu nehmen; auch Absinth wird angeboten.

Musée de l'Ecole de Cavalerie

🕐

Etwas weiter westlich gibt es an der Place de Foucauld (Eingang Avenue Foch, École de Cavalerie) ein Museum, in dem Exponate zur Geschichte der französischen Kavallerie und Panzertruppe gezeigt werden (Mo.–Do. 9.00–12.00, 14.00–17.00, Fr. 9.00–12.00 Uhr).

✳
École Nationale d'Équitation

🕐

1972 wurde 5 km westlich von Saumur in Saint-Hilaire-Saint-Florent die Nationale Reitschule eröffnet, in die man den **Cadre Noir**, die berühmte Reitertruppe der Armee in ihren schwarzen, goldbetressten Uniformen, integrierte (►Baedeker Special, S. 266). Die École Nationale d'Équitation besitzt ein 300 ha großes Gelände, 400 Pferde in Einzelboxen, 4 Reitställe, 15 olympische Reitbahnen, 6 Manegen, eine Tierklinik und 50 km Reitwege. 200 Personen gehören der Schule an, 43 von ihnen sind Reitlehrer. An sechs Wochentagen kann man einen Blick hinter die Kulissen des Reitzentrums werfen; die traditionellen Dressurvorführungen des Cadre Noir werden durch kommentierte Vorführungen ergänzt, die Besuchern die Reitkunst verständlicher machen sollen (Öffnungszeiten: Apr.–Mitte Okt. Mo. 14.00 bis 18.00, Di.–Fr. 9.00–18.00, Sa. 9.00–12.30 Uhr; www.cadrenoir.fr).

Musée du Champignon

Im Vorort St-Hilaire-St-Florent können nicht nur Höhlen, die man als Weinkeller oder für die Pilzzucht nutzt, besichtigt werden, es gibt sogar ein **Champignon-Museum** (Route de Gennes) mit der größten Pilzausstellung Europas. Nach dessen Besichtigung darf man Champignons in den museumseigenen Höhlen kosten.

Umgebung von Saumur

Bagneux

Der neolithische **Dolmen** von Bagneux 2 km südlich von Saumur ist mit seinen 15 Steinplatten, die mehr als 500 Tonnen wiegen, eines der größten und eindrucksvollsten Megalithgräber Europas.
Das **Motorenmuseum** (18, Rue Alphonse Caillaud) zeigt Motoren, die u. a. als Haupt- oder Hilfsmotoren für das Transportwesen und Stromerzeugungsaggregate gebraucht wurden, darunter Öl-, Benzin- und Dieselmotoren. Zu sehen sind Motoren von 1898 bis heute, von 800 Gramm bis zu 21 Tonnen.

✳
Cunault

Die **Klosterkirche Notre-Dame** von Cunault, 12 km nordwestlich von Saumur, ist ein Meisterwerk romanischer Baukunst. Mit ihren vielen reich gestalteten Kapitellen sowie den romanischen und gotischen Fresken in den Apsiskuppeln stellt diese Kirche ein wahres künstlerisches Kleinod dar. Das Gotteshaus, das direkt am großen Loire-Damm liegt, gehörte einst zu einem Benediktinerkloster, das im 18. Jh. aufgelöst wurde. Ältester Bauteil der im 12. Jh. errichteten Kirche ist der bereits im 11. Jh. gebaute Glockenturm, dessen einzigen Schmuck die von zwei Engeln flankierte thronende Muttergottes im Tympanon des Westportals bildet. Für die Kapitelle im 65 m langen Langhaus der dreischiffigen Kirche, die u. a. figürliche Szenen aus dem Evangelium, aber auch Monstren wie die mehrköpfige Hydra zeigen, sollte man ein Fernglas mitnehmen; nur zwei Kapitelle – am Choreingang – sind mit bloßem Auge zu erkennen. Zu den weiteren Schätzen zählen eine Pieta aus dem 16. Jh., eine kleine Figur der hl. Katharina aus polychromem Holz und – im Chorumgang – ein Schrein aus farbig gefasstem Holz (13. Jh.) mit den Reliquien des **hl. Maxentiolus** (frz. Maxenceul). Zu Ehren dieses Heiligen, von dem es heißt, er habe im 4. Jh. das Christentum in Cunault eingeführt und sei ein Schüler des hl. Martin von Tours gewesen, findet jeden 8. September eine Prozession statt. Bedeutende Reliquien sind außerdem ein Gefäß, das zu Pulver zerfallene Muttermilch von Maria enthält, und der mutmaßliche Ehering der heiligen Jungfrau.

✱ Sully-sur-Loire

C 30

Région: Centre   **Höhe:** 120 m ü.d.M.
Département: 45 Loiret   **Einwohnerzahl:** 6000

Mit seinen dicken runden Türmen wirkt das am linken Ufer der Loire gelegene Wasserschloss Sully-sur-Loire wie eine mittelalterliche Wehrburg. Mit der Geschichte des Château sind berühmte Namen verbunden, u. a. die von Jeanne d'Arc, Sully und Voltaire.

Das hübsche Loire-Städtchen Sully-sur-Loire liegt auf etwa halber Strecke zwischen Orléans und Gien. Wie andernorts auch beherrschte das Château von Sully-sur-Loire einen Übergang über den Fluss. Erster Eigentümer des Brückenrechts war Maurice de Sully, Bischof

Herzogsschloss und Zufluchtsort

 ## SULLY-SUR-LOIRE ERLEBEN

AUSKUNFT

Office de Tourisme
Place de Gaulle
BP 12, F-45600 Sully-sur-Loire
Tel. 02 38 36 23 70, Fax 02 38 36 32 21
www.sully-sur-loire.fr

VERANSTALTUNGEN

Festival International de Musique Classique
Im Juni findet im Schloss ein Festival mit klassischer Musik statt.

ÜBERNACHTEN / ESSEN

▶ **Günstig**
Hôtel de la Poste
11, Rue du Faubourg St-Germain
F-45600 Sully-sur-Loire
Tel. 02 38 36 26 22
Fax 02 38 36 39 35
Das Hotel (24 Zi.) ist in der ehemaligen Poststation untergebracht. Von einigen Zimmern blickt man auf die Loire. Restaurant mit traditioneller Küche.

von Paris und Bauherr von Notre-Dame. 1429 hielt sich Karl VII. hier auf, während **Jeanne d'Arc** (▶Baedeker Special, S. 49) bei Patay die Engländer besiegte. Anschließend traf Johanna von Orléans in Loches auf Karl VII.

1602 wurde das Schloss von **Maximilien de Béthune**, dem Freiherrn von Rosny, erworben, der eine nicht unwesentliche Rolle in der französischen Geschichte spielte. Dieser Adlige war ein ausgezeichneter Soldat und ein Experte in Wirtschaftsfragen, der als Finanzminister Heinrichs IV. u. a. den königlichen Haushalt sanierte. 1606 wurde er zum Dank für seine Verdienste um das Königtum zum Herzog von Sully ernannt. Durch die Ermordung Heinrichs 1610 entmachtet, hielt er sich fast ausschließlich auf seinem Schloss in Sully auf, erweiterte die Stadt und baute die aus dem 14. Jh. stammende Festung zum heutigen Schloss um; auch der Park wurde unter seiner Leitung neu angelegt. Der Herzog war ein unermüdlicher Arbeiter, mit zunehmendem Alter wurde er allerdings immer pingeliger, um nicht zu sagen zwanghaft: So mussten alle Arbeiten im Schloss und in den Außenanlagen vertraglich fixiert werden.

1652 kam der 14-jährige **Ludwig XIV.** mit seiner Mutter Anna von Österreich nach Sully: Hier suchten sie Schutz vor der Fronde, einem Bündnis von Hochadel, Parlament und Bürgern von Paris gegen die Politik des königlichen Absolutismus.

Im darauf folgenden Jahrhundert fand der 22-jährige **Voltaire**, der damals noch François-Marie Arouet hieß, für längere Zeit Zuflucht in dem Schloss, nachdem er sich wegen seiner bissigen Spottgedichte am Hof des Königs in Paris unbeliebt gemacht hatte. Hier schrieb er seine ersten Theaterstücke, die im eigens eingerichteten Theatersaal aufgeführt wurden.

Besichtigung des Schlosses von Sully

Außenanlage Das mächtige Wasserschloss mit seinen vier Rundtürmen aus glatten weißen Kalksteinquadern steht in unmittelbarer Flussnähe und ist von **Wassergräben** umgeben, die sich in einem malerischen **See** fortsetzen. Der älteste Bauteil ist der zur Loire hin gelegene, von Rundtürmen eingefasste **Donjon** aus der Zeit um 1360. Ursprünglich lag das Schloss direkt an der Loire; zum Schutz gegen das Hochwasser ließ der Herzog von Sully den Damm errichten. Jenseits dieses Damms liegt ein großer Parkplatz, von dem aus man heute das Schlossareal betritt. Auf der Rasenfläche vor der Eingangsfront des Schlosses steht ein Denkmal des berühmten Herzogs aus weißem Marmor, südöstlich davon erhebt sich eine Zierbastion (Öffnungszeiten: Apr. – Sept. tgl. 10.00 bis 18.00; März, Okt. – Dez. Di. – So. 14.00 – 17.00 Uhr).

Schlossinneres Im Erdgeschoss liegt die **Salle des Gardes** (Wachsaal) mit sechs Gobelins, auf denen u. a. die Geschichte der schönen Psyche, in die Amor sich verliebt, dargestellt ist. Der **Ehrensaal** im ersten Obergeschoss ist der größte Raum des Schlosses und war einst Empfangs- und Gerichtssaal. Seine Wände schmücken Ahnenbilder der Familie de Béthune, der der Herzog von Sully entstammte. Im Ehrensaal kamen die Theaterstücke von Voltaire zur Aufführung. Im **Oratorium** nebenan ist eine Nachbildung des marmornen Doppelgrabs mit den Gebeinen des Herzogs und seiner Frau aufgestellt. Das **Schlafgemach** mit den blau-goldenen Vorhängen am Bett erinnert an den Aufenthalt Ludwigs XIV., der als 14-Jähriger mit seiner Mutter vor der Fronde aus Paris geflohen war. Besonders interessant ist der 15 m hohe kielförmige **Dachstuhl** von 1363 im zweiten Stock, eine höchst kunstvolle Konstruktion aus Eichenholz. Dass der Dachstuhl so gut erhalten ist, liegt daran, dass die Holzbalken vor ihrem Einbau in Salzwasser gelegt, anschließend jahrelang getrocknet, schließlich geräuchert und mit Alaun behandelt wurden.

Den Ostflügel des Schlosses bilden zwei Wohngebäude von unterschiedlicher Höhe. Das höhere Gebäude heißt **»Kleines Schloss«**. Hier befindet sich im Erdgeschoss Sullys Arbeitszimmer, im ersten Stock sein Schlafzimmer. Beide Räume sind mit bemalten Holzdecken, Gemälden und schönen Möbeln ausgeschmückt.

Das Wasserschloss Sully-sur-Loire spiegelt sich in der ruhigen Oberfläche des Schloss-Sees.

★ Tours

E 20

Région: Centre
Département: 37 Indre-et-Loire

Höhe: 55 m ü.d.M.
Einwohnerzahl: 142 000

Tours erhielt schon zweimal die Auszeichnung »Blumenstadt Frankreichs« und zählt in puncto Lebensqualität zu den beliebtesten Städten des Landes. Die moderne, quirlige Universitätsstadt hat einen liebevoll restaurierten alten Kern mit verwinkelten Gässchen und vielen lebhaften Studentenkneipen, die der Metropole an der Loire ein jugendliches Flair verleihen.

Tours ist das Zentrum der als »Garten Frankreichs« berühmten Touraine, in der der Großteil der Loire-Schlösser zu finden ist. Die Stadt liegt auf halber Strecke zwischen den großen Städten Orléans und Angers, nahe der Einmündung des Cher in die Loire. Die Hauptstadt des Département Indre-et-Loire ist heute ein bedeutender Industriestandort (Textilien, Pharmazie, Nahrungsmittel, Druckereien), Handelszentrum für landwirtschaftliche Produkte und Wein sowie Sitz einer Universität mit 30 000 Studenten. Berühmtester Sohn der Stadt ist der Romancier **Honoré de Balzac** (▶Berühmte Persönlichkeiten).

Hauptstadt der Touraine

Tours wurde im 1. Jh. n. Chr. gegründet und erhielt den Namen Caesarodonum (Hügel des Cäsar). Wenig später wurde der Ort in Urbs Turonum umbenannt, nach der gallischen Bevölkerung, die hier in Turonien lebte.
Im 3. Jh. predigte der hl. Gatianus das Christentum, doch erst der berühmte **hl. Martin**, ab 372 Bischof von Tours, konnte es hier dauerhaft etablieren. Um seine Grabstätte, die zum Wallfahrtsort und Nationalheiligtum der Franken wurde, entstand die Stadt Martinopolis mit Basilika und Kloster, die mit der römischen Stadt zu Tours zusammenwuchs. Ab 573 war Gregor, Verfasser der »Geschichte der Franken«, hier Bischof, 732 schlug Karl Martell in der Schlacht bei Tours und Poitiers die Mauren. Unter Alkuin, einem Gefolgsmann Karls des Großen, stieg das St-Martin-Kloster in Tours zu Beginn des 9. Jh.s zu einem der berühmtesten Schreibschulen des Abendlandes und somit zu einer der bedeutendsten kulturellen Zentren des karolingischen Reiches auf.
1461 wurde Tours unter Ludwig XI. **französischer Königssitz**. Ludwig XI. war es auch, der in der Touraine die Seidenindustrie einführte, die sich zum Hauptwirtschaftszweig der gesamten Region entwickelte. Mit ihrer Seidenproduktion erlebte die Stadt eine wirtschaftliche Blütezeit, denn jahrhundertelang war Seide aus Tours ein begehrter Markenartikel. Die reiche Stadt wurde früh protestantisch und damit in die Religionskriege hineingezogen. Als 1562 Calvinisten

Pilgerort und Regierungssitz für drei Tage

← *Die Cathédrale St-Gatien. Balzac wählte sie als Romanschauplatz.*

das Martinskloster zerstörten, ließ die Vergeltung der Katholiken nicht lange auf sich warten, und so erlitt Tours zehn Jahre vor Paris eine **Bartholomäusnacht**, bei der 200 bis 300 Hugenotten in der Loire ertränkt wurden. Als dann auch noch die französischen Könige ihre Residenz nach Paris verlegten, begann für Tours ein unaufhaltsamer Niedergang, noch beschleunigt durch die Krise der Seidenindustrie gegen Ende des 17. Jahrhunderts.

 TOURS ERLEBEN

AUSKUNFT

Office de Tourisme
78 – 82, Rue Bernard Palissy
BP 4201, F-37042 Tours cedex 1
Tel. 02 47 70 37 37, Fax 02 47 61 14 22
E-Mail: info@ligeris.com
www.ligeris.com

EINKAUFEN

Die 1763 angelegte Rue Nationale, die von der Place Jean Jaurès nach Norden führt, ist eine lebhafte Shoppingmeile mit großen Kaufhäusern und schicken Boutiquen. Interessante kleine Läden gibt es rund um die Place Plumereau. Eine beliebte Einkaufsmeile ist außerdem die Rue de Bordeaux (Fußgängerzone), die südlich vom Boulevard Heurteloup die Place Jean Jaurès mit dem Bahnhof verbindet. Ein besonderes Highlight hat die Rue de la Scellerie parat: Hier findet man nicht nur Kunstgalerien, Antiquitätenläden und Buchhandlungen, sondern auch die herrliche alte Chocolatière Menard, die als bester Pralinentempel der Stadt gilt. Gourmands dürfen den Markt auf der Place du Résistance am ersten Freitag des Monats nicht versäumen.

NACHTLEBEN

Das Nachtleben von Tours (Bars, Diskos, Cafés) spielt sich um die Place Plumereau und um die Rue de Bordeaux (Fußgängerzone) nahe dem Bahnhof ab.

ESSEN
▶ **Erschwinglich**
① *Le Léonard de Vinci*
19, Rue de la Monnaie
Tel. 02 47 61 07 88
So. abends, Mo. mittags geschl.
Ausgezeichnetes italienisches Restaurant, in dem es allerdings keine Pizza gibt. Beim Essen kann man Modelle der von Leonardo da Vinci erfundenen Maschinen bewundern.

② *L'Atelier Gourmand*
37, Rue Étienne Marcel
Tel. 02 47 38 59 87
So. und Mo. mittags geschl.
Restaurant mit traditioneller Küche in einem Haus aus dem 15. Jahrhundert. Rustikaler Speisesaal, hübscher Innenhof.

③ *Les Tuffeaux*
19, Rue Lavoisier
Tel. 02 47 47 19 89
So. und Mi. mittags geschl.
Das Lokal ist in einem Haus aus dem 17. Jh. untergebracht. Traditionelle Küche.

ÜBERNACHTEN
▶ **Luxus**
① *Hôtel de l'Univers*
5, Boulevard Heurteloup
F-37000 Tours
Tel. 02 47 05 37 12, Fax 02 47 61 51 80
www.hotel-univers.fr
Luxuriöseste Adresse im Stadtkern.

Tours Orientierung

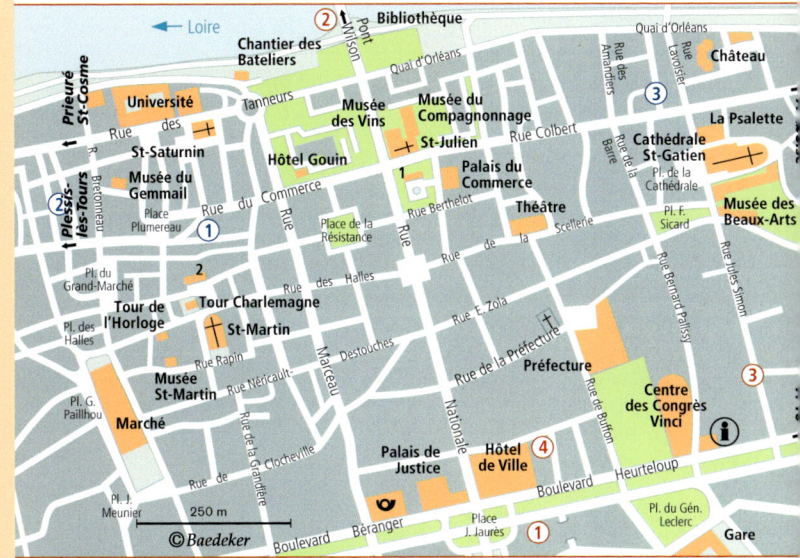

1 Hôtel Beaune-Semblançay
2 Logis des Ducs de Touraine

Essen
① Le Léonard de Vinci
② L'Atelier Gourmand
③ Les Tuffeaux

Übernachten
① Hôtel de l'Univers
② Hôtel-Restaurant Jean Bardet
③ Du Manoir
④ Moderne

Auch das Restaurant des seit 1846 bestehenden Hotels zählt zur gehobenen Klasse. Das Hotel hat 85 Zimmer und Suiten.

② *Hôtel-Restaurant Jean Bardet*

Château Belmont
57, Rue Groison
F-37100 Tours
Tel. 02 47 41 41 11
Fax 02 47 51 68 72
www.jeanbardet.com
Exklusives Hotel (16 Zi., 5 Suiten) in einem Schlösschen nördlich der Loire, umgeben von einem herrlichen Park. Das Restaurant ist mit zwei Michelin-Sternen ausgezeichnet.

► **Komfortabel/Günstig**

③ *Hôtel Du Manoir*

2, Rue Traversière
F-37000 Tours
Tel. 02 47 05 37 37, Fax 02 47 05 16 00
Kleines, zentral gelegenes Hotel, eingerichtet in einem hübschen Stadthaus aus dem 19. Jahrhundert.

► **Günstig**

④ *Moderne*

1–3, Rue Victor Laloux
F-37000 Tours
Tel. 02 47 05 32 81
Fax 02 47 05 71 50
Angenehm-komfortables, familiengeführtes Hotel (23 Zi.) in der Nähe des Rathauses.

Highlights Tours

Cathédrale St-Gatien
In der Kathedrale sind herrliche Glas-
malereien zu sehen.
▶ **Seite 278**

Musée des Beaux-Arts
Kunstmuseum mit sehenswerter Gemälde-
sammlung
▶ **Seite 279**

Hôtel Goüin
Prächtigstes Profangebäude von Tours.
Heute sind hier interessante archäologi-
schen Sammlungen untergebracht.
▶ **Seite 280**

Place Plumereau
Der schönste Platz der Stadt!
▶ **Seite 281**

Wegen seiner günstigen Verkehrslage wurde Tours im Juni 1940 Sitz
der aus Paris geflohenen Regierung – allerdings nur für drei Tage –,
und so blieb die Stadt von Zerstörungen im **Zweiten Weltkrieg** nicht
verschont: Schwere Bombardements 1940 durch die Deutschen und
vier Jahre später durch die Alliierten verwüsteten große Teile der
Metropole an der Loire.
In den 1960er-Jahren wurden die bedeutenden historischen Gebäude
sowie prunkvolle Fachwerkhäuser aus dem Mittelalter und zahlreiche
Gebäude aus dem 17. und 18. Jh. mit schönen Steinfassaden wiederhergestellt bzw. umfassend restauriert.

Zweigeteilte Innenstadt
Das Zentrum von Tours liegt am südlichen Loire-Ufer. Es zieht sich
vom Fluss bis zu dem breiten, im 19. Jh. entstandenen Boulevard Béranger / Boulevard Heurteloup. Die **Innenstadt besteht aus zwei Teilen**, getrennt durch die Rue Nationale, die vom Boulevard Béranger /
Boulevard Heurteloup zur Loire-Brücke Pont Wilson verläuft. Östlich der Rue Nationale befindet sich die einstige Römerstadt mit ihren ruhigen, geraden Straßen und der Kathedrale als Mittelpunkt.
Westlich der Rue Nationale zieht sich bis zur Rue de la Victoire das
lebhafte Altstadtviertel, die ehemalige Pilgerstadt Martinopolis mit
den Resten der Basilika. Beliebter Mittelpunkt von Vieux Tours sind
die von hübschen Fachwerkhäusern umgebene **Place Plumereau** und
die Gassen, die von diesem idyllischen Platz abzweigen.

Sehenswertes in Tours

Cathédrale St-Gatien
Die Cathédrale St-Gatien im Osten der Innenstadt ging in die französische Literaturgeschichte ein: Honoré de Balzac hat sie als Schauplatz für seinen Roman »Der Pfarrer von Tours« gewählt.
Die Kathedrale ist dem ersten Bischof von Tours geweiht. Der Chor
der dreischiffigen Basilika war um 1280 fertiggestellt, das Langhaus
um 1440, die Westfassade mit ihrem prächtigen spätgotischen
Schmuckwerk 1484. Spätgotisch sind auch die beiden hohen Türme,

schon zur Renaissance gehören ihre Hauben. Ausgesprochen sehenswert sind die Glasmalereien (1260). Sie bestimmen den Raumeindruck im Inneren, denn die Wände des Hauptschiffes sind fast vollständig in Fensterflächen aufgelöst. Farbenprächtige Glasgemälde aus dem 13. Jh. schmücken auch den Chor und den Kapellenkranz des Chorumgangs. Die herrlichen Fensterrosen im nördlichen und südlichen Querhaus entstanden im 14. Jahrhundert.

★★
◄ Glasmalereien

Am Beginn des Chorumgangs, in einer Kapelle des südlichen Querhauses, befindet sich das prachtvolle **Marmorgrabmal** für Charles-Orland und Charles, Söhne von Karl VIII. und Anna von Bretagne (Anfang 16. Jh.). Nördlich schließt sich der dreiseitige Kreuzgang (15./16. Jh.) an, der nach der ehedem hier untergebrachten Chorschule »**La Psalette**« genannt wird und Formen sowohl der Gotik als auch der Renaissance aufweist. Der durchbrochene Treppenturm in der Nordostecke des Kreuzgangs ist der Wendeltreppe im Schloss von Blois nachgebildet.

Im Erzbischöflichen Palast (17./18. Jh.), der südlich an die Kathedrale anschließt, zeigt das Kunstmuseum Mobiliar, Gemälde und Skulpturen. Viele der hier ausgestellten Exponate stammen aus den zerstörten Schlössern Chanteloup (►Amboise, Umgebung) und ►Richelieu sowie aus großen Abteien der Touraine. Sehenswert ist die Gemäldesammlung. Neben Werken französischer Maler wie Monet

★
Musée des Beaux-Arts

Pont Napoléon bei Sonnenuntergang

und Dégas ist auch das Ausland zahlreich vertreten. Unter den Gemälden italienischer, deutscher, österreichischer, flämischer und niederländischer Meister ragen die Werke von Rembrandt, Rubens und
Mantegna hervor – Letztere wurden von Napoleon aus San Zeno in
Verona geraubt. Im Hof sind eine 1804 gepflanzte Libanonzeder und
– in einem verglasten Arkadenraum rechts von Haupteingang – der
ausgestopfte Elefant Fritz des Zirkus Barnum & Bailey zu sehen, der,
als er nicht mehr zu bezähmen war, 1904 in Tours getötet werden
musste (Öffnungszeiten: Mi. – Mo. 9.00 – 12.45, 14.00 – 18.00 Uhr).

Château
Vom Schloss sind nur noch der Residenzbau des französischen Königs (Logis des Gouverneurs, 13. – 15. Jh.) und die Tour de Guise erhalten. Im **Logis des Gouverneurs** gibt es eine Dauerausstellung zur
Geschichte der Stadt (Atelier Histoire de Tours) und Wechselausstel-
lungen zum Leben in Tours (Vivre à Tours). In der **Tour de Guise** an
der Loire wurde der junge Herzog Charles de Guise nach dem Mord
an seinem Vater 1588 – 1591 gefangen gehalten, konnte dann jedoch
fliehen.

Rue Colbert
Über die Rue Colbert/Rue du Commerce oder die Rue de la Scelle-
rie/Rue des Halles gelangt man von der Cité (im Bereich der Kathedrale) zur Altstadt um St-Martin. Besonders belebt und bunt ist die
enge Geschäftsstraße Rue Colbert mit ihren schönen Häusern aus
dem 15. und 16. Jh., in deren östlichem Abschnitt viele **Restaurants
und Imbisslokale** zu finden sind. An der Rue Colbert lag im 16. Jh.
das Adelsviertel.

Viertel St-Julien
An der Kreuzung Rue Colbert/Rue Nationale südlich des 434 m langen Pont Wilson (1774) steht die Kirche **St-Julien** (1259), die zu einem Benediktinerkloster gehörte. Im Obergeschoss der Konventsge-
bäude (Eingang: 8, Rue Nationale) ist das interessante **Musée du
Compagnonnage** untergebracht, das anschaulich über alte, zum Teil
ausgestorbene Handwerksberufe und über die Lebens- und Arbeits-
bedingungen der französischen Handwerksgesellen berichtet. Der gewölbte mittelalterliche Weinkeller des Klosters beherbergt das **Musée
des Vins de Touraine** (Museum der Touraine-Weine). Gegenüber der
Kirche St-Julien (auf der anderen Seite der Rue Colbert) ist der Hof
mit den Resten des **Hôtel de Beaune-Semblançay** (Palais des Finanz-
ministers Ludwigs XII. und Franz' I.) und der **Fontaine de Beaune**
(1511) zugänglich.

★
Hôtel Goüin
Das prächtigste Profangebäude von Tours ist das um 1510 nach ita-
lienischem Vorbild erbaute Hôtel Goüin in der Rue du Commerce
(an der Ecke Rue Constantine). Heute sind hier die Sammlungen der
Archäologischen Gesellschaft der Touraine untergebracht mit Exponaten aus der Vorgeschichte, der gallorömischen Epoche, dem Mittelalter, der Renaissance und dem 17./18. Jh. (Öffnungszeiten: Di. bis
So. 10.00 – 13.00, 14.00 – 18.00 Uhr).

Die Place Plumereau – quirliges Zentrum in der Innenstadt

Die Rue du Commerce führt zum bekanntesten und schönsten Platz von Tours, der Place Plumereau. Der Mittelpunkt der Altstadt ist ein länglicher Platz, der von liebevoll restaurierten Giebelhäusern und einer Gruppe ganz besonders schöner **Holzhäuser** aus dem 15. Jh. umgeben ist. An warmen Tagen ist der Platz ein einziges großes Straßencafé: alle Restaurants und Cafés stellen ihre Tische und Stühle hinaus. Die Gassen, die von der Place Plumereau abzweigen, sind mit ihren Buch- und CD-Läden, Cafés und Creperien, Kitsch und Kuriositäten das studentisch geprägte Pendant zur eleganten Einkaufsstraße Rue Nationale (▶S. 276). Das interessanteste dieser Sträßchen ist die vom Nordwesteck der Place Plumereau nach Norden führende **Rue Briçonnet** mit Häuserfassaden von der Romanik bis zum 18. Jahrhundert.

★ ★
Place Plumereau

Nördlich der Place Plumereau, im Hôtel Raimbault (7, Rue de Mûrier), zeigt das Musée du Gemmail farbige Glasarbeiten von Künstlern des 20. Jh.s, u. a. von Pablo Picasso und Georges Braque.

Musée du Gemmail

Südlich der Place Plumereau stand bis 1802 die **Basilika St-Martin**. Reste der 110 m langen, fünfschiffigen Kirche, die im 11./13. Jh. über dem Grab des hl. Martin entstand und nach der Französischen Revolution verfiel, sind die **Tour d'Horloge** (Uhrturm), der südliche Turm

Saint-Martin

der Eingangsfront, und die Tour Charlemagne (Turm Karls des Großen), die das Ende des nördlichen Querschiffs markiert. Die **neue Basilika** erbaute Victor Laloux, von dem auch der Pariser Garde d'Orsay stammt, in den Jahren 1886 bis 1902 im romanisch-byzantinischen Stil. In der Krypta – am alten Platz – befindet sich das **Grabmal des hl. Martin**. In der Rue Rapin informiert das **Musée St-Martin über den Heiligen und die Basilika.**

Boulevards Den südlichen Abschluss der Innenstadt bilden die an der Place Jean Jaurès ineinander übergehenden Boulevards Béranger und Heurteloup – eine der meistbefahrenen Verkehrsachsen von Tours. Die Place Jean Jaurès mit dem großen Brunnen in der Mitte ist das Zentrum des modernen Tours; hier erheben sich zwei typische Monumentalbauten aus dem 19. Jh.: das stattliche **Hôtel de Ville** (Rathaus) und der **Palais de Justice** (Justizpalast).

Weiter östlich, am Boulevard Heurteloup, bieten Bauwerke aus unterschiedlichen Epochen einen interessanten Kontrast: der schöne alte **Bahnhof** (Victor Laloux, 1898) an der weiten Place du Général Leclerc und ihm gegenüber der von Jean Nouvels entworfene, 1993 erbaute Glasbau des **Centre International de Congrès Vinci**. Neben dem »Vinci« befindet sich das Tourismusbüro.

Außenbezirke und Umgebung von Tours

Abbaye de Marmoutier Am östlichen Stadtrand, am rechten Loire-Ufer zwischen Autobahn und N 152, existieren noch Teile der im Jahr 372 vom hl. Martin gegründeten, 1818 **zerstörten Abtei** Marmoutier (nicht zugänglich), einst eines der mächtigsten Klöster Frankreichs. Von den ursprünglich umfangreichen Bauten ist noch das beeindruckende Portal von 1220 erhalten. Zu Marmoutier gehörte die 6 km nördlich stehende **Grange de Meslay** von 1220, die Scheune eines Guts mit offenem Kastanienholz-Dachstuhl (15. Jh.). Wegen der hervorragenden Akustik finden in dem Raum jedes Jahr die **Fêtes musicales de Touraine** (Musiktage der Touraine) statt.

Prieuré Saint-Cosme Ein ausgesprochen hübsches Plätzchen sind die Reste des 1092 gegründeten Priorats St-Cosme im westlichen Außenbezirk La Riche mit ihren herrlichen Rosen- und Irisgärten, die zu den bestgepflegten Gartenanlagen der Touraine zählen. **Pierre de Ronsard** (1524 bis 1585), als bedeutendster Vertreter der »Pléiade« einer der großen französischen Dichter, war hier Prior. 1933 fand man seine Gebeine in der während der Französischen Revolution zerstörten Klosterkirche und bestattete sie vor Ort. Außer Teilen der Kirche (11./12. Jh.) sind noch das Refektorium (12. Jh.) und das Wohnhaus des Priors mit dem Arbeitszimmer Ronsards erhalten.

Plessis-lès-Tours Ca. 1 km südlich der Prieuré St-Cosme steht der Rest der **Lieblingsresidenz von König Ludwig XI.**, die sich der Monarch ab 1463 erbauen ließ und in der er 1483 starb. In dem schlichten Schloss wurde im Jahr 1464 seine Tochter, die 1950 heiliggesprochene Johanna von Frankreich, geboren. Erhalten ist vom Schloss noch der Südteil des Hauptflügels, ein bescheidenes Gebäude aus Ziegel und Naturstein (keine Besichtigung).

Montbazon

In Montbazon 9 km südlich von Tours ließ Fulco Nerra eine seiner zahlreichen Burgen errichten. Vom Fuß der Turmruine bietet sich eine wundervolle Aussicht. Die Kleinstadt ist bekannt für ihre **ausgezeichneten Restaurants**.

Luynes

Das hübsche Städtchen ca. 10 km westlich von Tours etwas abseits der Loire wird von einer **Festung des 13. Jh.s** beherrscht. Die von zahlreichen Rundtürmen gesicherte Anlage ist seit 1619 im Besitz der Ducs de Luynes. Die Innenräume mit reicher Ausstattung (Möbel, Gemälde, Teppiche) können besichtigt werden (Öffnungszeiten: Apr. – Sept. tgl. 10.00 – 18.00 Uhr). Im Ort selbst gibt es schöne Fachwerkhäuser und eine hölzerne Markthalle (15. Jh.). Rund 1,5 km nordöstlich erinnert ein Aquädukt an die Römerzeit, als Luynes ein Heerlager war.

Vouvray

Zwischen Tours und ►Amboise liegen eine Reihe bekannter Weindörfer. Überall in den hübschen Ortschaften sieht man Winzergehöfte und in den Hang geschlagene Höhlen für die Lagerung des Weines. Zu diesen Dörfern zählt Vouvray 10 km östlich von Tours. Die Kiesböden von Vouvray liefern berühmte **Weißweine** (auch Schaumwein) aus der Rebsorte Chenin. Sehenswert ist das **Musée de la vigne et du viticulteur** (Weinmuseum) im Château Moncontour; Proben sind auch in der Maison du Vouvray und bei vielen Winzern möglich. Am 15. August findet hier ein großes **Weinfest** statt.

Südlich des Weindorfes Montlouis, am südlichen Loire-Ufer gegenüber von Vouvray, steht inmitten herrlicher Gartenanlagen das **Château de Bourdaisière**, ein Renaissanceschloss (um 1520), in dem sich König Franz I. mit der schönen Frau des Schlossherrn Philippe Babou und Heinrich IV. mit deren Urenkelin, Gabrielle d'Estrées, vergnügte. Zu besichtigen sind ein Teil des Schlosses, der Park und der Gemüsegarten, in dem über 400 verschiedene Tomatensorten angebaut werden. Die Schlossbesitzer, die Prinzenfamilie De Broglie, vermieten auch Gästezimmer. (►Baedeker Tipp).

> **! Baedeker TIPP**
>
> **Zimmer mit großen Namen**
> Die Zimmer im Schloss Bourdaisière (17 Zi., 3 App.) sind nach großen Persönlichkeiten der französischen Geschichte benannt, u. a. nach Heinrich IV., Katharina von Medici und Jeanne d'Arc. Die geschmackvoll und ganz unterschiedlich eingerichteten Räumlichkeiten kosten ab 124 Euro pro Nacht. Adresse: Château de la Bourdaisière, P M de Broglie, F-37270 Montlouis-sur-Loire, Tel. 02 47 45 16 31, Fax 02 47 45 09 11; www.chateaulabourdaisiere.com

✶ Ussé

Région: Centre
Département: 37 Indre-et-Loire
Höhe: 45 m ü.d.M.
Einwohnerzahl: 540

Türme und Türmchen, Dacherker und Schornsteine, heller Stein und steile Dächer vor grüner Waldkulisse – das große Schloss von Ussé im verschlafenen Ort Rigny-Ussé könnte aus einem Märchenbuch stammen. Dem französischen Märchensammler Perrault soll es als Vorbild für sein Dornröschenschloss gedient haben.

Dornröschen-schloss
Im 15. Jh. wurde mit dem Bau des Schlosses begonnen, einer vierflügelig um einen Binnenhof geschlossenen Burg. Während der östliche Teil des Schlosses mit vielen Rundtürmen und verhältnismäßig wenigen Fensteröffnungen noch sehr wehrhaft wirkt, wich bei der Errichtung der westlichen Flügel im 16. Jh. der Verteidigungsgedanke dem Bedürfnis nach Repräsentation. Im 17. Jh. riss man den Nordflügel ab, um den Blick auf die vorbeifließende Indre freizugeben, und legte stattdessen einen Terrassengarten an. Umgekehrt genießt man einen besonders schönen Blick auf die Schlossanlage von der Indre-Brücke. Mehrfach wechselte das Schloss den Besitzer. Seit dem 19. Jh. gehört das Château dem Marquis von **Blacas**, bis heute ist es in Familienbesitz und auch bewohnt; ein Großteil der Anlage kann aber besichtigt

Das Schloss Ussé war Inspirationsquelle für die »Schöne, die im Walde schlief«, das französische Dornröschen.

werden (Château d'Ussé, Tel. 02 47 95 54 05, Fax 02 47 95 43 58; Öffnungszeiten: tgl. Mitte Febr. – März, Okt. – Mitte Nov. 10.00 – 18.00, ☺ Apr. – Sept. 10.00 – 19.00 Uhr).
Berühmt geworden ist der Aufenthalt des französischen Dichters **Charles Perrault** (1628 – 1703), den das romantische Schloss zum Märchen »La Belle au Bois Dormant« (Die Schöne, die im Wald schlief), dem französischen Dornröschen, angeregt haben soll.

Besichtigung des Schlosses Ussé

Auf dem Weg zum Schloss hinauf passiert man die Kapelle im Schlosspark, die, ein schönes Beispiel sakraler Architektur im Übergang von der Gotik zur Renaissance, 1520 – 1538 von den damaligen Besitzern, Charles d'Espinay und seiner Gattin Lucrèce de Pons, errichtet wurde; auf der Fassade kann man ihre Initialen C und L entdecken. Im Inneren sind das Chorgestühl aus dem 16. Jh., eine Statue der hl. Jungfrau aus glasierter Fayence (15. Jh.), angeblich ein Werk des florentinischen Bildhauers **Luca della Robbia**, und ein toskanisches Triptychon aus dem gleichen Jahrhundert zu sehen.

Kapelle

Im 15. Jh. war der **Saal der Wachen** der Eingang des Schlosses, mit einer Zugbrücke an der Stelle, an der sich jetzt das Fenster befindet. Sehenswert sind die orientalischen Waffen. Die zu einem Salon umgewandelte **ehemalige Kapelle** schmücken u. a. Brüsseler Wandteppiche aus dem 16. Jh. und Salonmöbel aus dem frühen 18. Jahrhundert. In der alten **Küche** steht eine gotische Truhe aus dem 15. Jh., das älteste Möbelstück des Schlosses. Die **Grande Galerie** ist mit flämischen Gobelins ausgestattet. Im ersten Obergeschoss liegt das **Schlafzimmer des Königs** mit kostbaren Möbeln aus dem 18. Jahrhundert. Das in königlichem Rot gehaltene Zimmer wurde einzig für den Fall eingerichtet, dass König Ludwig XIV. hier einmal nächtigen sollte – was allerdings nie geschah. Im Donjon ist ein **Kinderspielzimmer** mit Puppenmöbeln und einer Eisenbahn eingerichtet, vom **Wehrgang** (Chemin de ronde) aus sind mehrere Räume mit Wachsfiguren aus dem Dornröschen-Märchen zu sehen.

Schlossinneres

★ Valençay

F/G 25

Région: Centre
Département: 36 Indre

Höhe: 140 m ü.d.M.
Einwohnerzahl: 3000

Mit seiner Größe kann das Schloss Valençay fast Chambord Konkurrenz machen. Obwohl es 55 km südlich von Blois liegt, zählt es noch zu den Loire-Schlössern. Bedeutung und Leben erhielt die prachtvolle Residenz durch Napoleons Außenminister Talleyrand.

VALENÇAY ERLEBEN

AUSKUNFT

Office de Tourisme
2, Avenue de la Résistance
F-36600 Valençay
Tel. 02 54 00 04 42
Fax 02 54 00 27 67
www.pays-de-valencay.fr

VERANSTALTUNGEN

Une journée avec le Prince de Talleyrand
Dreimal täglich inszenieren Schauspieler im Schloss und Garten Szenen aus dem Alltag von Talleyrand in historischen Kostümen. Mitte Juli – Ende Aug. tgl. Mitte Apr. – Mitte Juli, Sept. an Wochenenden, jeweils 15.00 – 17.00 Uhr.

ÜBERNACHTEN / ESSEN

▶ **Günstig**
Le Relais du Moulin
94, Rue Nationale
F-36600 Valençay
Tel. 02 54 00 38 00
Fax 02 54 00 38 79
www.lerelaisdumoulin.france-hotel-resa.com
In der Nähe des Schlosses gelegene moderne Unterkunft (54 Zi.).

Talleyrands Residenz

Die riesige Prunkresidenz ließ sich der reiche Edelmann **Jacques d'Estampes** ab 1540 errichten; als Vorbild dienten ▶Chambord und ▶ Chenonceau. Bedeutung erlangte Valençay jedoch erst zu Beginn des 19. Jh.s, als **Napoleon Bonaparte** seinen Außenminister Charles-Maurice de Talleyrand-Périgord zum Erwerb von Valençay zwang. Talleyrand sollte einen ansehnlichen Landsitz kaufen, den Napoleon auch für eigene Gäste nutzen wollte. 1803 kaufte Talleyrand das Schloss, zu dem 9000 ha Land und 23 Gemeinden gehörten und das damit zu den größten feudalen Landgütern Frankreichs zählte. Da mit dem Anwesen Repräsentationsaufgaben erfüllt werden sollten, ließ sich Talleyrand einen großen Teil der Kaufsumme von Napoleon bezahlen. Das hatte Folgen. Jahre später erinnerte der französische Kaiser den mittlerweile in Ungnade gefallenen Staatsmann daran, dass er sich am Kaufpreis mitbeteiligt hatte: Im Jahr 1808, als Napoleon versuchte, Spanien militärisch zu erobern, musste Talleyrand den gefangen genommenen spanischen Thronfolger, den späteren König **Ferdinand VII.**, dessen Bruder und einen Onkel, bei sich aufnehmen und sechs Jahre lang – bis zur Abdankung des Kaisers (1814) – bewachen. Auch hatte der gedemütigte Staatsmann dafür zu sorgen, die »goldene Haft« der spanischen Majestäten angenehm zu gestalten. U. a. wurde zu deren Zeitvertreib am Eingang zum Park ein kleines Theater errichtet, das heute noch erhalten ist. 1829 überließ Talleyrand seinem Großneffen das Schloss Valençay, dessen Familie bis 1980 im Besitz des Anwesens blieb; 1838 starb der große Politiker, der Frankreich auf dem Wiener Kongress vertreten hatte, in Paris, wurde aber nach seinem Willen in Valençay begraben.

Besichtigung des Schlosses Valençay

Die Straße von Norden, aus Richtung Selles-sur-Cher, führt gerade-wegs auf das Schloss zu. Das von einem großen Park umgebene Re-naissancegebäude besteht aus zwei rechtwinklig zueinander stehen-den Flügeln, die im Westen und Süden von großen runden Ecktür-men mit kuppelförmigen Hauben abgeschlossen werden. Die Merkmale des mittelalterlichen Burgenbaus sind hier nur noch De-koration. Der über eine Zugbrücke zugängliche Hauptflügel mit dem mächtigen Eingangspavillon (1599) ist von der italienischen Renais-sance, der zweistöckige Westflügel vom Barock geprägt (Louis-Seize). Prachtvoll gestaltet sind der gärtnerisch angelegte Schlosshof und der französische Garten vor dem Hauptflügel. In dem weitläufigen Park gibt es für Kinder einen kleinen Bauernhof, eine Kinderburg sowie **»Napoleons großes Labyrinth«** zum Versteckspielen (Öffnungszeiten: tgl. Apr. – Mai, Sept. 10.30 – 18.00; Juni 9.30 – 18.00; Juli – Aug. 9.30 bis 19.00; Okt. 10.30 – 17.30 Uhr).

Außenanlagen

Nur der Westflügel ist für die Öffentlichkeit zugänglich. Die Räume geben Einblick in die gehobene Wohnkultur des frühen 19. Jahrhun-

Inneres

Im repräsentativen Schloss Valençay brachte Napoleon seine Gäste unter.

derts. Im Erdgeschoss gibt es eine **Galerie** mit den Porträts der Ahnen von Talleyrand. Die angrenzenden **Salons** sind mit Empire-Möbeln ausgestattet, darunter einem Mahagonischreibtisch, den Talleyrand beim Wiener Kongress verwendet haben soll. Im Sockel der Tour Neuve (Neuer Turm), die den Flügel abschließt, befindet sich der **Salon de Musique** mit einer kleinen Porzellansammlung. Zu den Bewohnern dieses Musikzimmers gehörte die Herzogin Dorothee von Dino, die Nichte und Geliebte des gealterten Talleyrand. Über eine **Wendeltreppe** kommt man in das Obergeschoss. Hier befindet sich das von Grisaille-Malereien geschmückte sog. **Königszimmer**, das der spätere spanische König Ferdinand VII. während seines Exils bewohnte. Der besondere Schmuck des Treppenhauses ist ein Gobelin mit der allegorischen Darstellung der Antillen, die damals unter französischer Hoheit waren.

Musée de l'Automobie
An der Avenue de la Résistance (Richtung Blois) lohnt das **Automobilmuseum** einen Besuch. Es zeigt die Sammlung der Brüder Guignard: über 60 Oldtimer von 1898 bis 1979, darunter einen Bugatti von 1936.

⋆ Vendôme

C 22

Région: Centre
Département: 41 Loir-et-Cher

Höhe: 82 m ü.d.M.
Einwohnerzahl: 19 300

Vendôme liegt idyllisch in einem Tal des Loir. Der Fluss teilt sich hier in mehrere Arme, die gemächlich durch die Altstadt fließen. Ein Charakteristikum von Vendôme sind die vielen kleinen Brücken, die die Wasserläufe überqueren.

Die Stadt mit ihren schiefergedeckten Häusern und üppigen Gärten bietet ein wunderschönes Bild. Auch interessante Bauwerke hat die geschäftige französische Kleinstadt 32 km nordwestlich von Blois ihren Besuchern zu bieten.

Das gallorömische Vindocinum (»Weißer Berg«) wurde im 10. Jh. Grafschaft. Im 11. Jh. gründete Graf Geoffroy Martel eine Benediktinerabtei, die 1040 geweiht wurde und bald so aufblühte, dass ihr Abt die Kardinalswürde erhielt. Das Kloster war ein auch beliebtes **Wallfahrtsziel** und eine wichtige Pilgerstation auf dem Weg nach Santiago de Compostela. Von einem Kreuzzug hatte der Konvents-

> ### ! *Baedeker* TIPP
>
> **Mit dem Boot unterwegs**
> Vendôme kann man auch vom Wasser aus erkunden. In den Monaten Juli und August werden täglich Ausflugsfahrten mit angeboten (14.30 – 19.00). Auskunft erteilt das Office de Tourisme.

► VENDÔME ERLEBEN

AUSKUNFT

Office de Tourisme
Hôtel du Saillant
47, Rue Poterie
F-41100 Vendôme
Tel. 02 54 77 05 07
Fax 02 54 73 20 81
E-Mail: ot.vendome@wanadoo.fr
www.tourisme.fr/vendome

ESSEN

► Erschwinglich

Le Moulin du Loir
21-23, Rue du Change
Tel. 02 54 67 13 51
Mo. mittags geschl.
Hübsches Lokal mit Terrasse. Zu den
Spezialitäten zählen Fischgerichte.

Le Paris
1, Rue Darreau
Tel. 02 54 77 02 71
So. abends, Mo. und Mi. abends
geschl.
Kreative Küche, hervorragende regionale Weine, charmanter Service.

ÜBERNACHTEN / ESSEN

► Günstig

Auberge de la Madeleine
6, Place de la Madeleine
F-41100 Vendôme
Tel. 02 54 77 20 79
Fax 02 54 80 00 02
Das angenehme, familiäre und fami-
lienfreundliche Hotel (8 Zi.) am Loir
hat einen ebenso guten Ruf wie sein
Restaurant. Im Sommer wird auf der
Terrasse am Fluss serviert.

Le Vendôme
15, Faubourg Chartrain
F-41100 Vendôme
Tel. 02 54 77 02 88
Fax 02 54 73 90 71
E-Mail: hotel-vendome@wanadoo.fr

35 modern ausgestattete Zimmer. Das
Restaurant La Cloche Rouge gilt trotz
der angenehmen Preise als eines der
besten der Stadt.

B & B Cave
Barbara et Bernard Savaete
Escalier Saint Gabriel
F-41800 Trôo
Tel. 02 54 72 50 34
E-Mail: bandbcave@laposte.net
Schöne Bed-and-Breakfast-Pension in
einer Höhlenwohnung in Trôo 24 km
westlich von Vendôme. Vermietet
werden zwei Zimmer.

Bed-and-Breakfast in einer Höhlenwohnung:
Barbara und Bernard Savaete vermieten zwei Zimmer.

Wichtigste Sehenswürdigkeit in Vendôme: die Kirche La Trinité

gründer Geoffroy Martel eine kostbare Reliquie mitgebracht und der Abtei vermacht: die **Träne Christi**, die Jesus am Grab des Lazarus vergossen haben soll. Bis zur Französischen Revolution wurde diese Reliquie von Wallfahrern verehrt, insbesondere von Pilgern mit Augenleiden, die sich eine Heilung erhofften (seit 1803 ist die Reliquie im Vatikan).

Vendôme wurde mehrfach zerstört – in den Religionskriegen im 16. Jh. und 1940 im Zweiten Weltkrieg –, aber dennoch konnte sich die Stadt ihren Charme bewahren.

Sehenswertes in Vendôme

La Trinité

Bedeutendstes Bauwerk der Stadt ist die Kirche des Dreifaltigkeitsklosters, die nordöstlich der Place St-Martin steht. Ihr 83 m hoher, frei stehender Glockenturm (12. Jh.) war zugleich Donjon der Abtei. Die 72 m lange Kirche (12.–16. Jh.) hat eine **herrliche Fassade** in Flamboyantgotik (1506). Im Inneren sind die Chorschranken und das Chorgestühl (16. Jh.) sehenswert, die bemalten romanischen Statuen an den Vierungssäulen und die Glasfenster im Chor (16. Jh.). Im **Marienfenster in der Ostkapelle** von 1140 ist eine der ältesten

Darstellungen der Madonna mit Kind in der Glasmalerei zu sehen. Links vom Hauptaltar steht der mit Tränen verzierte Sockel des »Steinernen Schreins«, der einst die Reliquie – die Träne Christi – enthielt. Das **Musée de Vendôme** im Mönchshaus am Kreuzgang zeigt auf vier Etagen u. a. Möbel, Gemälde, Fayencen, Skulpturen sowie archäologische Funde und sakrale Kunst.

An der zentral gelegenen Place St-Martin, auf der freitags ein Markt stattfindet, erhebt sich die **Tour St-Martin**, der Glockenturm, der von der 1857 abgerissenen Renaissancekirche St-Martin übrig geblieben ist. Daneben steht die **Maison St-Martin**, ein Fachwerkhaus aus dem 16. Jh. mit einer Statue von Marschall de Rochambeau, der während des nordamerikanischen Unabhängigkeitskrieges die französischen Truppen führte. Über die Rue du Change, die an der Nordostecke des Platzes beginnt, erreicht man die **Chapelle St-Jacques** (1452), die einst zu einem Pilgerhospiz gehörte, in dem die Wallfahrer den Weg nach Santiago de Compostela Rast machten. Westlich der Chapelle liegt der **Parc Ronsard** mit dem **Hôtel du Saillant**, in dem das Tourismusbüro untergebracht ist, und einem alten Waschhaus. Nördlich des Parks steht die 1474 erbaute Kirche **La Madeleine** mit verziertem steinernem Helm und hölzernem Tonnengewölbe. Im südöstlich benachbarten **Collège des Oratoriens** (Oratorianerkolleg), einem klassizistisch gestalteten Ziegelsteinbau, ging der Romancier Honoré de Balzac (1799 – 1850) in den Jahren 1807 – 1813 zur Schule. Auf der Rue Poterie nach Süden kommt man zum Stadttor **Porte St-Georges** aus dem 14. Jahrhundert. 1807 hat man es verbreitert, als Napoleons Truppen hier durchmarschieren sollten.

Altstadt

Über die Porte St-Georges oder über die Rue St-Bié östlich davon erreicht man die südlich der Altstadt hoch über dem Loir gelegene Schlossruine. Von dem Schloss, das im 13./14. Jh. errichtet wurde und im 18./19. Jh. verfiel, stehen noch einige Türme, darunter die Tour de Poitiers auf der Ostseite. Die Mauern, die einen hübschen Park umschließen, stammen ebenfalls noch von dem Schloss. Im Garten sind die Grundmauern der Stiftskirche St-Georges zu sehen, in der einst die Eltern Heinrichs IV. begraben waren. Von der Promenade de Montagne bietet sich ein **herrlicher Blick** auf die Stadt und das Loir-Tal.

Schlossruine

Umgebung von Vendôme

Das 18 km südwestlich von Vendôme gelegene Lavardin hat sich ein wunderschönes Ortsbild bewahren können. Lavardin wird von der Ruine eines einst mächtigen Schlosses aus dem 12. – 15. Jh.s überragt. Von der mittelalterlichen Brücke (13. Jh.) hat man einen herrlichen Blick auf die Ufer des Loirs. Den Innenraum der schlichten frühromanischen Prioratkirche St-Genest (11. – 13. Jh.) schmücken bedeutende Fresken aus dem 12. – 16. Jahrhundert.

★

Lavardin

Im Bahnhof des Nachbarortes Montoire trafen im Oktober 1940 **Hitler und Marschall Pétain**, Chef der Vichy-Regierung, zusammen; Fotos und Dokumente sind im Bahnhof zu sehen. Südlich der Brücke steht die Kapelle St-Gilles, die einst zu einem Benediktinerpriorat gehörte und hervorragende Fresken aus dem 12./13. Jh. besitzt.   **Montoire**

Sehenswert ist auch das **»Musikenfête«** (Espace d'Europe), in dem 500 Musikinstrumente aus verschiedenen Epochen und Erdteilen und teilweise in ungewöhnlichen Kombinationen zu sehen und zu hören sind.

Hauptsehenswürdigkeit von Trôo, 24 km westlich von Vendôme, sind die **Höhlenwohnungen**, die teilweise übereinander in den Kalkfelsen gebaut wurden. Über Treppen und Gässchen, die die Wohnungen miteinander verbinden, kommt man auf einen Hügel mit Aussichtsterrasse.   **Trôo**

★ **Villandry**

E 19

Région: Centre   **Höhe:** 95 m ü.d.M.
Département: 37 Indre-et-Loire   **Einwohnerzahl:** 800

Die Attraktion von Villandry ist das große Renaissanceschloss. Viel bekannter aber sind die Schlossgärten, die terrassenartig über drei Ebenen angelegt wurden und heute zu den schönsten in ganz Frankreich zählen.

Das Château de Villandry ca. 15 km westlich von Tours ist eines der letzten großen Schlösser, die in der Renaissance an der Loire entstanden. Erbaut wurde es ab 1536 von **Jean Le Breton**, dem Finanzsekretär Franz' I. und Bauleiter des Schlosses ►Chambord sowie Bauherrn von Schloss Villesavin (►Cheverny, Umgebung). Er ließ dafür einen mittelalterlichen Bau abreißen, von dem nur der Donjon erhalten blieb. Le Breton war es auch, der die zum Teil von einem Wassergraben umgebene Schlossanlage mit Terrassengärten versah; sein Interesse für den Gartenbau hatte er als Botschafter Franz' I. in Italien entdeckt.

1906 erwarb der spanische Arzt **Joaquín Carvallo** das Schloss, der Urgroßvater des jetzigen Besitzers. Ihm ist zu verdanken, dass die ursprünglichen Gärten des 16. Jh.s wiederhergestellt wurden, nachdem die vorherigen Besitzer die gesamten Schlossanlagen als Landschaftsgarten umgestaltet hatten. Dabei orientierte Carvallo sich an Stichen von Jacques Androuet du Cerceau aus dem 16. Jahrhundert. In Villandry ist heute der einzige rekonstruierte Renaissancegarten Frankreichs zu sehen.

← *Archaisch und sehr speziell – wohnen in einer Höhle in Trôo*

VILLANDRY ERLEBEN

AUSKUNFT

Office de Tourisme
de la Confluence
Le Potager
F-37510 Villandry
Tel. 02 47 50 12 66
Fax 02 47 43 59 16
www.tourisme-en-confluence.com

VERANSTALTUNGEN

Nuits de Mille Feux
Unvergesslich sind die Nächte Anfang Juli, wenn 2000 Kerzen die Gärten von Villandry erleuchten.

Journées du Potager
Bei den Journées du Potager Ende September weihen die Gärtner von Villandry in ihre Künste ein.

ESSEN

▶ **Erschwinglich**
L'Étape Gourmande
Domaine de la Giraudière
Tel. 02 47 50 08 60
Mitte März bis Mitte Nov. tgl. geöffnet Restaurant in einem Bauernhof 1 km südlich von Villandry, das ausgezeichnete regionale Gerichte serviert.

Besichtigung des Schlosses Villandry

✳ **Schloss**

Den gepflasterten Platz vor der Cour d'Honneur umziehen Wassergräben. Über eine Brücke betritt man den Ehrenhof, den drei zweistöckige Wohnflügel umgeben. An der den Gärten zugewandten Außenecke des Schlosses steht der wuchtige, vierkantige Donjon aus dem 12. Jh., der älteste Bauteil der Schlossanlage.

In den Innenräumen sind Gemälde überwiegend alter spanischer Meister, darunter Velázquez und Goya, sowie spanische Möbel zu sehen, mit denen der spanische Hausherr zu Beginn des 20. Jh.s das Schloss ausstattete.

Zu den größten Sehenswürdigkeiten im Erdgeschoss zählen der **Speisesaal** und die **Schlosstreppe**, die beide seit 1934 unter Denkmalschutz stehen. Im Obergeschoss blickt man von einem Schlafzimmer auf den Nutzgarten, von einem anderen Schlafzimmer auf die Schlossgräben. Die rund 40 spanischen Gemälde hängen in der Galerie – ebenfalls im ersten Stock.

Am Ende der Galerie folgt ein Raum mit einer **spanisch-maurischen Zimmerdecke** aus vergoldetem Zedernholz. Sie stammt aus dem Palast der Herzöge von Maqueda (15. Jh.) in Toledo, der 1905 abgerissen wurde. Carvallo ersteigerte die in 3600 Stücke zerlegte Decke, holte sie nach Villandry und benötigte ein Jahr, um das Puzzle neu zusammenzusetzen. In der zweiten Etage befinden sich die Kinderzimmer; von hier aus gelangt man zum Burgfried, von dem sich ein schöner Rundblick auf die berühmten Gärten bietet (Öffnungszeiten: tgl. Schloss Juli – Aug. 9.00 – 18.30, sonst verkürzte Öffnungszeiten; Gärten Juli – Aug. 9.00 – 19.30 Uhr; in den übrigen Monaten werden die Gärten früher geschlossen; www.chateauvillandry.com).

Die großflächigen Gartenanlagen erstrecken sich auf drei Terrassen. Auf der obersten Terrasse liegt der **Wassergarten** mit einem großen zentralen Wasserbassin in der Mitte. Darunter breitet sich der **Ziergarten** aus, dessen Ornamentbeete mit kunstvoll geschnittenen Buchsbäumchen geometrisch exakt angelegt und durch Blumen farbig ausgefüllt sind. Der Ziergarten ist in zwei Bereiche unterteilt. Der erste Bereich – die sog. Liebesgärten – thematisiert in vier Quadraten die Allegorien der Liebe: die zärtliche Liebe (Herzen, Masken und Flammen), die tragische Liebe (Schwerter und Dolche), die leidenschaftliche Liebe (gebrochene Herzen) und die flüchtige Liebe (Fächer und Hörner). Der zweite Bereich ist der Musik gewidmet. Im Musik-Garten wachsen seltene medizinische Kräuter; die Buchsbaumhecken sind in Form von Noten, stilisierten Harfen und anderen Instrumenten geschnitten. Die unterste Terrasse nimmt der **Gemüsegarten** ein: neun Quadrate, die, mit Gemüse bepflanzt, in Beete verschiedener Farben aufgeteilt sind. Auch bei genauerem Hinsehen ist der Gemüsegarten nicht ohne weiteres als solcher zu erkennen, da auch seine Felder geometrisch gestaltet und die Gemüsearten nach Grünnuancen angepflanzt sind. Die Erklärung dafür, dass der Gemüsegarten wie ein Ziergarten wirkt, findet man in der Geschichte. Im 16. Jh. wurden hier seltene, größtenteils aus dem Ausland eingeführte Gemüsearten kultiviert. Wegen ihres hohen Wertes pflanzte man sie in Schlossnähe, um sie besser überwachen zu können; um sich auch am Anblick der neuen Pflanzen zu erfreuen, gestaltete man die Beete in der Art eines Ziergartens.

Gärten

Eine echte Berühmtheit: die terrassenförmig angelegten Schlossgärten von Villandry

REGISTER

BILDNACHWEIS

VERZEICHNIS DER KARTEN
& GRAFISCHEN DARSTELLUNGEN

IMPRESSUM

Ausstattung:
167 Abbildungen, 25 Karten und grafische Darstellungen, eine große Reisekarte

Text:
Achim Bourmer

Bearbeitung:
Baedeker Redaktion
(Dr. Eva Missler)

Kartografie:
Christoph Gallus, Hohberg; Franz Huber, München; Falk Verlag, Ostfildern (Reisekarte)

3D-Illustrationen:
jangled nerves, Stuttgart

Gestalterisches Konzept:
independent Medien-Design, München
(Kathrin Schemel)

Sprachführer in Zusammenarbeit mit Ernst Klett Sprachen GmbH, Stuttgart, Redaktion PONS Wörterbücher

Chefredaktion:
Rainer Eisenschmid,
Baedeker Ostfildern

2. Auflage 2009

Urheberschaft:
Karl Baedeker Verlag, Ostfildern

Nutzungsrecht:
MAIRDUMONT GmbH & Co KG; Ostfildern
Der Name Baedeker ist als Warenzeichen geschützt. Alle Rechte im In- und Ausland sind vorbehalten. Jegliche – auch auszugsweise – Verwertung, Wiedergabe, Vervielfältigung, Übersetzung, Adaption, Mikroverfilmung, Einspeicherung oder Verarbeitung in EDV-Systemen ausnahmslos aller Teile des Werkes bedarf der ausdrücklichen Genehmigung durch den Verlag Karl Baedeker GmbH.

Anzeigenvermarktung:
MAIRDUMONT MEDIA
Tel. 0049 711 4502 333
Fax 0049 711 4502 1012
media@mairdumont.com
http://media.mairdumont.com

Printed in China
Gedruckt auf 100% chlorfrei gebleichtem Papier

 atmosfair

nachdenken · klimabewusst reisen
atmosfair

Reisen bereichert und verbindet Menschen und Kulturen. Jedoch wer reist, erzeugt auch CO_2. Dabei trägt der Flugverkehr mit bis zu 10% zur globalen Erwärmung bei. Wer das Klima schützen will, sollte sich somit nach Möglichkeit für die schonendere Reiseform entscheiden (wie z.B. die Bahn). Wenn keine Alternative zum Fliegen besteht, kann man mit atmosfair handeln und klimafördernde Projekte unterstützen.
atmosfair ist eine gemeinnützige Klimaschutzorganisation unter der Schirmherrschaft von Klaus Töpfer. Die Idee: Flugpassagiere spenden einen kilometerabhängigen Beitrag für die von ihnen verursachten Emissionen und finanzieren damit Projekte in Entwicklungsländern, die dort den Ausstoß von Klimagasen verringern helfen. Dazu berechnet man mit dem Emissionsrechner auf **www.atmosfair.de** wieviel CO_2 der Flug produziert und was es kostet, eine vergleichbare Menge Klimagase einzusparen (z.B. Berlin – London – Berlin 13 Euro). atmosfair garantiert die sorgfältige Verwendung Ihres Beitrags. Auch Karl Baedeker Verlag fliegt mit *atmosfair*. Unterstützen auch Sie unser Klima. Alle Informationen dazu auf www.atmosfair.de.

BAEDEKER VERLAGSPROGRAMM

BAEDEKER ENGLISH

LIEBE LESERINNEN, LIEBE LESER,

ein herzliches Dankeschön, dass Sie sich für einen Baedeker Allianz Reiseführer entschieden haben. Er wird Sie zuverlässig auf Ihrer Reise begleiten und Sie nicht im Stich lassen.
Natürlich beschreibt er die wichtigen Sehenswürdigkeiten, aber er empfiehlt auch die nettesten Kneipen und Bars, dazu Hotels für den großen und kleinen Geldbeutel, gibt Tipps für Restaurants, Shopping und für vieles mehr, was eine Reise zum Erlebnis macht. Dafür hat der Autor Achim Bourmer Sorge getragen. Er ist für Sie regelmäßig an die Loire gereist und hat all seine Erfahrungen und Kenntnisse in diesen Reiseführer gepackt.

Trotzdem: Die Erfahrung zeigt, dass Fehler und Änderungen nach Drucklegung, für die der Verlag keine Haftung übernehmen kann, nicht ausgeschlossen werden können. Für Kritik, Berichtigungen und Verbesserungsvorschläge sind wir Ihnen außerordentlich dankbar. Schreiben Sie uns, mailen Sie uns oder rufen Sie an:

▶ **Verlag Karl Baedeker GmbH**
Redaktion
Postfach 3162
D-73751 Ostfildern
Tel. (0711) 4502-262, Fax -343
E-Mail: info@baedeker.com

Besuchen Sie uns auch im Internet unter www. baedeker.com. Hier finden Sie jeden Monat den aktuellen Reisetipp der Redaktion und das gesamte Verlagsprogramm. Hier können Sie auch lesen, wer Karl Baedeker war und wie er seinen ersten Reiseführer geschrieben hat. Mit seinen über 180 Jahren ist der Karl Baedeker Verlag der älteste Reiseführer-Verlag der Welt.

www.baedeker.com

▶ ZU GEWINNEN: **STADTREISE NACH LONDON**

Unter allen Einsendungen verlost der Verlag am Jahresende – unter Ausschluss des Rechtswegs – eine Städtekurzreise für zwei Personen nach London.
Freuen Sie sich auf ein spannendes Wochenende in London. Natürlich ist ein Baedeker Allianz Reiseführer London auch dabei!